Drámaí Thús na hAthbheochana

Éadaoin Ní Mhuircheartaigh agus Nollaig Mac Congáil
Eagarthóirí

Drámaí Thús na hAthbheochana

ARLEN
HOUSE

Foilsithe i 2008 ag
ARLEN HOUSE
(*Arlen Publications Ltd*)
Bosca 222
Gaillimh,
Éire
Fón/Facs: 00 353 86 8207617
Ríomhphost: arlenhouse@gmail.com

Dáileoirí i Meiriceá Thuaidh
SYRACUSE UNIVERSITY PRESS
621 Skytop Road, Suite 110
Syracuse, NY 13244–5290
Fón: 315–443–5534/ Facs: 315–443–5545
Ríomhphost: supress@syr.edu

ISBN 978–1–903631–52–2, clúdach bog

Clóchur ¦ Arlen House
Priontáil ¦ Betaprint
Saothar ealaíne an chlúdaigh ¦ Pauline Bewick
'Play at the Carnegie Library, Kenmare', 1943

CLÁR AN LEABHAIR

Modh Eagarthóireachta

Cumadh na drámaí atá sa díolaim seo breis is céad bliain ó shin ach níor léadh a mbunús ná níor léiríodh iad le blianta fada. Mar rud amháin, níorbh fhéidir teacht orthu go réidh ó tharla gur fada ó foilsíodh iad. Rud eile de, bhí siad scríofa sa seanlitriú agus sa tseanaibítir, rud a bhfuil col ag léitheoirí óga na haimsire seo leis. Dar linn gur cheart an scéal sin a leigheas sa chaoi is nach mbeidh na seoda liteartha seo ceilte ar an bpobal feasta.

Bheartaíomar ar na drámaí seo a chur i láthair phobal léitheoireachta an lae inniu i litriú caighdeánach nach ngéillfeadh an iomarca do mhionphointí canúna agus rinneadh leasú go ciúin ar chorr-rud a bhí contráilte amach is amach.

Nóta Faoi Théarmaíocht na Drámaíochta

Nuair a bhíonn drámaí i gceist sa Bhéarla, is iondúil go mbaintear úsáid as na téarmaí act(s) agus scene(s). Sna drámaí sa díolaim seo, ó tharla nach raibh ealaín na drámaíochta Gaeilge ach i dtús forbartha, b'amhlaidh fosta do théarmaíocht na drámaíochta. Sin an fáth a gcastar na téarmaí: act, amharc, radharc, nochtadh agus gníomh orainn, chuile dhrámadóir is a théarmaíocht féin in úsáid aige.

Éadaoin Ní Mhuircheartaigh

RÉAMHRÁ

No one would pretend – the authors least of all – that the plays themselves are amongst the world's dramatic masterpieces; yet they are excellent of their kind, most amusing, bristling with points, chock full of wholesome and good-humoured satire.[1]

Ba i dtús aimsir na hAthbheochana a scríobhadh agus a léiríodh céadiarrachtaí drámaíochta na Gaeilge. Ba mar chuid d'fheachtas cultúrtha Chonradh na Gaeilge a léiríodh na drámaí agus ba iad athbheochanóirí na Gaeilge is mó a shaothraigh ceird na drámaíochta ar dtús. Féachtar sa díolaim seo le leaganacha caighdeánaithe de mhórshaothair dhrámaíochta na tréimhse sin a sholáthar, maille le léirmheasanna agus comhthéacs comhaimseartha. I measc na ndrámadóirí atá clúdaithe sa díolaim seo, tá na ceannródaithe úd a bhí ar thús cadhnaíochta i saothrú na drámaíochta, mar atá, de hÍde, Ó Duinnín, Ua Laoghaire agus Cú Uladh. Pé breithiúnas atá againn ar na drámaí mar ábhar litríochta sa lá atá inniu ann, is cinnte go dtugann siad léargas dúinn ar aidhmeanna agus idé-eolaíocht na tréimhse, agus tá anáil láidir an náisiúnachais chultúrtha le brath orthu. Ní mór na drámaí a mheas i gcomhthéacs polaitiúil agus sóisialta an ama sin agus is chuige seo atá léirmheasanna agus tráchtaireacht chomhaimseartha soláthraithe.

Níor bheag an bhaint a bhí ag lucht litríochta, cultúir agus spóirt leis an bhfuadar chun náisiúnachais a d'fhás ag tús an fhichiú haois. Nuair a bunaíodh *Conradh na Gaeilge* (1893), *Cumann Lúthchleas Gael* (1884), *an Fheis Cheoil* (1897), *an tOireachtas* (1897), *Cumann na nGaedheal* (1900) agus *Inghinidhe na hÉireann* (1900) tugadh ardán poiblí lena linn don chultúr Gaelach agus féachadh le féiniúlacht shainiúil chultúrtha na tíre a chur chun cinn. Bunaíodh *The National Literary Society* (réamhtheachtaire an *Irish*

Literary Theatre) i 1892 agus thug Dúghlas de hÍde a léacht cháiliúil *The Necessity for de-Anglicising Ireland* ag an gcéad chruinniú. Mhúscail an léacht comhfhios náisiúnaíoch agus spreag sí díospóireachtaí sa phlé a rinne sí ar earraí cultúrtha agus ar shuaitheantais féiniúlachta an náisiúin.

> ... in Anglicising ourselves wholesale we have thrown away with a light heart the best claim which we have upon the world's recognition of us as a separate nationality.[2]

Ní cúis na teanga amháin a bhí mar chloch ar a bpaidrín ag lucht an Chonartha, ach gach a bhain leis an náisiún Gaelach agus d'fhéachadar le cultúr coiteann na hÉireann a úsáid mar bhunchloch in ath-Ghaelú na tíre. Deir Hutchinson faoin gConradh:

> In its aim of preserving or restoring as a national medium the language existing only in oral form among the peasantry, the linguistic movement represented a major new departure in Irish revivalism. It was the first attempt to construct an Irish nation on the basis of a popular culture radically distinct from that of England. As such, it inevitably developed from a society of scholars (philologists, historians and folklorists) to become a *volksbewegung*. For it moved well beyond a mere restoration of Irish as a literary medium through the production of dictionaries, language primers and Irish journals to the idea of a general regeneration of a Gaelic community with its customs, sports, dress, music, dancing, storytelling, crafts, festivals and political institutions.[3]

Neamhspleáchas cultúrtha agus eacnamaíochta a bhí i gceist le mana D.P. Moran *Irish Ireland*, mar is léir ón léaráid seo a leanas.

"NO IRISH NEED APPLY."

1ST EMINENT FOREIGN MUSICIAN.—" Fritz, who vass dot knockinge ? "
2ND   DITTO   DITTO.—" Do not open Herman, it vass dot bekkar-womans acain "
EIRE.—" If I have to wait much longer I'll break in the door."

Léaráid ó *The Leader*, 29.6.1901, 277.[4]

Ó thaobh na siamsaíochta de, áitíodh nár cheart bheith istigh a thabhairt d'oirfidigh ghallda, agus gur cheart go mbeadh Éireannaigh ag freastal ar chaitheamh aimsire Gaelach. 'We import our amusements and our drama as we import our soap; no doubt they frequently come over in the same boat.'[5] Dar le Moran, bhí tionchar diúltach ag na drámaí Sasanacha seo ar chreideamh agus mhoráltacht na tíre agus, ar leibhéal níos praiticiúla, dhein sé amach go raibh tuairim is 200,000 punt ag fágaint eacnamaíocht na tíre agus á íoc ar mhéaldrámaí Sasanacha.[6] Bhí faoi *Inghinidhe na hÉireann* agus an Conradh taispeántais Ghaelacha a chur ar fáil.

> If we are to judge from the efforts being made by the *Daughters of Erin* in the matter of supplying Irish entertainments, the time should not be far distant when a theatre thoroughly Irish in character will be an accomplished fact. A public opinion is being gradually, but surely, formed in Ireland which will make the production week after week of second-hand English musical absurdities anything but a profitable business. To supply the place

of these with something native, something that will make us feel that we are beneath an Irish sky, listening to the speech of Irish men and women, must be part of the work of those engaged in the revival of things Irish.[7]

Ba faoi anáil an náisiúnachais chultúrtha a d'fhás Athbheochan na Gaeilge agus cothaíodh comhfhios náisiúnaíoch a rinne iarracht Éire a chur chun cinn mar náisiún inti féin, lena teanga agus lena cultúr féin. Gléas a bhí sna himeachtaí agus ócáidí cultúrtha le hidé-eolaíocht na gluaiseachta a chraobhscaoileadh ar bhonn náisiúnta. Ardán poiblí a bhí sna céilithe, feiseanna, an tOireachtas agus na drámaí le hoidhreacht chultúrtha thraidisiúnta na tíre a chur i lár an aonaigh. Deineadh ceiliúradh ar cheol, rince, amhránaíocht agus scéalaíocht na hÉireann agus, san am céanna, deineadh iarracht a chur ina luí ar dhaoine go gcaithfí díchoilíniú a dhéanamh ar chultúr na tíre agus droim láimhe a thabhairt do bhéascna ghallda.

Ní fuláir teannadh leis an drama agus an aeridheacht, an sgoruidheacht agus an céilidh, más linn ár mbealach do dhéanamh ar aghaidh. Tá claochmughadh ar an mBéarlachas gan amhras, acht fearacht gach nidh eile caithfidh sé dul chum cinn nó ar gcúl agus is uime sin nach mór gnása na nGaedheal do chleachtadh agus do aith-chleachtadh, ionnus go leathnoghaidís agus go mbuailfidís nósa na n-eachtrannach fá chois.[8]

Baineadh leas as taispeántais den chineál seo le ceiliúradh a dhéanamh ar an gcultúr dúchasach agus dearcadh an phobail i leith an chultúir Ghaelaigh a athrú.

'An Gaedheal i nUachtar' was the watchword of Oireachtas week. Whilst in a measure – an aspiration, the phrase was in a large and true sense the expression of a fact – broad, striking and tangible – the realisation of the dreams of old poets. The hero of the hour was the Irish speaker: the old man whose torrent of Irish was the swiftest, the old woman whose folk-tales were the raciest, the little child whose songs were the most redolent of the scents of the country. It was the honouring by Ireland of the most Irish part of Ireland; the exaltation of the living Irish speaker as the greatest asset of Ireland, and the surest guarantee of Ireland a Nation.

A fortnight ago we described the Oireachtas as the apotheosis of the despised. The expression recurred to us many times during

Oireachtas week. In some districts the term 'Gaedhealach' is still a term of reproach, and a 'Gaedheal' connotes a 'clodhopper.' We are changing all that, and the Oireachtas which has closed marks a definite stage in the process of change.[9]

Léiriú dearfach ar shuáilcí agus thréithe na tíre a bhí ann, murab ionann is an scigphictiúr den Ghael, mar a léiríodh go coitianta é i bpearsa an 'stage Irishman.' Is le cur i gcoinne na híomhá áiféisí scigmhagúla seo a tosaíodh an ghluaiseacht drámaíochta chomh maith agus bhí cuspóirí i gcoitinne acu leis an gConradh. Mar a d'fhógair Yeats: 'We will show that Ireland is not the home of buffoonery and of easy sentiment, as it has been represented, but the home of an ancient idealism.'[10]

Díol suime is ea na téamaí a roghnaíodh le cur i láthair an phobail i gcéadiarrachtaí drámaíochta na tréimhse. Baineadh leas as an drámaíocht mar uirlis le hidé-eolaíocht agus dúnghaois an Chonartha a scaipeadh agus a chraoladh. D'áitigh Pádraig Mac Piarais go bhféadfaí an drámaíocht a úsáid le tírghrá a mhúscailt sa lucht féachana.[11]

Is maith an mhaise orainn é, má thig linn, deagh-dhrámanna a léiriughadh. Taisbeáineann sé go bhfuil uaisleacht ár sinnsear gan bheith imthighthe asainn fós, cé go mb'fhéidir go bhfuil sí ag dul i léig ó lá go lá. Acht, adéarfar, céard é dráma? Níl ann acht go samhaluightear an gníomh; acht, má dhéantar go maith é, is beag nach gcorróghadh sé thú chomh mór is dá ndéantaoi an gníomh. Bíonn duine fá'n gcumhacht atá 'n-a thimcheall – má tá droch-dhaoine timcheall air is baoghalach go rachaidh sé chum uilc tráth éigin, acht má's daoine árd-aigeanta, meanmnach iad, ní baoghal ná go mbeadh seisean mar an gcéadna. Sin é dála an árdáin – má léirighthear drámanna 'n-a ndéantar gníomhartha laochais, árdóghaidh sé sin meanma na ndaoine agus cuirfidh sé árd-smaointe 'n-a gcinn ... Tabharfaidh an t-árdán congnamh mór dúinn le hÉire a dhéanamh Gaedhealach, acht amháin é d'oibriughadh.[12]

Aithníodh féidearthachtaí bolscaireachta na drámaíochta agus féachadh leis an ealaín nua a shaothrú 'ar son na cúise.'

The popular taste for Gaelic drama was demonstrated at last Oireachtas, but apart from this, it is such an excellent propagandist medium that every effort should be made to cultivate the best possible results.[13]

Go deimhin, áitíodh go mbeadh an státse ní b'éifeachtaí agus ní ba chumhachtaí ná na nuachtáin fiú amháin le hidé-eolaíocht an Chonartha a chur i mbéal an phobail.

Indiu tar éis na céadta bliadhan is treise an t-árdán i ngach árd de'n domhan ná mar bhí sé riamh, agus is mó suim a cuirtear 'san úrchluthche fé láthair ná i n-aon saghas litrídeachta eile. Ní h-iongnadh soin go deimhin, óir ní dócha go bhfuil an chómhacht céadna aige, cum nidhthe do chraobhscaoileadh do rachaidh cum maitheasa an chine daonna.

Is deimhin dúinn ná beadh leath an oiread treise i gConnradh na Gaedhilge indiu mara mbeadh an cuma i n-ar dhein páipéartha áirithe bríg an scéil do nochtadh. Tá a fhios ag an saoghal gur mór é réim na bpáipéar nuaidheachta, acht dá mhéid é, is buaine agus is toramhla léir-mhaitheas an úr-chluiche. Ní amháin go scaoiltear chughainn briathra áirithe ar an árdán acht táid na briathra san gléasta ar slighe go gcuirtear i n-a luidhe orainn iad, gan dul aca ar bhogadh dhinn. Dá mhéid é an meas a bheadh ag duine ar scríobhnóir, is mó toradh chuireadh sé i n-aon bhlúire beag cainnte amháin a gcuirfidhe i bhfighis air as béal an duine sin féin, ná dá mbeadh sé ag breacadh páir go ceann bliadhna ... Ní miste dhúinne deagh-shuim a chur i n-obair an árdán feasta. Ní fhuil a shárughadh d'árus eile chum teasghrádh a chur ag borradh i gcroidhthibh ár ndaoine. Má tamaoid lán dáiríribh ar sean-nósa is ar sean-bhéasa do chosaint, ní móide go bhféadfaidhe gléas chosanta ní budh thoramhla do chur ar bhearnain bhaoghail.[14]

I measc na dtéamaí ar deineadh láimhseáil dhrámatúil orthu, bhí cúrsaí staire, creidimh, teanga agus ceisteanna comhaimseartha ar nós na himirce agus an óil.[15] Drámaí bunaithe ar eachtraí stairiúla atá in *Ar Son Baile agus Tíre*, *Tá na Francaigh ar an Muir* agus *Creideamh agus Gorta* sa chnuasach seo. Creideadh go músclódh scéalta stairiúla agus scéalta laochais spéis an phobail ina stair féin.

The majority of the Irish people are grossly and scandalously ignorant of the history of their country ... Efforts such as these would be something real, something tangible that would seize hold of the vivid Celtic imagination, and would be, if nothing else, a living protest against the garbage of the English stage.[16]

Uirlis oideachasúil a bheadh sna drámaí chomh maith le stair na tíre a mhúineadh don lucht féachana agus is léir an toise náisiúnaíoch a bhain le léiriú den chineál seo. Go deimhin, i léacht a thug Peadar Mac Cuinn nocht sé an tuairim gur cheart drámaí a léiriú ina mbeadh cur síos ar ghníomhaíochtaí réabhlóideacha na nÉireannach Óg agus na bhFíníní.[17] Chuirfí dlús le gluaiseacht an náisiúnachais agus bhainfí neamhspleáchas amach dá gcuirfí lón aigne den chineál seo ar fáil, dar leis. D'fhéadfaí filleadh ar dhrámaí ab éadroime ná iad nuair a bheadh saoirse bainte amach.

> Ar an ádhbhar sin nuair cheapfamuid go mbudh cheart dhúinn iarracht do dheunamh ar dhráma do sgríobhadh agus do chuir ar na gcláir ós cómhair an tSluaigh budh chóir dhúinn rud nó dhó ó Stair na hÉireann bheith againn, mar brigh an sgéil, i riocht go mbéidheadh an Náisiúntacht ag dul ar aghaidh chomh maith leis an nGaodhaltacht.

> ... Maiseadh ó tharla go bhfuil an obair le bheith deunta fós, is é mo mheas sa go dteastuigheann fios uainn ... ar na laochraibh do rinne an t-iarracht ar Shaorsacht a thabhairt ar ais chugainn go deidheanach. Sin iad na hÉireannaigh Aontuighte, na hÉireannaigh Óga agus na Fianna.

> Dá mbéidheadh fios againn go cruinn orra budh féidir linn iarracht do dheunamh chum an obair do thabhairt chum déirighe nach raibh criochnuighthe aca agus má chuireann sinn an obair ar aghaidh agus chum cinn, nuair bhéidheas sé deunta againn beidh Saorsacht againn agus annsin béidh a ndóthain ama againn chum dráma greanmhar agus dráma ar an sean stáir bheith againn i gcaoi go mbeidhmid i ndán greann, sult agus fios do bhainnt asta.[18]

I léirmheas ar an dráma *Ar Son Baile agus Tíre*, dráma atá suite in aimsir na bhFíníní i 1867, tarraingíodh aird ar leith ar na haidhmeanna seachliteartha seo.

> Sgríbhinn bhríoghmhar ó thúis deireadh 'seadh é, sultmhar annso, brónach annsúd agus borb feargach fíochmhar uaireannta nuair a thugann Clanna Gaedheal bochta fé bhrat an chruadhtain atá anuas ortha do chaitheamh díobh ... Leabhar 'seadh é go raibh a leithéid ag teastáil uainn go mór le tamall, mar cé gur fíor go bhfuil

drámanna ár ndóthain i gcló i nGaedhilg againn, is beag aca atá ag tagart i n-aon chuma d'ár sinnsear ná do stair na hÉireann. Ní mar sin é san dráma so. *Sprid fíor-Ghaedhealach atá ann gan amhras. 'Sí an tslighe is fearr agus is fuiriste chum eolais ár sean do chur roimh na daoinibh ná drámanna mar 'Ar son Baile 's Tíre' d'fhoilistughadh go mion 's go minic ar an árdán dóibh agus ar a shon soin cuirfear fáilte fial roimh an leabhairín seo ag Gaedhilgeoiríbh na tíre.*[19]

Réitigh drámaí den sórt seo an bóthar do ghluaiseacht na saoirse agus ghríosaigh sé glúin óg náisiúnaithe chun troda. Tá an dráma lán de reitric chorraitheach theasaí réabhlóideach agus gairm chun slógaidh a bhí ann dáiríre. Is ag ullmhú don Éirí Amach atá na pearsana sa dráma agus deir an Máistir in óráid go gcaithfidh siad a bheith réidh chun troda:

Ansan raghaimid gualainn ar ghualainn agus fear le fear chun ár namhaid (namhaid ár dtíre agus ár gcreidimh) do throid. Sin í agaibh clár na hoibre go mbeidh Éire ag na hÉireannaigh arís.

Cé gur eagraíocht neamhpholaitiúil a bhí sa Chonradh sna blianta seo, go hoifigiúil ar aon nós, bhí aidhm pholaitiúil ag daoine áirithe sa Chonradh agus b'ionann gluaiseacht na teanga agus gluaiseacht an náisiúnachais dóibh. Dúirt an Piarsach gurbh é bunú an Chonartha an rud ba thábhachtaí a tharla le bonn a chur le gluaiseacht an náisiúnachais in Éirinn[20] agus d'admhaigh sé leis go raibh sé féin gníomhach sa Chonradh, ní ar mhaithe le cúis na teanga amháin, ach ar mhaithe leis an náisiún a fhuascailt ó fhórsaí gallda. Dúirt an Piarsach: 'I hear protest that it was not philology, not folk-lore, not literature we went into the Gaelic League to serve but Ireland as a Nation.'[21] Bolscaireacht neamhbhalbh ar son gluaiseachta míleata a bhí sa dráma seo agus teachtaireacht láidir fhrithchoilíneach ann. Feictear chomh maith an 'Is fearr bás ná náire'-eachas, meon a bhain le náisiúnachas an ama agus an dearcadh rómánsach céanna a bhí ag an bPiarsach i leith an doirteadh fola.[22]

MÁISTIR: Cuimhnigh anois, a bhuachaillí, go bhfuil sibh chun seasaimh ar son bhur dtíre boichte cráite. Cuimhnigh ar chruatan bhur muintire agus cuimhnigh gur asaibhse atá a ndóchas. Tá an tAthair Seán ag guí dúinn agus beidh sé linn. Déanfaidh gach duine agaibh gníomh gaisciúil amárach. Leanaigí mise go dlúth agus más toil Dé go dtitim, tá Eoin chun sibh do stiúradh. Cuimhnigh nach féidir bás níos breátha d'fháil ná ar pháirc an bhuailte ag troid Ar Son Baile agus Tíre.

Tá tacaíocht na cléire ag na réabhlóidithe fiú amháin sa dráma seo agus iad ag tabhairt faoi 'namhaid ár dtíre agus ár gcreidimh' agus tugann an Sagart a bheannacht dóibh:

> Sagart: ... Is minic a dúras gurbh í an tsíocháin do b'fhearr ach ní féidir í a choimeád níos sia. Teastaíonn uathu na hÉireannaigh do scuabadh as an dtír ach deirim gur fearr an bás céad uair ná an tarcaisne sin do tharla dúinn.

Is é Éirí Amach na bliana 1798 atá mar chúlra don dráma *Tá na Francaigh ar an Muir* agus arís is mar cheacht staire is mó a measadh a thábhacht.

> It is from simple pieces such as this that an Irish theatre must eventually spring. Short plays in which country life is portrayed, or in which the lessons of Irish history are driven home, stand the best chance of succeeding.[23]

Ní cúrsaí stairiúla amháin a bhí faoi chaibidil i dtaispeántais na haimsire agus tá lear mór drámaí ina ndéantar ceist na Gaeilge agus an chultúir a chíoradh. Bhí feidhm bholscaireachta leis na drámaí seo chomh maith, fiú más coiméide nó fronsa a bhí iontu: '... the writers should always remember that a humorous play can teach a very serious lesson.'[24]

> Comedy can be an ample means of propagandism as well as pleasure. In Scandinavia, which can give us many points in the making of successful language movements, foreign fashions have frequently been 'laughed' off the stage by native comedies since Holberg's day.[25]

Tá na drámaí a bhaineann le cúis na Gaeilge dátheangach den chuid is mó agus soiscéal an Chonartha ar thábhacht na teanga atá le fáil iontu. Baineann *An Dochtúir* le Séamas Ó Beirn, *Máire Ní Eidhin* le Tomás Mac Amhalghaidh, *An t-Athrughadh Mór* le Felix Partridge agus *Sínteáin Máire Ní Laoidhlis / The Bargain of Swords* le G. Ní Laoich Ghríobhtha leis an rannóg seo. Agus fuadar ar dhíograiseoirí na gluaiseachta chun tionchar gallda a dhíbirt, agus 'de-anglicising' de hÍde a thabhairt i gcrích, tháinig na téarmaí fíor-Ghael, Seoinín agus 'West-Briton' go mór chun tosaigh i ndioscúrsa na haoise. Téarma maslaitheach a bhí sa Seoinín, le cur síos a dhéanamh ar dhuine nár thacaigh le seasamh idé-eolaíoch 'Irish-Ireland.' An té nach raibh sásta Gaeilge a labhairt, nó arbh fhearr leis ceol agus rincí gallda i leaba an cheoil Ghaelaigh, a d'imir galf, cricket nó ping-pong[26] in áit a thacaíocht a thabhairt do Chumann Lúthchleas Gael, chuirfí an tseoiníntacht ina leith.[27] Go minic d'fhág sé seo gur cuireadh in aghaidh aon ní gallda, nó aon 'truailliú' ón iasacht, agus is féidir claonadh faisisteach a aithint i roinnt tráchtaireachta comhaimseartha.

Rinneadh ábhar fonóide agus magaidh sna drámaí seo díobh siúd a rinne aithris ar nósanna agus ar chaitheamh aimsire gallda.[28] 'A fine hearty laugh does one good at any time, and is doubly enjoyable when you have it at the Seóinín's expense.'[29] Iarracht shoiléir a bhí ann dearcadh an phobail i leith na Gaeilge agus an chultúir a athrú. Moladh *An Dochtúir* as aoir a dhéanamh ar Sheoiníní agus dúradh '(it) is full of fun and satire at the expense of the seoinini.'[30] Aithníodh go bhféadfaí an greann agus an aoir a úsáid le ceacht a mhúineadh.

> Ní théidheann rud ar bith i bhfeidhm ar na Seóiníní chomh mór le fonomhaid, mar is daoine atá ar bheagán misnigh iad agus dubhairt ughdar éigin gur treise fonomhaid ná faobhar an chlaidhimh.[31]

Ba mhinic léiriú ar na tréithe a samhlaíodh le seoiníntacht i sceitsí beaga drámatúla agus léaráidí i nuachtáin náisiúnaíocha.[32] Agus feachtas ar bun le hath-Ghaelú a dhéanamh ar institiúidí agus ar chaitheamh aimsire na tíre, cáineadh an claonadh aithris a dhéanamh ar chultúr na Breataine.

> The Anglicised Irishman is not a success. He is mongrel; he is de-raced. He has preserved only his failings and acquired those of the Britisher; lost his good qualities without gaining those of the Englishman.[33]

In *Máire Ní Eidhin*, déantar pearsanú ar an gcomhlint idir cultúr Gaelach na tíre agus cultúr na Breataine, 'the battle of two civilisations'[34] fé mar a bhaist D.P. Moran air. Úsáidtear an códmheascadh le léargas a thabhairt ar an athrú a bhí ag teacht ar an tír agus daoine ag tréigean na Gaeilge.

> In this little comedy there is given a glimpse of things as they are in a district in an acute stage of Anglicisation. George Swiggins and his servants represent the English mind in Ireland. Pádraig Ó hEidhin is a type of the primitive shoneen. Tomáisín and Johneen are unconsciously in the transition period, and mix English words with their Irish. The remaining characters are Irish Ireland.

Léirigh grúpa aisteoirí ó Thamhain i nGaillimh *An Dochtúir*, le Séamas Ó Beirn agus tháinig siad ar cuairt go Baile Átha Cliath leis i 1903.[35] Tugtar le fios sa réamhrá gurbh é a chuir an t-údar roimhe sa dráma seo, a chur ina luí ar dhaoine nár cheart dóibh a gcultúr sainiúil Gaelach a chaitheamh uathu le haithris a dhéanamh ar ghnásanna aduaine.

> The writing of this little drama has been suggested by the incongruous effect of trying to graft a foreign language and a set of foreign manners and customs on a people possessing their native language, manners and customs.

Le foilsiú *An Dochtúir* i 1904, maíodh go mbeadh tionchar mór aige ar mhuinir na hÉireann i gcoitinne. Léiríodh go mion minic é, os cionn 400 uair idir 1902 agus 1924.[36] I léirmheasanna ar an dráma, tugadh ardmholadh do mhuintir Thamhna agus áitíodh go gcabhróidís le soiscéal an Chonartha a scaipeadh. Ní siamsaíocht a bhí i gceist leis an dráma seo ach taispeántas a rachadh chun leas na tíre agus a neartódh gluaiseacht na Gaeilge.[37]

> For they are Irish-speaking people who, while they retained their language, did not lose their pride in it. All around their village dwell people who, like themselves, are Irish-speaking, but who unlike them, are ashamed of their language. Against all scoffers and jeerers the Tawin people clung to the old tongue and gloried in speaking it. If their spirit had been the prevailing spirit elsewhere, we would not need an Irish language revival movement today, for the Irish language would be spoken throughout the greater part of Ireland. The wondering neighbours of the Tawin men have heard with astonishment that the people in Dublin think so highly of the spirit of Tawin that they could not rest until they brought them up to enact their play in the capital of Ireland. The story of crowded attendances at the performances this week will travel back to Irish-

speaking Galway – and it will influence for good every man in it. Galway peasants, long taught to despise their language, will have food for reflection when they find that Dublin esteems it so highly that she singles out for honour the one little spot in Galway where the people always professed pride and love for their native tongue. And no one who knows how much the influence of fashion has had to do with destroying respect for Irish in the Irish-speaking districts, will doubt how powerful a magnet fashion can now be made to draw the people back to respect that which genuine national education would have taught them never to regard otherwise than with respect.[38]

Sa dráma féin, feictear an choimhlint idir na Fíor-Ghaeil agus na Seoiníní agus ar ndóigh bíonn an lá leis na Fíor-Ghaeil agus déantar staicín áiféise den Seoinín. Baineadh leas as an stáitse le ceisteanna comhaimseartha a ardú, mar shampla an Ghaeilge sa chóras oideachais agus san earnáil phoiblí.

I learn Irish at this hour of the day! Not that I am totally opposed to Irish, but where is the use of it? It can never become a commercial language. What is its use in arts or medicine? Besides, my friend, Professor Know-Nothing, of Woodenhead College, has told me again and again it is quite a dead language and in no way respectable. It would have died decently years ago were it not for a few mad enthusiasts trying to keep it alive, but the Lord forbid there are any Gaelic Leaguers around here.

Tagann athrú intinne ar an dochtúir faoi dheireadh an dráma agus geallann sé go bhfoghlaimeoidh sé Gaeilge. I measc na gcarachtar eile atá sa dráma, tá an Scoláirín, Seoinín a fuair a chuid oideachais i gcoláiste Sasanach agus a bhíonn ag maíomh go bhfuil teangacha ar a thoil aige 'Gweek, Latin, Fwench, English, Gehman,' agus go n-imríonn sé 'cwicket' agus 'tennis.' Is urlabhraí í Máirín sa dráma seo do chuspóirí agus idé-eolaíocht an Chonartha. Go deimhin, sna seanmóirí a thugann sí ar thábhacht na teanga baintear macalla as reitric Thomáis Dáibhis agus Herder sa phlé a dhéanann sí ar earraí cultúrtha, mar a thugann sí ar 'my country's distinctive marks of nationhood – her language and her customs' agus 'what God and Nature have intended for every Irish girl – their own language, and their own customs, and, in fact, their Nationhood.' Bíonn cuid mhór den reitric chéanna ag

Máire in *Máire Ní Eidhin* agus í ag tógaint seasaimh ar son na Gaeilge, 'teanga Naomh Pádraig is Naomh Colm.'

Aoir atá i ndráma de hÍde *Pléascadh na Bolgóide*, 'as rollicking an Irish farce as we could wish to see,'[39] bunaithe ar chonspóid Mahaffy/Atkinson i 1899. Is é an cúlra a bhaineann leis an dráma seo an Coimisiún a cuireadh ar bun i 1899 le plé a dhéanamh ar ionad na Gaeilge sa chóras oideachais. Thug an Dr. Mahaffy agus Dr. Atkinson, an Propast agus léachtóir ó Choláiste na Tríonóide, fianaise ag an gCoimisiún agus tarraingíodh raic i ngeall ar an díspeagadh a rinne siad ar litríocht na Gaeilge. Dúirt Atkinson, mar shampla, go raibh *Tóraíocht Dhiarmada agus Ghráinne* gáirsiúil agus mímhorálta.

> Now all I can say is that no human being could read through that book, containing an immense quantity of Irish matter, without feeling that he had been absolutely degraded by contact with it – filth that I will not demean myself even to mention.[40]

Thug de hÍde fianaise don Choimisiún i dtaobh fhiúntas na Gaeilge mar ábhar scoile agus d'éirigh leis an gConradh áit níos tábhachtaí a bhaint amach don Ghaeilge ar shiollabas na scoile. Cé nach raibh Conradh na Gaeilge ach cúpla bliain ar an bhfód ag an am, tháinig méadú suntasach ar cháil an Chonartha de bharr na conspóide seo. Foilsíodh an dráma seo i 1903, ceithre bliana i ndiaidh an aighnis agus úsáideadh gléas na haoire sa dráma seo le hionsaí a dhéanamh ar uabhar agus phostúlacht léachtóirí na Tríonóide agus an dearcadh díomasach a bhí acu i leith na Gaeilge.[41]

> Is iongantach an fogha a thugas an Craoibhín fé Choláiste na Láibe, agus níorbh éin-iongnadh go raibh a raibh ag féachaint ar *Pléasgadh na Bulgóide* i riocht sgoilte orra le gáire. Ballsgige dáiríribh do dheineadh do mhuinntir na Coláisde agus níorbh ballsgige go dtí é ... Tá an dráma lán de shult ó thús go deireadh. Thuill muinntir Choláiste na Láibe a bhfuaireadar, agus fuaireadar ar thuilleadar.[42]

Gléas poiblíochta a bhí sa drámaíocht do na conspóidí éagsúla ina raibh páirt ag an gConradh. Feictear mar shampla tagairt don aighneas a bhí ann maidir le hainmneacha Gaelacha a chur ar chairteacha i ndráma eile.[43]

After the big meeting when we were told to keep the old tongue from dying out altogether I put my name in Irish writing on me cart. That is me black crime. And they that knew the cart for four blessed years with no name at all on it said they couldn't 'dentify it when it had Máire Ní Laoidhlis in Irish on it.' *(Cheers and exclamations from the back of the court.)*[44]

I ndrámaí eile fós, tugtar fogha faoi na scoileanna náisiúnta agus faoin gcaoi ar caitheadh leis an nGaeilge iontu. Tugtar léargas i ndráma de hÍde, *Máighistir Scoile*, ar an mbata scoir agus an córas a bhí ann le píonós a ghearradh ar pháistí a labhair Gaeilge. Bhí ról gníomhach ag na scoileanna i meath na Gaeilge sa naoú céad déag, rud a d'fhág gur tháinig meath ollmhór ar staid na Gaeilge taobh istigh de chúpla glúin.

Cathal: Cé'n fáth nach labhrainn tú Gaedhilge?
Carman: Well, to tell you the honest truth I had plenty of it and I a gossoon; but when I started going to school 'twas bet and battered out of me. I understand it well, but can't spake only an odd word.[45]

Le bunú an *Pioneers Society* (1898) agus an *Anti-Treating League* (1902) thosaigh feachtas láidir in aghaidh an ólacháin agus bhí an Conradh ar aon intinn leis an dá eagraíocht sin faoin díobháil a bhí á déanamh ag an ól ar bhonn náisiúnta. Droch-nós eile a bhí sa dúil san alcól a bhí tagtha ó Shasana dar le díograiseoirí áirithe.

There has been a good deal written, from time to time, in *The Leader* with regard to the evil results, both individual and national, of drink. The evil is not that men drink, but that they drink too much of certain classes of liquids, and they do this because too many opportunities are placed in their way for doing so. The Irish are not as a race naturally intemperate, and I think we may regard the prevalence of drunkenness amongst our countrymen today as both a sign and a result of Anglicisation.[46]

Feictear an mheisce mar théama i ndrámaí áirithe ón tréimhse seo, agus feidhm theagascach iontu chomh maith. Fuair an dráma *An Dúchas* ardmholadh nuair a léiríodh é ag Oireachtas na bliana 1908: 'The play forcibly illustrates ... that the sin of drunkenness began with the first glass.'[47]

Ós rud é go raibh feachtas ar bun le daoine a spreagadh le héadaí Gaelacha a chaitheamh, déantúis na hÉireann a cheannach agus tacaíocht a thabhairt do thionsclaíocht na tíre, ní haon ionadh gur tugadh isteach sna drámaí é. In *An Mí-Ádh Mór* deirtear: 'bítear á rá gur chóir déantúis na hÉireann do chur ar aghaidh' agus tosnaíonn *An Deoraí* le plé ar dhéantúis na hÉireann.

MAIGHRÉAD: Muna dtóga tú na stocaí seo, cuir an glas ar an mbosca sin go beo, nó má fheiceann d'athair an t-éadach gallda atá thíos ann, dófaidh sé sa tine iad.

CÁIT: Déanfaidh Nóra atá i Meiriceá an cleas céanna leis na stocaí atá in do lámh agat. Tá tú ag iarraidh ormsa a dtabhairt liom in aghaidh mo thola.

MAIGHRÉAD: Mar gheall air gur in Éirinn a rinneadh iad, an ea?

CÁIT: Creidim gurb ea. Nach bhfaca tú nuair a bhí sí sa mbaile nach siúlfadh sí coiscéim den bhóthar liom dá bhfeicfeadh sí mé ag caitheamh éadaigh ar bith ach an cineál a thiocfadh anall thar sáile chugainn.

MAIGHRÉAD: Is mór a d'athraigh an saol ó shin, a Cháit. Tá áiteacha i Meiriceá féin faoi láthair ann a bhfuil meas mór ar theanga na hÉireann is meas dá réir ar dhéantúis na hÉireann.

Ceist na himirce atá faoi chaibidil in *An Deoraí*, 'dráma in aghaidh imeacht thar sáile.' 'Teagasc slán folláin' a bhí ann dar le de hÍde agus chabhródh sé le cur in iúl do dhaoine gurbh fhearr fanacht sa bhaile 'ná dul go dtí an tOileán Úr.'[48] Bhí feachtas in aghaidh na himirce ar bun ag grúpaí náisiúnaíocha éagsúla agus bunaíodh *The Anti-Emigration Society* i 1903. Ba mhinic altanna á bhfoilsiú inar deineadh iarracht a chur ina luí ar dhaoine nár cheart imeacht thar sáile.[49] B'fhacthas dóibh go raibh an imirce agus bánú na tuaithe ag déanamh dochar ollmhór don tír agus dúradh go raibh dualgas ar an bhFíor-Ghael fanacht sa bhaile.[50] Tugtar óráid ag deireadh an dráma ina leagtar béim arís ar an tábhacht a bhaineann le tionscail áitiúla a fhorbairt agus deireadh a chur leis an imirce.

... Dá gcuirfimis ár gcloigne le chéile agus úsáid a dhéanamh den intleacht bhreá a thug Dia dúinn, d'fhéadfaí airgead a dhéanamh in Éirinn chomh maith le háit ar bith eile sa domhan ... Go dtí sin, tá sé riachtanach ag gach fíor-Éireannach a lándícheall a dhéanamh chun na daoine a choinneáil sa mbaile, a bhfuil slí mhaireachtála sa mbaile acu, agus deireadh a chur go deo leis an leasainm suarach sin 'An Deoraí as Éirinn.'

Ghin an imirce tuilleadh imirce, de réir mar a bhí scéalta ag teacht abhaile faoin saol bog agus an saibhreas a bhí thall i Meiriceá. Déantar cáineadh ar leith sa dráma ar 'na litreacha bréagacha' a bhí 'ag déanamh an oiread sin díobhála ar mhuintir na tíre seo.'[51] Nuair a fhilleann Máire, an deoraí, abhaile sa dráma, deir sí gur mó bochtanas atá i Meiriceá ná in Éirinn agus nach fíor na scéalta atá á gcur abhaile ag daoine.

> PEADAR: Má b'fhíor, a Mháire, nach raibh daoine bochta ar bith i Meiriceá.
> MÁIRE NÍ EIDHIN: Hu, ná bí ag caint ar bhochtanas go dté tú go Meiriceá. Deir an cuntas is deireanaí atá poiblithe i dtaobh bochtanais ann go bhfuil níos mó daoine bochta as Éirinn ins na tithe déirce i Meiriceá ná mar atá as chuile thír eile sa domhan dá gcuirfí le chéile ar fad iad.

Ní hamháin go raibh an imirce ag déanamh damáiste don tír, dar leo, ach áitíodh go raibh baol ann dóibh siúd a rachadh ar imirce chomh maith agus go gcaillfidís a gcreideamh fiú amháin agus go raibh saol mímhorálta i ndán do chuid acu. Deir Cáit i dtaobh an chreidimh sa dráma: 'Mar feicim gan amhras na daoine a thaganns ar ais ón tír úd nach gcuireann siad suim ar bith in Aifreann, troscadh ná tréanas.' Ba mhinic an rud céanna á áiteamh i nuachtáin.

> Chuaidh na mílte agus na mílte d'ógánachaibh luthmhara láidre agus de chailínibh óga modhamhla macánta as an tír seo agus d'éis tamaillín bheith caithte aca i ndeóireacht ní aithneochadh a maithreacha féin iad. Do dhruid a n-úrmhór leis an olcas agus le droch-nósaibh, siúd agus nách í an oilleamhaint do fuaireadar ag baile ba cionntach leis ...[52]

Tugadh le fios go soiléir i scéalta agus in altanna gur saol mímhorálta a bhí i ndán do bhantracht na tíre dá n-imeoidís thar lear. Ní bheadh i ndán dá bhformhór ach saol ar an drabhlás agus striapachas, rud nach mbeadh tuiscint fiú amháin ag na hÉireannaigh shaonta air murach drochthionchar ón iasacht.[53]

Eagraíocht neamhsheicteach a bhí sa Chonradh go hoifigiúil, agus cé go raibh Protastúnach (de hÍde) mar Uachtarán ar an gcumann, tá claonadh coimeádach biogóideach le brath i roinnt tuairiscí comhaimseartha. Samhlaíodh dlúthbhaint idir an 'Fíor-

Ghaelachas' agus an Caitliceachas,[54] go háirithe i scríbhinní an Duinnínigh. Caitlicigh a bhí i bhformhór na gConraitheoirí, agus b'ionann an tírghrá agus an creideamh do chuid mhór acu, agus iad ag obair ar son 'faith and fatherland.'

The Irish language is hallowed by an association of fifteen hundred years with the Faith, and is a living testimony to the beauty of mediaeval piety. It is steeped in the history and traditions of the Church. Wherever it is spoken, there the Faith is strongest. The union cannot be dissolved. A Gaelic-speaking Ireland, developing its own literature, with its spiritual traditions, is the only power strong enough and tough enough to shut off the immoral and worthless trash (under the name of literature) which is being landed daily on our Irish shores. What a splendid lever in the hands of the Irish priesthood, and what a glorious opportunity to cast their lot with Young Ireland – for Faith and Fatherland.[55]

Go deimhin, samhlaíodh ceangal chomh dlúth sin idir an náisiúnachas, an Caitliceachas agus an Ghaeilge, go raibh amhras ar chuid den uasalaicme Angla-Éireannach faoi fhíorchuspóirí an Chonartha. Dúirt Yeats:

An esteemed relative of my own told me, a while back, that Douglas Hyde had said 'in a speech that he hoped to wade through Protestant blood', & would hardly believe me when I denied it. They look on us all in much the same way – 'Literary Theatre' 'Gaelic League' are all one to them.[56]

Cé nach mbíodh cead ag sagairt freastal ar dhrámaí an Bhéarla, thug an chléir tacaíocht iomlán do dhrámaí na Gaeilge, mar gur measadh nach mbeadh aon gháirsiúlacht, ná aon rud a thiocfadh salach ar theagasc na hEaglaise le fáil iontu.[57] Nuair a foilsíodh *Creideamh agus Gorta*[58] i 1901 chuir An tAthair Ó Duinnín i láthair é mar dhráma bunaithe ar eachtra stairiúil, 'a well authenticated incident.' Sna léirmheasanna chomh maith tugadh suntas d'fhírinne stairiúil an dráma. Ábhar an-chorraitheach ab ea é seo chomh maith, nuair a mheabhraítear go raibh an gorta fós go mór i gcuimhne na ndaoine.

No Irish-speaking person who remembers those 'Bad Times' can read this play, or hear it read, without feeling that there is here reproduced what he saw with his eyes and heard with his ears. He will not be able to read nor to hear the play unmoved. It is a most realistic snap-shot of a terrible time, and of a terrible state of things. Every word in it is hard, black, bitter truth.[59]

Níor ghlac gach duine le fírinne stairiúil an dráma agus dúirt Lady Gregory faoi:

Protestant friends of mine have been able to admire, as I do, the spiritual beauty of Father Dinneen's *Faith and Famine,* though we believe its picture of Protestant bigotry to be not only a caricature but an impossibility.[60]

Cuirtear na páistí Caitliceacha sa dráma seo inár láthair mar mhairtírigh fhadfhulangacha cheartchreidmheacha arbh fhearr leo an bás a fhulaingt ná diúltú don Phápa. Fanaiceacht reiligiúnda atá i gceist anseo agus cuirtear bás na bpáistí inár láthair mar ghníomh uasal laochais. Feictear cuid den rómánsachas céanna i leith an bháis sna léirmheasanna agus an íobairt fola a bhí le déanamh ar son na cúise.

Ba bhréagh é radharc d'fhagháil ar na páistidhibh bochta ocracha so ag diultughadh do Shincléar is da chuid anbhruithe. Ba ghlórmhar an radharc a mbás is na haingil ag teacht 'n-a gcoinnibh chum iad do thionnlacain go Neamh.[61]

Taobh leis na naoimh seo tá an carachtar Sincléir, an Souper a chuirtear inár láthair mar a bheadh an diabhal ann. 'The scene is laid in the time of the Famine when Protestant ghouls were prowling about the stricken land looking for souls in exchange for soup.'[62] Cuirtear briathra blaisféimeacha i mbéal Shincléir, abairtí a bhaineann macalla as an gcaiticeasma agus a mhaslódh agus a chuirfeadh olc ar lucht féachana Caitliceach. Cuireann sé iachall ar dhaoine: 'Diúltaím don diabhal is don Phápa is dá gcuid oibreacha ar fad' a rá. Bithiúnach amach is amach is ea é sa dráma agus cuirtear in iúl nach bhfuil trócaire, carthanacht ná daonnacht dá laghad ag baint leis.

Muise dá n-aireochthá Sincléar ag árdughadh a chinn is ag paidreoireacht, ag guidhe chum Dé go ngreadfaidhe an gorta chum na daoine d'fhonn go dtiocfaidís fá n-a dhéin féin, chum go fuighidís Bíobla is bréag-chreideamh![63]

Feictear an dlúthcheangal a samhlaíodh idir reiligiún agus náisiúnachas sa dráma chomh maith, nuair a deir Sincléir, an *Souper*, faoi dhuine de na Caitlicigh, go mbeidh sí 'ina Sasanach maith fós,' má ghlacann sí leis an anraith agus an Bíobla Protastúnach. Bhí ceacht eile le baint as, dar le léirmheastóirí áirithe. Dúradh go raibh spiorad na Soupers fós beo beathaíoch sna hOllscoileanna agus i réimsí eile den tír ag an am agus gur cheart go músclódh an dráma seo daoine le tabhairt faoi na heagraíochtaí seo.

> Sinclear may not be doling soup so plentifully today; but is he not doling 'education'... ? ... Sinclear's soup cools, but his spirit keeps simmering on.... We would be glad if Father Dinneen's powerful and dramatic treatment of this eternal problem as it manifested itself in a simple and sad story of Kerry life in black '47 would help to turn a light on the self-same problem that is around us everywhere today.[64]

Drámaí beaga éadroma atá i gcuid eile de na drámaí sa díolaim seo, ina measc *Tadhg Saor* agus *An Sprid* Uí Laoghaire agus *Miondrámanna* Mhig Fhionnlaoich. D'áitigh an léirmheastóir Lee gur cheart díriú ar an gcineál áirithe sin drámaíochta, mar gur mó taitneamh a bhain daoine astu, in áit drámaí stairiúla a léiriú.

> I think it is five years ago since *An Sprid* was first performed at a Munster Feis. I remember noting then how, during the progress of the play, every one of the country people who understood the language bent forward catching up every word. Afterwards, when I got sufficient knowledge to be able to read the play, I understood the attention; the vigorous, racy, witty, dialogue compelled attention; it had many of the characteristics of the old witty stories the people love to tell about their poets; it had what the Irish speaker is used to, verbal cleverness... The dramas in Irish up to the present (at least that portion which came under my notice) were poor as dramas; there was not the enlivening touch of genius about them; yet there was evident in them a desire to deal honestly with the life of Irish-speaking districts. They could not be expected, being the first attempts, to be great successes. But think of a village like Tawin writing, setting up, in barn or schoolroom, its own drama! There was hope in that. There was great hope, while this genuine peering at Irish life, bawneens, and all, was going on, that some gifted one might emerge, first perhaps in a hayloft, who

would astonish us by making even unwashed bawneens beautiful. '
But what hope is there when Tawin learns that *An Dochtuir* is not
drama at all? That drama is all kings and princes and battlefields?
That the Gaelic League is disgusted at bawneens?[65]

Léiríodh na drámaí seo go minic faoin tuath os comhair lucht
féachana an-mhór agus baineadh an-taitneamh astu fiú murar
dhrámaí sofaisticiúla iad.

> He (the audience) accepted oratory, disputation, singing, dancing,
> feats of agility, love-making, sheep-stealing, with equal animation.
> Canon O'Leary himself wrote a play about sheep-stealing, making,
> if I remember rightly, rather a hero of the sheep-stealer; what I
> distinctly remember is that a sheep was brought on the stage. When
> this play was given in the country the difficulty was not to fill the
> biggest building available, but to mollify the overflow gathering
> that could not get inside.[66]

I dtuairisc a scríobhadh ar léiriú de *An Sprid* i Ros Mór, déantar
cur síos ar an taitneamh a bhain lucht tuaithe as an dráma simplí
seo.

> Áit ana-Ghaedhealach is eadh í agus tá craobh de Chonnradh na
> Gaedhilge go láidir ann le fada agus tá an chraobh so agus craobh
> Bhéal na Carraige – áit níos faide siar – a' leanmhaint do'n
> Ghaedhilg go dian, díchiollach, dúthrachtach agus tá a rian ortha
> agus ní misde a rádh ná go bhfuil sí go breágh bog binn blasda aca
> ...
>
> Annsan d'árduigheadh an brat agus bhí an obair ar siubhal go
> meidhreach sultmhar ar feadh uair a chluig nó níos faide agus na
> daoine go léir i riochtaibh a n-anam do chailleamhaint a' gáirí agus
> iad anuas ar a chéile nach mór sa cheann thíos do'n halla a
> d'iarraidh radharc níos fearr d'fhagháil ar gach nidh. Bhíodar na
> dtrithibh a' gáirí. Ní baoghal ná go raibh sult aca.[67]

Dráma tuaithe simplí atá in *Casadh an tSúgáin* chomh maith,
bunaithe ar scéal béaloidis, ach aithnítear an treoir nua a thug
drámaí de hÍde do ghluaiseacht drámaíochta an Bhéarla agus go
ndeachaigh *Casadh an tSúgáin* i bhfeidhm go mór ar
cheannródaithe drámaíochta an *Irish Literary Theatre*. D'fhás
traidisiún na ndrámaí tuaithe ó shaothar de hÍde dar le Synge.

The Twisting of the Rope, however (Dr. Hyde's play) slight as it was, gave a new direction and impulse to Irish Drama, a direction towards which it should be added the thoughts of Mr. W.B. Yeats, Lady Gregory and others were already tending. The result has been a series of little plays dealing with Irish peasant life which are unlike, it is believed, anything that has preceded them.[68]

Is cosúil go raibh Joseph Holloway an-tógtha leis chomh maith.

A few years ago no one could conceive it would be possible to produce a play in Irish on the Dublin stage and interest all beholders, yet such was the case tonight when Dr. Douglas Hyde's little Gaelic piece *The Twisting of the Rope* was produced for the first time by Gaelic speaking amateurs. And though their efforts were crude from an acting point of view, the 'old tongue' flowed so expressively and musically from their lips as to send a thrill of pleasure through one's veins, and make one regret that most Irishmen (including myself) have been brought up in utter ignorance of their own language ... There was a simple naturalness about the whole scene that was refreshing, and the double four-hand reel on which the curtain closed was danced with vigour and suprising lightness of step. The applause was great at the end, and the curtain was raised several times amid continual approval ... The gods whiled away the interval with Gaelic songs and choruses cleverly sung.[69]

Bhí feidhm phraiticiúil ag baint le drámaí Gaeilge uaireanta agus breathnaíodh ar an dráma mar áis oideachasúil a chabhródh le Gaeilge labhartha a mhúineadh don lucht féachana agus do na haisteoirí. Cuimhneofar gur foghlaimeoirí a bhí i bhformhór an lucht féachana cathrach agus leagadh béim go minic ar an tábhacht a bhain le drámaí simplí so-thuigthe a léiriú.

Is maith an rud dráma bheith againn i nGaedhilig agus sgríobhtha go soilléir agus go simplidhe, ar nós gur féidir leis na ndaoinibh é do thuigsint gan iad do bheith in a nGaedhilgtheoiribh fíor-dhúthchasa ó na gcliabhán. Is mór an aoibhneas bhidheas orra nuair thuigeas siad gach uile fhocal ó'n stáide agus cuireann an rud ceudna misneach in a gcroidhe chum foghlamtha na Ghaedhilge do leanmhaint.[70]

Gléas cosanta a bheadh sa dráma Gaeilge a chosnódh in aghaidh mheath na Gaeilge mar go gcaomhnódh sé Gaeilge labhartha agus maíodh: 'No better weapon, literary weapon, could be adopted to fight against the decay of the language.'[71] Mhol Ó Duinnín go dtabharfaí buíon aisteoirí le chéile le drámaí a léiriú ar fud na tíre agus chreid sé go rachadh sé chun leas na teanga. Chabhródh sé le dearcadh an phobail i leith na Gaeilge a athrú dar leis. 'Chuirfeadh sí spioraid is anam sna daoinibh. Bhainfeadh sí an náire díobh, an náire ná leigeann dóibh a dteanga dúthchais do ghnáth-labhairt.'[72] Moladh drámaí simplí chomh maith mar go mbeadh craobhacha an Chonartha in ann iad a stáitsiú gan mórán dua '... there is no Gaelic League Branch in a country district that could not stage one of them.'[73] Foilsíodh cuid de na drámaí seo in irisí agus nuachtáin den chéad uair, rud a d'fhág go raibh fáil éasca orthu ar bheagán costais. D'fhéadfaí téacsanna drámaíochta a úsáid le Gaeilge a mhúineadh i ranganna chomh maith, agus is minic go dtráchtar níos mó ar an nGaeilge labhartha bhreá atá le fáil i ndráma, agus gur beag anailís chriticiúil orthu mar shaothair liteartha. 'This little drama is an excellent exercise in the Irish language for those who wish to taste that language as a living force, and feel how it works.'[74] Go deimhin, tugann Máirín ceacht Gaeilge do phearsana eile an dráma (agus ar ndóigh don lucht féachana) in *An Dochtúir*. Bhíodh gluais nó aistriúchán Béarla i gcló go minic leis an dráma, comhartha eile go rabhadar dírithe ar fhoghlaimeoirí. Is léir go raibh tosaíocht ag na haidhmeanna seachliteartha seo agus thug de Híde suntas ar leith don mhaitheas a dhéanadh drámaí Gaeilge mar théacsleabhair scoile.

> Gaedhilg bhreagh, soiléir so-léighte do bhí ann freisin. Budh mhaith liom é fheicsint mar leabhar le léigheadh ins gach aon sgoil, agus dhéanfadh sé maith mhór. Dhéanfadh sé maith ar dhá bhealach, ag múnadh Gaedhilge coitchinne na tíre do na páistibh agus ag cur i n-umhail dóibh go mb'fhearr fanamhaint san mbaile ná dul go dtí an tOileán Úr.[75]

Nuair a tháinig drámaí ó cheantair Ghaeltachta ar camchuairt go Baile Átha Cliath arís is i dtéarmaí an oideachais agus ní na siamsaíochta a measadh a dtábhacht, agus d'fhreastail daoine orthu le radharc a fháil ar an gcainteoir dúchais. 'The performance of these plays by native speakers who are in touch with the real Irish part of Ireland ought to attract large crowds. Such a performance will be a great education to a Dublin audience.'[76] De réir mar a bhí idéalú á dhéanamh ar an gcainteoir dúchais agus 'fetish' an Fhíor-Ghaeil ag dul i bhfeidhm ar dhaoine, bhí an claonadh sin le sonrú ar léirmheasanna.[77]

> Most of the performers were native speakers, and the results of that fact were visible everywhere. The Gael is coming to the front. When *he* shall have seen the movement as we see it now, its success will be assured. Meanwhile the most pressing work of all who wish for an Irish Ireland is to reach him and teach him and force him to see the position he ought to occupy in the national life of the country of whose traditions he is the custodian and keeper.[78]

Go minic bhíodh amhráin nó dreas de rince Gaelach i lár an dráma, agus cé nach raibh baint acu le forbairt an dráma, bhí an-tóir ar a leithéid mar chuid de shiamsaíocht Ghaelach na hAthbheochana.[79] Ba mhinic meascán de *tableaux vivants*, drámaí, aithriseoireacht, ceol agus amhráin in imeachtaí cultúrtha *Inghinidhe na hÉireann* agus an Chonartha. Go deimhin, léirigh *Inghinidhe na hÉireann tableaux* ina raibh radhairc stairiúla agus radhairc bunaithe ar chultúr coiteann na tíre, 'scenes from peasant life' i 1901. Mar chuid den taispeántas seo bhí céilí, léiriú ar shaol na cosmhuintire agus ar chultúr na tuaithe.

> The foundation-stone of a National Theatre was laid when, six months ago, the Ceilidh was represented for the first time in our history on the stage by *Inghinidhe na hEireann*. The superstructure will be a-building next week in the Antient Concert Rooms, when *Inghinidhe* produces the first really Irish plays Ireland has ever witnessed.[80]

Rinneadh iarracht ceol agus damhsa a shníomh isteach sna drámaí, cé gur thútach na hiarrachtaí sin ar uairibh, d'fhonn taispeántas ina mbeadh léiriú ar an gcultúr dúchasach a thabhairt. I léirmheas ar *Ar Son Baile agus Tíre* sonraíodh: 'the ceilidh – we think the play would lose without it – requires to have more motive for its introduction.'[81] Feictear píobaire nó fidléir i liosta na bpearsan go minic agus bíonn amhráin i gcinn eile. In *An Mí-Ádh Mór* deirtear linn sna treoracha stáitse: 'tagann Tadhg isteach ag seinm ar fheadóg' agus deireann sé: 'Ag déanamh taithí ar roinnt ceoil i gcomhair Chonradh na Gaeilge a bhíos, is bhí an oiread sin áthais orm nárbh fhéidir dom stad den phort.' As na drámaí sa díolaim seo amháin tá radharc ina bhfuil céilí in *Casadh an tSúgáin*, *Ar Son Baile agus Tíre*, *Tá na Francaigh ar an Muir*, *An Mí-Ádh Mór*, *Máire Ní Eidhin* agus *An Deoraí*. Tá amhrán nó caoineadh in *Bás Dhalláin*, *An Dochtúir* agus *Creideamh agus Gorta*. Go deimhin, níor chuir údar *Tá na Francaigh ar an Muir* aon teorainn leis an méid amhrán agus rincí go bhféadfadh an bhuíon aisteoirí a chur isteach sa dráma. Deirtear sa réamhrá a chuir sé leis an dráma:

Songs and Dances – In the cottage scenes there should be real singing and dancing, and there may be any reasonable amount of them. Songs may be in Irish or in English, as both languages were commonly spoken in the district. The following songs would be appropriate: *Maidin Fhómhair*, *Tuirne Mháire*, *Is Trua Gan Mise i Sasana*, *An Bonnán Buí*, *Na Gamhna Bána*, *O'Donnell Aboo*, English, or Craig's Irish version. (This song is modern, but very appropriate). *When Erin First Rose*, *Green on the Cape*, the *Seanbhean Bhocht*, *The Irishman* etc.

Dances – Hornpipes, Single Reels, Jigs, and the numerous Figure Reels still danced in Donegal.

Ar ndóigh, chuireadh a leithéid de radharc isteach go mór ar fhorbairt an dráma, le hiliomad amhrán agus rincí agus gan aon tagairt don scéal. Ar bhealach, séard a bhí sna céilithe seo ná foirmle éasca a d'fhéadfaí a chaitheamh isteach in aon dráma, agus a chabhródh le laigeachtaí sa phlota féin a cheilt.

In the early days it did not greatly matter whether the Irish or bilingual play was good or bad, from the artistic point of view. So long as it had fair speaking parts, some fairly intelligible sequence, a dance or a piper in the middle, and a strong climax, it went with *éclat*.[82]

Nuair a chuimhnítear ar na haidhmeanna seachliteartha go léir a bhí idir chamáin ag drámadóirí na hAthbheochana, idir chúrsaí staire, teanga agus sóisialta, ní haon ionadh gur drámaí bolscaireachta is mó a ceapadh, agus fágadh cúrsaí ealaíne chun deiridh nó in áit na leathphingine. Tugadh suntas don chlaonadh seo i measc scríbhneoirí na Gaeilge go luath san Athbheochan. 'Most of the writers in Irish regard their work, not as an art or craft, but as propagandism pure and simple. They might do something for the art movement, they certainly would do more for the language movement if they took their work seriously.'[83] Drámaí nach nochtann aon rud faoi nádúr an duine is ea iad den chuid is mó, ach déantar iarracht iontu cuspóirí agus idé-eolaíocht an Chonartha a dhaingniú in intinn an lucht féachana.

> A certain number of propagandist plays are unavoidable in a popular movement like the Gaelic revival, but they may drive out everything else … This year one has heard little of the fine work and a great deal about plays that get an easy cheer, because they make no discoveries in human nature, but repeat the opinions of the audience, or the satire of its favourite newspapers.[84]

Uirlis a bhí sa drámaíocht le híomhá idileach den náisiún a chur chun cinn agus ní haon ionadh sa chomhthéacs sin an raic a tógadh nuair a measadh go raibh drámaí áirithe le Synge ag maslú mhuintir na hÉireann. Cuireadh in aghaidh aon rud nach raibh ag teacht le teagasc na hEaglaise chomh maith agus cuireadh i leith drámadóirí áirithe go rabhadar ag déanamh athnuachan ar an 'stage Irishman.'

> I am a Gael of the Gaels, the son of Gaelic-speaking Gaels, cradled in the legends and traditions of my race, and I know how Mr. Yeats's parodies of Ireland are as insolently un-Irish as they are insolently incompatible with the foundations and essentials of Christian religion.[85]

D'fhás paranóia de shórt san aeráid choimeádach náisiúnaíoch agus éilíodh go léireofaí dea-thréithe na nÉireannach amháin. Más leathbhádóirí a bhí i gConradh na Gaeilge agus an *Irish Literary Theatre* ar dtús, d'fhás naimhdeas eatarthu de dheasca na difríochta bunúsaí seo idir idé-eolaíocht an *Irish Literary Theatre*, a thug tús áite don ealaín agus do shaoirse an ealaíontóra agus Conradh na Gaeilge, a phlúch an chruthaitheacht le bolscaireacht ar son na gluaiseachta. Níor bheag an chuid a d'imir lucht na Gaeilge san agóidíocht a lean *The Shadow of the Glen* agus ar ndóigh conspóid an *Playboy of the Western World*. Seanmóirí a bheadh sna drámaí ina dtabharfaí léargas idileach ar an tír dá ngéillfí don Chonradh.

> Irish public opinion, or public feeling rather, is in an odd state at present. The mere hint of 'stage Irishman' will banish all tolerance

from the minds of most of our acquaintance… We are in danger of insisting that all our authors be preachers, and that would be destruction to literature.[86]

Carachtair aontoiseacha a bhí sna drámaí Gaeilge den chuid is mó a léirigh dea-thréithe mhuintir na tuaithe amháin. Ag trácht ar an achrann a lean an chéad léiriú de *The Shadow of the Glen* dúirt Yeats:

The patriots would impose on us heroes and heroines, like those young couples in the Gaelic plays, who might all change brides or bride-grooms in the dance and never find out the difference.[87]

Aithníodh an claonadh seo chun piúratánachais a bhí ag teacht i réim i gceolchoirmeacha agus i ndrámaí an Chonartha.

Yet another element in the 'dreary ordeal' is that it is frequently too Puritan. I don't mean that Calvanistic tendencies are developing, but that too much attention seems to have been devoted towards making our Sgoruidheachta different from the low music-hall, stage-Irishman kind of concert to which we used to submit; instead of towards making them pleasant and interesting events on their own account. The class of reasoning which would found Irish nationality upon a well-cultivated hatred of the foreign foe has been too much in evidence … Our Sgoruidheachta have shown signs of becoming too puritan from an Irish Ireland point of view, too idealistic and too uninteresting.[88]

Má tá ré na ndrámaí seo caite mar dhrámaí stáitse, is spéisiúla dúinn anois an léargas a thugann siad ar spiorad na tréimhse sin i stair litríochta na Gaeilge. Feictear sa díolaim seo, le blaiseadh a thabhairt de na cineálacha éagsúla drámaí a bhí á saothrú – drámaí stairiúla, drámaí bolscaireachta agus drámaí ina bhfuil plé déanta ar cheisteanna sóisialta chomh maith le drámaí simplí tuaithe. Cuireann na léirmheasanna go mór leis an díolaim mar go dtugtar an comhthéacs agus an chaoi ar glacadh leis na drámaí ag an am. Chuaigh siad i bhfeidhm ar dhaoine, fiú amháin orthu siúd a bhí ar bheagán Gaeilge, agus músclaíodh tírghrá agus comhfhios náisiúnaíoch i mblianta tosaigh na hAthbheochana. Thrácht Joseph Holloway ar an lorg a d'fhág dráma de hÍde *An Naomh ar Iarraidh* air féin agus an dóchas a bhí aige go raibh claochlú sóisialta radacach agus athrú ó bhonn i ndán d'Éirinn feasta.

I fortunately was able to be present on Thursday and enjoyed myself immensely, as well as being deeply impressed by the nature of all I heard. It was glorious to hear the little ones sing in their 'own tongue', and see them dance their own 'graceful, modest dances.' It sent a thrill through me! This is teaching the children the way to go in real earnest, and please God, the work may succeed and that the little ones when they grow up may feel proud of their native land and all pertaining to it, not like the present day folk who are merely imitation English of a very inferior, ridiculous type, instead of being Paddies ever more.[89]

Tagraítear go minic don dlúthcheangal a bhí idir cúrsaí cultúrtha agus polaitíochta sna blianta roimh Éirí Amach na Cásca agus borradh ag teacht ar chúrsaí féiniúlachta agus go háirithe don dráma polaitiúil *Kathleen Ni Houlihan* agus an dlús a chuir sé le cúrsaí míleata, fé mar a dúirt Yeats féin: 'Did that play of mine send out certain men the English shot?'[90] Seans nár tugadh an t-aitheantas céanna don ról a d'imir na taispeántais agus drámaí Gaeilge sa náisiúnachas a d'éirigh an tús an fhichiú haois. Léiríodh na drámaí seo ag feiseanna agus i gcraobhacha de Chonradh na Gaeilge ar fud na tíre agus ba mhinic na sluaite ag freastal ar dhrámaí an Oireachtais i mBaile Átha Cliath.[91] Féachtar sa díolaim seo leis na drámaí sin a chur ar fáil agus an bhearna sin a líonadh.

NÓTAÍ

1 'Oisín, The Connacht Feis, Irish acting & Other Things,' *An Claidheamh Soluis*, 9.9.1905, 7–8

2 D. de hÍde, 'The Necessity for De-Anglicising Ireland,' *Language, Lore and Lyrics*, eag. Breandán Ó Conaire, (Baile Átha Cliath: Irish Academic Press, 1986), 153.

3 J. Hutchinson, *The Dynamics of Cultural Nationalism, The Gaelic Revival and the Creation of the Irish Nation State*, (Londain: Allen and Unwin, 1987), 120.

4 Léaráid ó *The Leader*, 29.6.1901, 277.

5 'Imported Amusements,' *The Leader*, 15.9.1900, 40–1.

6 '... we have a net £200,000 going annually out of this country in return for which we get *The Second Mrs. Tanqueray*, suggestive songs, high kick dances, *The Three Macs* type of exhibition, and sundry other vulgarities. That on the face of it is a very indifferent business transaction – for us. So much for the commercial point of view. Let us now look at the moral, national, and educational sides of the matter. A large part of this imported amusement, it will be admitted, does not tend to strengthen the moral fibre of the country. In every street and lane you hear low, double-meaning expressions that have been imported.' 'Imported Amusements,' *The Leader*, 15.9.1900, 40–1.

7 *The United Irishman*, 17.8.1901, 1.

8 'Notes,' *An Claidheamh Soluis*, 12.7.1902, 309.

9 Eagarfhocal, 'The Apotheosis of the Despised,' *An Claidheamh Soluis*, 23.5.1903, 4.

Tugadh suntas don athrú mór a bhí tagtha ar chultúr na tíre agus ar mheas na ndaoine ar an gcultúr Gaelach ach go háirithe. An Fheis fé ndeara an t-athrú seo i meon an phobail dar le hiriseoir eile. 'The chief thing about it is that during a time when the spirit of mean imitation had reached almost its climax, it sprang up all of a sudden, the first flower of the counter movement in favour of falling back upon our own initiative and resource ...

It has all the freshness and charm of novelty; and by the turn which it has given to the national wheel thousands of old people who have been despised and looked down upon during their lives because they spoke Irish find at the end of their days that what was wont to be a badge of ignorance has sprung into a symbol of nationality. It is no wonder that the old people flock to the Feis, and that their eyes kindle with great joy, the joy of a triumph which they had long ceased even to look forward to in dreams.' 'The Feis,' *The Leader*, 1.9.1900, 8.

10 Litir sínithe ag W.B. Yeats thar ceann an choiste, 'To the Guarantors for a 'Celtic' Theatre,' roimh 16.7.1897. Foilsithe in *The Collected Letters of W.B. Yeats*, eag. John Kelly, (Oxford: Clarendon Press, 1986), Iml. II, 124.

11 Dúirt Liam P. Ó Riain chomh maith go gcuirfeadh drámaí náisiúnta beocht nua sa tír. 'Níl Éire caillte ar fad. Tá iomad slí ann chun tír bhocht d'ardú is slí acu is ea drámaí náisiúnta.' *Grádh agus Gréithidhe agus Drámanna eile*, (Baile Átha Cliath, 1904) vi.

12 Eagarfhocal, 'Dráma na nGaedheal,' *An Claidheamh Soluis*, 14.11.1903, 4.

13 Diarmuid, 'Irish Drama,' *An Claidheamh Soluis*, 30.1.1904, 6.

14 'Pádraig na Léime,' 'Aiste: An Dráma i nÉirinn: II,' *Sinn Féin*, 30.10.1909, 4.

15 Féach an rangú a dhéanann Pádraig Ó Siadhail ar dhrámaí bolscaireachta na hAthbheochana in *Stair Dhrámaíocht na Gaeilge 1900–1970*, (Indreabhán: Cló Iar-Chonnachta, 1993), 34.

16 Tomás Mac Domhnaill, 'An Irish National Theatre,' *The Leader*, 27.4.1901, 141.

17 In alt eile dúradh gur cheart drámaí a scríobh faoi Eoin Rua, Aodh Ó Néill, Wolfe Tone agus Robert Emmet.
'In scanning the page of Irish history, I have often been struck by the vast field offered for historical plays. We want our history taught to us by putting on the stage vivid pictures of the past of our people, with the moral drawn therefrom ... If we had those soldiers of another day brought before us on the stage, what encouragement could we not draw from their dialogue, what stimulation would we not derive, and what a clear definition of policy we could build up for our future guidance ... The hour calls for a man who will apply a pen of fire to our history and light up its paths and tracks, along which so many generations of our people marched to the grave. We march by the same road, and we need a drama beacon-fire to guide us on the way.'
Calma, 'Some Suggestions for Irish Drama,' *The United Irishman*, 22.3.1902, 6.

18 Peadar Mac Cuinn, 'An Sórt Dráma Theastuigheas Uainn,' *The United Irishman*, 4.1.1902, 2 & 11.1.1902, 2.

19 'An Páiste,' *An Claidheamh Soluis*, 10.6.1905, 3–4. Liomsa an bhéim.

20 'The Irish Revolution really began when seven proto-Gaelic Leaguers met in O'Connell Street ... Whatever happens to the Gaelic League it has left its mark upon Irish history and the things that will be dreamt of and attempted in the new Ireland by the men and the sons of the

men that went to school to the Gaelic League will be dreamt of and attempted – yes, and accomplished – just because the Gaelic League has made them possible.' Pádraig Mac Piarais, luaite in *Traidisiún Liteartha na nGael* le J.E. Caerwyn Williams agus Máirín Ní Mhuiríosa, (Baile Átha Cliath: An Clóchomhar, 1979), 349–50.

21 P. Mac Piarais, 'The Psychology of a Volunteer', *An Claidheamh Soluis*, 3.1.1914, 6.

22 Mar shampla, dúirt an Piarsach faoin íobairt fola '… bloodshed is a cleansing and sanctifying thing, and the nation which regards it as the final horror has lost its manhood.' In Pádraig Mac Piarais, 'The Coming Revolution,' luaite in *Patrick Pearse: The Triumph of Failure* le Ruth Dudley Edwards, (Baile Átha Cliath: Poolbeg Press, 1990), 179.

23 E., 'A New Play,' *An Claidheamh Soluis*, 4.7.1903, 3.

24 'Irish Plays in English,' *The United Irishman*, 28.2.1903, 5.

25 'London Notes,' *An Claidheamh Soluis agus Fáinne an Lae*, 12.10.1901, 492.

26 Cuirtear in iúl don lucht féachana i monalóg ag fíorthús *An Dochtúir* gur Seoinín é an Dochtúir nuair a deir sé: 'I wonder if they play any games here, golf, or cricket, or ping-pong. I must get up a cricket team, the *Ballindonas Cricket Club*, and I the captain. Doubtless I would lick them into shape after a time. We Irish, whatever our other faults, are very quick about picking up things and imitating.'

27 Cormac Breathnach, Uachtarán an Chonartha: 'I maintain that it is possible to be a shoneen Irish speaker. The Irish speaker who jazzes and fox-trots, and takes part in those functions that are distinctively part and parcel of foreign civilisation is no asset to the Gaelic League or to Ireland.' *The Kerryman*, 2.10.1926, 10.

28 Féach an plé a dhéantar ar 'The Stage Englishman' in Pádraig Ó Siadhail, *Stair Dhrámaíocht na Gaeilge*, 36–7.

29 'Notes,' *An Claidheamh Soluis*, 7.2.1903, 804.

30 *The United Irishman*, 14.11.1903, 1.

31 An Madra Maol, 'Dráma na nGaedheal,' *An Claidheamh Soluis*, 14.11.1903, 1.

32 Féach, mar shampla, Henry Morris, 'The Shoneen: A Character Sketch,' *The United Irishman*, 6.8.1904, 2–3.
'In a Shoneen Parlour,' *The Leader*, 3.8.1901, 360–1.
Séamus Ua Dubhghaill, 'Seoinin agus a Chuideachta,' *The Leader*, 26.7.1902, 352–4.

33 Imaal, 'The Real West-Briton,' *The Leader*, 7.12.1901, 244–5.

34 Scríobh D.P. Moran alt dar teideal 'The Battle of Two Civilisations' in *New Ireland Review*, Lúnasa 1900, 323–36.

35 Cháin Yeats *An Dochtúir*: 'Mr. O'Beirne deserves the greatest praise for getting this company together as well as for all he has done to give the Tawin people a new pleasure in their language; but I think a day will come when he will not be grateful to the Oireachtas Committee for bringing this first crude work of his into the midst of so many thousand people. It would be very hard for a much more experienced dramatist to make anything out of the ugly violence, the threadbare, second hand imaginations that flow in upon one out of the newspapers, when one has founded one's work on proselytizing zeal, instead of one's experience of life and one's curiosity about it.' *Samhain*, Mí na Nollag 1904, 8–9.

36 Nuair a foilsíodh *An Dochtúir* arís i 1924 dúradh sa réamhrá: 'Ó thainic sé amach ar dtús taidhbhdhearcadh é os cionn 400 uair – ní in Éirinn amháin acht i Lundain Shasana agus i Nua Eabhrac.'

37 'Tawin deserved it all, for its people have shown themselves a brave and spirited people, and the Brian Boroimhe Branch of the Gaelic League is to be heartily congratulated on its enterprising and patriotic action in bringing the play of *An Dochtúir* across the breadth of Ireland to the metropolis. Its action and the success of the performances cannot fail to work beneficial results to the language movement in Galway.' *The United Irishman*, 21.11.1903, 1.
'... the Tawin Village Club will bring *An Dochtúir* on a second visit to Dublin. Tawin has done more for the movement than can be readily realised, and the appearance of *An Dochtúir* in the Round Room before the assembled representatives of Irish Ireland should stir many a smouldering fire.' Duilleachán an Oireachtais, *An Claidheamh Soluis*, 29.7.1904, 1.

38 *The United Irishman*, 14.11.1903, 1.

39 *The United Irishman*, 31.10.1903, 1.

40 Luaite in P.J. Mathews, *Revival: The Abbey Theatre, Sinn Féin, The Gaelic League and the Co-operative Movement*, (Corcaigh: Cork University Press, 2003), 39.

41 Féach, freisin, scéal beag dátheangach a foilsíodh ar *The United Irishman* ina ndéantar aoir ar an Dr. Atkinson. Shanganagh, 'Ár dTeanga Féin agus Ollamh Mac Aitcin,' *The United Irishman*, 29.11.02, 2.

42 An Madra Maol, 'Dráma na nGaedheal,' *An Claidheamh Soluis*, 14.11.1903, 1.

43 Níor ceadaíodh ainmneacha Gaelacha a úsáid ar chairteacha agus i 1905 gearradh fíneáil ar roinnt mhaith daoine dá bharr. Thóg Pádraig Mac Piarais cás dlí ar son Néill Mhic Giolla Bhríde, fear a cúisíodh as

an leagan Gaeilge dá ainm a úsáid, agus cé nár éirigh leis sa chás cúirte, baineadh dóthain adhmaid as an eachtra ina dhiaidh sin ar leathanaigh *An Claidheamh Soluis* leis an scéal a chur i mbéal an phobail agus le daoine a ghríosú le ról níos gníomhaí a imirt in imeachtaí an Chonartha. Féach, Ruth Dudley Edwards, *Patrick Pearse: The Triumph of Failure*, (Baile Átha Cliath: Poolbeg Press, 1990), 79–81 agus Regina Uí Chollatáin, *An Claidheamh Soluis agus Fáinne an Lae*, (Baile Átha Cliath: Cois Life, 2004), 76–83.

44 *Sínteáin Máire Ní Laoidhlis Or The Bargain of Swords* le G. Ní Laoich Ghríobhtha (1907) 5.

45 *An t-Athrughadh Mór* le Felix Partridge, 1906, 5. Dúirt J.M. Synge faoin dráma seo: 'I went to the Oireachtas on Thursday to see their plays. The propagandist play done by the Ballaghadereen Company was clever with some excellent dialogue, and the peasants who acted it were quite admirable. I felt really enthusiastic about the whole show, although the definitely propagandist fragments were of course, very crude. The play was called, I think, *an t-Atruighe mor* (the big change). I think I have spelled it wrong. It would probably read badly.'
   J.M. Synge, luaite in *Our Irish Theatre*, le Lady Gregory, The Coole Edition (Gerrards Cross: Colin Smythe, 1972), 81.

46 Acht, 'Our Drinking System,' *The Leader*, 28.12.1901, 296. Féach, chomh maith: Tír Eoghán, 'The Drink Evil: A Remedy Suggested,' *The Leader*, 7.3.1908, 45–7.

47 'The Plays,' *An Claidheamh Soluis*, 15.8.1908, 9.

48 An Craoibhín, Réamhrá, *An Deoraí*, Márta 6, 1905.

49 Féach, mar shampla, Maud Gonne 'Ways of Checking Emigration,' *The United Irishman*, 11.10.1902, 6; Seaghan Ua Loingsigh, 'Ar dTeanga Féin: An Díoghbháil a deineann imtheacht tar lear ar Éirinn agus ar an Éireannach d'imthigheann,' *The United Irishman*, 15.11.1902, 2 agus 22.11.1902, 2.

50 'Dála na druinge eile, na daoine imthigheann as an tír seo agus maireachtaint mhaith aca innti – is iad san na millteóiridhe ar fad. Ní'l aon ghabhadh aca so, pé 'nÉirinn é, dul thar lear ag féachaint a bhfuighfeadh siad rud le n-ithe. Ba chóir do gach fíor-Ghaedheal fuath agus tarcuisne do bheith aige ar an tsaghas san duine. Tá dhá pheacaigh déanta aige i n-aghaidh a dhúithche. Ar dtúis tá fear, nó b'fhéidir lán tighe caillte ag an náisiún, agus fós deineann sé slighe do'n choigcrioch 'na ionad féin mar tá 'fhios ag an saoghal go bhfaghann na coigcriocha gach éan rud maith atá le fagháil san tír seo. Sin í an tslighe 'na bhfuil Éire bhocht scriosta ag ná méirlighibh atá fá réim le n-ár linn-ne. Tá na Gaedhil ag imtheacht agus ag síor-

imtheacht agus tá na coigcriocha is measa le fagháil ag teacht 'na n-ionad – na Sacsannaigh na hAlbannaigh agus na Iudaigh – agus saoghal breagh rompa san go léir.' Domhnall Ó Conchabhair, 'Imtheacht na nGaedheal,' *The United Irishman*, 14.11.1903, 2.

51 Níl dabht ar bith faoi ach go ndeachaigh litreacha Mheiriceá i bhfeidhm go mór ar dhaoine, fé mar a dúirt an Piarsach: 'by far the most effective emigration agent that has ever come into play in Ireland.' Féach, Philip O'Leary, *The Prose Literature of the Gaelic Revival 1881–1921: Ideology and Innovation* (The Pennsylvania State University Press, 1994) 149–53.

52 Domhnall Ó Conchabhair, 'Imtheacht na nGaedheal,' *The United Irishman*, 14.11.1903, 2. In alt eile dúradh: 'Agus má eirigheann olc mar seo leo, má theipeann siad, tosnuigheann siad ar ól, tugann iad féin suas do'n mhí-ádh agus do'n mhallacht sin atá síos ar ár gceannaibh 'sa bhaile agus i gcéin thar lear. Ní'l maith ann sin ionnta do Dhia, d'á dtír, nó d'á muintir. Do sgiobhthar uatha gach uile chomhartha d'á gcreideamh agus de'n tír óna'r thángadar ... 'Sé an baoghal is mó, im' thuairim, do'n té d'imthigheann tar lear, an baoghal go gcaillfidh sé a chreideamh – an creideamh Cataoiliceach, an seód is bríoghmhaire dá bhfuil aige, mar chómh fhad agus tá sin ar lasadh in a chroidhe, fágfaidh sé aige síothcháin agus suaimhneas síor-bhuan mar luach saothair.' Seán Ua Loingsigh, 'Ar dteanga féin: An Díoghbháil a dheineann imtheacht tar lear ar Éirinn agus ar an Éireannach d'imthigheann,' *The United Irishman* 15.11.1902, 2 agus 22.11.1902, 2.

53 'We are so innocent at home,' he went on, 'so unwordly. A girl is brought up without the slightest knowledge of sin, or vice, or even the ordinary ways of life; and then she is thrust into this Babylon of wickedness to earn her living as best she can, and expected to help to make a fortune for some lazy sister at home. As she has been brought up to nothing, people here will not waste their time teaching her, and she sinks step by step.'

'Ah!' he resumed, after a pause, and he looked as if he were speaking to someone invisible, not to me, 'how many a beautiful Irish girl have I seen brought to an early grave, who told me in her last confession that she never sinned except for bread.' Think of this, ye mothers of emigrants who boast you never had a servant-girl in the family, and see to it that you never have worse ... Truly strange it is that of the numbers who have left Ireland, how few return to tell others of the road, or if they do, is it not to boast how fair and wonderful is the way of thorns? They sink down into the darkness without ever lifting a finger to warn those about to follow. Rather, should a finger be lifted, is it not to lure others the self-same way?

... Of the servant girl-exiles, I can only repeat the words of my guide: 'In God's name, keep them at home.' According to him, and surely he must know after forty years' missionary labours, one out of every ten only gets on. 'For many of the rest,' he said, 'there is a word not found in any Irish dictionary, no use for it, and not understood, were it there, by the average Irish girl, but they meet it and understand it in all its horrors in London.' Nora F. Degidon, 'The Lives of the Emigrants,' *The United Irishman*, 17.1.1903, 6.

54 Crann taca don chreideamh a bhí sa teanga dar leis an Rev. J. M. O'Reilly, a scríobh paimfléad ar an ábhar dar teideal *The Trusty Vehicle of the Faith of the Gael*. 'The Irish language itself was instinct with religious life ... no one might speak it from infancy without finding himself so constituted and framed that, to him, active living faith was the very breath of his being; while the development of an infidel mind was not only impossible in himself, but inconceivable and incredible to him in others.' 'Emigration, Religion and the Irish Language,' *The Leader*, 1.3.1902, 8.

55 A Gaelic Leaguer, 'Irish-Ireland and Free Libraries,' *The Leader*, 12.1.1907, 345–6.

56 W.B. Yeats, Litir chuig F.J. Fay, 1.8.1901, in *The Collected Letters of W.B. Yeats*, Iml. 3, 97–8.

57 'Of course the performances were free from the vulgar and the objectionable. Priests need have no hesitation in going themselves, or in advising parents to send their children to theatre in this form. But, apart from anything directly objectionable, there was also absent the shilling-shocker sensationalism of the modern theatre. *Aodh O Néill* had a higher purpose than merely to tingle the nerves of the audience. A dramatic school with such aims may, in time, strike a lofty note of elevated patriotism.' Chanel, 'The Beginnings of Irish Drama,' *The Leader*, 21.2.1903, 420.

58 Féach, Nollaig Mac Congáil, 'Conspóid *Creideamh agus Gorta*' *Feasta*, Deireadh Fómhair 2007, 21–4, Samhain, 19–22.

59 F.P., 'Gorta agus Creideamh,' *The Leader*, 11.5.1901, 172.

60 Luaite in *The Abbey Theatre: The Years of Synge 1905–1909*, le Robert Hogan agus James Kilroy, (Baile Átha Cliath: Dolmen Press, 1978), 157.

61 Duine bhí ann, '*Creideamh agus Gorta*,' *The Leader*, 4.11.1905, 165.

62 'Faith and Famine,' *The Leader*, 4.11.1905, 165–6.

63 Duine bhí ann, '*Creideamh agus Gorta*,' *The Leader*, 4.11.1905, 165.

64 'Faith and Famine,' *The Leader*, 4.11.1905, 165–6.

65 Lee, 'Irish Drama in Cork,' *The Leader*, 5.10.1907, 108.

66 W.P. Ryan, 'Ireland at the Play,' *The Pope's Green Island*, (London: J. Nesbit, 1912), 299–300.

67 *'An Sprid'* i Rosmhóir, *An Claidheamh Soluis*, 3.1.1903, 718–9. Tá macallaí d'fheis na nGaeilgeoirí mar a shamhlaigh Myles na gCopaleen í le sonrú ar léirmheas an dráma seo, ar an 'áit ana-Ghaedhealach' agus fógraí le *Go mairidh ar nGaedhilg slán* orthu.

68 J. M. Synge, 'The Dramatic Movement in Ireland', luaite in *Synge and the Irish Language* le Declan Kiberd, (London: Macmillan Press, 1979), 146–7.

69 Joseph Holloway, *Joseph Holloway's Abbey Theatre: A Selection from his unpublished Journal Impressions of a Dublin Playgoer,'* eag. Robert Hogan & Michael J. O'Neill, (Carbondale: University of Southern Illinois Press, 1967), 13–4.

70 'An Sórt Dráma Theastuigheas Uainn,' *The United Irishman*, 4.1.1902, 2 agus 11.1.1902, 2.

71 'Irish Literature – 1902,' *The Leader*, 6.12.1902, 244.

72 Pádraig Ua Duinnín, 'Comhairle an Mháirtínigh,' *The Leader*, 11.5.1907, 181.

73 *The United Irishman*, 7.6.1902, 1.

74 F.P., 'Gorta agus Creideamh', *The Leader*, 11.5.1901, 172.

75 An Craoibhín, 'Réamhrá,' *An Deoraí*, Márta 6, 1905. Suntasach go leor ní dhéanann sé aon tagairt don dráma seo a léiriú sna scoileanna. Téacsleabhar Gaeilge a bheadh ann le léamh.

76 'The Oireachtas', *An Claidheamh Soluis*, 9.5.1903, 1.

77 'It is this element of reality, the reality of Irish as it lives on the lips of those who have spoken it from their cradles, that is the only hope of the Irish movement. Nothing else can save the language. Its fate lies in the hands of the Irish speakers today. Other things may help, but can only help, towards this end; we have thousands learning Irish now; we have Irish books and Irish papers and Irish songs. But all these are nothing without the Irish speakers. It is they, and they alone, that can save the language. *They* must be the singers, *they* must be the readers, *they* must be the writers, *they* must be the teachers.' Dóthchas, 'An Irish-Speakers' Feis,' *The Leader*, 14.9.1901, 44.

78 *The United Irishman*, 28.3.1903, 1.

79 Tugadh comhairle do scríbhneoirí ceol a chur isteach sna drámaí. 'It was interesting to see how the audience seized on the music and dance in the play with eagerness. It has always seemed to me that a performance which would combine music and acting, an opera of the

lighter sort in Irish, would be the ideal form of entertainment for Gaelic League audiences at the present moment.' Chanel, 'The Beginnings of Irish Drama,' *The Leader*, 21.2.1903, 420.

80 *The United Irishman*, 24.8.1901, 1.

81 *The United Irishman*, 7.6.1902, 1.

82 W.P. Ryan, 'Ireland at the Play,' *The Pope's Green Island*, 1912, 299–300.

83 Michael Blake, 'Two Irish Plays,' *The United Irishman*, 8.8.1903, 6.

84 W.B. Yeats, 'The Dramatic Movement,' *Samhain*, Nollaig 1904, 9–10.

85 F. Hugh O'Donnell, 'The Stage Irishman of the Pseudo-Celtic Drama' luaite in *Laying the Foundations: 1902–4*, le Robert Hogan and James Kilroy, (Baile Átha Cliath: Dolmen Press, 1976), 97.

86 Stephen Gwynn, 'The Value of Criticism,' luaite in *The Abbey Theatre: The Years of Synge 1905–1909*, le Robert Hogan agus James Kilroy (Baile Átha Cliath: Dolmen Press, 1978), 118–9.

87 W.B. Yeats, 'First Principles,' *Samhain*, Nollaig 1904, 15.

88 Theo, 'Gaelic League Concerts,' *The Leader*, 26.9.1903, 77–8.

89 Joseph Holloway, luaite in *Laying the Foundations: 1902–4*, le Robert Hogan and James Kilroy, 52.

90 W. B. Yeats, 'The Man and the Echo,' *Collected Poems of W.B. Yeats* (London: Macmillan, 1967), 393.

91 Mar shampla, dúirt Yeats go bhfaca na mílte an dráma *An Dochtúir* le linn an Oireachtais. *Samhain*, Mí na Nollag 1904, 9. Ag labhairt faoi dhrámaí eile a léiríodh sa Rotunda, dúirt Yeats: 'The most important event of the Gaelic Theatre has been the two series of plays produced in the Round Room of the Rotunda by the Gaelic League – Father Dinneen's *Tobar Draoidheachta*, and Dr. Hyde's *An Posadh*, and a chronicle play about Hugh O'Neill, and, I think, some other plays, were seen by immense audiences. I was not in Ireland for these plays, but a friend tells me that he could only get standing room one night, and the Round Room must hold about 3,000 people.' W.B. Yeats, 'Notes,' *Samhain*, Meán Fomhair 1903, 3. Rinne Joseph Holloway cur síos ar an tóir a bhí ar dhrámaí an Oireachtais i 1903. 'In the evening, I again went to the Rotunda to the Oireachtas festival and found the hall quite thronged, having to stand the whole time. So huge did the gathering become that the orchestra were crowded out, and when their time came they had to be content in a space in which the fiddlers could not draw a long bow.' Luaite in *Laying the Foundations: 1902–4*, le Robert Hogan & James Kilroy, 64.

AN TATHAIR PEADAR UA LAOGHAIRE (1839–1920)

Bhí an tAthair Peadar ar na scríbhneoirí ba bhisiúla is ba thábhachtaí i luathstair na hAthbheochana agus scríobh sé an t-uafás leabhar den uile chineál i rith a shaoil. Cuimhnítear air ach go háirithe mar chrann cosanta chaint na ndaoine. Níl a chuid drámaí ar an gcuid is tábhachtaí dá shaothar cruthaitheach.

Maidir le cuntas níos iomláine faoi Pheadar Ua Laoghaire, féach: Diarmuid Breathnach agus Máire Ní Mhurchú in *1882–1982 Beathaisnéis a Dó* (An Clóchomhar, 1990) 118–20.

PETER TONER MACGINLEY (CÚ ULADH)/ PEADAR MHAG FHIONNLAOICH (1856–1942)

Conallach a bhí ann agus pearsa láidir i stair na hAthbheochana a rinne cion fir ar son na Gaeilge i rith a shaoil. Drámadóir, oideachasóir, fear cúise, tírghráthóir agus Seanadóir a bhí ann fosta a d'fhág a rian ar chinniúint na Gaeilge ar an uile bhealach. Maidir le cuntas níos iomláine faoi Chú Uladh, féach: Diarmuid Breathnach agus Máire Ní Mhurchú in *1882–1982 Beathaisnéis a hAon* (An Clóchomhar, 1986) 39–40 agus Brenda O'Hanrahan, *Donegal Authors: a Bibliography* (Irish Academic Press, 1982) 159–61.

DÚGHLAS DE HÍDE/AN CRAOIBHÍN AOIBHINN (1860–1949)

Seo duine de na daoine ba thábhachtaí i stair na hAthbheochana agus na tíre le breis is céad bliain. Fear mór léinn a bhí ann, scoláire Gaeilge, béaloideasóir, file, drámadóir, aistritheoir, óráidí láidir, náisiúnaí cultúrtha a bhí ina uachtarán ar Chonradh na Gaeilge agus ina uachtarán ar Éirinn ina dhiaidh sin. Is é is mó a chuir siúl faoi Athbheochan na Gaeilge ag an tús ag mealladh daoine ó chuile aicme agus chreideamh ina treo. Is éachtach ar éirigh leis a dhéanamh maidir le Gaelú agus díghalldú na tíre seo i rith a shaoil.

Maidir le cuntas níos iomláine faoi, féach: Dominic Daly, *The Young Douglas Hyde* (Dublin 1974). Janet E. & Gareth W. Dunleavy, *Douglas Hyde: a maker of modern Ireland* (Berkeley CA 1991). Risteárd Ó Glaisne, *Dúbhglas de h-Íde 1860–1949* (Conradh na Gaeilge, 1991–1993). Donnchadh Ó Corráin, 'Douglas Hyde' in *Multitext Project in History: Movements for Political and Social Reform 1870–1914* (http://multitext.ucc.ie/d/ Douglas_Hyde3344120424).

SÉAMAS Ó DUIRINNE (1876–1946)

Cainteoir dúchais as Co. Phort Láirge a bhí ann a chaith a shaol ag múinteoireacht agus ag cabhrú le hAthbheochan na Gaeilge ar bhealaí éagsúla, mar shampla, ag soláthar aistí Gaeilge, leabhar scoile srl. Bhí sé gníomhach fosta i gcluichí Gaelacha, drámaí srl. Maidir le cuntas níos iomláine ar a shaol, féach: Diarmuid Breathnach agus Máire Ní Mhurchú in *1882–1982 Beathaisnéis a Ceathair* (An Clóchomhar, 1994) 113–4.

SÉAMAS Ó BEIRN (1881–1935)

Fear ildánach go maith a bhí sa Bheirneach agus cuimhnítear air mar dhíograiseoir teanga, mar dhrámadóir, mar dhochtúir a bhí ar thús cadhnaíochta maidir le cothú sláinte sa Ghaeltacht, agus mar fhear gnó. Chuir sé buíon aisteoirí ar bun i dTamhain, a cheantar dúchais féin i gContae na Gaillimhe, agus é fós ina mhac léinn, chun cuidiú le cúis na Gaeilge ansin, agus, de bharr a chuid iarrachtaí éagsúla ar son na Gaeilge, bunaíodh Coláiste Samhraidh Gaeilge ansin sa bhliain 1909. Scríobh sé cúpla dráma.

Maidir le cuntas níos iomláine faoin mBeirneach, féach: Diarmuid Breathnach agus Máire Ní Mhurchú in *1882–1982 Beathaisnéis a hAon* (An Clóchomhar, 1986) 48–9.

LIAM P. Ó RIAIN (1867–1942)

Iriseoir, sóisialaí, nuachtánaí agus scríbhneoir a bhí sa Rianach a scríobh as Béarla agus as Gaeilge agus a raibh dlúthbhaint aige le Conradh na Gaeilge agus leis an *Irish Literary Society* i dtús a ré. Is duine é a d'fhág a rian ar go leor bealaí ar stair na hÉireann agus na Gaeilge agus tugtar creidiúint dá réir dó.

Maidir le cuntas níos iomláine faoin Rianach, féach: Diarmuid Breathnach agus Máire Ní Mhurchú in *1882–1982 Beathaisnéis a hAon* (An Clóchomhar, 1986) 96–8 agus Robert Welch (ed.), *The Oxford Companion to Irish Literature* (Clarendon Press, Oxford, 1996) 504–5.

LORCÁN (LABHRÁS) Ó TUATHAIL (1870–1909)

Rugadh Lorcán Ó Tuathail i Maigh Cuilinn, Co. na Gaillimhe sa bhliain 1870 agus, gí nár gealladh saol fada dó, bhí sé ina mhúinteoir Gaeilge i nGaillimh, ina mhúinteoir taistil i gCo. Mhuineacháin agus, i ndeireadh ama, ina ollamh le Gaeilge i gColáiste Oiliúna Dhún Chéirí. Chomh maith leis an dráma seo a raibh an-tóir air ar feadh na mblianta, scríobh sé na drámaí *Lá an Chíosa* agus *Ban-Laoch na hÉireann*.

Maidir le cuntas níos iomláine faoi Lorcán Ó Tuathail, féach: Diarmuid Breathnach agus Máire Ní Mhurchú in *1882–1982 Beathaisnéis a Cúig* (An Clóchomhar, 1997) 258–9.

AN TATHAIR PÁRAIG Ó DUINNÍN (1860–1934)

Cuimhnítear ar an Duinníneach ach go háirithe mar fhoclóirí ach, chomh maith leis an éacht scolártha sin a chur i gcrích, chuir sé an t-uafás leabhar léinn in eagar agus tá saothar cruthaitheach máite air freisin, drámaí ina measc. Duine conspóideach go maith a bhí ann i rith a shaoil ar go leor cúiseanna éagsúla agus bhain conspóid ar leith le ceann dá chuid drámaí, mar atá, an ceann seo. Tá cuntas ar an gconspóid sin foilsithe ag Nollaig Mac Congáil ina alt 'Conspóid *Creideamh agus Gorta* le Pádraig Ó Duinnín' in *Feasta* (Deireadh Fómhair, 2007) 21–4 agus (Samhain) 19–22.

Maidir le cuntas níos iomláine faoi Phádraig Ó Duinnín, féach: Diarmuid Breathnach agus Máire Ní Mhurchú in *1882–1982 Beathaisnéis a Dó* (An Clóchomhar, 1990) 118–20 agus, gan amhras, Donncha Ó Céileachair agus Proinsias Ó Conluain in *An Duinníneach* (Sáirséal agus Dill, 1958).

TOMÁS MAC AMHALGHAIDH [FR. THOMAS CAWLEY] (1878–1949)

Rugadh é i gCreachmhaoil i gContae na Gaillimhe. Oirníodh ina shagart é sa bhliain 1907. Bhailigh sé neart béaloidis ina cheantar dúchais féin nuair a bhí sé ina ábhar sagairt agus d'fhoilsigh ar *Irisleabhar Mhá Nuad* faoi ainm cleite é. Bhí baint mhór aige le gluaiseacht na Gaeilge i nGaillimh agus é mór le Lady Gregory, Yeats agus de hÍde, agus maítear freisin gur chuir sé comaoin mhór ar an triúr sin maidir le hábhar béaloidis a sholáthar dóibh. Scríobh sé scéalta Béarla fosta agus foilsíodh cnuasach díobh, mar atá, *Leading Lights All*. Deirtear gur scríobh sé drámaí eile ach níl aon eolas fúthu sin.

Le breis eolais a fháil faoi, féach: Helen Maher, *Galway Authors* (Galway County Libraries, 1976), 15–6. Tá grianghraf de le feiceáil ar *The Connacht Tribune*, 28.6.13, 2.

Drámaí Thús na hAthbheochana

Peadar Ua Laoghaire

TADHG SAOR

An Fhoireann

Tadhg Saor
Duine uasal iasachta
Bean Thaidhg
Nóra (cailín an tí)
Dochtúir
Sagart
Crost (buachaill sráide)
Bás (buachaill sráide)
Beirt lucht airm
Cailíní agus buachaillí

Fuireann Tadhg Saor i nIubhar Chinn Trágha, *Irisleabhar na Gaedhilge*, 13:155 (Lúnasa 1903), 376.

AN CHÉAD NOCHTADH

Amuigh ar shráid.

DUINE UASAL IASACHTA (D.I. feasta): Dia is Muire duitse.

BÁS: Dia is Muire duit, is Pádraig, a dhuine uasail.

D.I.: Nach é seo sráid Mhaigh Chromtha agam?

BÁS: Ambasa ach is é, a dhuine uasail. An fada a thánaís?

D.I.: Nár chóir gur chuma duit! Nach éachtach an obair ná féadfaidh duine teacht isteach i sráid iasachta gan gach aon dailtín a bhuailfidh uime a bheith á fhiafraí de an fada a tháinig sé! Níl duine a bhuail umam ó thánag nár chuir ceist éigin den tsórt san orm.

BÁS: Gabhaim pardún agat, a dhuine uasail. Níor chuireas-sa ceist ort go dtí gur chuiris féin ceist ormsa ar dtúis. Cheapas nárbh fholáir nó thánaís tamall maith ó bhaile agus a rá ná raibh ainm na sráide seo agat.

D.I.: Tá a hainm anois agam. An bhfuil fear ina chónaí sa tsráid seo gurb ainm dó Tadhg Saor?

BÁS: Ambasa féin tá, a dhuine uasail. Cad do b'áil leat de?

D.I.: Féach arís! Airiú, greadadh chugaibh, a shloigisc dhrochmhúinte! Ar thugabhair riamh eolas do dhuine gan a bheith ag ceistiúchán air?

BÁS: Is dó' féach anois, a dhuine uasail, is tusa atá ag ceistiúchán ormsa.

(*Tig Crost.*)

CROST: Éist do bhéal, a bhligeaird, agus ná bí ag tabhairt gach re sea don duine uasal. Cad é seo ort, a dhuine uasail? Ná bac an breallán san. Níl aon chiall aige. Imigh leat féin as so!

(*Ag tabhairt coise agus láimhe do Bhás agus á chomáint amach.*)

D.I.: An bhfuil aithne agat ar Thadhg Saor?

CROST: Togha na haithne, a dhuine uasail.

D.I.: Cad é an saghas fir é?

CROST: Fear crua láidir is ea é, a dhuine uasail. Níl aon fhear sa pharóiste is fearr rith agus léim ná é. Ní dóigh liom go bhfuil aon fhear sa pharóiste ná druidfeadh i leataobh óna mhaide ná óna bhuille de dhorn. B'fhéidir go bhfaighfí fir níos mó agus níos troime ná é ach níl an fear san ag teacht isteach go sráid Mhaigh Chromtha a d'fhéadfadh é a láimhseáil. Chonacsa gníomh aige á dhéanamh agus chuirfeadh sé ionadh ort.

D.I.: An dóigh leat san? Cad é an gníomh é?

CROST: Bhí saighdiúirí anso anuraidh nuair a bhí an t-*election* againn. Thugadar an oíche istigh sa chaisleán. Is ann a chuirtear chun codlata iad i gcónaí nuair a thagaid siad. Nuair a bhí an t-*election* críochnaithe bhíodar ag imeacht. Bhí cuid acu lasmuigh de gheata an chaisleáin agus cuid acu laistigh de. Tá ráil iarainn lasmuigh den chaisleán chun na mbeithíoch do choimeád amach ón bhfalla nuair a bhíonn aonach sa tsráid. Tá an ráil os cionn chúig troithe ar airde. Do sheasaimh captaen an airm laistigh den ráil. Ní raibh aon ruthag aige mar ní raibh puinn slí idir an ráil agus falla an chaisleáin. Níor dhein sé ach seasamh suas leis an ráil laistigh agus éirí de bhonna a chos agus teacht de léim thar ráil amach. '*Come,*' ar seisean, '*where is the b---y Papish that can do that?*' Bhíos féin ag éisteacht leis. Siúd anonn mé go tigh Thaidhg. D'inseas dó cad a bhí tuitithe amach. Siúd i leith é, ceann lomrachta. Sheasaimh sé suas leis an ráil lasmuigh. D'éirigh sé gan ruthag de bhonna a chos agus chuaigh sé den léim sin glan thar ráil isteach. Ach ní túisce do luigh a chosa ar an dtalamh istigh ná d'éirigh sé arís agus tháinig sé de léim ghlan i ndiaidh a chúil thar ráil amach! Do leath a shúile ar a raibh ag féachaint air. D'fhéach sé ar an gcaptaen. '*Come,*' ar seisean, '*where is the b---y Orangeman that will do that?*' Tháinig fearg ar an oifigeach. Tharraing sé a lámh. Thug Tadhg fé ndeara an iarracht agus an drochfhuadar. Nuair a bhí an buille ag teacht do shnap sé síos a cheann agus d'imigh an iarracht folamh. Ón bhfuinneamh a bhí lena láimh, do chas an t-oifigeach ar a chosa. Lena linn sin do haimsíodh é ag bun na cluaise le buille de dhorn ó Thadhg agus do síneadh ar an dtalamh é go breá socair. Bhí Tadhg imithe sula raibh a fhios i gceart ag an gcuid eile acu cad a bhí titithe amach.

D.I.: Ba mhaith liom an fear sin d'fheiscint. Cá bhfuil a thigh?

CROST: Téanam ort. Buail mar seo.

(*Imíd.*)

AN DARA NOCHTADH

Tigh Thaidhg.

TADHG SAOR (*Ina aonar*): Greadadh chucu mar bháillí! Táim ciapaithe acu. Ní thugaid siad suí suaimhnis dom. Is dóigh leo gur ceart do dhuine airgead do bhaint as na clocha dóibh.

(*Tig Bás isteach.*)

BÁS: Tá duine uasal iasachta ar do lorg, a Thaidhg.

TADHG: Cá bhfios duit airiú, a bhligeaird? Cá bhfuil sé nó cad é an saghas é?

BÁS: Saghas stuacach, geallaim duit é. D'fhiafraigh sé díom an raibh aithne agam ar Thadhg Saor agus nuair fhiafraíos de cad é an gnó a bhí aige díot ba dhóigh leat go n-íosfadh sé mé.

TADHG: Go n-ithe rud éigin é! Cá bhfuil sé anois?

BÁS: D'fhágas é féin agus Crost ag caint le chéile. Ní deirim ná go bhfuil sé chugainn.

(*Tig Crost agus an duine uasal iasachta isteach.*)

Cad ba ghá duit mé a bhualadh, a Chrost! Ní raibh aon ní agam á dhéanamh as an slí ort.

CROST: Féach, a Thaidhg. Seo duine uasal agus tá gnó éigin aige díotsa.

(*Ritheann Tadhg leis féin.*)

D.I.: Cad tá air? Cad chuige gur rith sé uaim?

CROST: B'fhéidir dá neosfá an gnó atá agat de gurbh fhusaide duit dul chun cainte leis. Fear mórchúraim is ea é agus ní thaitneann caint dhíomhaoin leis. Inis dom cad é an gnó atá agat de agus leanfad é.

D.I.: Is dóigh, d'airíos feirm thalaimh do bheith le díol aige laistiar de Mhaigh Chromtha i mball éigin agus thánag féachaint an bhféadfainn an fheirm do cheannach.

CROST (*In ard a chinn is a ghutha*): A Thaidhg!

TADHG (*Laistigh*): Ná bí am bhodhrú! Cad tá uait?

CROST: Tá duine uasal anso agus ba mhaith leis roinnt cainte a dhéanamh leat.

TADHG (*Laistigh*): Abair leis teacht amárach. Tá ana-bhroid gnótha orm inniu.

CROST: Cad deirir leis sin, a dhuine uasail?

D.I.: Imigh leat isteach agus abair leis gur airíos go raibh feirm aige le díol agus gur mhaith liom í a cheannach uaidh má fhéadaim é.

(*Imíd Crost agus Bás isteach.*)

D.I. (*Ina aonar*): Sea, sea, sea. (*Ag sceartadh ar gháirí.*) Dar fia is dóigh liom go ndéanfair an gnó, a Thaidhg. Is dócha gur cheap sé gur bháille mé. Níl aon ghrá dos na báillí aige. Fan leat go fóill, a Thaidhg, beidh spórt againn, geallaim duit é. Ní fheadar an bhfuil puinn airgid sa tigh aige. Is minic báillí i ndiaidh dhuine agus nach duine gan airgead é. Is minic a bhíodar go te im dhiaidh féin agus an t-airgead im phóca agam. Na cladhairí! Ní hionadh liom gan aon bhá a bheith aige leo. Éist!

(*Sciúrdann amach. Tig beirt lucht airm isteach.*)

AN CHÉAD FHEAR: Thabharfainn an leabhar go raibh sé anso.

AN DARA FEAR: Má bhí, níl sé anois ann.

AN CHÉAD FHEAR: Mar seo amach a ghabh sé. Téanam!

(*Imíd.*)

AN TRÍÚ NOCHTADH

Tigh Thaidhg.

Tadhg Saor agus Cros agus Bás

TADHG: Ambasa más mar sin atá an scéal aige ní deirim ná gurb amadán é. Is dócha go bhfaca sé an fhógairt a cuireadh ins na páipéir i dtaobh na feirme. Imigh ort siar, a Bhás, agus abair le hAmhlaoibh go bhfuil a leithéid anso agus go raghadsa agus é féin siar ar maidin ag féachaint na feirme. Abair leis gach aon rud do bheith i dtreo mhaith aige romhainn. Má tá póca trom aige seo gheobhaidh sé éadromú sula mbeire an oíche amárach air. Imighse, a Chroist, agus féach an bhfeicfeá arís é agus tabhair chugam isteach é.

(*Imíd Cros agus Bás.*)

Is éachtach an saol é. An t-amadán duine uasail seo agus a dhá dhóthain airgid aige agus ná féadfadh sé é a choimeád. Feirm thalaimh atá uaidh! Dá mbeadh an t-airgead agamsa geallaim duit nár mhór liom dó an fheirm. Beidh sé cortha go maith di sula bhfaighe sé a chuid féin arís aisti!

(*Tig an duine uasal iasachta.*)

Ó, míle fáilte romhat, a dhuine uasail! Gabhaim pardún agat! Gabh mo leithscéal. Tá oiread san le déanamh agam agus bíonn oiread san daoine ag glaoch orm ó mhaidin go hoíche nach féidir dom teacht ar iad go léir do fhriotháileamh.

D.I.: Ná bíodh ceist ort, a dhuine uasail! Is tú Tadhg Saor, measaim.

TADHG: Is mé cheana.

D.I.: Tá go maith. Is tú a bhí uaim. Tá feirm thalaimh agat le díol tamall amach ón sráid seo. Ba mhaith liom í a cheannach uait. Ba mhaith liom dul agus í a fheiscint ar dtúis. An bhfuil sí i bhfad as so? Nó cad é an treo ina bhfuil sí?

TADHG: Tá sí suas le deich míle de shlí as so. Níl aon dealramh fónta ar an dtráthnóna. Bheadh sé chomh maith agat fanúint anso go lá agus ansan d'fhéadfaimis araon bualadh siar ar ár socracht ar maidin.

D.I.: B'fhéidir an ceart do bheith agat. Ach is deacair liom bheith ag déanamh ceataí duitse agus dod mhuintir tí.

TADHG: Ná bíodh ceist ort. (*Go hard*) A Nóra!

NÓRA: 'Teacht!

(*Tig Nóra.*)

TADHG: Cóirítear an rúm láir don duine uasal so. Fanfaidh sé go lá. Faigh rud le n-ithe dúinn. Cathain a bheidh dinnéar ullamh agat dúinn?

NÓRA: Chomh luath agus is féidir é.

TADHG: Téanam, a dhuine uasail, agus taispeánfad an tsráid duit.

(*Imíd.*)

NÓRA: Aililiú! Dinnéar ullamh – duine uasal iasachta – an rúm láir – fanfaidh sé go lá. Obair seachtaine in aon leathuair an chloig amháin! Gurab é an mac mallachtan a bhéarfaidh na huaisle leis!

AN CEATHRÚ NOCHTADH

Tigh Thaidhg.

(*Tadhg agus an duine uasal iasachta ina suí ag bord. Buidéil ina n-aice agus gloiní. Iad ag imirt chártaí. Stadann an D.I. ag féachaint suas ar an gclog.*)

TADHG: Comáin leat! Cad a chíonn tú sa chlog san?

D.I.: Cuireann sé i gcuimhne dom rud greannmhar a d'imigh orm tá suim blianta ó shin ann. Clog mar é sin díreach a bhí ann. B'fhéidir gurb é an clog céanna é! An fada atá sé agat?

TADHG: Tá sé ansan is dócha le fiche bliain.

D.I.: Ní hé an clog céanna é mar sin.

TADHG: Agus cad iad na míorúiltí a dhein an clog a deirirse?

D.I.: Ní raibh aon mhíorúilt in aon chor ann, ach is maith na chúig phuint a chailleas mar gheall air.

TADHG: Agus conas a chaillis an t-airgead mar gheall ar chlog?

D.I. Is amhlaidh a dúirt duine éigin ná féadfainn an port beag so do choimeád ar siúl ar feadh uair an chloig, ag freagairt do thormán an chloig, mar seo, féach:
Anonn is anall
Is tríd an abhainn
A Chailleach, a mharaís mé!
A Chailleach, a mharaís mé!
Chomáineas liom ar feadh tamaill agus cheapas ná raibh aon bhaol ná go bhféadfainn é a dhéanamh. Bhí an tromán ag suaitheadh chomh réidh díreach agus atá an tromán san. Ach do cuireadh an geall, chúig phuint an duine againn. Shocraíos mé féin i gcathaoir ar aghaidh an chloig amach agus chromas ar chomhaireamh
Anonn is anall
Is tríd an abhainn
A Chailleach, a mharaís mé!
A Chailleach, a mharaís mé!
Uair an chloig a bhí orm an comhaireamh do choimeád ar siúl agus gan aon chor den tromán do ligint uaim. Geallaim duit ná raibh céad luascadh comhairithe agam nuair a shleamhnaigh luascadh uaim os comhair mo shúl! Ní fheadar den tsaol cad d'imigh orm. Geallaim go raibh magadh fúm i dteannta an airgid do bheith caillte agam. Thriallas go minic ó shin é agus dá mbeinn dhá uair an chloig ag comhaireamh ní shleamhnódh aon luascadh uaim. Níor chuir aon rud riamh a leithéid d'ionadh orm.

TADHG: Ní fheadarsa leis cad d'imigh ort. Ní fheicim aon ghníomh ann ná féadfadh éinne a dhéanamh go mbeadh aon chruinneas in aon chor ann.

D.I.: Sin é díreach a cheapas féin sular chuireas an geall.

TADHG: Cuirfidh mé geall leat go ndéanfad féin anois é.

D.I.: Ó, ambasa, ní chuirfinn.

TADHG: Cad ina thaobh? An amhlaidh a bheadh díomá ort a rá go ndéanfainnse an rud a theip ort féin?

D.I.: Ní hé sin é ach bheadh sé chomh maith agam mo lámh do chur isteach id phóca agus do chuid airgid do ghoid uait. Ní bheadh aon bhreith agat ar é a dhéanamh nuair a bheadh an geall thíos.

TADHG: Cuirfidh mé deich punt leat go ndéanfad é.

D.I.: Ní maith liom do chuid airgid do thógaint.

TADHG: Má theipeann orm ní mór liom duit é. Seo. Cuir do dheich puint ansan ar an mbord i dteannta mo dheich bpuntsa.

D.I.: Seo, más ea, bíodh agat. Beatha dhuine a thoil. Bhí sé sa mhargadh im aghaidhse go bhféadfadh an fear eile fothrom do dhéanamh ar fud an tí chun mearbhall do chur orm ach ná bainfeadh sé lem bhéal.

TADHG: Tá go maith. Deinse do rogha fothrom ach gan baint lem bhéalsa.

(*Socraíonn Tadhg é féin i gcathaoir ar aghaidh an chloig amach.*)

Tá an clog anois díreach ag déanamh ar bhualadh. Chomh luath agus a bheidh buailte aige, tosnód. Nuair a bhuailfidh sé arís beidh an uair an chloig caite agus is liomsa an t-airgead.

D.I.: Tá go maith.

(*Buaileann an clog agus luíonn Tadhg ar a phort.*)

TADHG :

Anonn is anall
Is tríd an abhainn
A Chailleach, a mharaís mé!
A Chailleach, a mharaís mé!

(*Scaoileann an duine uasal leis ar feadh tamaill. Ansan díríonn sé ar fhothrom do dhéanamh. Ar ball éalaíonn sé laistiar de Thadhg agus cuireann sé an fiche punt chuige. Ansan osclann sé bosca anso agus cupard ansúd – ag déanamh fothraim, mar dhea – ach nuair a chíonn sé aon ní fónta, éadrom, cuireann sé chuige é. Fé dheireadh imíonn sé amach agus dúnann sé an doras ina dhiaidh le fothrom mór.*)

AN CÚIGIÚ NOCHTADH

An Siopa.

(Bean Thaidhg sa Siopa, laistigh den chuntar. An duine uasal iasachta lasmuigh den chuntar.)

D.I.: Deirim leat go bhfuil eagla orm go bhfuil drochní éigin air!

BEAN THAIDHG: Dhe, cad a bheadh air ach gur dócha gur ólabhair araon breis is bhur ndóthain den bhiotáille!

D.I.: Níor ólamar oiread san de. Níl aon mheisce ormsa, mar a chíonn tú, agus níor ól seisean ach gach re ndigh liom. Níor baineadh a leithéid de gheit riamh asam! Tá sé thuas ar aghaidh an chloig amach agus caint éigin ghreannmhar ar siúl aige. Tá sé á chasadh le cailligh éigin gur mhairbh sí é. Níor airíos a leithéid de chaint riamh ar siúl ag éinne agus é ina mheabhair shaolta. Ba mhaith liom go raghfá suas.

(Siúd suas í. Níl sí i bhfad thuas nuair a hairítear an liú aici á chur aisti go truamhéalach. Siúd suas ina diaidh a bhfuil de chailíní agus de bhuachaillí sa tigh. Siúd an duine uasal ag cuardach agus ag cur chuige.)

AN SÉÚ NOCHTADH

Tigh Thaidhg.

(Tadhg díreach mar a raibh sé agus a phort ar siúl aige. É ag suaitheadh a chinn go breá réidh, ag freagairt do luascadh an tromáin. Bean an tí sínte ar an urlár i laige. Duine de na cailíní Nóra ar a glúine in aice na mná ag iarraidh í a thabhairt thar n-ais. Na buachaillí ag féachaint ar Thadhg agus ná feadair siad cad is maith dóibh a dhéanamh. Dhá shúil Thaidhg ar an gclog agus a phort aige á sheint, gan suim in aon rud aige.)

NÓRA: Greadadh chugaibh, a phaca amadán! An bhfuil aon mheabhair ag éinne agaibh? Preabadh duine agaibh láithreach ag iarraidh an tsagairt agus duine eile agaibh ag iarraidh an dochtúra!

(*Siúd amach iad go léir. I gceann tamaill seo isteach an sagart.*)

SAGART (*Tar éis tamall do thabhairt ag féachaint ar Thadhg agus ag éisteacht leis an bport*): Cad é seo ort, a Thaidhg?

TADHG:

Anonn is anall
Is tríd an abhainn
A Chailleach, a mharaís mé!
A Chailleach, a mharaís mé!

SAGART: An fada atá sé ar an gcuma san?

NÓRA: Ní fheadar, a Athair. Bhí duine uasal iasachta anso ina theannta agus níor airíos blúire go dtí gur tháinig bean an tí aníos agus gur chuir sí liú aisti a raghadh tréd chroí! Ó, Dia linn! Níl sí ag teacht chuici féin fós.

(*Tig an dochtúir isteach agus casóg chuibhrithe (a straight jacket) ar a bhaclainn aige.*)

DOCHTÚIR: Haló, a Thaidhg, cad é seo ar siúl agat anois? Féach, a Nóra, tóg suas mar seo í! Sin é!

(*Osclann an bhean a súile agus cuireann sí liú eile aisti.*)

DOCHTÚIR: Taispeáin do chuisle, a Thaidhg.

(*Scaoileann Tadhg an chuisle leis.*)

Cuir amach do theanga.

(*Croitheann Tadhg a cheann gan stad dá phort. Tagann an dochtúir ina aice laistiar de. Leathann sé an chasóg ar shlinneáin Thaidhg. Sleamhnaíonn sé go breá réidh lámh le Tadhg isteach i muinchille agus an lámh eile isteach sa mhuinchille eile. Filleann sé an dá láimh ar ucht Thaidhg. Tarraingeann sé na muinchillí fada trasna an uchta agus siar trasna an droma. Cuireann sé snaidhm daingean ar na muinchillí. Tadhg i gcaitheamh na haimsire ag leanúint ar a phort, chomh maith agus dá mba ná beadh láithreach ach é féin. Tarraingeann an dochtúir téad as a phóca agus ceanglann Tadhg den chathaoir go daingean. Bagrann an dochtúir ar cheathrar buachaillí. Tig beirt acu ar gach taobh den chathaoir. Tógaid an chathaoir agus Tadhg ón dtalamh agus tugaid aghaidh ar an ndoras.*)

TADHG: Ó, greadadh chugaibh, a phaca gan chiall! Sin fiche punt caillte agam mar gheall oraibh.

(*Féachaid go léir ar a chéile. Ligid anuas an chathaoir. Féachann Tadhg ar an mbord.*)

Cé acu agaibh a thóg an t-airgead a bhí ar an mbord?

(*Leathaid a súile orthu go léir.*)

Féach, airiú, a dhochtúir, bog díom an rud so. Ná bíodh ceist ort. Tá mo chiall agus mo mheabhair agamsa chomh maith agus atá agat féin. Ach ní dóigh liom go bhfuil, ámh. Is dóigh liom go bhfuil gníomh leanbaí déanta agam.

(*Ritheann cailín isteach.*)

CAILÍN: Ó, Dia linn! Táimid creachta. Tá bosca an tsiopa ar leathadh agus an t-airgead imithe!

(*Ritheann cailín eile isteach.*)

AN DARA CAILÍN: Níl aon ghlas sa tigh ná fuil briste agus níl aon rud d'fhéadfadh imeacht ná fuil imithe.

NÓRA: Agus féach airiú! Sin é an cupard ar oscailt! Is dócha, a Thaidhg, go bhfuil mo thuarastal a thugas le coimeád duit imithe leis!

TADHG: Dar fia, má tá, a Nóra, leanfad an bithiúnach úd agus cuirfead solas an lae tréna phlaosc!

(*Tig isteach Crost agus Bás agus an bheirt lucht airm agus an duine uasal iasachta eatarthu gafa.*)

AN SEARGEANT: Féach, a Thaidhg. An aithneofá an t-airgead so? Tá deich puint de dílis agus an chuid eile bréagach. Is dócha gur leatsa an méid atá dílis de. Is dócha gur leat an mionairgead so leis agus na giuirléidí eile seo.

TADHG: Im briathar móide gur mheasas gur dhuine uasal bocht simplí é! Airiú, conas a thánabhair suas leis? Seo, a Nóra, sin é do chuid airgid agat. Tabhair do dhuine éigin eile le coimeád é feasta. Airiú, a Sheargeant, a chroí istigh, conas a fuaireabhair greim air?

AN SEARGEANT: Crost anso a chuir ar a bhalaithe sinn. Tá seanaithne againn air féin. Saunders is ainm dó. Anall ó

Londain a tháinig sé. Níl aon bhithiúnach thall acu is oilte ná é. Tá lucht cuardaigh na cathrach ina dhiaidh le fada agus teipithe orthu teacht suas leis. Geallaim duit go mbeidh fáilte thall roimis agus ár dtuarastal go maith dúinne.

NÓRA (*Go searbh agus go fíochmhar*): Duine uasal iasachta! An rúm láir dó! A dhóthain le n-ithe is le n-ól dó! Agus fanfaidh sé go lá! Greadadh chugat, a choirpigh! Is maith a bhí a fhios agam ná raibh aon mhianach fhónta ionat. Is mór an sásamh aigne orm a fhios a bheith agam go bhfuil rúm láir ullamh duit – agus go bhfanfair ann go lá!

AN SEARGEANT: Fanfaidh, a Nóra, agus dhá lá – an dá lá is an fhaid a mhairfidh sé!

NÓRA: Buíochas mór le Dia!

BRAT ANUAS

CRÍOCH

DIRECTIONS

The character of Tadhg Saor has two elements in it. He is by nature a bold, upright, honest man. Contact with the trickery of the world and with 'unmerciful disaster, following fast and following faster,' have surrounded his true nature with an incrustation of low roguery. The result is that he imagines himself a clever fellow, whereas he can be easily cheated. The native honesty of his nature will not give the roguery fair play.

The person who is to act Tadhg should study that point well and get into the spirit of the character.

This double element should show constantly throughout the piece. But it should shine out in the final scene, where my clever fellow realises how completely he has been humbugged, exactly when he thought he was humbugging the other fellow. No verbal direction can teach an actor how to bring this out. He must feel the thing for himself.

The duine uasal iasachta is easier in some ways and more difficult in other ways. It is not a compound like Tadhg. It is villany unmixed. But it is thoroughly polished villainy. There is no hesitation at a crime. There is no whimpering when caught. But there is a splendid mask, a mask of the most apparenty real ingenuousness. You can see the honesty of the man's heart in his very eyes, in his face, in his voice. You can see through him, in fact. This mask is never laid aside. Even in the last scene he wears it steadily. He is perfectly unmoved, perfectly firm, perfectly calm. He looks everyone in the face most honestly.

There is nothing difficult in the other characters.

P. O'L.

Peadar Ua Laoghaire

Bás Dhalláin

An Fhoireann

Dallán, rí-éigeas[1]

Aodh Fionn, rí Bhreifne
Aodh Mac Duach Duibh, rí Oirghialla

Donn
Cas
(giollaí le rí Oirghialla)

Méabh
Bríd
(beirt chailíní)

Seanchán, seanfhile
Muireann Ní Chúáin, bean Dhalláin
An chléir uile

AN CHÉAD RADHARC

Tigh an óil i bpálás Aodha Fhinn, rí Bhreifne.
Aodh Fionn agus Dallán agus é ar láimh ag giolla.

AODH FIONN: Is mór an onóir agus an urraim agus an fabhar atá fálta agatsa uaimse, a Dhalláin.

DALLÁN: Ní hionadh san, a rí. Is mór m'onóir ó ríthe móra, ní in Éirinn amháin ach i ndúthaí iasachta. Tá onóir agus urraim dom in Albain. Tá onóir agus urraim dom i Sasana. Tá onóir agus urraim dom i mBreatain. Tá, agus sa bhFrainc. Tá ollamh uasal im fhochair ó gach crích díobh san. Is onóir leo a bheith im fhochair. Is clanna ríthe iad ach is mó an uaisleacht leo a bheith im fhochairse ná a bheith ina gclanna ríthe.

AODH FIONN: Ina choinnibh sin thall, tá buaite agamsa orthu go léir. Is mó a thugaimse duit ná a thugann aon rí ná aon rófhlaith eile duit. Nuair a théann tusa ar chuairt ollúnachta, i bhfad ó bhaile, i gcríocha ciana coimhthíocha, bímse id dhiaidh anso agus bíonn mo shúil i ndiaidh do choda agus i ndiaidh do mhaoine. Nuair a chím bó in easnamh ar do chuid stoic cuirim bó uaim féin ina hionad, agus nuair a chím caora imithe uait cuirim caora ina hionad, agus nuair a bhíonn pingin in easnamh ort cuirim pingin ina hionad ionas go bhfaighfeása, ar do theacht abhaile duit, do chuid agus do mhaoin agus do shaibhreas chomh hiomlán agus d'fhágais iad ag imeacht duit.

DALLÁN: Cad chuige an chaint sin, a rí?

AODH FIONN: Chuige seo, a Dhalláin. Má tá rí cúige eile a mheasann go bhfuil sé chomh maith duit agus atáimse, ba cheart dó déanamh mar a dheinimse agus gach ní d'iarrfá air a thabhairt duit.

DALLÁN: Níl ardrí ná rí cúige in Éirinn ná tabharfadh domsa an ní d'iarrfainn air.

AODH FIONN: Im briathar go bhfuil dearúd ort, a rí-ollaimh.

DALLÁN: Cé hé an rí ná tabharfadh?

AODH FIONN: Aodh Mac Duach Duibh, rí Oirghialla.

67

DALLÁN: Níl ní ar bith ag rí Oirghialla, lasmuigh dá fhlaitheas, ná tabharfadh sé domsa dá n-iarrfainn air é. Ach tá a fhios agamsa, a rí, go bhfuil formad agus imreasán idir thusa agus Aodh Mac Duach. Aon ní fónta dá ndeineann rí agaibh ní foláir leis an rí eile ní is fearr ná é do dhéanamh.

AODH FIONN: Tá go maith. Cad ina thaobh, más ea, ná deineann Aodh Mac Duach beart chomh maith duitse agus a dheinimse duit?

DALLÁN: Cad í an bheart?

AODH FIONN: An ní a d'iarrfá air é a thabhairt duit.

DALLÁN: Cad tá aige ná tabharfadh sé dom?

AODH FIONN: Tá sciath aige gurb ainm di Dúghiolla agus tá buanna móra uirthi. Ní féidir do namhaid seasamh i gcath ina haghaidh. Titeann a lug ar a lag ag an namhaid a chíonn í i gcath. Nuair a bhíonn sí ar iompar ag Aodh Mac Duach féin, is cuma cad é líon a namhad, nuair a chíd siad ag teacht chucu í, iompaíd agus teithid. Is leis an scéith sin a chosnann Aodh Mac Duach críocha Oirghialla agus dá n-iarrfása air í ní thabharfadh sé duit í.

DALLÁN: Ó, níor cheart d'éinne an sciath sin d'iarraidh. Ach dá n-iarrfainnse í do gheobhainn í.

AODH FIONN: Thabharfainnse do thuarastal go maith duit ach dul agus an sciath sin d'iarraidh ar Aodh Mac Duach. Thabharfainn céad bó duit agus céad each agus céad caora agus céad muc.

DALLÁN: Tá go maith. Raghadsa ag iarraidh na scéithe agus muna dtugtar dom í, aorfad rí Oirghialla.

(*Imíonn Dallán.*)

AODH FIONN: Sea! Sin é Eochaidh Éigeas agaibh! Sin é Dallán Forgaill agaibh! Sin é an rí-ollamh go bhfuil an onóir go léir dó in Albain agus i Sasana agus i mBreatain agus thall sa bhFrainc. As a admháil féin ní hachainí fíordhuine an sciath d'iarraidh ar Aodh Mac Duach, agus sin é imithe ag iarraidh na scéithe air. Ó, cad é mar shaol! Is olc an gnó atá agam á dhéanamh á chothú agus ag cothú an ghrathain atá lena shála.

Ach cad tá le déanamh agam? Tá a bhfuil ar an tsaol agam ite ólta acu. Tá an Bhreifne creachta acu. Agus má abraim focal ina gcoinnibh imeoid siad agus aorfaid siad mé i láthair rí Oirghialla! Is trua an scéal é.

(*Imíonn.*)

AN DARA RADHARC

Faiche ar aghaidh dúna rí Oirghialla. Tig ó thaobh, Dallán agus a thrí naonúir. Ón dtaobh eile, Aodh Mac Duach Duibh, rí Oirghialla agus a mhuintir.

AODH: Míle fáilte romhat, a rí-ollaimh. (*Ag tabhairt trí póga dó.*) Seo, a mhuintir, tógaidh Dallán uasal ar bhur nguaillí agus tugaidh libh isteach é, agus tugaidh isteach a thrí naonúir, agus a mná agus a gcoin agus a ngiollaí. Cuirtear san ionad is fearr sa dún iad. Cuirtear cóir bídh agus dí orthu láithreach. Ná bíodh sé le rá choíche go raibh cóir níos fearr, ní hea ach chomh maith, i mBreifne orthu agus a bheidh orthu anseo. Is fearr Oirghialla ná an Bhreifne agus is fearr mise ná Aodh Fionn.

DALLÁN: Go réidh, a mhuintir mhaith, go bhfeiceam an bhfaigheam ár n-achainí. Muna bhfaigheam ár n-achainí níl aon mhaith sa bhfáilte. Má tá an achainí le fáil againn is í an achainí féin an fháilte is fearr.

AODH: Cad í an achainí atá le hiarraidh agat, a rí-ollaimh?

DALLÁN: Do sciathsa, a rí uasail, an sciath darb ainm Dúghiolla.

AODH: Ní hachainí fíoréigis sin.

DALLÁN: Thugas duan chugatsa á hiarraidh.

AODH: Is maith liomsa do dhuan d'éisteacht.

DALLÁN: Déarfad duit í.

A earag, a Aodh,	Is maith mór a mhaoín
A dhaig dhána dhur,	Gan aoír a's gan oil.
A mhaith mar mhuir mhór	An ghrian d'áilte reann

Coná cuirfe ar gcúl,	Is athuathmhar leam
Coná cuirfe ar gcúl,	A chlár fichill fionn
Aodh Mac Duach Duibh.	Contilfeam, a ear.[2]

AODH: Is breá go léir an dán é sin, dá dtuigfí é.

DALLÁN: Is fíor duitse sin. Agus an té do ní an fordheargadh file is dó is cóir é a mhíniú. Is mise do dhein an duan agus is mise a mhíneoidh é. 'A earag, a Aodh,' a dúrt leat. Is é sin le rá, 'Is tú earag gaisce agus aonghníomha Éireann.' 'A dhaig dhána dhur,' a dúrt leat. Nimh is ea daig, agus is dána a théann do nimhse i gcath nó i gcomhlann. Is í do sciath do nimh. Is eol dod namhaid nimh na scéithe sin. 'A mhaith mar mhuir mhór.' Is é sin le rá, dá mba leat maitheas na mara do bhronnfá é ar éigsí agus ar lucht ealaíon.

AODH: Ceannódsa do dhuan, a rí-éigeas. Tabharfad ór agus airgead air, tabharfad céad bó agus céad each, trí chéad muc agus trí chéad caora duit dá cheann.

DALLÁN: Ní ghlacfainn a bhfuil de shaibhreas sa domhan muna bhfuil an sciath le fáil agam.

AODH: Éirigh as, a Dhalláin. Ní bhfaighir ár sciath.

DALLÁN: Aorfadsa thusa.

AODH: Ná dein aon dá chuid ded dhícheall. Tá cumhachta Dé agus na naomh liom id choinnibh ó dhein Colm Cille an tsíocháin idir sibhse, aos ealaíon Éireann, agus sinne, ríthe Éireann.

DALLÁN: Ní bhéarfaidh Colm Cille thusa uaimse gan d'aoradh agus ní fearra dom uair a dhéanfad aoir ort ná anois os do chomhair.
Aodh Mac Duach Duibh,
Aruag air ná raibh.
A bhraghna cuach caoin,
A labhra lua loin.

AODH: Cá bhfios domsa cé acu aoir nó moladh atá agat á dhéanamh?

DALLÁN: Ní hionadh fear d'eolais á rá san. Ach siúd í ciall mo chainte. Tar éis na n-aor atá agam á ndéanamh ort anois ní bheidh cuimhne ag aos ealaíon ar mhaith dá ndearnais riamh, ach oiread agus bíonn ag peata cuaiche ar an oiliúint a thug an cabhcán uirthi.

AODH: Imigh uaim, a Dhalláin! Imigh uaim! Dá luathacht a bheidh tú as mo radharc is ea is fearra duit é. Ní fios cad é an fhaid d'fhulaingeoinn caint den tsórt san im fhianaise. Is baol, muna bhfuil cúis chun m'aortha agat, go dtabharfainn an chúis duit. Ní hiontaoibh mé nuair a deintear éagóir orm.

DALLÁN: Gabhtar m'eich dom.

(*Imíd Dallán is a mhuintir.*)

AODH: Féach air sin mar éagóir! Mo sciath! Mo Dhúghiolla do thabhairt dó! Conas chosnóinn mé féin ansan ar Aodh Fionn! Aodh Fionn a chuir suas é chun na hoibre seo. Tá go maith, a Dhalláin. Tá éagóir déanta agat orm. Tá aoir nimhneach déanta agat orm. Cuirim Dia ina dhiaidh ort.

(*Imíonn. Fanaid beirt ghiollaí .i. Cas agus Donn.*)

CAS: Cogar, a Dhoinn. Ar thuigis an dán úd Dhalláin?

DONN: Níor thuigeas, a Chais, an dán, agus níor thuigeas an míniú ach chomh beag. Agus is lú a thuigeas an t-aor ná mar a thuigeas aon taobh acu. Is cuma liom ó tá Dallán agus a shloigisc imithe. Bhíos deimhnitheach go mbeidís i gcomhair na hoíche againn. Bheimis marbh acu. Is iad an aicme is measa iad a tháinig isteach i dtigh riamh. Tá Dallán féin olc a dhóthain agus deacair do shásamh, ach is measa an slua ná é. Is measa na mná ná na fir. Agus is measa na giollaí ná na mná. B'fhusa duit go mór rí cúige do chur chun suite ná an giolla is meirgí acu. Ach is cuma liom ó táid siad imithe.

CAS: Is dócha ná tiocfaid siad go hOirghialla go brách arís.

DONN: Mo chathú é, a ndúirt Mathúin leis an sprid.

(*Ar ghuth.*)[3]

Dá fhaid a bhí an bóthar ní dúirt sí liom suí,
Ná 'bain díot do chlóca go n-ólam braon dí;'
Is is é dúirt na comharsain nárbh fhónta é mo shlí
Is gan leaba ina luífinn go lá ann.

(*Imíd.*)

AN TRÍÚ RADHARC

Dallán agus a mhuintir agus Seanchán seanfhile ar slí.

DALLÁN: Stadaidh, a mhuintir. Tá ní iontach agam le rá libh. Is minic airíos á rá ag lucht scéalaíochta, an té a dhéanfadh aoir éagóra, gur dó ba mheasa. Ní dóigh liom gur dhein éinne riamh aortha níos éagóra ná na haortha a dheineas féin, agus in ionad díobhála do theacht orm dá mbarr is amhlaidh atá maitheas mór tagaithe orm. Bhíos gan léas radhairce im shúilibh ag teacht ar an mbaile seo dom agus tá dhá shúil ghlé ghlana anois agam.

SEANCHÁN: A rí-ollaimh, is mór agus is maith an scéal é sin ach is deacair é a chreidiúint.

DALLÁN: Is fíor é, ámh.

SEANCHÁN: Más fíor, inis dúinn ár n-eagar sa tslí romhat agus id dhiaidh.

DALLÁN (*Tar éis féachaint ina thimpeall*): Táid dhá naonúr romham agus a naoi im dhiaidh.

CÁCH: Is fíor sin, a rí-ollaimh.

DALLÁN: Ach, fan go fóill. B'fhéidir ná fuil an scéal chomh maith agam agus a cheapas. Do chuireas mé féin fé choimirce Cholm Cille tá tamall mór ó shin agus d'iarras air, nuair a bheadh mo bhás ag druidim liom, comhartha éagsúlach éigin do thabhairt dom air. Conas fhéadfadh comhartha a bheith níos iontaí ná an comhartha atá fálta anois agam, mé dall ag teacht anso agus radharc mo dhá shúl anois agam! Beirtear chun mo thí féin láithreach mé.

(*Imíd.*)

*Seomra mór agus cailín .i. Méabh ann agus éadach ina láimh aici agus í
ag baint an cheo den troscán agus port amhráin ar siúl aici.*

MÉABH:

Ar a bhogadh is ar a bhonn,	An maidrín rua
Ar a bhogadh is ar a bhonn,	Ina luí sa luachair
Ar a bhogadh is ar a bhonn,	Is barr a dhá chluas
Go Cill Airne.	In airde.

(*Tig cailín eile .i. Bríd.*)

BRÍD: Cad é seo ar siúl anois agat, a Mhéabh?

MÉABH: Dhe, lig dom féin, a Bhríd. Táim marbh glan. Beidh an
tromdhámh⁴ anso láithreach agus maróidh Muireann mé má
chíonn sí aon bhlúire ceoigh ar an dtroscán so. Ní fhacaís
riamh ach an tsúil atá aici. Do chífeadh sí ceo san áit ná
feicfeadh cat luch.

BRÍD: Agus cad chuige go bhfuil an tromdhámh ag teacht anso
anois?

MÉABH: Chun Dallán do thórramh, a dhe!

BRÍD: Chun Dallán do thórramh? Dhe, agus cad chuige é a
thórramh go dtí go bhfaighidh sé bás?

MÉABH: An amhlaidh nár airís é a bheith marbh?

BRÍD: Ambasa ach níor airíos focal de. Beannacht Dé lena anam.
Airiú, cad d'imigh air, a Mhéabh?

MÉABH: Toil Dé!

BRÍD: Toil Dé! Dar ndóigh is le toil Dé a gheibheann gach éinne
bás agus, mar sin féin, ní gnáth go dtagann an bás ar dhuine
gan trúig éigin chuige.

MÉABH: D'airíos iad á rá gurbh é rí Oirghialla ba thrúig bháis dó.

BRÍD: Cuir uait! Níor dhein Aodh Mac Duach éagóir ar éigeas
riamh, ní áirím rí-ollamh.

MÉABH: Munar dhein Aodh Mac Duach éagóir ar Dhallán, do
dhein Dallán éagóir ar Aodh Mac Duach. Sin é a dúirt Dallán

féin. Tá fios fátha an scéil anois ag an dtromdháimh go léir. Deir siad gur iarr Dallán an Dúghiolla ar Aodh Mac Duach agus gur eitigh Aodh Mac Duach é. Ansan gur dhein Dallán aoir mhillteach ar Aodh agus gur imigh sé uaidh i bhfeirg. Ansan gur iarr Aodh Mac Duach ar Cholm Cille é a chosaint ar aortha Dhalláin agus Dia do chur ina ndiaidh air mar gheall ar an éagóir. Ní fada a bhí Dallán imithe ó Aodh nuair a tháinig a radharc dó.

BRÍD: Éist do bhéal! Ná fuil Dallán ina dhall an fhaid atá aithne againn air?

MÉABH: Thug Colm Cille radharc a shúl dó nuair a bhí an bás ag teacht air. Ach is í an eascaine a tháinig air ó Aodh Mac Duach ba thrúig bháis dó. Dhein sé an éagóir ar Aodh agus chuir Aodh Dia ina dhiaidh air.

BRÍD: Go saora Dia sinn! Ba dhian an t-éilteoir a chuir sé ina dhiaidh air.

MÉABH: Chomh luath agus a fuair sé go raibh radharc na súl aige do thuig sé go raibh sé réidh. D'ordaigh sé dóibh é a thabhairt anso abhaile agus níor mhair sé ach trí lá agus trí oíche. Bhí Marbhán Naofa ina fhochair i gcaitheamh na haimsire sin.

BRÍD: Aililiú! Agus tá Dallán uasal marbh! Cheapas ar dtúis gur ag magadh a bhís. Sin easnamh ar an dtromdháimh agus ar éigsí Éireann! Duine uasal fónta do b'ea é. Is dócha ó thug Dia radharc a shúl corpartha dó sular rug Sé as an saol é gur thug Sé radharc an anama leis dó, radharc na haithrí.

MÉABH: Níor thug Marbhán aon fhaillí ann.

BRÍD: Gura maith an mhaise dó é, an duine uasal bocht. Is trua nár scaoil sé thairis Aodh Mac Duach.

MÉABH: Beid siad go léir anso láithreach.

(*Imíd.*)

Tórramh Dhalláin. Muireann Ní Chúáin, bean Dhalláin, Seanchán seanfhile, an chléir uile.

[Ba cheart comhra nó ní éigin dá shórt do bheith ar an ardán.[5]]

CÁCH: Cé a cheapfar anois mar ollamh againn in ionad Dhalláin?

MUIREANN: An uair dhéanach a chuabhair ar chuairt ollúnachta in Albain, d'fhiafraíos-sa de Dhallán, an uair a gheobhadh sé féin bás, cé de go ndéanfaí ollamh ina ionad. Dúirt sé dom fhreagra, má bhí fear sa domhan a chuirfeadh rann in ionad an rainn nó focal in ionad an fhocail dó féin gurbh é Seanchán seanfhile an fear san.

CÁCH: Deintear ollamh de Sheanchán againn más ea. Is tú ár n-ollamh, a Sheancháin, d'aontoil agus d'aonfhocal agus d'aonghníomh!

SEANCHÁN: A bhuime na cléire agus a chléir uasal! Is mór an onóir í seo atá tabhartha agaibh dom, ach is trom an t-ualach atá curtha agaibh orm. Tá an t-ualach san anuas orm agus is deacair é d'iompar. Tá sé ag brú orm ó gach taobh agus is deacair an brú do sheasamh. An t-ualach a bhí éadrom go leor ortsa, a rí-ollaimh, is ualach trom ormsa é. Ba mhó do neart ná neart ár dtrí gcaogad. Ba mhó d'eolas ná eolas ár dtrí gcaogad. Ba ghéire d'intleacht ná intleacht ár dtrí gcaogad. Is duine den trí chaogad mise. Cá bhfaigheadsa neart agus eolas agus intleacht chun do shaothairse do chur chun cinn?

Ba chuma guth a bhéil nó buinne[6] Easa Ruaidh. Bhí ciall a chainte mar an splanc, solasmhar. Do ghluais féith na filíochta aige mar thuile cuain. Dá mhéad ár bhfoghlaim ní raibh lá nár thug sé foghlaim nua dúinn. Dá mhéad ár n-eolas ní raibh lá nár chuir sé ár n-eolas i méid dúinn. Is iomaí ceist chruaidh a cuireadh chuige óna thrí chaogad ollamh. Níor lig sé ceist díobh uaidh gan réiteach. Agus is mó an t-eolas a thugadh sé uaidh sa réiteach ná mar a hiarrtaí air sa cheist. Go scara solas le gréin, grian le spéir, agus spéir le reanna[7] ní fheicfear ar éigsí Fáil rí-ollamh mar an té atá ar lár anso againn anocht. Rí na bhFeart go dtuga sólás síoraí dó, tré impí Cholm Cille ar ar naisc sé a chomairce. Áiméan!

CÁCH: Áiméan, áiméan, a Thiarna!

BRAT ANUAS

CRÍOCH

1 'Early poet known to legend and possible author of the *Amra Choluim Cille*, he was chief of the bardic poets of Ireland. According to the tradition preserved in *Tromdámh Guaire* (also known as *Imtheacht na Tromdáimhe, Proceedings of the Great Bardic Assembly*), he formulated the claim to rights of hospitality on behalf of the bardic order, and was assassinated on account of it.' Robert Welch (ed.), *The Oxford Companion to Irish Literature* (Clarendon Press, Oxford, 1996) 131.

2 Níl aon leasú ná aon chaighdeánú déanta agam ar an dán seo. Tuigtear ón gcomhthéacs cén fáth.

3 Sings.

4 The body of bards.

5 I can find no better word for 'stage.' It means 'any elevated ground,' especially 'an elevated platform to stand on in order to speak to people.' If the name had been looked for in Irish before the word 'stage' came to be heard of in English, 'ardán' would have been the word which people's minds would naturally hit upon.

6 Volume of sound.

7 Constellations.

Cuireadh *Tadhg Saor* i gcló den chéad uair in *The Irish Weekly Independent*, Nollaig 1899. Foilsíodh é i bhfoirm leabhráin in éineacht le *Bás Dhalláin* sa bhliain 1900 (*The Léighean Éirean Series*). Is ar leagan clóite 1902, an dara heagrán, atá na téacsanna seo bunaithe.

Léiríodh *Tadhg Saor* den chéad uair ag Feis Mhaigh Chromtha 1900. Féach, 'An drama Gaedhilge,' *Fáinne an Lae*, 19.5.1900, 156.

The Freeman's Journal
Macroom, which has had the honour of holding the first Gaelic Feis of the Irish language movement, also enjoys the distinction of being the first place to inaugurate a new scheme for the conduct of

these festivals. The first Feis was held in March 1898, and its success had not a little to do in determining the future of what is now an important branch of the Gaelic League propaganda. Similar festivals were held in the course of the following year in many places in Co. Cork and since then the Feis has become a regular institution in almost every part of Gaelic Ireland. In 1900 Macroom led the way with the production of an Irish drama, *Tadhg Saor*, by Rev. Peter O'Leary, P.P., the scene of which was laid in the town of Macroom itself, and which was most enthusiastically received by the local people.
'Macroom Feis,' 16.6.02, 6.

The Leader

The publication of a sixteen page booklet containing two little plays at the price of one penny ... would not at first sight appear to be a very important event. Yet in the history of Irish literature this apparently trifling occurrence is nothing short of momentous. For Irish literature has been in many respects unlike the literatures of other countries, and one point in which it has differed from them is that until this present day it has not taken the form of drama. So that these two little pieces, so short that both of them could be acted within the space of an hour, are the first regular and complete plays that have ever been published in the Irish language. There have been one or two fragmentary dialogues, in ancient and in modern times, but they lacked the set arrangement necessary to a proper stage play.

The absence of drama from our national literature has often been remarked upon, and has sometimes been made an excuse for sneering at the language – as if the nature of the language itself had something to do with it. Any language that can be spoken can surely be spoken on the stage as well as anywhere else. But at the time when all Europe was turning its attention to the drama, in those brilliant centuries that saw the rise of Shakespeare, of Molière, of Calderon, of Schiller, Ireland was in a continual turmoil of war. That is the real reason why literature of almost every kind fell into neglect. The one thing that kept it alive at all was the custom of repeating stories and poems by heart. How could anyone have time to sit down and write a consecutive piece of work, much less invent and arrange all the scenes and characters necessary to a drama, when he was harried and hustled from one miserable shelter to another, his property confiscated, his children starving, his language banned? It was impossible. So Ireland struggled along until the last days of the 19th century without a national drama.

And then at last a parish priest in a quiet country village in Cork began to publish in a weekly paper a play founded on the *Táin Bó Cuailgne*. No one who has read that play (all that has yet appeared of it) has failed to notice the intense dramatic interest of it, the force of the situations, the thoroughly human nature of the characters. Father O'Leary has always shown a remarkable dramatic power in his fictitious writings. His tendency has always been towards dialogue rather than narrative. Even in his narrative passages there is a kind of living ring – one feels that *somebody* is telling the story – and on the very slightest pretence he will turn the whole thing into conversation. The drama is without doubt his proper field. His *Tadhg Saor*, one of the little plays just brought out, has already been acted in Macroom and with so much success that the whole country was talking of it for months after. Yet the people who acted in it had, we believe without exception, never taken part in any dramatic performance before. The whole thing came so naturally to them that they found no difficulty in it. The little tragedy *Bás Dhalláin* is equally simple. Everything Father O'Leary touches is simple, with the simplicity that only a master-hand can give. A French writer says that 'all that is beautiful, all that is true, all that is great in art, is simple.' Amen to that. No truer word was ever spoken. Of course it is possible to have bald simplicity without the other qualities, but in the case of our first dramatist all four are combined. 'Our first dramatist!' How strange it sounds! But it is true. There may come, we hope there will soon come, others, and many others. Meanwhile we rejoice that after all these thousands of years there has at last arisen in Ireland an Irish dramatist.

'The Irish Drama', 6.10.1900, 86.

Whether the Irish Literary Theatre has a successor made on its own model or not, we can claim that a dramatic movement which will not die has been started. When we began our work, we tried in vain to get a play in Gaelic. We could not even get a condensed version of the dialogue of Usheen and Patrick. We wrote to Gaelic enthusiasts in vain, for their imagination had not yet turned towards the stage, and now there are excellent Gaelic plays by Dr. Douglas Hyde, by Father O'Leary, by Father Dinneen, and by Mr. MacGinley; and the Gaelic League has had a competition for a one-act play in Gaelic, with what results I do not know. There have been successful performances of plays in Gaelic at Dublin and at Macroom, and at Letterkenny, and I think at other places; and Mr. Fay has got together an excellent little company which plays both in Gaelic and English.

– W.B. Yeats, Oct. 1901, 3.

Peadar Ua Laoghaire

An Sprid

Dráma Aon Ghnímh

An Fhoireann

Eoghan na gCaorach

Táilliúir na gCos (Conchúr a ainm)

Siobhán (bean Eoghain)

Dónall Mór

Éamann (mac Eoghain)

Máire Ní Thuathaigh

Diarmaid an Leasa

Seán Mháire Ní Thuathaigh

Nóra Bhán (iníon do Dhiarmaid)

Fir agus mná agus cailíní agus buachaillí

Fuireann *An Sprid* i mBaile Mhúirne, *Irisleabhar na Gaedhilge* 13:152 (Bealtaine 1903), 309.

Tigh Eoghan na gCaorach. Eoghan agus a bhean agus a mhac ina suí ag bord agus iad ag piocadh chnámh.

SIOBHÁN: Ba dheas é an moltachán! Ní raibh de locht air ach a laghad a bhí ann de. Ní fheadar cad a dhéanfaimid anois. Tá sé piocaithe againn ó cheann go heireaball.

EOGHAN: Cad é sin agat dá rá, a bhean? Ní fhéadfadh sé bheith ite fós. Níl chúig bhéile fálta againn as.

SIOBHÁN: Pé rud atá fálta agat as, tá sé ite agat.

EOGHAN: Má tá, is amhlaidh d'ithis féin a leath i ngan fhios dúinn! Ní choimeádfadh an dúthaigh feoil duit! Is cuma leat. Ní tú bhíonn amuigh san oíche ag soláthar na feola agus ag dul i gcontúirt na croiche mar gheall uirthi. Mheasas go mbeadh dóthain coicíse eile sa mholtachán an chuid ba lú de. Greadadh chugat, a chailleach! Is ort a bhí an t-airc. Ní bhfuaireas dhá bhéile mhaithe as, mar mholtachán, tar éis a bhfuaireas dá dhua agus tar éis mé á áiteamh ar Mháire Ní Thuathaigh gurbh í an sprid a mhairbh é i gcúinne na reilige.

ÉAMANN (*Ag cur sceartadh gáire as*): Hó, hó, hó! Airiú, a dhaid, níl aon teora leat! Airiú, conas áitís uirthi gurbh í an sprid a mhairbh é?

EOGHAN: Hé, hé, hé! Bhí sí ag ramhrú an mholtacháin di féin. Tá an dúil sa bhlúire feola aici chomh maith díreach agus atá ag do mháthair ansan. Ach bhíos-sa ag faire uirthi féin agus ar an moltachán agus díreach nuair a bhí sí ag cuimhneamh ar an moltachán a mharú di féin, d'imigh an moltachán. 'A Eoghain, airiú,' ar sise liom cúpla lá ina dhiaidh san, 'táim creachta!' 'A Mháire, a chroí istigh,' arsa mise, 'is oth liom aon drochscéal a bheith agat. Cad é an drochní atá tagaithe ort anois?' 'Mo mholtachán breá beathaithe a goideadh uaim,' ar sise, 'agus mé díreach ag cuimhneamh ar é mharú dom féin.' Chonac ag cur na súl tríom í agus bhí a fhios agam go raibh an t-amhras aici orm, ach d'fhéachas suas uirthi chomh simplí chomh neamhthuairimeach san gur dhóigh leat ná raibh cor im chroí.

'Go deimhin, a Mháire,' arsa mise léi, 'cuireann san i gcuimhne dom rud greannmhar, ach is dócha ná creidfir uaim é nuair a neosfad duit é.' 'Inis dom é, a Eoghain,' ar sise. 'Thugas fé ndeara,' arsa mise, 'le tamall go mbíodh an moltachán go minic istigh i gcúinne na reilige. Ba dhóigh leat air ná sásódh aon áit eile ar an mbaile é ach an cúinne sin. Chasainn amach é go minic ach ní túisce bhíodh mo dhroim leis ná bhíodh sé istigh arís. Um thráthnóna Déardaoin seo a ghabh tharainn is ea chonac go déanach istigh ann é. Ní fhaca beo ná marbh ó shin é.' D'fhéach sí orm. 'Agus cad tá greannmhar sa mhéid sin?' ar sise. 'Ná fuil a fhios agat,' arsa mise, 'an drochainm a bheith ar an gcúinne sin?' 'Ó, sea, an sprid,' ar sise. 'Agus, dar ndóigh, ní hamhlaidh a cheapfá gur mhairbh an sprid mo mholtachán?' ar sise. 'Agus, dar ndóigh,' arsa mise agus fearg ag teacht orm, mar dhea, 'murar mhairbh an sprid é cad a mharódh é?' Chuir sí an dá láimh ar a dhá cromán agus chuir sí sceartadh gáire aisti i dtreo gur dhóigh leat ná faigheadh sí a hanál. Nuair a bhí an gáire sin déanta aici dhein sí gáire eile ba mhó ná é. 'Imigh, a Eoghain,' ar sise fé dheireadh, 'agus cas chugam abhaile na ba san thíos. Is mithid iad do chrú.'

SIOBHÁN: D'oirfeadh don sprid moltachán eile a mharú dúinn feasta.

EOGHAN: Níl aon mholtachán eile ag Máire Ní Thuathaigh.

SIOBHÁN: Mura bhfuil, tá caoire maithe aici.

EOGHAN: Dá mbeadh céad caora aici ní tógfar uaithi aon cheann eile acu, ní tógfar san, dá mbeifeása gan feoil a bhlaiseadh ar feadh do shaoil arís! Bean mhaith is ea í agus baintreach is ea í. Bhí a fhios aici go maith cad é an sprid a mhairbh an moltachán uirthi agus níor dhein sí ach spórt de. Ní bainfear le haon rud is léi a thuilleadh, pé ball ina bhfaighimid blúire feola duitse, a Shiobhán.

SIOBHÁN: 'Duitse, a Shiobhán!' Muise, gan geir ort! Is mó go mór an dúil atá agat féin sa bhlúire feola ná mar atá ag Siobhán inti. Mura mbeadh san bheadh sé fuar ag Siobhán bheith ag méanfaíoch!

ÉAMANN: Ná fuil caoire maithe ar an mbaile in éagmais caoire Mháire Ní Thuathaigh?

SIOBHÁN: Andaidh is díreach san go bhfuilid, agus moltacháin leis.

(*Éistid ar feadh tamaill.*)

ÉAMANN: Tá Táilliúir na gCos thiar ag an Lios ag déanamh éadaigh do sheana-Dhiarmaid.

SIOBHÁN: Tá, agus beidh seana-Dhiarmaid ag insint scéalta fiannaíochta agus lán an tí bailithe ann ag scoraíocht, agus beid siad go léir chomh tógtha suas leis na scéalta fiannaíochta go bhféadfaí an ceann thíos den tigh a bhreith chun siúil i ngan fhios dóibh.

(*Féachaid ar a chéile.*)

EOGHAN (*Ag éirí*): Imigh ort, a Éamainn, agus chomh luath agus gheobhair greim ar aon rud fónta tabhair leat é go cúinne na reilige. Beadsa ann romhat. Ní baol go dtiocfaidh éinne ag cur isteach orainn sa chúinne sin.

(*Imíonn Éamann.*)

Tóg leat na cnámha san, a Shiobhán, agus cuir i bhfolach iad.

(*Imíonn.*)

AN TARNA RADHARC

Tigh sheana-Dhiarmada. Táilliúir na gCos ar an mbord ag obair. Diarmaid sa chúinne agus a chaipín breac air agus é ag insint scéalta. Fir agus mná agus cailíní agus buachaillí cruinnithe ag éisteacht leis na scéalta.

TÁILLIÚIR NA GCOS: Ní chreidfinn focal de. Níl a leithéidí ann in aon chor agus ní raibh riamh. Níor bhuail éinne riamh fós umam d'fhéadfadh a rá, lom díreach, go bhfaca sé ceann acu.

DÓNALL MÓR: Éist do bhéal, a dhuine. Is mó duine a chonaic iad. Is mó duine tháinig saor uathu agus is mó duine nár tháinig.

TÁILLIÚIR NA GCOS: An bhfacaís féin sprid ná púca riamh, a Dhónaill?

DÓNALL MÓR: Ní fhaca ach, mura bhfaca, is minic a cuireadh eagla mo dhóthain orm. Bhíos oíche ag teacht abhaile ón gceártain. Bhí sé is dócha ag déanamh amach ar bhuille a chlog san oíche. Nuair a bhíos ag fágáil na ceártan ní raibh blúire eagla orm ach oiread agus atá orm an neomat so. Chomh luath agus thánag trasna na habhann tháinig a leithéid sin d'eagla orm gur mheasas go dtitfinn ar an mbóthar. Bhí soc an chéachta im láimh agam. Mheasas gur tháinig leathchéad meáchain sa tsoc. Do shéid an t-allas amach tríom i dtreo go rabhas chomh fliuch agus dá ndeintí mé thumadh san abhainn. Do stríocálas liom go dtí go dtánag go droichead. Chomh luath in Éirinn agus bhíos ar an dtaobh abhus den droichead d'imigh an t-eagla díom glan de phreib. Tháinig mo neart agus mo mhisneach chugam. Tháinig a leithéid sin d'fhuinneamh im bhalla beatha gur mheasas go rithfinn le gadhar fiaigh. Níor mhothaíos de mheáchan sa tsoc ach mar bheadh sé déanta d'adhmad. Cad deirir leis sin!

TÁILLIÚIR NA GCOS: 'Cad deirim leis sin!' Deirim gur beag orm caint gan chiall.

DÓNALL MÓR: Agus, más ea, cad do chuir an t-eagla orm chomh hobann agus cad a bhain díom é chomh hobann?

TÁILLIÚIR NA GCOS: 'Cad a chuir an t-eagla ort chomh hobann?' Andaidh, a Dhónaill, chuiris ceist orm. Cá bhfios domsa cad a chuir an t-eagla ort! Ní fhacaís aon rud. Ba rud éigin do dhuine eagla a theacht air dá bhfeicfeadh sé aon drochní. Ach ní fhacaís-se aon rud, olc ná maith, agus bhís i reachtaibh an anama a chailliúint le scanradh. Nuair a thagann sceon i gcapall deirtear go bhfeiceann an capall rud éigin a chuireann an sceon ann. Ach tháinig sceon ionatsa gan aon rud d'fheiscint. Ba dheacair d'éinne a insint cad a chuir an sceon ionat, a Dhónaill.

DÓNALL MÓR: Agus cad a bhain an t-eagla díom chomh luath agus thánag thar droichead?

TÁILLIÚIR NA GCOS (*Ag miongháirí*): Andaidh ní fheadarsa san, a Dhónaill. Cad is dóigh leat féin?

DÓNALL MÓR: Tá a fhios agam féin go maith cad fé ndear an t-eagla a theacht orm chomh luath agus a thánag thar abhainn agus é d'imeacht díom chomh luath agus a thánag thar droichead. Chomh luath agus thánag thar abhainn bhíodar timpeall orm ina sluaite, agus ansan nuair a thánag thar droichead bhíos ar an dtaobh eile d'abhainn uathu arís agus b'éigean dóibh fanúint im dhiaidh. Bhí an t-eagla orm an fhaid a bhíodar im thimpeall agus chomh luath is bhíos scartha leo d'imigh an t-eagla.

TÁILLIÚIR NA GCOS: Agus cérbh iad féin asdó?

DÓNALL MÓR: 'Cérbh iad féin asdó?' Is beag dá mhearathal ort cérbh iad féin!

(*Tig Máire Ní Thuathaigh isteach.*)

MÁIRE NÍ THUATHAIGH: Bail ó Dhia anso isteach.

DIARMAID: Ó, Dé do bheathasa, a Mháire.

MÁIRE: Go mairirse, a Dhiarmaid.

DIARMAID: Suigh aníos chun na tine, a Mháire. An bhfuileann tú go láidir, a Mháire?

MÁIRE: Tá an tsláinte againn, buíochas le Dia. An fhaid a bheidh an tsláinte ag duine ní ceart dó bheith ag gearán. Is amhlaidh a bhuaileas i leith, a Dhiarmaid, ós é amárach lá an chíosa go n-iarrfainn ort mo chíos-sa a bhreith leat agus é a dhíol i dteannta do chíosa féin i dtreo ná beadh orm imeacht ón mbaile. Ní théann bóithreoireacht rómhaith dom. Seo (*Ag síneadh an airgid chuige*).

DIARMAID: Tá go maith, a Mháire. Tabharfad chugat an admháil. Ar thugais aon scéal nua chugainn?

MÁIRE: An deamhan faic. Ní airím aon rud choíche.

DÓNALL MÓR: An airíonn tú, a Mháire? An gcreideann tusa go bhfuil sprideanna agus púcaí ann agus go bhfeictear iad?

MÁIRE (*Ag cur gáire aisti*): Dhe, a ghamhain, cad ina thaobh ná creidfinn é? Dar ndóigh, tá a fhios ag an saol go bhfuil a leithéidí ann.

DÓNALL MÓR: Sea anois, a Tháilliúir, cad tá le rá agat?

TÁILLIÚIR NA GCOS: Ag magadh atá sí, a Dhónaill. Fiafraigh di an bhfaca sí sprid ná púca riamh.

MÁIRE: B'fhuiriste dóibh bheith ann i ngan fhios dom, a mhic ó. Ní mise á bhfeiscint a dhéanfadh iad a bheith ann nó as.

TÁILLIÚIR NA GCOS: Inis an méid seo dom a Mháire. An bhfacaís féin sprid ná púca riamh?

MÁIRE: Go deimhin ní fhaca, buíochas le Dia.

TÁILLIÚIR NA GCOS: An bhfacaís aon duine a dúirt leat go bhfaca sé lena shúile féin sprid nó púca riamh?

MÁIRE: Aililiú! Is é an ceisteachán é! An amhlaidh a chonaicís féin sprid nó púca?

TÁILLIÚIR NA GCOS: Ní hamhlaidh, a Mháire, mar ní fhéadfainn iad a fheiscint mar níl a leithéidí ann chuige. Tá Dónall Mór anso á áiteamh orainn go léir go bhfuil a leithéidí ann agus nuair a tháinís-se isteach cheap sé go dtógfása páirt leis agus go ndéarfá go bhfuil a leithéidí ann. Ach is é mo thuairimse go bhfuil a mhalairt de chiall agat.

MÁIRE: Táim buíoch díot mar gheall ar do mheas ar mo chiall. Ach is eol dom aon áit amháin agus tá sprid ann chomh siúrálta agus tá an tsnáthad san id láimh agat!

TÁILLIÚIR NA GCOS: Cad é an áit é sin?

MÁIRE: Thoir i gcúinne na reilige.

TÁILLIÚIR NA GCOS: Cé a chonaic ann í?

MÁIRE: Ní fheadar cé chonaic ann í ach tá a fhios agam go bhfuil sí ann.

TÁILLIÚIR NA GCOS: Cad é an comhartha atá agat ar í a bheith ann?

MÁIRE: An comhartha is fearr a chonaicís riamh, an díobháil a dhein sí dom.

TÁILLIÚIR NA GCOS: Airiú, cad a dhein sí ort?

MÁIRE: Mhairbh sí mo mholtachán breá.

TÁILLIÚIR NA GCOS: Mhairbh sí do mholtachán? Dar fia, is mó díobháil airíos riamh a bheith déanta ag sprid ach do bhuaigh san orthu go léir. An bhfacaís an moltachán aici dá mharú?

MÁIRE: Ní fhaca ach do chonaic duine eile í á dhéanamh.

TÁILLIÚIR NA GCOS: Cé a chonaic í á dhéanamh?

MÁIRE: Chonaic Eoghan na gCaorach í á dhéanamh.

(*Liúid go léir agus téid ins na trithí ag gáirí ach an Táilliúir. Féachann an Táilliúir ina thimpeall agus ionadh air.*)

DÓNALL MÓR: Ní dócha go gcreidfeadh an Táilliúir go n-íosfadh sprid caoireoil.

TÁILLIÚIR NA GCOS: Chreidfinn go n-íosfadh sprid caoireoil chomh luath díreach agus chreidfinn an sprid a bheith ann in aon chor.

DÓNALL MÓR: Bíodh geall ná raghfá soir isteach go cúinne na reilige anois.

TÁILLIÚIR NA GCOS: Do raghainn dá mbeadh na cosa agam chomh maith agus atáid siad agatsa, Dia dod bheannachadh!

DÓNALL MÓR: An ndeireann tú liom go raghfá?

TÁILLIÚIR NA GCOS: Deirim gan amhras.

DÓNALL MÓR: Dar fia, béarfadsa soir ar mo mhuin thú agus fágfad thoir sa chúinne thú id aonar ar feadh uair an chloig agus ansan tabharfad anoir arís thú. Má dheineann tú é sin déarfad ná fuil eagla roimh sprid ná púca ort!

DIARMAID: Bíodh ciall agat, a Dhónaill, agus lig don duine.

DÓNALL MÓR: Is breá bog a thagann caint chuige. Do raghadh sé soir go cúinne na reilige agus ní bheadh scáth ná eagla air roimis an sprid dá mbeadh lúth a chos aige. Is maith atá a fhios aige dá mbeadh lúth a chos aige nach baol go ndéarfadh sé an chaint sin. Deir sé ná beadh aon eagla roimis an sprid air mar ná fuil a leithéid ann. Mura bhfuil sí ann cad é an díobháil a fhéadfaidh sí a dhéanamh dó? Béarfadsa soir ar mo mhuin é agus ansan beidh a fhios againn an bhfuil eagla air nó ná fuil.

MÁIRE: Cá bhfios duit, a Dhónaill, nach ort féin a bhéarfadh an sprid an fhaid a bheadh an Táilliúir ar do mhuin agat? Dá mbeinn id chás ní bhacfainn é mar ghnó.

DÓNALL MÓR: Má thaispeánann sí í féin caithfead chuici an Táilliúir agus rithfead.

TÁILLIÚIR NA GCOS: Ná dein a thuilleadh cainte ach tóg leat soir mé.

DÓNALL MÓR: Seo más ea. Heidhb!

(*Tógann Dónall an Táilliúir chuige ar a mhuin agus an chuideachta ag cur a n-anama amach ag gáirí, agus siúd an doras amach é.*)

AN TRÍÚ RADHARC

Cúinne na reilige. Eoghan na gCaorach ina luí sa chúinne. Airíonn sé coiscéim throm ag teacht ar an dtaobh amuigh den fhalla.

EOGHAN (*Ag éirí agus ag féachaint suas*): Mo ghraidhin croí thú, a Éamainn! Ba ghearr an mhoill ort an méid sin a dhéanamh!

(*Tagann Dónall thuas agus greim fén dá ascaill aige ar an dTáilliúir, á leagaint síos isteach de dhroim an fhalla. Síneann Eoghan a dhá láimh suas agus beireann ar dhá chromán ar an dTáilliúir.*)

Ní rabhais i bhfad. An moltachán é? An bhfuil sé ramhar?

(*Scaoileann Dónall uaidh an Táilliúir agus ritheann. Titeann an Táilliúir ina chnaipe i laige idir dhá láimh Eoghain. Féachann Eoghan air. As go brách le hEoghan.*)

TÁILLIÚIR NA GCOS (*Ag teacht chuige féin*): Ó, ó, ó! Dia lem anam! Is dócha go bhfuilim réidh. Tiocfaidh sí arís agus ní fios cad é an cor a tabharfar orm. Cad iad na crosa a bhí orm nár éisteas mo bhéal! Ní raibh blúire coinne agam go mbeadh sé de mhisneach i nDónall mé a thabhairt leis anso. Mheasas go stadfadh sé agus go bhfillfeadh sé sula mbeimis leath na slí. B'fhéidir gurbh fhearr leis féin anois go ndéanfadh. Ní thiocfaidh sé am iarraidh. Ó, cad a dhéanfad? Fágfar anso go lá mé. Dia linn, Dia linn, Dia linn! Cad a dhéanfad in aon chor?

(*Airíonn sé coiscéim ag teacht agus cuireann sé cluas air féin.*)

Éist! Tá sé ag teacht ambasa. Ní ligfead aon ní orm. Áiteod air ná raibh aon sprid in aon chor ann.

(*Tig Éamonn thuas agus caora mharbh aige.*)

ÉAMANN: An bhfuileann tú ansan?

TÁILLIÚIR NA GCOS: Táim anso. Cad ina thaobh ná beinn? Cad a choimeád chomh fada thú?

ÉAMANN: Is dóigh ní fhéadfainn breith air.

TÁILLIÚIR NA GCOS: Ní fhéadfá breith air! Cad í an chaint sin ort mar sin? Táim anso ag feitheamh leat le trí huaire an chloig. Cad chuige duit imeacht uaim chomh tapaidh agus d'imís? Ba dhóigh le duine gurbh amhlaidh a chonaicís an sprid. Cá bhfuil sí anois tar éis do chainte go léir?

ÉAMANN: Mura mbeadh ná raibh aon bhraon dí agat déarfainn gur ar meisce ataíonn tú! Tar anso! Greadadh chugat, tar anso agus beir air seo uaim agus ná bí am bhodhrú led chuid cainte!

TÁILLIÚIR NA GCOS (*Ag iniúchadh suas*): Airiú, a Dhónaill, cad é sin agat? Nó cad tá ag éirí duit? Ná fuil a fhios agat go maith ná féadfainnse é thógaint uait pé rud é.

(*Caitheann Éamann uaidh síos an chaora agus as go brách leis.*)

A Dhónaill! (*In ard a chinn is a ghotha.*) Ní fheadar den tsaol cad tá ar Dhónall anois. Ambasa b'fhéidir mura bhfuaireas-sa deoch go bhfuair seisean é. Cad é seo a thug sé leis? (*Ag lámhcán chun na caorach agus á láimhseáil.*) Caora! Aililiú! Caora mharbh! Tá Dónall as a mheabhair. Fan go fóill, áfach. Chonaic sé nár chuireas-sa gíocs ná míocs asam nuair a rugadh ar chromáin orm. Dar leis ní raibh blúire eagla orm. D'imigh sé ansan agus thug sé an chaora mharbh so leis chun í a chaitheamh anuas orm féachaint an gcuirfeadh san eagla orm. Tuigim thú, a Dhónaill, a mhic ó. Ach beadsa suas leat. Ní fheadar an fada a cheapann sé mé a fhágáil anso. B'fhéidir go bhfágfadh sé tamall maith anso mé mar olc orm. Ach cuirfidh Diarmaid am iarraidh é nó cuirfidh sé duine éigin am iarraidh.

Tá an oíche ag dul i nglaise. Níl sí seo fuar fós. Luífead isteach ina haice. Is fearr caora mharbh féin ná duine a bheith ina aonar ar fad.

(*Luíonn sé isteach in aice na caorach agus titeann a chodladh air.*)

AN CEATHRÚ RADHARC

Tigh sheana-Dhiarmada. An chuideachta go léir ann ach Dónall Mór agus Táilliúir na gCos.

DIARMAID: Agus deireann tú liom, a Mháire, go ndúirt sé gurbh í an sprid i gcúinne na reilige a mhairbh an moltachán?

MÁIRE: Dá bhfeicfeá an dá shúil a tháinig dó agus é á rá! 'Murar mhairbh an sprid é,' ar seisean, 'cad a mhairbh é?'

DIARMAID: Andaidh, b'fhíor dó san. B'shin í an cheist.

NÓRA Bhán: Agus cad é an gnó a bheadh ag an sprid den mholtachán? Is minic airíos díobháil déanta ag sprid ach níor airíos riamh gur mhairbh sprid moltachán.

DIARMAID: Is fíor duit é, a lao. Ach is dócha nach é gach aon mholtachán a bheadh chomh maith leis an moltachán a bhí ag Máire Ní Thuathaigh. Is mó greim breá méith a bhí geallta agat duit féin as, a Mháire, nach mó?

MÁIRE: Fágaim le huacht go raibh sé socair im aigne ná faigheadh aon Chríostaí eile oiread agus blaiseadh de ach go gcoimeádfainn an uile bhlúire de dom féin.

SEÁN (*Mac do Mháire*): B'fhéidir go dtiocfadh duine éigin laistiar díot, a mháthair, ar chnáimhín de anois is arís.

MÁIRE: An moltachán a mharaíos dom féin anuraidh, ní fheadar den tsaol cad fé ndear é, níor sheasaimh sé dom leath na haimsire a mheasas a sheasódh sé.

NÓRA BHÁN: B'fhéidir gurbh í an sprid a ghoid uait cuid de, a Mháire, ó tá an dúil sa chaoireoil aici. Gheobhadh sí an boladh breá nuair a bheadh an ghaoth aduaidh. Éist, táid siad so ag teacht.

(*Airítear coiscéim amuigh. Tig Dónall Mór agus Éamann isteach. Lámh Éamainn fé ascaill Dhónaill. Dath an bháis ar Dhónall agus a dhá ioscaid ag lúbadh faoi.*)

NÓRA BHÁN: Aililiú, a Dhónaill, cad d'imigh ort? (*Cuirtear ina shuí i gcathaoir é.*) Im briathar gur dócha go bhfaca sé an sprid. Ní fheadar cár fhág sé Táilliúir na gCos.

ÉAMANN: Táilliúir na Gcos? Cad a bhéarfadh Táilliúir na gCos in éineacht leis mura mbeadh sé ar a mhuin aige?

DIARMAID: Cá bhfuairis é, a Éamainn?

ÉAMANN: Cheapas go mbuailfinn i leith anso ag scoraíocht tamall den oíche, agus nuair a thánag go dtí an scairtín chonac an duine ag déanamh orm. Cé bheadh ann ach é seo agus é ag dul amú. Chomh luath agus d'aithníos é do labhras leis ach ní fhéadfainn húm ná hám a bhaint as. Níor dheineas ach breith ar chuislinn air agus é thabhairt liom.

DIARMAID: A Dhónaill!

DÓNALL: Úúm!

DIARMAID: Tabhair deoch uisce chuige. (*Tugtar an deoch dó.*) Croch suas thú féin, a dhuine! Cár fhágais an Táilliúir?

DÓNALL: Ó, Dia lem anam, Dia lem anam. Ó, ó, ó.

DIARMAID (*Ag baint croitheadh as*): Croch suas thú féin, a dhuine. An amhlaidh ná haithníonn tú na daoine? Cár fhágais an Táilliúir?

DÓNALL: Ó, an sprid, an sprid! Do rug sí air agus do strac sí amach as mo dhá láimh é. Ó, Dia lem anam, Dia lem anam. Ó, a Mhuire, a leithéid de radharc.

DIARMAID: Airiú, greadadh chugat, cruinnigh do mheabhair agus inis dom cár fhágais an Táilliúir.

DÓNALL: Ná deirim leat gur rug sí léi é! Do strac sí uaim é agus mé díreach á chur isteach sa chúinne de dhroim an fhalla.

(*Caitheann Diarmaid a chóta mór ar a shlinneáin agus beireann ar a bhata agus siúd amach é. Siúd amach iad go léir ina dhiaidh ach Dónall.*)

DÓNALL: Féach, airiú! Maróidh sí iad go léir! (*Siúd amach ina ndiaidh é.*)

AN CÚIGIÚ RADHARC

Cúinne na reilige. An Táilliúir ina chodladh go sámh idir an chaora mharbh agus an falla. Solas na gealaí san áit. Airítear go breá láidir gach aon tsrann ón dTáilliúir. Tig Diarmaid isteach agus a chaipín breac air agus a bhata ina láimh aige. Siúd chun an chúinne é. Tigid an chuid eile isteach ina nduine is ina nduine.

DIARMAID: Cad é seo anso againn? Caora mharbh, dar fia! (*Ag breith ar an gcaora agus á tarrac amach as an gcúinne.*) Mo chroí den sliabh ach go bhfuil dhá chaora ann.

(*Ag breith ar phlaitín ar an dTáilliúir.*)

TÁILLIÚIR NA GCOS: Ó, táim réidh! Tá sí chugam arís.

DIARMAID: Cé hé thusa?

TÁILLIÚIR NA GCOS: Táilliúir bocht, a bhean uasal, atá gan lúth a chos ón lá a rugadh é. Ní fiú dod onóir aon díobháil a dhéanamh domsa. Ní huaim féin a thánag anso ag cur isteach ort. Ní hea go deimhin. Mar is maith liom bheith im bheathaidh is amhlaidh a tugadh anso dem ainneoin mé. Screadaim oraibh, a uaisle sí! Iarraidh uirthi gan aon díobháil a dhéanamh dom!

(*Ag féachaint ina thimpeall orthu go léir.*)

Tá donas mo dhóthain cheana orm, féach. Labhraidh léi, a uaisle! Cumraí m'anama oraibh! Cad a dhéanfad in aon chor má cuirtear a thuilleadh máchail orm?

(*Sceartaid go léir ar gháirí agus ar shult.*)

Ó, a uaisle, ní cúrsaí gáirí ná suilt é. Má ligtear as anois mé geallaim daoibh ná tiocfad anso go brách arís agus geallfad go fírinneach ná labharfad focal in bhur gcoinnibh i gcaitheamh mo shaoil, pé fada gairid é.

DIARMAID: Éist do bhéal, a bhrealláin! Speabhraídí atá ort. Bhís id chodladh agus níleann tú id dhúiseacht i gceart fós.

TÁILLIÚIR NA GCOS (*Ag féachaint orthu ó dhuine go duine agus ag cur aithne orthu*): Muise, sceimhle oraibh, a phaca! Mura sibh a chuir an scanradh orm gan ghá gan riachtanas! Ná féadfadh sibh sibh féin a chur in iúl dom mar a dhéanfadh aon Chríostaí? Tusa agus do chóta mór agus do chaipín breac. Thabharfainn an Leabhar gurbh í an sprid ina steillbheathaidh a bhí arís agam. Cad ina thaobh nár thánaís-se am iarraidh mar a gheallais, a rascail? Do rithis leat féin agus d'fhágais anso mé agus ba chuma leat beo nó marbh mé.

DIARMAID: Ná bac é féin, a Chonchúir, ach inis an méid seo dom. Cé a mhairbh an chaora so agus a thug anso í?

TÁILLIÚIR NA GCOS: Sin é ansan é. Dónall Mór a mhairbh í agus a thug anso í.

DÓNALL: Ó, airiú, thugais d'éitheach, a rascail. Cad a bhéarfadh go maróinnse í agus go dtabharfainn anso í.

TÁILLIÚIR NA GCOS: Is tusa a mhairbh í agus is tú a thug anso í. An é radharc mo shúl agus éisteacht mo chluas a mheasfá a bhaint díom? Thugais anso ar do mhuin mé agus do leagais anuas sa chúinne seo mé, agus ansan nuair a chonaicís ná raibh aon eagla ag teacht orm d'imís agus thugais leat an chaora so agus thugais iarracht ar í a chaitheamh anuas orm chun scanradh a chur orm, dar leat. Nach cuimhin leat gur ghlaois orm: 'An bhfuileann tú ansan?' arsa tusa. 'Táim,' arsa mise, 'cad a choimeád thú?' 'Ní fhéadfainn breith air,' arsa tusa. (*Sleamhnaíonn Éamann amach i ngan fhios.*) Ansan d'fhéachas suas go géar ort agus ghlaos as d'ainm ort. 'A Dhónaill,' arsa mise, 'cuir uait na clis.' Ní túisce airís d'ainm ná chaithis chugam anuas an chaora agus chuiris an talamh díot.

DÓNALL: Ó, ó, do bhuais ar a bhfaca riamh chun éithigh a cheapadh. Ní hea ach seo mar a thit amach. Is cuimhin liom é. Is cuimhin liom anois é. Thugas ar mo mhuin thú go barra an fhalla; ansan do rugas ar dhá ascaill ort chun tú a leagaint síos gan tú a ghortú. Lena linn sin d'éirigh an sprid thíos agus do rug sé ar dhá chromán ort. 'An moltachán é?' ar sise. 'An bhfuil sé ramhar?' ar sise. Do scaoileas uaim thú agus ní cuimhin liom a thuilleadh go dtí gur rug Éamann abhaile mé, pé ball inar bhuail sé umam. Cá bhfuil sé anois?

(*Féachaid go léir ina dtimpeall. Níl aon tuairisc ar Éamann.*)

DIARMAID (*Ag baint iompáil as an gcaoirigh*): Féach, airiú! Ceann dem chaoire féin is ea í! Ambasa ní haon spórt domsa an obair seo. Agus féach, seo scian. An aithneodh éinne agaibh í?

SEÁN MHÁIRE NÍ THUATHAIGH: Taispeáin í, a Dhiarmaid. Ambasa, ní gá dom féachaint an tarna huair uirthi. Scian Éamainn.

TÁILLIÚIR NA GCOS: Achaí! Féach air sin mar obair. Eoghan na gCaorach an sprid. Agus Éamann a thug an chaora mharbh leis. Airiú, a Dhónaill, nach iad a dhein an t-amadán críochnaithe díot!

DÓNALL: Gcloistí[1] air asdó! Nach mó an t-amadán a dheineadar díot féin go mór.

SEÁN MHÁIRE: Is cuma den tsaol, a Dhónaill, nuair nár dheineadar moltachán de agus an scian so a chur ann mar a dheineadar le moltachán mo mháthar!

MÁIRE: Muise, daigh siar ionat, a dhailtín! Mura deisbhéalach ataoi!

DIARMAID: Ní cúrsaí gáirí ná suilt an obair seo. Caithfear deireadh a chur le hEoghan na gCaorach agus –

SEÁN MHÁIRE: Agus leis an moltachán.

MÁIRE: Éist do bhéal a deirim leat!

DIARMAID: Caithfear cosc a chur leo araon. Tá an dúthaigh creachta ag an mbeirt.

MÁIRE: Agus cad a dhéanfair, a Dhiarmaid?

DIARMAID: Déanfad dul láithreach agus breith orthu agus iad a thabhairt i láthair an ghiúistís agus dearbhú orthu agus iad a chur in áit ná goidfid siad caora ná moltachán – go ceann tamaill pé in Éirinn é.

MÁIRE: Fan go fóill, a Dhiarmaid. Bíodh foighne agat. Má cuirtear príosún ar an seanduine sin ní thiocfaidh sé amach go deo. Ba mhaith liom pionós a chur air mar tá sé tuillte aige. Ach níor mhaith liom a anam a bheith orm mar gheall ar chaora.

SEÁN MHÁIRE: Mar gheall ar mholtachán, abair, a mháthair. Ní caora a rug sé uaitse ach moltachán.

DIARMAID: Téanam, a Dhónaill. Tá sé chomh maith agatsa teacht leis, a Sheáin, ó aithníonn tú an scian san.

MÁIRE: Ní raghaidh aon chos de Sheán leat, a Dhiarmaid. Téanam ort abhaile, a Sheáin.

SEÁN (*Ag rith amach*): Comáin leat abhaile, a mháthair. Beadsa id dhiaidh.

(*Imíd Diarmaid agus Seán agus Dónall Mór.*)

MÁIRE (*Leis an dTáilliúir*): Tusa agus do chuid spridí agus síofraí fé ndear an obair seo!

TÁILLIÚIR NA GCOS: Agus cad ina thaobh nár fágadh sa bhaile mé?

(*Tagann Seán Mháire Ní Thuathaigh isteach.*)

SEÁN: Téanam, a Chonchúir. Béarfadsa abhaile thú. Ní baol duit go ligfead leis an sprid thú murab ionann is Dónall Mór.

(*Tógann sé an Táilliúir ar a mhuin leis agus imíonn sé.*)

MÁIRE: Tá drochobair éigin ar siúl. Ní habhaile atá Seán ag breith an Táilliúra. Téanaighidh! Níl aon ghnó anso againn.

(*Imíd go léir.*)

AN SÉÚ RADHARC

Tigh an Ghiúistís. An Giúistís ina shuí ar chathaoir ard. Táilliúir na gCos ar a aghaidh amach i gcathaoir na bhfinnéithe. Eoghan na gCaorach agus a mhac i leataobh ann agus iad gafa, idir bheirt lucht airm. Cúigear nó seisear eile lucht airm ar fud an tí. Diarmaid an Leasa agus Seán Mháire Ní Thuathaigh agus Dónall Mór láithreach agus tuilleadh.

AN GIÚISTÍS: Cad é an *charge* atá *against these men*?

DIARMAID AN LEASA: Bitheamhnaigh is ea iad, a dhuine uasail. Ghoideadar caora uaimse aréir agus mharaíodar í i gcúinne na reilige. Do rugas liom an bharántas cuardaigh a thugais dom, a dhuine uasail, agus fuaireamar sa tigh acu cnámha an mholtacháin a ghoideadar ó Mháire Ní Thuathaigh. Do ghabhamar iad agus thugamar linn anso os do chomhairse iad, a dhuine uasail, go ndéanfá toradh na dlí a thabhairt dóibh. Tá an dúthaigh creachta acu.

AN GIÚISTÍS: Tuigim, *I understand*. Cá bhfuil, *where is your evidence*? An finn*ay*?

DIARMAID: Tá sé anso, a dhuine uasail. Sin é sa chathaoir é. Níl lúth a ghéag ag an nduine mbocht.

AN GIÚISTÍS: Ó tuigim, tuigim. Is é an *chana cripple* an *witness*?

DIARMAID: Is é, a dhuine uasail.

AN GIÚISTÍS (*Leis an dTáilliúir*): Cé hé tusa? *What's your name*?

TÁILLIÚIR NA GCOS: Táilliúir na gCos a thugaid siad orm, a Athair – a dhuine uasail, ach Conchúr Bacach is ainm dom.

AN GIÚISTÍS: Cá raibh tusa nuair – *when this sheep was killed*?

TÁILLIÚIR NA GCOS: Bhíos i gcúinne na reilige, a Athair, an cúinne go bhfuil an sprid ann.

AN GIÚISTÍS: Tuigim. An cúinne go bhfuil an *split* ann. Inis dom anois, *my good man*, agus abair an *fírin* liom nó *or else it will be worse for you*. Cé a mhairbh an *sheep*? *Who killed the* caora?

TÁILLIÚIR NA GCOS: Dónall Mór a mhairbh í, a Athair.

(*Léimeann Dónall as a chorp agus siúd anonn chun an Táilliúra é.*)

DÓNALL: Airiú, greadadh chugat, a bhitheamhnaigh, cad é sin agat dá rá? Ná fuil a fhios agat gurbh é Éamann a mhairbh í agus do chaith chugat isteach i gcúinne na reilige í?

(*Cromann an Táilliúir bocht ar chrith.*)

AN GIÚISTÍS (*Go hard agus go feargach*): *Arrest that man at once for intimidating the witness and for contempt of court*.

(*Siúd chun Dónaill na píléirí go léir. Ar leagadh na súl tá beirt acu ar lár aige le dhá bhuille de dhorn. Ach dúnaid siad isteach air agus leagaid siad é agus ceangalaid siad é.*)

Bring that man before me. I understand the whole case now. This is a vile conspiracy. They killed the sheep themselves and then they bribed this cripple to come here and swear against two honest men. I heard that violent fellow declare that he had told the cripple what to swear. It is most abominable.

DIARMAID: Gabhaim pardún agat, a dhuine uasail. Dá mba é toil d'onóra ligint domsa an scéal d'insint do thaispeánfainn dod onóir conas do thit gach ní amach.

AN GIÚISTÍS: *You are the man that came to me for the search-warrant. Did you find your sheep in this man's house?*

(*Ag síneadh a mhéire chun Eoghain.*)

DIARMAID: Ní bhfuaireas, a dhuine uasail, ach do fuaireamar cnámha an mholtacháin ann.

AN GIÚISTÍS (*Le duine de na píléir*): *What bones does he mean?* (*Ach gan fanúint le freagra.*) Ó tuigim, *you did not find the sheep but you found the bones. Did they eat the sheep in one night?* Ar ith siad an chaora?

DIARMAID: Níor itheadar, a dhuine uasail. Tá an chaora ag mo thighse.

AN GIÚISTÍS: *The sheep is at your own house and you found the bones at this man's house. Did any person ever hear the like of that? Arrest that man, sergeant, for criminal conspiracy.*

(*Beirtear ar Dhiarmaid agus ceangaltar é.*)

DIARMAID: Ceangailte nó scaoilte, a dhuine uasail, neosfad an fhírinne dod onóir. Bhí sórt caitheamh aimsire againn ag mo thighse agus d'éirigh aighneas idir an dTáilliúir bocht so agus an fear mór san i dtaobh púcaí. An Táilliúir á dhéanamh amach ná fuil a leithéidí in aon chor ann agus Dónall Mór á dhéanamh amach go bhfuil. Ba é deireadh an áitimh dóibh go ndúirt an Táilliúir dá mbeireadh Dónall go cúinne na reilige é agus é a fhágáil ann ar feadh scaithimh aimsire ina aonar ná beadh beann ar sprid ná ar phúca aige. D'ardaigh Dónall leis é agus i gceann tamaill tháinig Dónall chugainn abhaile agus é i ndeireadh an anama le scanradh agus gan aon tuairisc ar an dTáilliúir aige ach gur rug an sprid léi é. Do ritheas féin amach láithreach agus thánag go cúinne na reilige féachaint an bhfaighinn an Táilliúir bocht beo nó marbh ann. Fuaireas an Táilliúir. Agus fuaireas rud eile. Fuaireas ceann de mo chaoire féin marbh ann agus an Táilliúir lena hais ina chodladh go sámh. Fuaireamar scian in aice na caorach. Taispeáin an scian san don ghiúistís, a Sheáin.

(*Síneann Seán Mháire Ní Thuathaigh suas an scian.*)

ÉAMANN: Ó, airiú, féach mar a bhfuil mo scian a goideadh uaim dhá lá ó shin.

AN GIÚISTÍS: An í sin do *skian?*

ÉAMANN: Is í, a dhuine uasail. D'iarr Seán Mháire Ní Thuathaigh orm í tá dhá lá ó shin ann chun tobac a ghearradh. Tá sí ina phóca aige ó shin, an bligeard, pé gnó a bhí aige á coimeád uaim.

AN GIÚISTÍS: Ó tuigim. *It is a most outrageous conspiracy.* Cad deir tusa leis sin, a Seán?

SEÁN: Deirim gur mór an trua gan giúistís a dhéanamh d'Éamann. Ní fhaca riamh aon rud chomh deas, chomh tapaidh leis an gcuma inar thug sé an bhréag san amach. Dá mbeadh sé ina ghiúistís againn gheobhadh sé do chosa sa dlí fé mar a ghabh sé do chosa sa bhfírinne anois, agus dhéanfadh sé bula dall díotsa féin san obair sin dá fheabhas tú chuige.

AN GIÚISTÍS: Cad deir sé? *What does he say? Bula dall, a blind bully? How dare you, sir, call me a blind bully!*

SEÁN: Muise, daigh an diabhail ionat, a cheann cipín!

AN GIÚISTÍS: *You 'think a deal on it,' do you? You will think a deal more on it before I have done with you. Arrest that fellow for contempt of court.*

(*Beirtear ar Sheán agus ceangaltar é. Tagann tiarna airm isteach. Casóg dhearg air. Lord Rag a ainm.*)

LORD RAG: *Oh, morning, Sir Jingo. What! Serving your country at this hour of the morning!*

AN GIÚISTÍS: *Oh, good morning, my Lord. I am delighted to see you, Lord Rag.* (*They shake hands.*) *I am engaged in investigating one of the foulest cases of criminal conspiracy.*

LORD RAG: *Look here, Sir Jingo. I want you over at my place at once. Will you please step aside here and tell me about this case of yours. I may be able to help you.*

(Téid i leataobh ag cogarnaigh ar feadh cúpla neomat. Fillid.)

AN GIÚISTÍS: *This case has not been proved. Informations refused. Discharge the prisoners.*

LORD RAG: *Come along, come along! There is no time to lose.*

(Imíd.)

BRAT ANUAS

CRÍOCH

1   (*An*) *gcloistí?* Do you hear? Just listen to that. (*FGB* 249 sub clois).

Foilsíodh an dráma seo i bhfoirm leabhráin sa bhliain 1902* sa tsraith: *The Léighean Éireann Series,* edited by Norma Borthwick, No. 12 (Brún agus Ó Nualláin, Teor.) agus an scríbhinn Bhéarla seo a leanas ar an gclúdach tosaigh: A Play in One Act by The Very Rev. Peter Canon O'Leary, P.P. Tá an leagan atá sa leabhar seo bunaithe ar an téacs sin.

The Freeman's Journal
Léiríodh *An Sprid* den chéad uair ag Feis Mhaigh Chromtha 1902. '... the concert hall was packed to suffocation for the concert and new play specially written for the occasion by Father Peter O'Leary, P.P.'
'Macroom Feis,' 16.6.1902, 6

The Freeman's Journal
Of course the principal item of the evening was Father O'Leary's little drama *An Sprid* which was produced by members of the local branch. Readers of the *Gaelic Journal* are already familiar with the story round which Father O'Leary has built his play. [Féach, *Sgoraidheacht an Leasa* ar *Irisleabhar na Gaedhilge* Vol. 8 No. 92 (Mí na Nollag, 1897) 128–31]. It deals with the tricks and troubles of a local sheep-stealer who lived some three generations ago, and who, by practising on the credulity of the people, dined sumptiously at other people's expense. –
'Macroom Feis,' 16.6.1902, 6.

Bhí coirm cheoil bhreá Ghaelach i Ros Mór ar an gceathrú lá déag den mhí seo. Bhí *An Sprid* léirithe ann an lá céanna.

Tá Ros Mór timpeall leath slí idir Dún na mBeann Buí agus Loch na Cille i gCo Chorcaí. Áit ana-Ghaelach is ea í agus tá Craobh de Chonradh na Gaeilge go láidir ann le fada agus tá an Chraobh so agus Craobh Bhéal na Carraige – áit níos faide siar – ag leanúint don Ghaeilge go dian, dícheallach, dúthrachtach agus tá a rian orthu agus ní miste a rá ná go bhfuil sí go breá bog binn blasta acu.

Chuireadar *Tadhg Saor* ar an ardán i dtrí nó ceathair d'áiteanna anuraidh agus cheapadar tamall ó shin dráma eile do thoghadh i mbliana. Shíleadar go n-oirfeadh *An Sprid* níos fearr ná aon cheann eile agus ba ghearr an mhoill orthu é a bheith de ghlanmheabhair ag gach duine den fhoireann. Is iad na daoine céanna nach mór a ghabh *An Sprid* ar láimh a bhí i mbun *Tadhg Saor* anuraidh. Bhí cuid acu ó Ros Mór agus cuid acu ó Bhéal na Carraige agus bhuail 'Dul Amú,' aníos ó Chloch na Cille chucu.

Is dócha gur chuala a lán daoine an stoirm bhí á séideadh oíche Dé Sathairn agus gur cuireadh scanradh ar mórán ag cuimhneamh ar an díobháil a bheadh déanta ar theacht na maidine.

'Och ochón! Tá an ghaoth dá séideadh,
Och ochón! Tá an stoirm dá réabadh,'
arsa mise liom féin nuair a dhúisíos agus nuair airíos é, ach b'éigean dom bualadh amach.

Do lean an stoirm agus an bháisteach go dtí a naoi a chlog, do chiúinigh sé beagán ansan, ach bhí an bháisteach go trom fós. Bhíomar ar an mbóthar anois in aghaidh na gaoithe agus díomá orainn ar eagla ná tiocfadh na daoine go léir bhí chun páirt do ghabháil sa dráma nó sa choirm ceoil. Mara mbeadh san is beag an chorrabhuais a chuirfeadh stoirm orm.

Sea, ghreadamar linn. Bhí an teaspach bainte den chapall bocht tar éis an bhóthair fhada, ach bhí breith aige ar theacht chuige féin arís. Bhí muintir Chraobh an Rosa Mhóir bailithe ann romhainn agus brón orthu i dtaobh an lá a bheith chomh anróch agus gach ní ullamh acu chomh cúramach san. Bhí an halla go deas compordach agus brat ar crochadh anso is ansúd ar thaobh an fhalla agus os cionn an ardáin agus *Fáilte go Ros Mór* ar cheann acu, *Go Maire ár nGaeilge Slán*, ar cheann eile acu agus rudaí eile ar chuid eile acu nach gá dom cur síos orthu. Bhí an t-ardán go deas leis. Bhí plandaí sa chúinne nuair a bhíodh 'Cúinne na Reilige' le feiscint, mar dhea go rabhadar ag fás. Bhí plandaí eile ag bun an ardáin in ionad *footlights*, i gcás go raibh gach ní i gcóir mhaith ach amháin an aimsir, ach ní raibh leigheas air sin.

Mheasadar ná tiocfadh ach fíorbheagán daoine, ní nach locht orthu. B'fhearr le héinne fanúint istigh cois na tine ar a shuaimhneas ná bualadh amach in aghaidh na stoirme, ach mar sin féin, níor chuir san cosc leo; cé ná raibh aon dealramh fónta ar an tráthnóna, ach bhí a fhios acu, nach é gach aon lá a bheadh *An Sprid* ag gabháil timpeall agus ba mhaith leo radharc d'fháil uirthi.

Bhí an fhoireann go léir cruinnithe fé dheireadh agus iad ag déanamh grinn dá chéile. 'Cad ina thaobh gur thugais an bháisteach leat?' a déarfadh ceann acu. 'Ní mise a thug í,' freagródh an duine eile. 'Is aniar a tháinig sí agus ba mhór an náire daoibh gan í fhágaint thiar, lá eile pé scéal é,' srl.

Sea, bhí sé ag déanamh ar a cúig a chlog anois agus an bháisteach ag titim anois is arís agus ceo dorcha ann a chuirfeadh leisce ar éinne gabháil amach, ach mar sin féin do bhí slua mór cruinnithe ag feitheamh go n-osclófaí na doirse agus i ndeireadh thiar thall bhí gach éinne bailithe isteach agus bhí an seomra lán siar go dtí an doras. Dá mbeadh an tráthnóna go breá tirim ní fios cad a dhéanfaidís chun slí d'fháil do gach éinne. Is baolach go mbrúfaidís a n-anam as a chéile nach mór chun radharc d'fháil ar lucht an dráma agus ar na rinceoirí agus ar na ceoltóirí.

Mar sin de, b'fhéidir nach fearr cuma bhí ar an lá ná go fiáin fliuch fuar, cé nár thaitin sé linn in aon chor, ní nach ionadh.

Ach is mithid dom teacht chun na *Spride* anois. Nuair a bhí gach ní ullamh, do labhair an tAthair Ó Ceallacháin, ó Bhealad, cúpla focal ag insint dóibh cad a bhí chucu. Ansan d'ardaíodh an brat agus bhí an obair ar siúl go meidhreach sultmhar ar feadh uair an chloig nó níos faide agus na daoine go léir i reachtaibh a n-anam do chailliúint ag gáirí agus iad anuas ar a chéile nach mór sa cheann thíos den halla ag iarraidh radharc níos fearr d'fháil ar gach ní. Bhíodar ina dtrithí ag gáirí. Ní baol ná go raibh sult acu. Is é Táilliúir na gCos a dhein an sult go léir dóibh ag iarraidh mairtíneach do dhéanamh de féin agus ar nóin is é bhí go hálainn chuige, ach ní foláir ná go raibh na cnámha tinn aige lá arna mhárach ón bpleist a fuair sé nuair a scaoil Dónall Mór uaidh leis an sprid é.

Is iad na daoine bhí sa bhfoireann léirithe agus ba dheacair a rá cé acu do b'fhearr bhíodar go léir chomh maith san:

'Eoghan na gCaorach,' Seán Ó Crualaoich
'Siobhán,' Nóra Ní Shíocháin
'Éamann,' Diarmaid Ó Loingsigh
'Diarmuid an Leasa,' Tomás Ó hAodha
'Nóra Bhán,' Síle Ní Dhonnabháin
'Dónall Mór,' Micheál Ó Síocháin
'Táilliúir na gCos,' Diarmaid Ó Coileáin
'Seán Mháire Ní Thuathaigh,' Diarmaid Ó Crualaoich
'Máire Ní Thuathaigh,' Dul Amú
'Sir Jingo,' Micheál Ó Donncha
'Lord Rag,' Conchúr Ó Finn
'Piléirí,' Seán Ó Murthuile, Diarmaid Ó Ceatharnaigh, Ó Mathúna.

Nuair a bhí an brat anuas ar *An Sprid*, bhí amhráin agus rince agus aithriseoireacht ar siúl ar feadh cúpla uair an chloig eile agus an chlagarnach á séideadh amuigh ó am go ham, ach ba chuma linn sin, bhí an ceol agus an caitheamh aimsire againn istigh agus níor mhothaíomar an anró amuigh.

Thug an tAthair Ó Ceallacháin ceithre cinn d'amhráin bhreátha uaidh. Mo chreach ná fuil na sagairt go léir mar é. Thug cailíní beaga ó Ros Mór amhráin uathu agus thug cailíní beaga eile ó Bhealad amhráin eile uathu agus ba dheas bheith ag éisteacht leo agus bheadh an scéal níos fearr bheith ag éisteacht leo ag déanamh comhrá lena chéile. Bhí cailíní óga ó Dhún na mBeann Buí, Síle Ní Chonaill, Síle Ní Choitir, Aingeal Ní Chrualaoich agus Síle Ní Áilgheasa ag seinm go binn. Is é an t-amhrán a thug an tAingeal dúinn ná *Huisín* agus í ag déanamh aithris ar mháthair ag cur linbh a chodladh; ní fheadar an binneas gutha Aingil nó suáilceacht an 'linbh' a bhí go cluthar clúdaithe aici, fé ndeara é, ach níor airíomar gíocs ná míocs as an 'leanbh' pé draíocht ar imir sí air. Thug na buachaillí aithriseoireacht uathu leis, Diarmaid Ó Loingsigh agus Diarmaid Ó Coileáin agus Tomás Ó hAodha agus thug Dónall Ó Murchú, an múinteoir Gaeilge atá ag an gCoiste Ceantair, amhráin uaidh leis, agus Micheál Ó Síocháin agus Diarmaid Ó Crualaoich chomh maith. Bhí Micheál Ó Muireadhaigh agus Micheál Mac Coitir ag seinm leis agus iad go léir ag rince go luathchosach.

Dá bhfanfaimis ann go maidin ní bheimis cortha ó bheith ag éisteacht leo. Ní dhéanfadh aon amhrán amháin an gnó in aon chor ó gach duine, ní bheadh na daoine sásta go bhfaighidís an dara ceann ó gach éinne.

Bhí ceoltóirí ó Dhroichead na Bandan leis ann ag seinm ar an veidhlín agus ar an maindilín agus ar an bpianó.

Ní baol gur thug éinne amhráin Bhéarla uaidh, b'áil leo san níor theastaigh sé uathu ach gach amhrán breá bríomhar Gaelach.

Nuair a bhí sé ag déanamh ar a deich a chlog chuireadar deireadh leis an gceol. Bhíodar ann ón sé. Labhair an tAthair Ó Ceallacháin arís, ag gabháil buíochais le gach éinne a tháinig ag cabhrú leo. Labhair na múinteoirí leis ag tabhairt comhairle dóibh ar conas is fearr a chuirfidís cúis na Gaeilge ar aghaidh, agus ansan chuaigh gach éinne abhaile go sásta leo féin agus go buíoch d'Uachtarán na Craoibhe, Micheál Ó Donncha agus don Rúnaire, Diarmaid Ó Coileáin, i dtaobh a leithéid de chaitheamh aimsire do sholáthar dóibh, mar ní gá dom a rá gur orthu so araon a luigh an obair do stiúrú agus do thabhairt chun cinn; ach mara mbeadh an chabhair fuaireadar ó na daoine thiar ní fhéadfaidís é a dhéanamh. Is maith an rud cur le chéile mar seo, 'in éineacht tá bua,' agus tá a rian orthu is gearr a bheidh seoinín sa cheantar ná beidh scanraithe acu agus is gearr go gcaithfidh lucht an Bhéarla a gcomhrá do dhéanamh i gcogarnaigh mar ar chaith Sir Jingo agus Lord Rag. Nára fada an mhoill go dtí é, sin é a deirimse.

'*An Sprid* i Ros Mór', 3.1.1903, 718–9.

... That our drama is one 'springing from the sod,' springing from the hearts of the people, is evident to any reader of the works produced this year ... Father O'Leary ... has not been behind hand in giving us an insight into the humorous life of our country people. His mastery of the language is, perhaps, never better displayed than when he describes in vigorous conversational phrase the opinions of himself or his countrymen on any subject ranging from *ólachán* to *Seoiníní*. It seems to me that no better form could have been adopted than that of plays such as *An Sprid* ... for the embodiment of that vigorous conversational phrase and repartee which remained to the last amongst the Irish-speaking people when ordinary literary forms had died out. No better weapon, literary weapon, could be adopted to fight against the decay of the language. The appearance of a native drama is, perhaps, the most notable feature of the year. The works are few, is it true, but it is something to be able to say that at last that great dramatic form of which European Literature has made so much, has taken root in our native literature.

'Irish Literature – 1902,' 6.12.1902, 244.

[Is léir ón scéal seo a leanas go ndearna an dráma seo a bhealach isteach sa traidisiún béil.]

Scéal Béaloidis

Oíche Shamhna a bhí ann, bhí ceathrar timpeall ar tine i dtigh tuaithe. Bhí fear an tí ann agus duine des (na) comharsain darbh ainm Tadhg Mór. Bhí fear ann go nglaoití fear an hata bhig air agus táilliúirín. Bhíodar ag insint scéalta go dtí a haon a chlog. Ansan do labhair Tadhg Mór agus ar seisean: 'Caithfeadsa dul trasna ar lios agus mé ag dul abhaile agus ní gá d'éinne díbhse dul ann.' Do labhair an táilliúirín agus ar seisean: 'Dá bheinnse ag dul ann ní bheadh eagla orm.' Bhí a fhios aige ná caithfeadh sé dul ann mar ní raibh aon chos aige. Ansan do labhair fear an hata bhig agus ar seisean: 'Nuair a bheirse ag dul abhaile, a Thaidhg, beir leat an táilliúirín agus cuir isteach i bpoll sa lios é agus fág ann é ar feadh uair an chloig, ansan tabhair leat é.'

Do chuir Tadhg isteach sa pholl an táilliúirín agus d'imigh sé abhaile. Do tharla go raibh beirt gadaí ag goid caorach an oíche sin. Do bhí duine acu ag dul trasna an phoill agus caora ina bhaclainn aige. Nuair a chuala sé an táilliúirín ag scréachaigh do lig sé don caora titim isteach sa pholl. Do thit an chaora in airde ar an táilliúirín agus cheap seisean gur sprid a bhí ann. Do dhein sé scréach ach ní raibh aon mhaith dó ann. Nuair a bhí uair an chloig caite do tháinig Tadhg Mór chun an táilliúra do thabhairt abhaile. Nuair a chonaic sé an chaora do rith sé abhaile. Nuair d'éirigh sé geal ar a seacht a chlog do léim an chaora amach as an bpoll agus rith sí as an lios. Do tháinig Tadhg Mór ar maidin agus scata fear in éineacht leis go dtí an lios. Do thógadar an táilliúirín amach as an bpoll agus thugadar abhaile é. D'iarradar air cad é an rud bán a bhí istigh sa pholl agus dúirt seisean gur sprid a bhí ann.

Bailiúchán na Scol, An Daingean: Iml 424: lgh. 268–70.

Ainm an té do bhailigh: Pádraig Ó Muircheartaigh.

Ainm an té do thug: Nóra Ní Chinnéide.

Peadar Mhag Fhionnlaoich

AN TÁILLIÚIR CLEASACH
DOCHTÚIREACHT NUA
EILÍS IS AN BHEAN DÉIRCE

An Fhoireann

Micheál Chonaill – feirmeoir beag

Aodh Gréasaí – fear cúlchainteach

Peadar Táilliúir – duine grinn

Feardorcha – athair céile Mhichíl

Siobhán – bean Mhichíl

Máire Nóra, bean déirce

girseach bhuachailleachta

sagart

dochtúir

srl.

Áit: An bealach mór os coinne theach Aodha Gréasaí.
(I láthair: Aodh Gréasaí agus Peadar Táilliúir, ag castáil ar a chéile.)

AODH: Go mbeannaí Dia duit, a Tháilliúir.

PEADAR: Go mbeannaí Dia is Muire duit, a Ghréasaí. Cad é mar tá an leathar ag imeacht ar an aimsir seo?

AODH: Tá sé ag imeacht go tiubh, go raibh maith agat, ach is mó atá do bhréidín ag imeacht óna chéile is dóiche, há, há há. Ach cá bhfuil tú ag dul inniu is d'uirlisí táilliúireachta ar do mhuin agat, más ceadaithe dom fiafraí?

PEADAR: Tá mé ag dul anonn anseo go tigh Mhichíl Chonaill le péire brístí a dhéanamh dó – nó b'fhéidir gur ón mhnaoi nuaphósta a theastaíonn na brístí. Cad é mar tá an ógbhean ag teacht i dtír agaibh? Cluinim nach n-éiríonn sí amach ach go hannamh.

AODH: Ní éiríonn; ní fhaca mé féin ach uair amháin í ó tháinig sí go Baile Chonaill. Chonaic mé í ag teacht ón Aifreann Domhnach amháin agus, dar an leabhar de, bhí cuma fhaiteach uirthi mar chrom sí a ceann amhail girsigh. Deirtear le cuid de na daoine fán áit seo go bhfuil sí rud beag greannmhar is nach bhfuil go leor céille aici; ach deirtear le daoine eile nach bhfuil uirthi ach faitíos is neamhchleachtadh.

PEADAR: Fiúth! Más mar sin atá an scéal, déanfad na brístí do Mhicheál féin is ní bheidh aon bhaint agam lena mhnaoi, há, há, há! Ach tá an lá ag imeacht uainn. Slán leat.

AODH: Beannacht leat. Seachain na mná i gcónaí, há, há, há!

Áit: Teach Mhichíl Chonaill.
(An Táilliúir ina shuí ar chlár sa tseomra ag fuáil éadaigh. Micheál is a
bhean Siobhán ina suí ag caint leis an Táilliúir.)

MICHEÁL: Casadh Aodh Gréasaí leat ar maidin, murar mheall
mo shúile mé. Cé air a raibh sé ag gabháil inniu lena
dhaolteanga nimhneach?

PEADAR: Níor dhúirt sé mórán ach ag fiafraí díomsa cá raibh mé
ag dul.

MICHEÁL: Muise, ní éigean duit a inse dúinn cé air a raibh an
spíd. Ní baol nach orainne nuair a thrácht sibh orainn óir níor
lig sé faill uaidh riamh gan an drochfhocal a chur ar dhuine ar
bith ar a dtráchtann sé.

PEADAR (*Go claonta*): Níor fhan mise i bhfad aige is ní raibh
mórán faille aige dadaí a rá fá dtaobh de dhuine ar bith.

MICHEÁL: Sea, sea, bíodh aige! Ní thugtar aird ar chaint Aodha
Gréasaí mar tá aithne ag an uile dhuine sa dúthaigh seo air.
Ach caithfidh mise a bheith i gceann oibre; tá an lá caite cheana
féin.

SIOBHÁN: Agus mise fosta. Tá mé rófhada in mo shuí is na ba le
bleán agam is an dinnéar le déanamh is mo níochán le cur
amach.

(Imíonn Micheál agus Siobhán fá dheifir mhór.)

PEADAR (*Leis féin*): Níl aon ní ar cearr leis an mhnaoi sin ach í
chomh stuama liomsa; ach amháin go bhfuil sí modhúil
faiteach, ní nach ionadh, óir níl sí fiche bliain d'aois go fóill. Níl
a fhios agam an ag cumadh bréige a bhí Aodh Gréasaí tráth a
dúirt sé go raibh iomrá amuigh uirthi go raibh beagán céille
inti, nó ar chuala sé é. Dar féasóg mo sheanathar gur mhaith an
cleas air a thabhairt air a chreidiúint go bhfuil sí as a céill
dáiríre. Dá gcuirfinnse orm cuid éadaigh Shiobhán is dul
amach ar chúl an tí, tífeadh Aodh mé is bheadh sé cinnte gur
Siobhán atá ann. Déanfad rince fada sa gharraí amhail duine

nach bhfuil pioc céille ina cheann is beidh Aodh ar shiúl ag insint don chomharsanacht go bhfuil bean Mhichíl ag bocléimní fá na tithe aige.

(*Cuireann sé air gúna Shiobhán.*)

Sin é go díreach. Shílfeá go ndearnadh é fá mo choinne ach go bhfuil sé róchaol san áit. Cá bhfuil an ciarsúr síoda? Siúd é. Anois beidh mé go galánta. Bean stráiciúil atá ionam. Anois cuirfead orm hata na gcleiteach bán is níl bean sa pharóiste níos gnaíúla ná mé. Dar an leabhar de, sin thall Aodh ag amharc uaidh. Tífidh sé rud iontach inniu, geallaim dó.

(*Léimeann Peadar amach ar an fhuinneog.*)

GNÍOMH I   AMHARC III

Áit: An bealach mór os coinne theach Aodha Gréasaí.
(*Aodh agus Máire Nóra i láthair.*)

AODH: An bhfuil scéal nua ar bith leat thar na sléibhte?

MÁIRE: Dheamhan focal mura bhfuil sé leat féin.

AODH: Níl focal agamsa ach go bhfuil eagla orm go bhfuil an bhean bhocht seo thall go holc ar na haimseara seo.

MÁIRE: Cé hí atá tinn, arú?

AODH: Níl aon duine tinn ach an bhean seo thall, bean Mhichíl Chonaill; tá eagla orm go bhfuil sí as a céill.

MÁIRE: A Rí ár sábháil! An abrann tú sin!

AODH: Tá eagla orm go bhfuil an scéal rófhíor. Níl ann ach leathuair ó shin ó chonaic mé í le mo shúile féin amuigh i gcúl an tí is, mura raibh sí ar mire, bhí sí ar meisce nó rud inteacht mar sin. Bhí sí cóirithe suas ina cuid éadaigh Domhnaigh is hata galánta uirthi le cleiteacha bána ann. Agus cad é do bharúil a rinne sí ach léimní amach ar fhuinneoig is an galántas uilig uirthi is thoisigh ag damhsa is ag rince sa gharraí. A leithéid de bhocléimní ní fhaca aon duine riamh. D'imigh sí suas ar chrann amhail madadh crainn, rith amach ar ghéig is thuirling go talamh de léim amháin. Cad é a rinne sí ansin, an measann tú? Tá, gur thoisigh sí ag séideadh na bpóg liomsa, is tráth a thiontaigh mise le dul isteach chun tí, d'éirigh sí in airde arís is isteach san fhuinneoig léi níos gaiste ná a ghluaisfeadh cat.

MÁIRE: Gan amhras tá an bhean bhocht ar mire. Is dona liom an scéal é. Níl a fhios agam an bhfuil tuairisc ag a hathair cad é mar tá sí. Go dearfa, is fiúntach an fear é Feardorcha Mór Mac Dáibhid is is mór an buaireamh a bheas air fána nín.

AODH: Is é mo bharúil go raibh sí mar sin i gcónaí is gurbh é sin an fáth ar tugadh do Mhicheál í.

MÁIRE: Ná creid a leithéid. Ní thabharfadh Feardorcha Mór a níon d'fhear ar bith mura raibh sí go ceart ina sláinte. Ach rachaidh mise ionsair is inseoidh mé dó an méid a chuala mé.

AODH: Déana, más mian leat é. Níl mise ag insint focail bhréige duit.

MÁIRE: Slán leat, a Ghréasaí.

AODH: Slán leat, a bhean chóir.

GNÍOMH II   AMHARC I

Áit: Teach Fheardorcha Mhóir
I láthair: Feardorcha agus Máire Nóra.

FEARDORCHA: Go cinnte is ag déanamh magaidh orm atá tú. Bhí mo níon anseo Dé Domhnaigh is í chomh maith ina sláinte is a bhí sí riamh.

MÁIRE: Tá mise ag insint an scéil duit mar a fuair mé é. Shíl mise gurbh fhéidir gur chuala tú iomrá air. Dúirt Aodh Gréasaí liom go bhfaca sé í lena shúile féin ag teacht amach ar fhuinneoig an tí is í cóirithe mar a bheadh sí ag dul go bainis, is gur léim sí is gur dhamhsaigh sí sa gharraí, gur strap sí suas ar chrann is gur léim sí anuas arís; gur shéid sí póga chuigesean is gur scinn sí isteach san fhuinneoig arís amhail cat.

FEARDORCHA: Go bhfóire Dia orainn. Má tá sin fíor, tá sí as a céill gan amhras.

MÁIRE: Gan amhras, tá. Níorbh fhéidir go raibh sí ar meisce óir ní thiocfadh léi na cleasa sin a imirt.

FEARDORCHA: Ar meisce! Níor bhlais sí deor biotáille ó rugadh í. Tá mo níon bhocht as a céill; sin mar atá an scéal is tá faitíos ar Mhicheál bhocht scéala a thabhairt domsa. Caithfidh mé an dochtúir a fháil di is an sagart. A Mháire, ná lig ort féin fán mhéid a chuala tú go bhfeicimid cad é mar tá an scéal aici. Ní dhéanfaidh mise moill go bhfeice mé mo chailín bocht, ach caithfidh mé ar dtús teachtairí a chur fá dhéin an dochtúra is fá dhéin an tsagairt. Hóich, a Éamainn Óig! Cuir an diallait ar an láir dhoinn is beir an dochtúir leat go dtí Siobhán. Tá sí go dona. Imigh leat ar cosa in airde agus beir leat é cibé ar bith áit a bhfuil sé. Glacfad féin an gearrán bán is cuirfead fios ar an tsagart. Mo níon bhocht, más mar sin atá an scéal agat!

GNÍOMH II   AMHARC II

Áit: An seomra i dtigh Mhichíl Chonaill
(Peadar Táilliúir ina shuí ar chlár ag déanamh éadaigh. Micheál ina shuí ag caint leis. Tigeann Siobhán isteach le ruaig.)

SIOBHÁN: Sin chugainn m'athair. Níl a fhios agam ar thalamh an domhain cá bhfuil sé ag dul ach tá deifir mhór air. B'fhéidir go bhfuil rud inteacht ar cearr le mo mháthair.

(Tigeann Feardorcha isteach.)

FEARDORCHA: Go mbeannaí Dia anseo. *(Stánann sé go dian ar Shiobhán.)*

SIOBHÁN: Go mbeannaíthear duit, a athair.

MICHEÁL: Go mbeannaí an Fear céanna duit, a Fheardorcha. Cad é an scéal agat?

SIOBHÁN: Cad é mar tá mo mháthair?

FEARDORCHA: Tá do mháthair go maith, a níon. Cad é mar tá tú féin, a chailín? (*Ag amharc go géar uirthi.*)

SIOBHÁN: Tá mé go sármhaith, a athair. Bhí eagla orm go raibh rud inteacht ar cearr libh, bhí an méid sin deifre ort. B'fhéidir gur ocras a bhí ort is gurb é do chuid tae atá de dhíth ort, há, há. Caithfidh mé imeacht is an tae a bhruith óir táimid uilig chóir a bheith thart leis an ocras.

(*Imíonn Siobhán as an tseomra.*)

FEARDORCHA (*Ar leataobh le Micheál*): An bhfuil biseach uirthi?

MICHEÁL: Siobhán? Tá sí go maith ina sláinte; cad é a bheadh uirthi?

FEARDORCHA: Ach cad é mar tá a ceann?

MICHEÁL: A ceann? Cad é a bheadh ar a ceann? Ar ndóigh, ní raibh galar cinn ar bith uirthi?

FEARDORCHA: Nach raibh sí beagán ar seachrán?

MICHEÁL: Beagán ar seachrán? An bhfuil tusa beagán ar seachrán?

FEARDORCHA: Níl faic ar cearr liomsa ach chuala mé go raibh Siobhán amuigh sa gharraí i gcúl an tí ag rince is ag bocléimnigh, is shíl mé go cinnte go raibh sí as a céill.

PEADAR (*Leis féin*): Go bhfóire Dia orainn, ar chuala sé an scéal cheana féin? Abú! Tá an t-im fríd an bhrachán anois. Má gheibh siad amach gur mise a bhí ann, muirfear mé le Micheál.

MICHEÁL: Hóich, Siobhán. Goitse abhus anseo go gcluine tú seo!

(*Tigeann Siobhán isteach sa tseomra. Tigeann an ghirseach aimsire isteach san am chéanna.*)

Deir d'athair go bhfuil tú as do chéill is go raibh tú amuigh ag bocléimnigh sa gharraí ar maidin inniu.

SIOBHÁN: Há, há, há, ag déanamh grinn atá m'athair. Ní raibh mé sa gharraí le seachtain.

FEARDORCHA: Dar an leabhar de, chreidfinn é. Is ag stealladh na mbréag a bhí sé.

SIOBHÁN: Cé, a athair?

FEARDORCHA: Aodh Gréasaí.

MICHEÁL: Oró, an é sin é? An é úrscéal Aodha Gréasaí atá leat?

FEARDORCHA: Sea, ach ní raibh mé féin ag caint leis. Tháinig Máire Nóra isteach chun tí chugam tá dhá uair ó shin gur inis sí dom an scéal a fuair sí ó Aodh Gréasaí. Dúirt sé léi go raibh sé ag amharc ar Shiobhán anseo ag léimnigh amach ar fhuinneoig ar chúl an tí is í cóirithe go galánta, ag rince fríd an gharraí, ag dul suas ar chrann is ag léimnigh anuas ar ais; ag séideadh póg dósan –

SIOBHÁN: An bradaí! Ar dhúirt sé sin?

FEARDORCHA: Agus gur scinn sí isteach san fhuinneoig arís.

MICHEÁL: An damantóir! Bainfidh mise cúiteamh as ar na bréaga sin.

PEADAR (*Leis féin*): Tiocfaidh drochobair as an chleas udaí má leantar den scéal. (*Os ard.*) B'fhéidir gur samhail a bhí ann. Dá olcas é, ní chumfadh Aodh scéal den chineál sin.

FEARDORCHA: Dúirt sé go raibh a mainte Domhnaigh ar Shiobhán is hata na gcleiteach bán is í cóirithe mar a bheadh sí ag dul chun bainise.

SIOBHÁN: An diabhlaitheoir! Cha raibh siad orm le coicís.

AN GHIRSEACH (*Ag scairteadh amach leis an gháire*): Och, is é Peadar a bhí ann, is é Peadar a bhí ann.

PEADAR (*Ag bagairt a chinn leis an ghirsigh*): Bí i do thost, a óinseach! Cad é an bhaint atá agatsa leis an scéal?

FEARDORCHA: Chreid mé gach uile fhocal den scéal is shíl mé go raibh Siobhán go héadrom ina ceann. Chuir mé Éamann Óg ar mhuin na lárach fá dhéin an dochtúra –

SIOBHÁN: Fá dhéin an dochtúra!

FEARDORCHA: Agus chuaigh mé féin fá dhéin an tsagairt.

SIOBHÁN: Fá dhéin an tsagairt!

FEARDORCHA: Níor fhan mise le ceachtar acu ach seo chugaibh an bheirt acu anois.

(*Tigeann an sagart agus an dochtúir isteach.*)

AN SAGART: Beannacht Dé romhainn sa tigh seo!

AN DOCHTÚIR: Cad é mar tá an bhean bhocht?

FEARDORCHA: Go mbeannaíthear daoibh araon. Is cosúil gur ar turas amadáin atáimid go huile. Mise is ciontach leis mar chreid mé scéal bréagach. Níl dadaí ar cearr leis an chailín seo.

AN SAGART (*Ag gáirí*): Is amhlaidh is fearr é. Níorbh fhearr liom athrú scéil aici. Ach cé a chuir an t-úrscéal ar siúl?

MICHEÁL (*Ar buile*): Is é an bithiúnach sin thall Aodh Gréasaí a chum an scéal is a chuir amach é. Cá bhfuil mo mhaide draighin ansin is bhéarfaidh mise air gan ábhar gáire a dhéanamh dínne.

AN SAGART: Ná bac leis, a Mhichíl, ní raibh ann ach greann.

MICHEÁL: Greann, a Athair? Is deas an greann scéal bréagach mar sin a chur amach. Is míghreann mór é is bainfidh mise cúiteamh as an daol!

AN SAGART: 'Is liomsa díoltas a imirt,' arsa an Tiarna. Ná bac leis níos mó.

MICHEÁL: Dheamhan a miste liom cad é deir an Scrioptúr. Bhéarfaidh mise an leadradh is fearr d'Aodh Gréasaí a fuair sé i rith a shaoil. Greann go dearfa!

AN GHIRSEACH: A mháistir, is é Peadar a bhí ann.

MICHEÁL: Cé Peadar is cá raibh sé, a chailín?

AN GHIRSEACH: Peadar Táilliúir ansin. Bhí mainte mo mháistreása air is a hata is é ag léimnigh sa gharraí.

(*Bagrann Peadar go tiubh ar an ghirsigh, ag sméideadh a shúl is a lámh léi.*)

MICHEÁL: Cad é sin a deir tú, a ghirseach?

AN GHIRSEACH: Tá, bhí mise ag teacht isteach leis na ba dá n-eadarshudh. Chonaic mé bean dar liom ag léimnigh amach ar an fhuinneog ar chúl an tí. Shíl mé ar dtús gurbh í mo mháistreás a bhí ann mar bhí éadach mo mháistreása uirthi, is shíl mé go raibh sí ar deargmhire mar go ndeachaigh sí ag déanamh rince agus cosa in airde ins an gharraí. Scinn sí léi suas ar an chrann caorthainn is, ag teacht anuas di, chonaic mé brístí bána Pheadair uirthi is b'fhios dom ansin gur Pheadar a bhí ann is éadach mo mháistreása air. Chonaic mé é sa tseomra ina dhiaidh sin ag baint an éadaigh de is é ag briseadh a chroí ag gáirí mar bhí Aodh Gréasaí ag amharc anall óna shráid féin air is é lánchinnte gurbh í mo mháistreás a bhí ann.

PEADAR (*Ar leataobh*): Go dtachtar thú, a chailín chaintigh! Tá mé gaibhte anois is muirfear mé go cinnte.

MICHEÁL: Ohó, a Tháilliúir na buinne! An tusa a thóg an ruaillí buaillí seo orainn? Tóg ort, a dhúlamáin ocraigh, nó brisfead gach uile chnámh i do chorp.

PEADAR: Ná buail, a Mhichíl, níor shíl mé –

MICHEÁL (*De bhéic*): Amach leat!

(*Buaileann Peadar leis an bhata. Béiceann an Táilliúir, seachnann Micheál is léimeann amach fríd an fhuinneog gan hata, gan bhróga, gan chóta. Caitheann Micheál an bata ina dhiaidh ag dul amach ar an fhuinneog dó.*)

An Sagart (*Ag gáirí*): Hobair duit a mharú, a Mhichíl. Muise, buíochas le Dia nach bhfuil an scéal níos measa, ach milleadh mo chuid tae ormsa.

AN DOCHTÚIR: Agus ormsa fosta.

SIOBHÁN: Déanfadsa cupán tae daoibh araon má lámhann sibh a ól ó mhnaoi atá chomh héadrom sa cheann is sa chorp is atá mise de réir tuairisce!

CRÍOCH

DOCHTÚIREACHT NUA

An Fhoireann

Uilliam Ó Tomhnair .i. fear tinn
Micheál Óg
Síle .i. bean Uilliam
Clann Uilliam

AMHARC I

Áit – teach Uilliam
Am – tráthnóna
(*I láthair, Uilliam, agus a bhean agus a gclann. Uilliam ina luí ar a leaba agus ag osnaíl go trom. Tigeann Micheál Óg isteach.*)

MICHEÁL: Go mbeannaí Dia anseo.

SÍLE: Go mbeannaíthear duit, a Mhichíl. 'Sé do bheatha.

UILLIAM (*Sa leaba*): Och, och, ochón, ochón.

MICHEÁL: Go raibh maith agat, a Shíle. An bhfuil Uilliam tinn? Chuir sé teachtaireacht chugamsa teacht ag amharc air.

SÍLE (*Os íseal*): Ná bac leis. Níl faic na fríde ar cearr leis ach go bhfuil sé ag déanamh amach go bhfuil a bhás air. Labhair thusa leis is cuir an smaoineamh sin as a cheann.

MICHEÁL (*Os íseal*): Labhród. An bhfuil sé i bhfad ina luí?

SÍLE: Níl, ach amháin ó am dinnéir.

UILLIAM: Och, och, ochón, ochón.

MICHEÁL (*Os ard*): Tím go bhfuil tú go dona, a Liam.

UILLIAM: Och, tá mé go dona. An tú atá ann, a Mhichíl? Muise, céad fáilte romhat. Tá lúcháir orm fá d'fheiceáil. Chuir mé teachtaire fá do dhéin ach shíl mé tá tamall ó shin nach bhfeicfinn go brách arís thú.

MICHEÁL: Cad é tá ort, a dhuine? Is nuaíocht duitse a bheith ag éagaoin.

UILLIAM: Faraor, tá an bás orm, a Mhichíl. Tá an saol thart liom. Gheobhaidh mé bás anocht. Ach tá lúcháir orm go dtáinig tú ag amharc orm sular imigh mé.

MICHEÁL: Cad é tá ar cearr leat, a Liam? Cad é an galar nó an aicíd a fuair greim ort anois?

UILLIAM: Dheamhan faic na fríde ar cearr liom ach amháin go bhfuil an bás orm, a Mhichíl. Och, och, ochón, ochón.

MICHEÁL: Ní baol duit tá súil agam. Ach cad é d'éirigh duit, a dhuine? Chonaic mé thú ag dul thart an bealach mór inné ag marcaíocht is bhí tú chomh lúfar le hógánach. Cad é d'éirigh duit ó shin?

UILLIAM: Char éirigh dadaí dom ach gur bhuail an bás liom inniu is tá mo chuid marcaíochta thart liom sa tsaol seo. Och, och!

MICHEÁL: Agus cad é an comhartha báis atá ort?

UILLIAM: Chan fhuil comhartha ar bith báis orm ach amháin é seo. Beidh mé cúig bliana déag is daichead d'aois anocht ag an dó dhéag a chlog is sin go díreach an aois a bhí ag m'athair nuair a fuair sé bás. Níl aon amhras go bhfaighidh mise bás san am chéanna.

MICHEÁL: Ó, b'fhéidir nach bhfaighfeá. An bhfuil tinneas ar bith ag baint leat?

UILLIAM: Níl tinneas ar bith orm ach go bhfuil mo chroí istigh ag inse dom go bhfuil mo shaol caite.

MICHEÁL: Muise, is mór an trua liom a chluinsint, a Liam, óir, dar m'fhocal, ba mhaith an fear thú in do ré.

UILLIAM: D'fhéadfá sin a rá, a Mhichíl. Siúd is gur mise atá á rá, níor tógadh fear i nGleann tSúilí riamh arbh fhéidir leis sráid a ghlanadh tráthnóna lae aonaigh chomh gasta liom féin.

MICHEÁL: Chuala mé go raibh ealaín an mhaide draighin agat go léir.

UILLIAM: Bhí sin agam, bíodh a fhios agat. Ach faraor tá an ealaín sin caillte go léir sa tír seo anois.

MICHEÁL: Cha ndéarfainn an méid sin, a Uilliam. Tá fir mhaithe i nGleann tSúilí go fóill.

UILLIAM (*Ag baint cor as féin sa leaba*): Muise, in ainm Dé, cá bhfaighfeá iad?

MICHEÁL (*Ag cur gus air féin*): Tá siad le fáil is gan i bhfad le siúl lena gcuartú.

UILLIAM: Arú, géarú ort, a ghiolla udaí, cá bhfaighfeá iad? Fiafraím sin díot, cá bhfaighfeá iad? Cá bhfuair siad a gcuid múinteachais? Cá bhfuil fear anois ag a bhfuil eolas ar ghearrbhuille, nó ar sháthbhuille, nó ar chúlbhuille? Cá bhfuil fear a dtiocfadh leis é féin a chosaint ar na buillí udaí gan trácht ar iad a imirt?

MICHEÁL: Ná bí ag bladaracht, a Uilliam! Tá oiread ealaíne agam féin is a bhí agat riamh. Is dar bhrí m'fhocail, ach go bhfuil tú 'do luí breoite, bhainfinn an sodar asat gan mhoill san pháirc sin thíos.

UILLIAM (*Ag éirí ina leathshuí ar an leaba*): Tusa agus ealaín agat, an ea? Muise, go bhfóire Dia orainn, an gcluin sibh an chiaróg ag búirfigh? Ara, go dtachtar thú, a shnámhaí! An é seangán de do shórtsa atá ag caint ar ealaín? Bhéarfaidh mise ort a thuiscint nach bhfuil mé chomh breoite sin nach dtig liom an bród a bhaint asatsa, a shióg dhona! (*Éiríonn sé de phreab as an leaba.*) Hóich, a Shíle, tabhair dom an dá chipín draighin udaí atá sa tseomra.

SÍLE: Bíodh ciall agat, a Uilliam, is lig dó anocht.

UILLIAM: Imigh leat, a bhean, agus faigh na maidí dom. Ar chuala duine beo a leithéid riamh? Ciaróg den tsórt sin ag trácht ar ealaín is ag cur slán fúmsa. Imigh leat, a bhean, nó tarraingeod an maide briste ort.

MICHEÁL: Tabhair cead a chinn dó, a bhean chóir. Bainfidh mise an sú as sula bheas mé críochnaithe leis!

UILLIAM: An gcluin tú sin, a Shíle? An gcluin tú an daol is an glór atá leis? Tabhair dom an dá bhata sin ar an bhomaite nó steallfad an t-anam asat!

SÍLE: Ó, seo dhuit iad, a dhuine, is bíodh ciall agat. Seo dhuit iad. (*Bheireann an dá mhaide draighin dó.*)

UILLIAM (*Go mórálach*): Seo anois, a dhuine mhúinte, an bhfuil an oiread maímh asat féin? Glac do rogha acu seo. Taispeánfad ealaín duit nach bhfaca tú riamh go dtí an oíche anocht. Nuair a bheas mise réidh leat, geallaim duit go mbeidh d'eireaball fá do chosa leat.

MICHEÁL: Glacfad an ceann seo.

UILLIAM: Tá go maith. Siúil leat anois. (*Imíonn sé ionsar an doras.*)

MICHEÁL: Fan go fóill, fan go fóill! Coinnigh greim ar d'fhoighid. Níl mise ag dul a throid le fear tarnochtaithe mar atá tusa. Cuir ort do chuid éadaigh, a dhuine.

UILLIAM: Diabhal snáithe éadaigh a chuirfead orm go mbeire mé bua ortsa, a ghiolla udaí.

MICHEÁL: Muise, diabhal cos a rachas mise amach leat!

UILLIAM: Hó, hó, a choiligh, an bhfuil an chladhaireacht ag baint leat cheana féin?

MICHEÁL: Níl cladhaireacht ar bith ag baint liom ach bheadh náire orm troid a dhéanamh in aghaidh fir tharnochtaithe gan fiú brístí air.

UILLIAM: Más mar sin atá, ní bheidh an leithscéal sin agat ach a oiread. Cuirfead orm mo bhrístí.

(*Cuireann sé a bhrístí air.*)

MICHEÁL: Cuir ort do bhróga.

UILLIAM: Ní chuirfead, diabhal bróg! Níl tú ach ag iarraidh leithscéil fá dhul ar gcúl in do shlán, ach ní ligfead ar gcúl thú. Amach leat anois gan tuilleadh cainte!

MICHEÁL: Amach leat féin, muise.

(*Téid Uilliam amach ar dtús, Micheál á leanúint agus Síle is na maidí ina ndiaidh.*)

AMHARC II

Áit – Páirc an bhuailte.
(*Uilliam agus Micheál ina seasamh os coinne a chéile, na maidí draighin ina lámha is Síle is na páistí ar leataobh.*)

UILLIAM: Fair thú féin, a bhradaigh!

MICHEÁL: Ná bac liomsa. Cosain thú féin!

(*Troideann siad. Tá Uilliam go cliste leis an bhata. Ag an tríú hionsaí buaileann sé buille ar leathchluais Mhichíl. Ar an cheathrú hionsaí léimeann Micheál ar leataobh is beireann greim ar bhata Uilliam is greadann Uilliam ar a chúl lena bhata. Ligeann Uilliam béic as.*)

UILLIAM: Och, och, a chladhaire, a bhradaigh, tá tú ag bualadh taobh thíos den chrios. An é sin do chuid ealaínese?

MICHEÁL (*Ag breith a bhata de Uilliam*): Imigh leat abhaile nó muirfidh mé thú. Tá tú buailte agam cheana.

UILLIAM: Ach bhuail tú taobh thíos den chrios, bhuail tú taobh thíos den chrios.

MICHEÁL (*Ag bagairt a bhata*): Buailfead taobh thíos den droim an dara uair. Imigh leat abhaile.

UILLIAM: A chladhaire, a fhealltóir, a bhithiúnaigh, a dhúnmharfóir! Beidh mise cothrom leat go fóill.

(*Tógann Uilliam cloch mhór, ritheann Micheál is caitheann Uilliam an chloch ina dhiaidh.*)

SÍLE: Nach mór an náire duit, a Uilliam!

UILLIAM (*Go mórálach*): Bí 'do thost, a bhean. Cad is fios duitse fá chogadh? Sin chugaibh, a pháistí, mar a thig le bhur n-athair tóir a chur ar ógánach den chineál sin. Eisean ag trácht ar ealaín! Sumh! Tá oiread ealaíne in m'ordóig bhig is atá ina chorp uile. Bíodh a fhios agaibh, a pháistí, nach bhfuil bhur n-athair marbh go fóill, faire.

CRÍOCH

EILÍS IS AN BHEAN DÉIRCE

An Fhoireann

Cailleach an Bhéarla .i. bean déirce

Eilís .i. bean an tí

Conchúr .i. mac Eilíse

Áit – Teach Eilíse

Eilís agus an Bhean Doirce, *Irisleabhar na Gaedhilge*, 13:150 (Márta 1903), 256.

(*Eilís agus Conchúr i láthair.*)

EILÍS: A Chonchúir, a mhic, sin chugainn Cailleach an Bhéarla anall ar an abhainn is beidh mé buartha as mo chéill léi á iarraidh seo is siúd orm. Rachaidh mise síos chun an tseomra i bhfolach is abair thusa léi go bhfuil mé ar shiúl as baile ar an mhargadh nó áit inteacht eile. Ar do bhás ná lig ort féin go bhfuil mé fán tigh.

CONCHÚR: Ná déan a leithéid, a mháthair! Ní ligfinn do mhnaoi déirce ar bith mé a dhíbirt as mo thigh féin. Fan mar a bhfuil tú, tabhair di déirc amhail duine is ná tabhair níos mó di. Is cuma duit cad é a déarfas sí.

EILÍS: Ní thiocfadh liom a dhéanamh! Is minic a chuir mé romham féin gan aird a thabhairt ar a cuid bladarachta is gan a thabhairt di ach dornán préataí nó lán máime mine, ach nuair a ghabhann sí orm lena teanga líofa ag mo mholadh is ag cur suas urnaithe ar mo shon, sáraíonn sí orm is bíonn oiread deich ndéirce léi sa deireadh. Oró, sin ag teacht í! Mar gheall ar an Rí, a Chonchúir, is ná hinis di go bhfuil mise istigh.

CONCHÚR: Ní inseoidh. (*Ar leataobh.*) Dar an leoga, cuirfidh mise leigheas ar d'fhaitíos roimh Chailligh an Bhéarla.

(*Imíonn Eilís is preabann Cailleach an Bhéarla isteach.*)

CAILLEACH: Go mbeannaí Dia anseo is go gcuire an Mhaighdean Mhuire is na haingil bheannaithe gach uile chineál grásta romham sa tigh seo.

CONCHÚR: Go mbeannaíthear duit, a bhean chóir.

CAILLEACH: Muise, an leat féin atá tú?

CONCHÚR (*Go gruamach*): Is liom féin, faraor!

CAILLEACH: Muise, cá bhfuil do mháthair? Is annamh dise a bheith as baile.

CONCHÚR (*Go brónach*): Tá sí sa fhlaitheas, tá súil agam. Nár chuala tú, a Mhéabha, go bhfuair mo mháthair bás, go ndéana Dia trócaire ar a hanam. (*Crosann sé é féin.*)

CAILLEACH (*Á crosadh féin*): Go saora Dia sinn. Ó, go ndéana Dia trócaire uirthi is go gcóirí Sé leaba di i bhflaitheas i measc na

Naomh is na mBan-Naomh is na Mairtíreach is na gConfesóir is Ord na nAingeal féin. Ba mhaith a thuill sí é ar thalamh óir ba í a bhí ina mnaoi chóir, charthanaigh, dhéirciúil, shoineanta, neamhurchóidigh i gcónaí. Och, go ndéana Dia trócaire uirthi arís is arís. Deirim Paidir is Avé Maria ar a son.

(Guíonn sí go tiubh ar feadh tamaill.)

CONCHÚR: Níl iontas orm, a Mhéabha, go bhfuil cumha ort i ndiaidh mo mháthar. Dar an leabhar de, ba chara maith duitse í. Ar leaba an bháis féin bhí sí ag smaoineamh ort.

EILÍS *(San seomra)*: Go maithe Dia duit na bréaga sin, a Chonchúir!

CAILLEACH: An inseann tú sin dom, a Chonchúir. Dar an leoga, chreidfinn é óir ba í a bhí cineálta, báúil liom i gcónaí; is níor lig sí ar shiúl ón doras riamh mé le déirc choitinn gan dúthracht de chineál inteacht a chur liom. Agus an inseann tú dom gur chuimhnigh sí orm ag fáil bháis di? Och, go ndéana Muire Bantiarna cuimhneamh uirthise sa tsíoraíocht. *(Guíonn sí arís.)*

CONCHÚR: Sea, dúirt sí nach mbeadh sise romhat choíche arís le déirc a thabhairt duit. 'Ach,' ar sí, 'a Chonchúir, ní dhéanfaidh tusa dearmad de Mhéabha bhocht.'

EILÍS *(San seomra)*: A bhradaigh, ar chuala aon duine riamh a leithéid de bhréig!

CAILLEACH: An abrann tú liom gur dhúirt sí sin, a Chonchúir?

CONCHÚR: Dúirt go dearfa is ar sí liomsa: 'Bhéarfaidh tú an meascán ime sin atá déanta agam di an chéad uair eile a thiocfas sí an bealach seo.'

CAILLEACH: Go moltar an Rí! Ar dhúirt sí sin?

EILÍS *(San seomra)*: Cad é an diabhlaíocht atá ar cois aige anois?

CONCHÚR: Chan fhuil mé ag insint focail bhréige duit. Seo dhuit an meascán ime. *(Tugann an meascán ime di.)* Agus ní hé sin uilig é ach, ar sí: 'Tá máilín olla ansin agam is ní bheidh aon duine anseo in mo dhiaidhse lena chardáil ná a shníomh; tabhair do Mhéabha é.' Tá an máilín agam anseo fá do choinne. Cuir ar do mhuin é. *(Cuireann sise an máilín ar a muin.)*

CAILLEACH: Ó, go ndéana Dia Mór na Trócaire –

(*Cromann sí ar urnaíocht arís.*)

EILÍS (*San seomra*): Cad é seo? Cad é seo ar chor ar bith? Tá sé ar tí mo scriosta leis an tseanmháláid seo!

CONCHÚR: 'Níl aon duine le sníomh ar an tuirne sin anois,' arsa mo mháthair. 'Tá sé chomh maith agat a thabhairt do Mhéabha.' Mura dtig leat an tuirne a iompar leat inniu, tar ar ais amárach fána dhéin. Níor thrácht mo mháthair ar na cardaí ach measaim gur dearmad a rinne sí. Níl aon ghar domsa iad a choinneáil; seo dhuit iad is cuir in do mhála iad. (*Cuireann Méabha na cardaí ina mála.*)

EILÍS (*San seomra*): A Rí ár sábháil! Tá mo chardaí nua léi. Caithfidh mé dul suas is a stopadh.

CAILLEACH: Go moltar ainm an Tiarna! Nach í a bhí go maith domsa. Agus ní deirim go bhfuil tú féin go holc, a Chonchúir, ach a oiread. Is mac do do mháthair thú, go deimhin.

CONCHÚR: Tá plaincéad nua thuas ar an lafta is gréasán gearr báinín, is dúirt sí go mbeadh siad fíorúsáideach duitse in aghaidh an gheimhridh is iad a thabhairt duit. Seo dhuit iad is giota rópa lena gceangailt ar do dhroim. (*Tógann is ceanglann an plaincéad is an gréasán ar dhroim na caillí.*)

EILÍS (*San seomra*): In ainm Dé, ar chaill sé a chuid céille go léir? Ach ní ligfidh mise léi mo phlaincéad breá ná an gréasán udaí ar chuir mé isteach oiread saothair á chardáil is á shníomh.

CAILLEACH: Go bhfaighe sí a luach saothair fá seacht sa fhlaitheas! Nach í a chuimhnigh ar na bochta! Naomh ar an talamh a bhí inti.

CONCHÚR: Ní hé sin uilig é –

EILÍS (*San seomra*): Go bhfóire Dia orainn, cad eile atá sé ar tí a thabhairt di?

CONCHÚR: Tá gúna úr anseo a fuair sí lá aonaigh an tSeanbhaile seo a chuaigh thart is dúirt sí ar leaba a báis nach raibh duine aici ina diaidh lena chaitheamh ach thusa is gan dearmadú a thabhairt duit.

EILÍS (*San seomra*): Muise, go dtachtar sibh, an bheirt agaibh, más é mo ghúna úr nach raibh ar mo dhroim ach dhá fheacht ó fuair mé é atá sibh ar tí a théalú uaim! Ach cuirfidh mise cosc ar an obair seo!

CAILLEACH: Oró, an bhean álainn! Níl pronntanas eile dá bhfuair mé ab fhearr liom ná a gúna féin. Ní chuirfidh mé orm é choíche gan smaoineamh uirthi is paidir a rá ar a hanam.

EILÍS (*Ag teacht aníos ón tseomra*): A sheanmháláid ghránna, mhíshásta! Ba mhaith leat, ar ndóigh, mo ghúna úr a chur ar do mhásaí buí, is mo phlaincéad breá is mo ghréasán is mo chuid olla is ime a iompar leat! Cuir síos na nithe sin nó scallfad thú le huisce te.

CAILLEACH: Muise, géarú ort! An ansin atá tú? Is an ag magadh orm a bhí sibh araon?

EILÍS: Chan ea, muise. Níl aon ábhar magaidh domsa in mo chuid earraí a bhreith leat.

CAILLEACH (*Ag caitheamh ar an urlár gach aon rud a thug Conchúr di*): Oró, a bhradaigh na luaithe, nár chuala tú is nach bhfaca tú do mhac cóir ag cur liom gach uile rud acu? Ach sin chugat iad. Ní thruailleoinn mo dhroim leo. Shíl mé go raibh tú marbh dáiríre nuair a bhí sé ag tabhairt dadaí do na bochta óir ní ligfeadh an tsaint duitse dadaí a thabhairt uait. Bhí tú 'do scríbín i gcónaí is tá anois agus beidh go broinne an bhrátha.

EILÍS (*Ar deargbhuile*): Fág mo theach, a Chailleach an Bhéarla, nó steallfad an t-uisce te ort!

CAILLEACH: Ní ligfeadh an eagla duit, a chailleach an ocrais! Is trua liom gur dhall mé do dhoras ocrach riamh.

EILÍS: Cuir amach í, a Chonchúir!

CONCHÚR: Ní chuirfead, a mháthair. Measaim go mbeifeá tréan go leor aici thú féin is bhéarfaidh mise ceart fir duit.

CAILLEACH: Cha déanaim moill in do thigh shalach leatromach go marams tú. Fágaim mo sheacht mallacht in mo dhiaidh is mallacht mór eile in éineacht leo. (*Imíonn sí.*)

CRÍOCH

Chuir Conradh na Gaeilge na drámaí seo [*Miondrámanna*] i gcló in aon leabhrán amháin sa bhliain 1902 sa tsraith *Leabhairíní Gaedhilge le hAghaidh an tSluaigh* XI ach léiríodh *Eilís agus an Bhean Déirce* roimhe sin.

The United Irishman

[re P. Mhag Fhionnlaoich]

If we are to judge from the efforts being made by the *Daughters of Erin* in the matter of supplying Irish entertainments, the time should not be far distant when a theatre thoroughly Irish in character will be an accomplished fact. A public opinion is being gradually, but surely, formed in Ireland which will make the production week after week of second-hand English musical absurdities anything but a profitable business. To supply the place of these with something native, something that will make us feel that we are beneath an Irish sky, listening to the speech of Irish men and women, must be part of the work of those engaged in the revival of things Irish. The *Daughters of Erin* made an attempt to compete with the foreign element last Easter; their wonderful success on that occasion has encouraged them to enter upon the project on a much larger scale. The Antient Concert Rooms have been engaged for the Horse Show week, and, in addition to a new series of Irish Historical Tableaux similar to those performed by them previously and to the Irish *Céilí* scene, three new Irish plays – one altogether in Irish – will be put on the boards.

The play in Irish, entitled, *Eilis and the Beggarwoman*, is by Mr. P.T. MacGinley. It is a humorous sketch, introducing only three characters – the woman of the house, her son, and the beggarwoman. The woman of the house, who was rather 'hard' in her ways, seeing the beggarwoman coming to the house, and not wishing to meet her, goes into the room, telling her son to say she was not within. An idea immediately comes to the son that he will play a trick on his mother, apparently in the hope of teaching her to be more generous. When the beggarwoman arrives, he affects to be in very low spirits, and in reply to her inquiry, informs her that his mother is dead, and follows this up by telling of the number of things she left to her to make up for her past neglect. Then he proceeds to give the beggarwoman a number of things in the house, and during this scene his mother, who from the room has been keeping her eye upon the actions, finally seeing her new gown being given away, can stand it no longer and rushes out. The fright of the beggarwoman at first, and the scene which follows that Eilis is still in the flesh, brings down the curtain.

– 17.8.1901, 1.

An Claidheamh Soluis

Few things would please me better than to see a really great or a really beautiful play in modern Irish. But I confess that I can read very middling and unpretending Irish plays, or sketches called plays, with keen interest and pleasure. I am only sorry that every morning's post from Dublin cannot bring me one, and every night's post from Dublin another ...

This amusing playlet (*Eilís agus an Bhean Déirce*) which is 'racy of the soil,' and always suggests that Mr. MacGinley could write a considerable comedy, went with much verve.

– U.Ó R. 'Beginnings in Drama', 10.6.1904, 8.

The Leader

Racy character alone does not, of course, make comedy, and is not necessarily even its basis, but in life or in any literary form its appeal goes without saying. The regular reader of Mr. P T. MacGinley's Irish papers will remember quite a pleasant stock of Irish country characters, mostly, of course, of Ulster. One feels that they are presented very much as they appear in life; Mr. MacGinley maintains an honest, steady faithfulness towards his subjects; he never caricatures, and he scarcely recreates. He does not take up life or character, so to say, and fuss it in his own imagination into something new, which yet is artistically true. Go to the North and you may expect to see his characters, just as he said they were, in the fields and villages.

That more airy and daring moods will possess Mr. MacGinley as he fares farther in Irish play-writing I do not know, but the point is possible. Here, anyhow, are pleasant beginnings. His ordinary work and its circumstances have taken him hither and thither of late years, and of the crush of duties that fall to willing Gaelic Leaguers he has had his liberal share. His writing, after all, has been only an incidental matter in hard and hurrying times. Under more settled conditions, and in the promising atmosphere for Irish drama that has come, his progess must be much more interesting to follow.

Of the three little plays here given many of us have seen the third – *Eilís agus an Bhean Déirce* – on the stage, where it is gaily effective, its one drawback, such as it is, being its brevity. It might be easily lengthened, a more sustained outburst of wrath from the disappointed *Bean Déirce* at the close would be highly acceptable. Eilís it may be explained for the benefit of those who have not seen the play, nor read it so far, has had painful experience of the persuasive tongue of the beggarwoman, and one day as she approaches the house decides to hide in her room, bidding her son pretend that she is away. The son does not like the scheme, and resorts to a trick that is good material for comedy ...

Dochtúireacht Nua can also be staged very easily.

Withal, of course, the student of Irish will closely follow *An Táilliúir Cleasach* to the end. Besides the plays, by the way, the book has a short vocabulary. It costs a mere penny, and really ought to sell in thousands. Apart from the boon to students, there is here the material for a season's fun for our Irish-speaking districts, and for others that desire to reach the Irish-speaking ideal. We have ceased, perhaps, to wonder how the Gaelic League can do its great educational work so cheaply. But we have not ceased to appreciate it.

– U. Ó R. 'Irish Comedy,' 28.2.1903, 8.

Tá *An Táilliúir Cleasach, Dochtúireacht Nua,* agus *Eilís agus an Bhean Déirce* anso ó Pheadar Mhag Fhionnlaoich. Tá aithne mhaith ar *Eilís* cheana, is dóigh agus is maith an aghaidh uirthi aithne a bheith uirthi agus ar Chonchúr, a mac. Ní neamhchosúil lena chéile na trí drámanna. Tá cleasaí ins gach aon cheann acu; é ag imirt ar dhaoine eile agus ag ligean air féin go bhfuil sé dáiríribh agus i ndeireadh na dála is maith a chuaigh gach duine acu as nár buaileadh dual na droinne air de bharr a shaothair.

Is mar so atá an scéal san *Dochtúireacht Nua.* Tagann sé i gceann Liam Uí Thomhnair go bhfuil an bás air agus go bhfuil sé le bás d'fháil cothrom an ama a bhfuair a athair roimhe bás. Ní chuirfeadh tada as a cheann nach bhfuil an bás air agus gan tinneas ná tromas air. Tagann Micheál Óg, comharsa leis isteach agus abraíonn Síle le Micheál a fear a bhréagadh. Déanann Micheál comhartha di gan imní a bheith uirthi agus tar éis scaitheamh cainte áitíonn sé ar Liam á cháineadh agus ag sárú air go bhfuil fir beo fós a bhfuil ealaín an mhaide draighin acu. Is gearr go mbíonn Liam le gealltaibh ag Micheál Óg, éiríonn sé aniar as a leaba agus amach leis an mbeirt sa bpáirc agus péire maidí draighin. Ionsaíonn siad a chéile ar an réiteach agus ní fada go bhfaigheann Micheál Óg an ceann is fearr ar Liam bocht, ach ritheann sé chun siúil nuair a bheireas Liam ar chloch mhór le caitheamh leis. Ansin nuair atá an pháirc faoi féin ag Liam labhrann sé go mórálach le na páistí agus ligeann sé air féin go bhfuil curtha aige ar Mhicheál Óg.

Is an-ghreannmhar na drámanna iad agus níor mhiste do Pheadar ceann fada a thabhairt dúinn, ceann a bheadh fá dhó chomh fada le na trí cinn in éineacht. Tá foclóirín beag i ndeireadh an leabhair agus tá na trí cinn á ndíol ar phingin.

– 'Miondrámanna', Feabhra 7, 1903, 803.

Cú Uladh

Tá na Francaigh ar an Muir

An Fhoireann

Mánas Ó Dónaill
Aindreas Stilí[1]
Seán Bhuilce   – Taoisigh ar na Fir Aontaithe
'Dágún' Bóbhaird
Séamas Hóp

Conall Ó Duídhíorma
Feardorcha Mac Daeid   – Fir Aontaithe

Colonel Trinseach
Leifteanant Guidbhin   – Oifigigh in Arm na nGall
Sáirsint Tompson

Eilís Nic Dhaeid   – Cailíní
Máire Ní Chiaráin

Fir, mná, cailíní, Fir Aontaithe, saighdiúirí, píobaire srl.

ACT 1   RADHARC 1

Teach ar thaobh sléibhe – oíche.

(*I láthair: meitheal ban ag cíoradh agus ag sníomh lín. Buachaillí óga. Amhráin agus rince agus greann ar siúl. Píobaire ag seinm. Téann Eilís Nic Dhaeid agus Máire Ní Chiaráin amach agus leanann Dágún Bóbhaird agus Seán Bhuilce iad.*)

RADHARC 2

Béal cruaiche móna in aice an tí.
(*Eilís agus Dágún i láthair.*)

DÁGÚN: Diúltaíonn tú mé i gcónaí más ea. Is iomaí cailín i dTír Chonaill a bheadh ríshásta liom. Tá áit chónaithe chluthar agam cois Leannáin agus d'fhéadfainn na cailíní is fearr, de mo chineál féin fosta, a fháil le pósadh dá mba mhian liom é. Ach, a Eilís, a rún, ón chéad amharc a fuair mé ort ar shráid Leitir Ceanainn níl nádúir agam do chailín ach tú féin. Tar liom, a ghrá, agus gluaisfimid linn anocht agus rannfad a bhfuil agam leat ó seo amach.

EILÍS: Ní thig liom, go dearfa, a dhuine uasail. Is maith an mhaise duit cailín bocht mar mise a iarraidh, agus dá mb'fhéidir é – ach níl gar a bheith ag caint; cha dtiocfadh liom dul leat.

DÁGÚN: Cad chuige nach dtiocfadh leat? An eagla atá ort roimh do chairde gaoil? Ní chuirfeadh siad bac ort. Nach bhfuilimid uilig ar aon chumann – inár mbráithreacha faoi mhionna an leabhair?

EILÍS: Och, ní hé sin é! Ní shílim go gcuirfeadh siad bac orm. Ach níl cead agam smaoineamh ar a leithéid.

DÁGÚN: Níl cead agat? An é go bhfuil mise gallda?

EILÍS: Chan ea, muise, siúd is go mbeadh an cheist sin le réitiú againn fosta. Ach cad é an gar dúinn a bheith ag trácht ar a leithéid? Ní féidir liom dul leat ar chor ar bith. Thug mé gealladh d'fhear eile.

DÁGÚN: Thug tú gealladh d'fhear eile! A Eilís, an féidir go bhfuil sin fíor? Char smaoinigh mé air sin. Cé hé an fear, in ainm Dé?

EILÍS: Ní féidir liom níos mó a insint duit agus ní ceart duit a fhiafraí, a dhuine uasail. Siúlaimis isteach chun tí.

DÁGÚN: Fan go fóill, a Eilís dhílis, fan go fóill. Och, ní bheidh mé beo gan tú. Má thigeann duine beo eadrainn, muirfidh mé é. Stiallfaidh –

EILÍS: Ná habair sin, a dhuine uasail. Ní éistfidh mé leat. Thig leat, mar a dúirt tú ar ball beag, cailíní níos fearr agus níos fóirsteanaí duit ná mise a fháil.

DÁGÚN: Ní thig liom, ní thig liom. Níl cailín in Éirinn cosúil leatsa. Ní thig liom scaradh leat –

EILÍS: Is mithid dúinn dul isteach chun tí, a dhuine uasail. Slán leat.

(*Imíonn.*)

DÁGÚN: Scrios Dé! Cé hé an fear udaí? Bainfidh mé an scornach as. Cuirfidh mé piléar ina chroí amhail madadh. Réabfaidh –

(*Tigeann Seán Bhuilce agus Máire Ní Chiaráin isteach.*)

SEÁN BHUILCE (*Ag casachtaigh*): An bhfuil tú leat féin, a dhuine?

DÁGÚN (*Go doicheallach*): Táim liom féin.

SEÁN BHUILCE: Shíl mé go raibh Eilís in éineacht leat.

DÁGÚN: Bhí sí in éineacht liom.

SEÁN BHUILCE: Agus, ar ndóigh, níor lig tú di imeacht?

DÁGÚN: Sea, d'imigh sí. Damnú síoraí! Lig dom, a Sheáin. Tá mé ar buile agus níl a fhios agam cad é tá mé a dhéanamh. Tá cuma ortsa go bhfuil an saol ag éirí leat. Ná bac le duine dona mar mise. Slán leat.

(*Imíonn.*)

SEÁN BHUILCE: Há, há, há! Tá eagla orm gur eitíodh an Dágún. Is é Mánas Ó Dónaill is mámh san aird sin. Tá áthas orm nach dtug Mánas súil in aird eile nó b'fhéidir go mbeadh easpa cailín orm féin.

MÁIRE: Cha raibh baol ortsa, a Sheáin. Ach go dearfa is breá an buachaill Mánas.

SEÁN BHUILCE: Ní miste duit sin a rá. Is galánta gaisciúil an fear é ar fad. Dearc ar a airde agus a chumasacht agus tá deisbhéalacht na sean-Ghael aige. Tá múineadh agus eolas aige leis, agus ó rinneadh scrúdaitheoir de ar na gréasáin línéadaigh le Rialtas na hÉireann, tá posta maith aige agus tá sé maith go leor mar fhear ag cailín ar bith in Éirinn.

MÁIRE: Ní mór ná go bhfuil éad orm le hEilís! Nach bhfuil eagla ort a mholadh chomh mór sin?

SEÁN BHUILCE: Níl aon eagla orm. Beidh sé sásta le hEilís agus caithfidh tusa a bheith sásta liomsa.

MÁIRE: Ní thabharfainn suas thú ar Mhánas Ó Dónaill féin! Ach nach mór an briseadh croí a bhí ar an Dágún bhocht?

SEÁN BHUILCE: Sea, ba mhór; mheas sé é féin chomh mór sin agus a dhúthaigh cois Leannáin nach raibh aige, dar leis, ach tuairisc a chur ar chailín ar bith sa tír. Is cinnte sin go bhfuil grá mór aige d'Eilís nuair a chuir sé spraic uirthi nó ba bheag an meas a bhí aige ar a bunadh. Agus eiteach a fháil ina dhiaidh sin! Tá taobh eile ar an cheist nach dtaitneann liom. Is é Mánas Ó Dónaill Taoiseach na bhFear Aontaithe in Iarthar Thír Chonaill agus is é an Dágún is Tánaiste dó, agus ní thuigim cad é mar a rachas an cheist eatarthu anois. Ní bhaineann sé liomsa ná le do dheartháireacha go ceart mar is Aindrias Stilí ó Bhaile an Droichid is Taoiseach orainne. Ach, nuair a thigeas an troid, agus ní fada go dtí sin, caithfimid cur le chéile.

MÁIRE (*Ar crith*): A Sheáin, a dhílis, an bhfuil an tÉirí Amach ag teacht comhgarach dúinn?

SEÁN BHUILCE: D'fhéadfadh sé teacht lá ar bith anois. Tá an uile ní ullamh is nílimid ach ag fuireach le focal ón Bhuíon Stiúrtha. Tá céad míle fear againn in Ultaibh, armtha éidithe, agus níl de chumhachta ag Galla lenár gcur síos.

MÁIRE: A Mhic na hÓighe! Cad é a éireos dúinne, na mná?

SEÁN BHUILCE: Ní baol daoibh. Scuabfaimid na Yeos as an tír ar dtús agus ní cosúil go bhfeicfidh sibh saighdiúir dearg fán dúthaigh seo.

MÁIRE: An mbeidh na Protastúnaigh fial?

SEÁN BHUILCE: Beidh, a ghrá, ná bíodh eagla ort. Níl aon amhras agat ormsa?

MÁIRE: Oró, níl. Cha raibh mé ag smaoineamh ortsa.

SEÁN BHUILCE: Is iad na Protastúnaigh atá ag cur an ghnó chun tosaigh. Is Protastúnaigh Tone, agus Mac Neachtain, agus Napper Tandy, Éamann Mac Gearailt, agus taoisigh eile nach iad. San dúthaigh seo féin tá Aindrias Stilí, Porter, Dágún Bóbhaird, agus fiche duine maraon leo chomh fial d'Éirinn is atá Mánas Ó Dónaill féin.

MÁIRE: Go dtuga Dia go mbeidh siad uile chomh fial leatsa, mo bhuachaillín bán.

(*Imíonn siad.*)

ACT II   RADHARC 1

Longfort na saighdiúirí i Leifear.

(*Colonel Trinseach agus Leifteanant Guidbhin i láthair. Tigeann Dágún Bóbhaird isteach.*)

COL. TRINSEACH: Sin oíche mhaith, a dhuine chóir. Dúrthas go raibh rud inteacht agat le hinsint dúinn?

DÁGÚN: Sea. Tá scéal agam duit. Tá mé in m'Fhear Aontaithe agus in mo Thánaiste i gceannas na bhFear Aontaithe in iarthar Thír Chonaill. Is é ár dtaoiseach Mánas Ó Dónaill, scrúdaitheoir ar ghréasáin línéadaigh fán Rialtas. D'ordaigh sé domsa an uile ní a bheith ullamh nó go raibh súil aige go mbeadh an tÉirí Amach ann i rith na seachtaine. Tá ordú againne sluacht a dhéanamh go dtí Leifear mar a bheas na fir ón oirthear. Tá Aindrias Stilí ó Bhaile an Droichid ina cheannfort ar an chontae. Táimid ar tí d'fhorairese a ghabháil nó a dhíbirt, agus gluaiseacht linn go mbuailimid le feara Thír Eoghain, Dhoire agus Aontroma.

COL. TRINSEACH: An dáiríre atá tú nó an ag déanamh magaidh orm atá tú?

DÁGÚN: Is dáiríre atá mé. Ag seo mo dhearbhú ó Hanraí Joy Mac Neachtain agus ag seo liosta d'Fheara Aontaithe is mó cumas i dTír Chonaill mar is eol dom iad.

COL. TRINSEACH: Ar ndóigh, tá súil agat le dualgas inteacht as an scéal seo?

DÁGÚN: Ar ndóigh tá, ach ní hé an dualgas is mó atá uaim ach an díoltas.

COL. TRINSEACH: Má tá tú dáiríre ní doicheallach linn an dualgas; ach más ag déanamh magaidh atá tú, díolfaidh tú as. A Ghuidbhin, iarr ar Sháirsint Thompson a chapall a ghléasadh le dul go hInis Ceithleann.

GUIDBHIN: Iarrfad.

(*Imíonn.*)

COL. TRINSEACH: Caithfimid na taoisigh a ghabháil. C'ainm seo ort?

DÁGÚN: Bóbhaird, Uilliam Bóbhaird, siúd is go dtugann lucht tuaithe 'Dágún' orm mar leasainm de bhrí go raibh mé thall san Indiach fá fhostú ag Warren Hastings. Scéal ba ghnách liom a insint dóibh inar thrácht mé ar Dhágún agus thug siad an focal mar leasainm orm.

COL. TRINSEACH: Sea, chuala mé iomrá ort. Bhí an clú amuigh ort gur fear naimhdeach a bhí ionat.

DÁGÚN: Bhí mé naimhdeach daoibhse ach níl mé naimhdeach anois ach don drong udaí a mhill mé.

COL. TRINSEACH: Cé hiad an drong sin?

DÁGÚN: Mánas Ó Dónaill an fear ba chiontaí.

COL. TRINSEACH: Cad é a rinne sé in d'aghaidh?

DÁGÚN: An cailín a bhéarfainn m'anam ar a son –

COL. TRINSEACH: Sea, sea, tuigim, tuigim. Bainfimid feidhm asat. Anois, an dtig leat tuairisc ar bith a thabhairt dom ar na buachaillí atá ar an liosta seo?

DÁGÚN: Tá a fhios agam cén áit a bhfuil Mánas Ó Dónaill san am atá i láthair ann. Tá Seán Bhuilce in éineacht leis agus is é Taoiseach tánaiste d'Aindrias Stilí, agus ceannas aige ar fheara Ráth Bhoth agus Bhaile an Droichid agus an cheantair timpeall. B'féidir go bhfuil Aindrias féin i láthair bíodh nach bhfaca mé é; agus tá daoine eile ann nach iad.

COL. TRINSEACH: Cá bhfuil siad?

DÁGÚN: Ag tigh Fheilimí Mhig Aodha ag an Mhín Bhán. D'imigh Mánas le cailín, Eilís Nic Dhaeid (mo mhíle mallacht air) agus tá siad ag cur fúthu ansiúd. Nár lorgas iad ar an bhealach agus nach bhfaca mé iad sa tigh agus na comharsana ag cruinniú isteach? An measann tú gurbh fhéidir mearbhall a bheith orm?

COL. TRINSEACH: Bí go socair, a dhuine chóir. Cuirfimid an cleamhnas bun os cionn orthu. Cá fhad a bheas siad ansiúd, do bharúil?

DÁGÚN: Beidh siad ann go maidin agus caithfidh siad cuid den oíche amárach ann fosta.

COL. TRINSEACH: Caithfimid a ngabháil anocht. B'fhéidir go mbeadh siosma amuigh amárach. An dtig leat eolas a thabhairt dúinn ar an tslí?

DÁGÚN: Thig liom ach char mhaith liom m'fheiceáil ar an bhealach. Tá na Fir Aontaithe chomh láidir sin i dTír Chonaill go muirfeadh siad mé i gceartlár bhur gcuid saighdiúr dá mbeadh a fhios acu gur fealltóir mé.

COL. TRINSEACH: Tá an cumas againn do chosaint, ná bíodh eagla ort. Ach ní fheicfear thú; tá an oíche dorcha.

(*Tigeann Leifteanant Guidbhin isteach.*)

GUIDBHIN: Tá Sáirsint Tompson ullamh, a shaoi.

COL. TRINSEACH: Tá go maith. Scríobhfad tuairisc don Tiarna Cábhán. Imigh thusa agus tabhair fógra do cheithre buíona gléasadh agus éirí amach. Tá turas inteacht romhainn anocht.

GUIDBHIN: Déanfad, a shaoi.

(*Imíonn Col. Trinseach agus Guidbhin.*)

DÁGÚN (*Dó féin*): Tá eagla orm gur mhill mé an phutóg anois. Scriosfar na Fir Aontaithe agus millfear ár gcúis agus is fríd m'ainéadsa millfear iad. Thiocfadh liom leigheas a chur ar an obair go fóill dá sciobfainn amach sa dorchadas agus rabhadh a thabhairt dóibh. Ach dar liom go dtabharfadh siad fealltóir orm cheana féin agus b'fhéidir go muirfeadh siad mé ar an bhall. Agus Eilís bhocht, cad é a déarfadh sí liom? Níl neart agam air anois, faraor. Caithfidh mé dul ar aghaidh. Cuirfear Mánas Ó Dónaill chun báis ar scor ar bith, mo sheacht mallacht air! Má éiríonn le na Fir Aontaithe cuirfear mise chun báis fosta agus beidh cuimhne acu go síor ar Dhágún, fealltóir, mar atá cuimhne acu inniu ar Niall Gharbh, fealltóir. A Eilís, a Eilís, is mar gheall ortsa atá mé sa ghéibheann seo agus ní bheidh agat ach na mallachta orm, cibé beo nó marbh mé. Mo mhairg agus mo bhrón nár fhágas mo chorp faoi na préacháin san Indiach gan mairstean go dtí an lá seo. Agus bhí súil agam fóirithin ar Éirinn.

(*Imíonn.*)

RADHARC 2

Teach Fheilimí Mhig Aodha.

(*Cuideachta – Mánas Ó Dónaill agus Eilís ina suí cois na tine. Amhráin, ceol agus rince. Aindrias Stilí, Seán Bhuilce, Máire Ní Chiaráin srl.*)

SEÁN BHUILCE: Sonas ort, a Mhánais. Is iomaí sin fear ar mhaith leis a bheith in d'áit anocht.

MÁNAS: Ní fear acu tusa, bíodh geall. Ach tiocfaidh do lása. Nach bhfuil an fhírinne agam, a Mháire?

MÁIRE: Ná bac liomsa; labhair le hEilís ansin.

CONALL Ó DUÍDHÍORMADA: Ní miste le Dágún Bóbhaird a bheith in ionad duine inteacht de réir tuairisce.

SEÁN BHUILCE: Cá bhfuil an Dágún anocht? Ba chóir dó a bheith inár measc.

CONALL: Tá sé ar tí imeacht thar lear measaim. Casadh orm é ag Muirleog agus é ag déanamh ar Leifear, agus bhí an oiread sin deifre air nach raibh faill aige labhairt liom.

SEÁN BHUILCE (*Os íseal*): Cinnte cha déanfadh an Dágún feallbheart orainn. Is fial an fear é; ach má thugann sé éad do Mhánas mar gheall ar Eilís, ní féidir a rá cad é a dhéanfadh sé.

FEARDORCHA MAC DAEID: Cad é tá ort, a Sheáin? Cad fáth nach dtugann tú Máire leat ag rince? Teastaíonn beirt uainn sa chor seo. Táimid lán anois. Sin an dóigh.

(*Rince. Racán ar an taobh amuigh.*)

GUTH: Na saighdiúirí, na saighdiúirí! Teithidh!

(*Raiple húta. Tigeann Col. T. isteach agus leanann Leifteanant G. agus buíon saighdiúirí é.*)

COL. TRINSEACH: Géillidh in ainm an Rí! Cá bhfuil Mánas Ó Dónaill?

MÁNAS: Tá mé anseo. Cad é tá uait?

COL. TRINSEACH: Cuirim faoi ghéibheann thú ar do chuid meirleachais agus mí-umhlacht don Rí.

MÁNAS: Ní chuirfear faoi ghéibheann mé go brách.

(*Tarraingeann gearrghunna as a phóca.*)

SEÁN BHUILCE (*Ar leataobh le Mánas*): Tá dream mór saighdiúr thart timpeall ar an tigh. Múchfaidh mise an solas agus déanfaimid iarraidh ar dhul as.

(*Leagann na coinnle, gleo, ciarabúca, gunnaí á scaoileadh, screada srl. Tar éis tamaill tigeann na saighdiúirí ar ais chun tí agus braighde leo.*)

COL. TRINSEACH: Cé hiad seo atá gaibhte agaibh?

AN CHÉAD SAIGHDIÚIR: Tá Mánas Ó Dónaill againn ach tá sé gonta go mór.

AN DARA SAIGHDIÚIR: Ag seo Conall Ó Duídhíormada, Feardorcha Mac Daeid agus triúr eile nach iad.

COL. TRINSEACH: An bhfuil an Stilíoch nó an Bhuilceach agaibh?

AN CHÉAD SAIGHDIÚIR: Is cosúil go ndeachaigh siad as. Briseadh an snaidhm ag cúl an bhóithí agus d'imigh dream acu tharainn. Tá cuid acu gonta agus b'fhéidir iad a lorgadh murab é an dorchadas.

COL. TRINSEACH: An bhfuil aon duine loite dár muintir féin?

AN CHÉAD SAIGHDIÚIR: Tá Leifteanant Guidbhin agus seisear saighdiúr ar lár.

COL. TRINSEACH: Siúlaidh libh mar sin agus beiridh na braighde libh. Fanadh dhá bhuíon le haire a thabhairt dár ndaoine atá créachta. Coimheád Mánas Ó Dónaill go géar nó b'fhéidir go dtabharfaí iarraidh ar a fhuascailt. Beiridh na mná in éineacht libh; b'fhéidir go bhfaighimis tuairisc uathu ar imeachtaí na bhFear Aontaithe.

ACT III   RADHARC 1

An Bóthar ag Domhan na Manach san oíche – máirseáil fir pící.

(*Tigeann Aindreas Stilí, Seán Bhuilce agus taoisigh eile isteach. Tigeann fós Séamas Hóp faoi phráinn agus drochscéala leis.*)

AINDRIAS STILÍ: Cad é an scéal seo atá leat?

SÉAMAS: Throid muid ag Aontroim agus briseadh an cath orainn. Chuir muid ruaig ar na Gaill amach as an bhaile ar dtús ach níor lean muid go róghasta iad agus chuaigh siad fá dhíon i gCaisleán an Tiarna Mazzarine in aice an bhaile. Ón daingean seo steall siad na sliogáin agus na piléirí orainn óna gcuid gunnaí, agus char éirigh linn iad a dhíbirt. Fá dheireadh, b'éigean dúinn teitheadh agus buaileadh fá lár cuid mhór dár bhfeara.

SEÁN BHUILCE: An raibh sluacht ó Dhoire agus ó Thír Eoghain in éineacht libh?

SÉAMAS: Faraor géar, cha raibh. Bhí siad malltriallach. Tá Hanraí Mac Neachtain i bhfolach i ndeas do Bheann Mhadagáin agus chuir sé mise mar theachtaire go muintir Dhoire agus Thír Eoghain agus Thír Chonaill le hiad a thiontú chun an bhaile ar ais. Bhí bruíon acu i gContae an Dúin ach ní bhfuair muid scéala cruinn ar cad é mar a chuaigh an troid ann. Tá eagla orm nár éirigh go rómhaith lenár gcairde. Níl aon scéala ón deisceart go fóill agus cha déarfainn ná go ndeachaigh rud inteacht amú. Tugann an Neachtanach ordú daoibh scaradh agus gan corrú go bhfaighe sibh tuilleadh tuairisce uaidh.

SEÁN BHUILCE: Is dona an scéal é seo agus is dona an obair í. Tá deich míle fear againn anseo de bhuachaillí ligthe láidre ón Lagán agus ó oirthear Thír Chonaill. Bheadh an oiread eile againn ach murab é go ndearna an Bóbhairdeach an feallbheart agus go bhfuil Mac Uí Dhónaill faoi bhraighdeanas. Luigh muintir an iarthair ar gcúl ar dhíobháil taoiseach; ach, ní túisce a bhuailfear buille ná druidfidh siad chugainn. Is í mo chomhairle daoibh druidim ar aghaidh, brostú a thabhairt do mhuintir Thír Eoghain agus mhuintir Dhoire agus troid a thabhairt do na saighdiúirí dearga in Aontroim. Mura ndéanaimid sin, is córa dúinn filleadh ar ais, foraire Leifir a ruaigeadh nó a ghabháil, agus gluaiseacht in araicis an Tiarna Cábhán ar an bhealach go hInis Ceithleann. Ní doiligh dúinn greim a choimheád ar an cheantar seo go gcluinimid ón deisceart.

AINDRIAS STILÍ: Ní aontaím leat, a Sheáin. Caithfimid géilleadh don ordú a fuair muid. B'fhéidir go gcuirfimis an méid atá ceaptha ag ár dtreoraithe bun os cionn fríd a chéile dá dtroidfimis sa cheantar seo gan ordú. Treoraigh do chuid fear ar ais go Tír Chonaill agus abair leo scaradh. Iarr orthu a gcuid pící a choimheád comhgarach agus iad féin a bheith ullamh nuair a thiocfas an rabhadh go bhfuil an troid ar cois dáiríre.

SEÁN BHUILCE: Cuirfear an tóir orainn amhail giorriacha i ndiaidh na hoíche seo. Lámhófar agus gabhfar sinn i ngach uile áit ina bhfeicfear sinn le na saighdiúirí.

AINDRIAS STILÍ: Ní mór a lán saighdiúr atá san dúthaigh seo agus ní mór an dochar a thig leo a dhéanamh go ceann coicíse. Tá ár gcuid pící agus ár gcuid gunnaí againn agus is féidir linn sinn féin a chosaint. Tá rún agam féin nach ngabhfar beo mé agus má tá sé i ndán dom bás a fháil, níl aon eagla orm roimhe.

SEÁN BHUILCE: Níl aon eagla ar fhear ar bith dínn ach b'fhearr linn troid a dhéanamh sulma thitimid.

AINDRIAS STILÍ: Is leor sin. Tá ordú an Neachtanaigh againn. Géillimis dó.

(*Imíonn.*)

(*Tigeann lucht pící ag máirseáil faoi stiúir Sheáin Bhuilce. Tigeann buíon de mharcshlua isteach ón taobh thall. (Ní fheictear iad ar an ardán.) Tá fear ina measc atá clúdaithe le clóca.*)

FEAR PÍCE: Seo chugainn na Yeos.

SEÁN BHUILCE: Bidhidh ullamh fána gcoinne.

OIFIGEACH NA YEOS: Cé atá ansin?

SEÁN BHUILCE: Nach cuma duitse, a bhodaigh!

OIFIGEACH: Géillidh in ainm an Rí!

SEÁN BHUILCE: Cén rí? Níl aon rí againn in Éirinn. Cosnaidh sibh féin, a mheirleacha!

(*Troideann siad. Leagtar ar lár cuid den mharcshlua. Teitheann an chuid eile. Ní fear an chlóca iarraidh ar imeacht ach timpeallann lucht pící é. Streachlann siad ón chapall go lár na sráide é. Tá sé le feiceáil ar an ardán anois).*)

SEÁN BHUILCE (*Ag scrúdú a ghnúise*): Is é Dágún Bóbhaird atá ann. Dar bhrí mo mhionna, tá an rath orainn.

DÁGÚN: Déan trócaire orm, déan trócaire orm!

SEÁN BHUILCE: A fhaolchú! Níl aon trócaire fá choinne fealltóra.

(*Sáitheann a phíce ann agus sáitear pící ann le deichniúr de lucht pící.*)

SEÁN BHUILCE: Sea, is fiú dúinn ár saothar agus greim a fháil ar an Dágún. Fágaimis fá na préacháin é. Ar aghaidh libh!

(*Siúlann lucht pící leo. Scaoileann na saighdiúirí gunnaí leo óna longfort ach ní thugann na Fir Aontaithe aird orthu ach leanann siad leo ar an bhealach.*)

Cillín i gcarcair Leifir.

(*Mánas Ó Dónaill agus culaith bhraighdeanais air. Tigeann Col. Trinseach agus lucht coimheádta braighde isteach.*)

COL. TRINSEACH: Sea, a Mhic Uí Dhónaill, cad é mar a thaitneas carcair Leifir leat?

MÁNAS: Maith go leor ach ní miste liom áit inteacht eile.

COL. TRINSEACH: Há, há, gan amhras. Tá an tÉirí Amach thart agus an tír beagnach socraithe arís.

MÁNAS: Ní bheidh an tír seo socraithe go brách go ruaigfear na Gaill as.

COL. TRINSEACH: B'fhéidir é, b'fhéidir é. Cuirfear faoi scrúdú thú mar gheall ar dhúnmharú agus ardeasumhlacht.

MÁNAS: Umh! Bhí súil agam le sin.

COL. TRINSEACH: Is féidir leat saoirseacht a ghnóthú.

MÁNAS: Níl gar dom a fhiafraí cad é mar is féidir liom.

COL. TRINSEACH: Fríd thabhairt do Rialtas an Rí an méid eolais atá agat ar an cheannairc i dTír Chonaill.

MÁNAS: Gan amhras. Bhí mé á cheapadh sin. B'fhearr liom m'anam a chailleadh. Cha raibh ach fear amháin de mo shloinne a bhí ina fhealltóir agus mallachtar a ainm go dtí an lá inniu.

COL. TRINSEACH: Thig liomsa do bheatha agus do shaoirse a ghealladh duit ar choinníoll níos socharaí.

MÁNAS: Má thig leat mo bheatha a shaoradh gan easonóir domsa, bheinn buíoch díot. Mura dtig leat, mar gheall ar an Rí agus ná buair mé níos mó.

COL. TRINSEACH: Ní bhainfidh an méid atá mé a iarraidh ort le d'onóir ná le do chlú ar chor ar bith. D'fhoghlaim muintir an Rí meas a bheith acu ar an arm seo agaibh, is é sin an phíce, agus ba mhaith leo a fheiceáil cad é mar a throideann sibh léi. Tairgeann siad duitse do bheatha agus do shaoirseacht más féidir leat, agus gan agat ach an phíce, seasamh agus tú féin a chosaint in aghaidh gaiscíoch marcaigh dár gcuid saighdiúr.

MÁNAS: Troidfead duisín díobh!

COL. TRINSEACH: Go réidh, go réidh. B'fhéidir gur leor duit fear amháin. Cuirfimid an fear is fearr atá againn, is é sin, Sáirsint Tompson, in d'aghaidh. Beidh an t-each is fearr le fáil aige agus beidh an t-each gléasta, agus an Sáirsint armtha éidithe, ach amháin nach mbeidh uirlisí lámhaigh aige. Beidh do phíce agatsa agus tusa ar do bhonnaí ar an bhán. Más féidir leat buaidh a bhreith air – beidh tú saor. Má mharaítear thú – tá an bhuaidh agat i gcónaí nó rachaidh tú as ar an chrochaire.

MÁNAS: Tá mé sásta.

COL. TRINSEACH: Ar maidin amárach más ea ar an fhaiche ghlas bhog fhéarach udaí le hais dhroichead Leifir éireofar leat mar is dán duit.

MÁNAS: Buíochas mór le Dia!

COL. TRINSEACH: Cad é deir tú?

MÁNAS: Cha raibh mé ach ag ráit mo chuid urnaithe.

COL. TRINSEACH: Ní nach ionadh. Is gaiscíoch tréanbhuilleach an Tompsonach geallaim duit.

(*Imíonn.*)

MÁNAS: An féidir gur dáiríre atá sé? Más ea, níor ligeadh amach braighe riamh chomh bog sin.

RADHARC 2

Faiche in aice Dhroichead Leifir.

(*Saighdiúirí gallda i láthair. Mórshlua de lucht na tuaithe – i measc na coda eile tá Aindrias Stilí agus Seán Bhuilce i gcosúlacht fodhaoine na tuaithe. Eilís agus Máire i láthair.*)

(*Tigeann Mánas isteach idir bheirt dá lucht coimheádta. Tugtar píce dó. Tógann lucht tuaithe gáir os ard.*)

MÁNAS (*Ag caint lena phíce*): Mo ghrá geal thú! Ní hansa liom Eilís féin ná thú ar an láthair seo. Níl bodach Sasanach beo ar féidir leis seasamh os ár gcomhair.

(*Tigeann Sáirsint Tompson isteach san fhaiche ar marcaíocht (ní fheictear ar an ardán é) agus téann an Dálach ina araicis.*)

AINDREAS STILÍ (*Ag trácht ar Mhánas*): Nach cumasach an laoch é! Cad é an faobhar a bheadh ar ármhaigh an áir agus fir Fhanáda agus na dTuath agus Ghleann tSúilí in éineacht leis?

SEÁN BHUILCE: Mo mhíle mairg nach bhfuair sé an fhaill. Mo mhíle trua nach ndeachaigh muid ar aghaidh an oíche udaí.

AINDREAS STILÍ: Tá sé rómhall a bheith ag smaoineamh air sin anois. Táimid i gcónaí rómhall sa tír seo. Má théid an troid in aghaidh Mhánais inniu caithfimid cath a thabhairt lena bhfuascladh nó le díoltas a imirt ar a shon. Cá mhéad fear agat?

SEÁN BHUILCE: Dhá chéad fear seasmhach. Tá míle saighdiúr dearg ann.

AINDREAS STILÍ: Is cuma sin. Caithfimid troid a thabhairt. Tá tóir orainn agus sinn ar ár seachnadh ar scor ar bith. Ní mórán níos measa a bheas an scéal againn.

SEÁN BHUILCE: Is fíor duit sin. Táimid inár meirligh agus na faolchoin ar ár lorg.

AINDREAS STILÍ: Féach, féach! Tá siad ag troid. A Dhia, hobair do Mhánas an iarraidh sin. Dar Manannán! Tá an marcach ar a tharr in airde agus rinn na píce ag a sceadamán. Farrah, farrah!

SEÁN BHUILCE: Ó Dónaill i mbuaidh!

OIFIGEACH: Cé hiad seo atá ag screadadh mar sin?

SAIGHDIÚIR: Lucht tuaithe.

OIFIGEACH: Ná creid a leithéid. Is Fir Aontaithe iad – meirligh, bithiúnaigh. Beir orthu!

(*Gleo, bruíon, racán. Gluaiseann Aindrias agus Seán as i measc lucht tuaithe. Filleann Mánas.*)

COL. TRINSEACH: Ba chliste do lámh, a Dhálaigh, ach hobair duit. Tá brón orm nach dtig linn thú a scaoileadh amach.

Cuireadh fá dear dúinn ar ball beag féin nach bhfuil an dúthaigh socair go fóill. Tá do chuid meirleach inár measc anseo agus ní thig linn scaradh leat.

MÁNAS: Gealladh Sasanaigh. Ach char chuir mé mo mhuinín ann riamh.

(*Imíonn sé agus a lucht coimheádta ag faire air.*)

ACT V   RADHARC 1

Cúig bliana caite.

Teach sléibhe.

(*Meitheal ban ag cardáil agus ag sníomh. Rince, ceol, amhráin srl. Tigeann ar aghaidh Mánas Ó Dónaill agus a bhean Eilís, Seán Bhuilce, éidithe mar thaoiseach Francach, agus a bhean Máire, Aindrias Stilí atá ina Yankee anois.*)

MÁNAS: Muise, is méanra an radharc é an oiread seancharad a fheiceáil i láthair. Cé a bheadh ag feitheamh le beirt mheirleach mar shibhse? Nach bhfuil aon duine leis an 'airgead fola' a shaothrú?

SEÁN BHUILCE: Ní bheadh ann ach airgead fola dáiríre don té a bhainfeadh le hoifigeach de mhuintir Napoleon. Siúd is nach mairfidh an tsíocháin seo i bhfad idir Sasanaigh agus Francaigh, ní Seán Buí a thógfas an t-achrann.

AINDREAS STILÍ: Tá an ceart agat, a Sheáin, agus ní mheasaim ach an oiread go bhfuil dúil ar bith ag Seán tuilleadh troda a bheith aige le bunadh Sheoirse Washington agus níl aon eagla orm go mbainfear le háititheoir Aimeiriceá

MÁNAS: Tím, tím. Is liomsa amháin den triúr a ligfeadh an eagla do Sheán baint, agus ní fiú leis baint liomsa mar gheall ar mo laige agus mo leatrom. Chaill mé mo phost, ar ndóigh, agus tá mé ag iarraidh a bheith ag teacht i dtír ar spleotán talún atá agam sa Tearmann.

EILÍS: Ach táimid go sásta ann, a Mhánais.

MÁNAS: Tá an fhírinne agat, a ghrá geal, táimid go sásta agus go socharach, agus níor mhaith liom athrú ar an scéal, ach amháin dá mbeadh buille eile le bualadh.

SEÁN BHUILCE: Beir ar d'fhoighid, a Mhánais. Beidh an buille sin le bualadh agus ní fada go dtí é. Cuir faobhar ar do phíce, a bhuachaill, agus cuir cos inti. Ach is iad na gunnaí Francacha a bheas inár lámha againn an athuair a throidfeas sinn. Tá aithreachas gan chuimse ar Napoleon go ndearna sé dearmad ar Éirinn nuair a bhí an troid dheireanach ar siúl. Chuala mé féin é á rá gurbh í Éire an áit is fóirsteanaí fá choinne Sasana a bhualadh. Ní mhairfidh an tsíocháin seo go ceann bliana agus ansin tiocfaimid ar tír in Éirinn.

MÁNAS: Go dtuga Dia go bhfuil an fhírinne agat. Faighimis amháin ach fiche míle fear leis an bháire a chur ar siúl agus ansin –

AINDREAS STILÍ: Beidh mé in éineacht leat, a bhuachaill, agus béarfad liom dornán de na buachaillí as an Oileán Úr.

MÁIRE: Ochón, an cogadh seo. Mo thrua gan mé anseo i dtólamh i measc aos an ghrinn.

EILÍS: B'fhearr liom féin a bheith in éineacht le Mánas agus na páistí.

SEÁN BHUILCE: Sea, sea, ná bíodh imní oraibh, a chailíní. Ní gan aire a thógfas sinn bruíon; ach, mar a dúirt Mánas ar ball, faighimis fiche míle fear as an Fhrainc leis an bhrilsce a thógáil agus dar fia go gcaithfidh Seán Buí bogadh!

AINDREAS STILÍ: Sin í an chaint, a Sheáin, agus ní olc an mhionna í – do *Phresbyterian*.

CRÍOCH

1 Seo leaganacha Gaelaithe de na sloinnte gallda seo. Is iad na sloinnte as Béarla: Andy Stillie, John Wilkie, 'Dagon' Bovaird, James Hope, Connell Deyermott, Trench, Goodwin, Thompson.

A GAELIC DRAMA with an English version by CÚ ULADH

RESPECTFULLY DEDICATED TO THE GAELIC LEAGUERS of STRABANE and DISTRICT, who, in face of many difficulties and disabilities, are making an earnest effort to realise the ideal of an IRISH IRELAND.

NOTICE

Students are advised that the English version is not a translation, and cannot help them much in studying the Irish text. That is why a vocabulary is provided.

The Play is historically true, and the sentiments represented were held by practically the whole population in the districts covered one hundred years ago. In staging, therefore, due heed should be paid to historical facts.

The cottage of the period would be a comfortable cottage, for the Ulster peasantry were more comfortable in 1798 than they have been since.

Flitches of bacon, hung beef, bags of meal, and heaps of potatoes should be in evidence. The flax and linen industry was then at its height.

Dress – The dress worn was not the native Irish garb, which had gone out a century and a half earlier, nor yet the dress of today. Men, whether peasants or yeomen, wore tight-fitting knee-breeches and tailed coats, grey home-knitted stockings, and low shoes. Women affected the distinguished-looking full black or blue cloak when out of doors. Indoors married women invariably wore a muslin cap. Girls wore shortish petticoats and skirts, showing the feet, and suitable for step-dancing. The dress worn by the Limerick girls at last year's *Oireachtas* seemed quite the thing.

The 'Robert Emmet' costume would be affected by the United Irish leaders on warlike occasions.

Songs and Dances – In the cottage scenes there should be real singing and dancing, and there may be any reasonable amount of them. Songs may be in Irish or in English, as both languages were commonly spoken in the district. The following songs would be appropriate: *Maidin Fhómhair, Tuirne Mháire, Is Trua Gan Mise i Sasana, An Bonnán Buí, Na Gamhna Bána, O'Donnell Aboo*, English, or Craig's Irish version. (This song is modern, but very appropriate). *When Erin First Rose, Green on the Cape*, the *Seanbhean Bhocht, The Irishman* etc.

Dances – Hornpipes, Single Reels, Jigs, and the numerous Figure Reels still danced in Donegal.

PREFACE

The writing of this play was undertaken under the following circumstances. A leading Gaelic worker, in a Northern town, informed me that the local Amateur Dramatic Company had fallen through, because some of its members, having joined the Gaelic League, refused, any longer, to identify themselves with English plays, or with the kind of Anglo-Irish plays available; and neither the players nor the audience were yet ready for a play in Irish. We both agreed that it was a pity to interrupt the work of promising artists during the course of their Irish studies, and my friend very flatteringly suggested to me to try my hand on something in English which they might stage, without injury to their self-respect. I did try, and now offer them the English version of this play, in the hope that it may be found a satisfactory stop-gap. As I could not bring myself to do merely English work, I have also made an independent Irish version, and I now offer both versions to the public for what they may be worth.

Bhí leagan Béarla *The French are on the Sea* chomh maith le foclóirín istigh leis an dráma seo nuair a foilsíodh mar leabhar é. Níl aon dáta foilsithe luaite. Luann Brenda O'Hanrahan an dáta 1905 go ceisteach leis in *Donegal Authors: a Bibliography* (Irish Academic Press, 1982) 160. Agus fianaise na léirmheasanna seo a leanas a chur san áireamh, is léir go raibh sé i gcló i 1903.

Tugadh na sonraí foilsitheoireachta seo a leanas: Published by M.H. Gill & Sons, 50 Upper O'Connell Street, Dublin. Ar an téacs sin ata an leagan seo bunaithe.

An comóradh agus an ceiliúradh ar fad a rinneadh ar 1798 cúpla bliain roimhe sin ba spreagadh don údar an dráma seo a scríobh, cheapfainn. Féach, Virginia Crossman, 'The Shan Van Vocht: Women, Republicanism, and the Commemoration of the 1798 Rebellion,' in *Eighteenth-Century Life* 22.3 (1998) 128–39.

The United Irishman

Tá na Francaigh ar an Muir. By Cú Uladh 6d. *Airgead na Croise Caoile* 2d.

The Irish are, I think, the only people in Europe who have no dramatic tradition. Why a nation of hero-worshippers – fond of sound and brag and talk of great deeds – attempted no hero play, and why, when the saint had become more real than the hero, and miracles more real than hero-deeds, they attempted no miracle play, is the great puzzle of Irish literary history. Given the dialogue of Patrick and Oisin, a dramatic form should have been developed. The Irish have developed no form of their own. The present writers in Irish have adopted a dramatic form, and it seems to me they have adopted the worst form possible – the Elizabethan. This form, in which the action is broken up by the change of scene and the passing of months and years, is bad enough in a long play; a short play becomes absurd when cast in it.

Tá na Francaigh ar an Muir is a playlet in the form of *Lear*. It takes ten minutes to read; it is in five acts; many of the acts are split up into two scenes; five years elapse between the fourth and fifth act. The author (like many more writers in Irish) aims at telling a story rather than at working out an idea or developing a situation. The attempt to tell a story on the stage and call it drama is as wrong as to put journalism into verse and call it poetry.

The plot of the play is this: Manus O'Donnell and Deegon Bovaird, leaders of the United Irishmen in Donegal, are both in love with Eilis MacDuaid. The girl refuses Bovaird, and to ruin the favoured lover the man betrays the cause. There is good material here for a dramatist with a sense of psychology and situation and a knowledge of technique. Cú Uladh has shown little sense of situation and no technique nor psychology...

Most of the writers in Irish regard their work, not as an art or craft, but as propagandism pure and simple. They might do something for the art movement, they certainly would do more for the language movement if they took their work seriously. The drama is the highest of the literary arts, its technique is very, very difficult. If we must adopt a dramatic form let us adopt the most perfect. Shakespeare lacked art, Ben Jonson said. Let us read Sophocles and learn what Ben meant. Then let us study the perfect modern form – the form of *Heda Gabler* or *A Doll's House*. But we should not become slaves to Ibsen's methods. We should master his methods and use them for the creation of a new form.

Michael Blake, 'Two Irish Plays,' 8.8.1903, 6.

An Claidheamh Soluis

A New Play: *Tá na Francaigh ar an Muir*: A Play in five acts, with an English version. By P.T. MacGinley.

This is a stirring little drama of love and treachery which has for a historic background the troublous times of 1798. Manus O'Donnell, chief of the United Men in West Donegal, and Dagon Bovaird, his second in command, both love the same girl. Eilis chooses Manus. Bovaird is furious, and goes and betrays the intended rising to the authorities. Manus is arrested and several others. Defeat awaits the United Men, and in one skirmish Bovaird falls at the hands of the men he had betrayed. A sullen peace comes. Manus and Eilis marry. The embers sleep, and eyes are strained towards the coast of France for the help that never came. The union of creeds and classes in the movement is well represented. The play provides quite enough action to interest. It is from simple pieces such as this that an Irish theatre must eventually spring. Short plays in which country life is portrayed, or in which the lessons of Irish history are driven home, stand the best chance of succeeding. The author has, we fear, made the mistake so common in nearly all recently written plays in Irish. It is scarcely right to have five acts, entailing numerous changes of scene in a play which can be read in a quarter of an hour. Not only is a large number of short acts trying on the performers, but frequent intervals and over-short scenes have the effect of worrying an audience. Mr. MacGinley wrote this play for the Amateur Dramatic Company of a northern town. We hope soon to hear of its performance. There is an English version attached, which, with companies that cannot yet perform Irish plays, might well take the place of *Paddy Miles* or *The Irish Tutor*. The price is 6d and the printing well done by An Cló Chumann.

E. 'A New Play,' 4.7.1903, 3.

An Craoibhín Aoibhinn

CASADH AN TSÚGÁIN

An Fhoireann

Tomás Ó hAnracháin, file Connachtach atá ar seachrán
Máire Ní Riagáin, bean an tí
Úna, iníon Mháire
Séamas Ó hIarainn, atá luaite le hÚna
Síle, comharsa do Mháire
Píobaire, comharsana agus daoine eile.

ÁIT

Teach feilméara i gCúige Mumhan céad bliain ó shin. Tá fir agus mná ag dul tríd a chéile ins an tigh nó ina seasamh cois na mballaí amhail agus dá mbeadh damhsa críochnaithe acu. Tá Tomás Ó hAnracháin ag caint le hÚna i bhfíorthosach an stáitse. Tá an píobaire ag fáscadh a phíobaí air, le tosú ar sheinm arís ach bheir Séamas Ó hIarainn deoch chuige agus stadann sé. Tagann fear óg go hÚna lena tabhairt amach ar an urlár chun damhsa ach diúltaíonn sí dó.

ÚNA: Ná bí am bhodhrú anois. Nach bhfeiceann tú go bhfuil mé ag éisteacht lena bhfuil seisean a rá liom. (*Leis an Anrachánach.*) Lean leat, cad é sin do bhí tú a rá ar ball?

MAC UÍ ANRACHÁIN: Céard a bhí an bodach sin a iarraidh ort?

ÚNA: Ag iarraidh damhsa orm do bhí sé ach ní thabharfainn dó é.

MAC UÍ ANRACHÁIN: Is cinnte nach dtabharfá. Is dóigh, ní mheasann tú go ligfinnse do dhuine ar bith damhsa leat chomh fada agus atá mise anseo. A, a Úna, ní raibh sólás ná sócúl agam le fada go dtáinig mé anseo anocht agus go bhfaca mé thusa.

ÚNA: Cad é an sólás duit mise?

MAC UÍ ANRACHÁIN: Nuair atá maide leathdhóite ins an tine, nach bhfaigheann sé sólás nuair a dhoirtear uisce air?

ÚNA: Is dóigh, níl tusa leathdhóite.

MAC UÍ ANRACHÁIN: Tá mé, agus tá trí ceathrúna de mo chroí dóite agus loiscthe agus caite ag troid leis an saol agus an saol ag troid liomsa.

ÚNA: Ní fhéachann tú chomh dona sin!

MAC UÍ ANRACHÁIN: Och, a Úna Ní Riagáin, níl aon eolas agatsa ar bheatha an bhaird bhoicht atá gan teach, gan téagar, gan tíos, ach é ag imeacht agus ag síorimeacht le fán ar fud an tsaoil mhóir, gan duine ar bith leis ach é féin. Níl maidin ins an tseachtain nuair a éirím suas nach n-abraim liom féin go mb'fhearr dom an uaigh ná an seachrán. Níl aon rud ag seasamh dom ach an bronntanas a fuair mé ó Dhia – mo chuid amhrán. Nuair a thosaím orthu sin, imíonn mo bhrón agus mo bhuaireamh díom agus ní chuimhním níos mó ar mo ghéarchrá agus ar mo mhí-ádh. Agus anois, ó chonaic mé thusa, a Úna, feicim go bhfuil rud eile ann, níos binne ná na hamhráin féin.

ÚNA: Is iontach an bronntanas ó Dhia an bhardaíocht. Chomh fada is atá sin agat nach bhfuil tú níos saibhre ná lucht stoic agus stóir, lucht bó agus eallaigh?

MAC UÍ ANRACHÁIN: A, a Úna, is mór an bheannacht ach is mór an mhallacht leis do dhuine é a bheith ina bhard. Féach mise! 'Bhfuil caraid agam ar an saol seo? 'Bhfuil fear beo ar mhaith leis mé? 'Bhfuil grá ag duine ar bith orm? Bím ag imeacht 'mo chadhain bocht aonarach ar fud an tsaoil, mar Oisín i ndiaidh na Féinne. Bíonn fuath ag chuile dhuine orm; níl fuath agatsa orm, a Úna?

ÚNA: Ná habair rud mar sin; ní féidir go bhfuil fuath ag duine ar bith ortsa.

MAC UÍ ANRACHÁIN: Tar liom agus suífimid i gcúinne an tí le chéile agus déarfaidh mé duit an t-amhrán a rinne mé duit. Is ortsa a rinneas é.

(*Imíonn siad go dtí an coirnéal is faide ón stáitse agus suíonn siad in aice le chéile.*)

(*Tig Síle isteach.*)

SÍLE: Tháinig mé chugat chomh luath is a d'fhéad mé.

MÁIRE: Céad fáilte romhat.

SÍLE: Cad tá ar siúl agat anois?

MÁIRE: Ag tosú atáimid. Bhí aon phort amháin againn agus anois tá an píobaire ag ól dí. Tosóidh an damhsa arís nuair a bheas an píobaire réidh.

SÍLE: Tá na daoine ag bailiú isteach go maith; beidh damhsa breá againn.

MÁIRE: Beidh, a Shíle, ach tá fear acu ann agus b'fhearr liom amuigh ná istigh é. Féach é.

SÍLE: Is ar an bhfear fada donn atá tú ag caint, nach ea? An fear sin atá ag comhrá chomh dlúth sin le hÚna ins an gcoirnéal anois. Cárb as é nó cé hé féin?

MÁIRE: Sin é an scraiste is mó a tháinig in Éirinn riamh. Tomás Ó hAnracháin a thugann siad air ach Tomás Rógaire ba chóir do bhaisteadh air i gceart. Oró, nach raibh an mí-ádh orm é do theacht isteach chugainn ar chor ar bith anocht!

SÍLE: Cén sórt duine é? Nach fear déanta amhrán as Connachta é? Chuala mé caint air cheana agus deir siad nach bhfuil damhsóir eile in Éirinn chomh maith leis; ba mhaith liom a fheiscint ag damhsa.

MÁIRE: Gráin go deo ar an mbithiúnach! Tá a fhios agamsa go rómhaith cén cineál atá ann mar bhí sórt carthanais idir é féin agus an chéad fhear do bhí agamsa, agus is minic a chuala mé ó Dhiarmaid bocht (go ndéana Dia trócaire air) cén sórt duine a bhí ann. Bhí sé ina mháistir scoile thíos i gConnachta ach bhíodh chuile chleas aige ba mheasa ná a chéile. Ag síordhéanamh amhrán do bhíodh sé agus ag ól uisce beatha agus ag cur imris ar bun i measc na gcomharsan lena chuid cainte. Deir siad nach bhfuil bean ins na cúig cúigí nach meallfadh sé. Is measa é ná Dónall na Gréine fadó. Ach ba é deireadh an scéil gur ruaig an sagart amach as an bparóiste é ar fad. Fuair sé áit eile ansin ach lean sé de na cleasanna céanna gur ruaigeadh amach arís é, agus arís eile leis. Agus anois níl áit ná teach ná dada aige ach é a bheith ag gabháil na tíre, ag déanamh amhrán agus ag fáil lóistín na hoíche ó na daoine. Ní dhiúltóidh duine ar bith é mar tá faitíos orthu roimhe. Is mór an file é agus b'fhéidir go ndéanfadh sé rann ort do ghreamódh go deo duit dá gcuirfeá fearg air.

SÍLE: Go bhfóire Dia orainn. Ach cad do thug isteach anocht é?

MÁIRE: Bhí sé ag taisteal na tíre agus chuala sé go raibh damhsa le bheith anso agus tháinig sé isteach mar bhí eolas aige orainn – bhí sé mór go leor le mo chéad fhear. Is iontach mar atá sé ag déanamh amach a shlí bheatha ar chor ar bith agus gan aige ach a chuid amhrán. Deir siad nach bhfuil áit a rachaidh sé nach dtugann na mná grá agus nach dtugann na fir fuath dó.

SÍLE (*Ag breith ar ghualainn Mháire*): Iompaigh do cheann, a Mháire, féach é anois; é féin agus d'iníonsa, agus a gcinn le chéile. Tá sé tar éis amhrán do dhéanamh di agus tá sé á mhúineadh di ag cogarnaigh ina cluais. Óra, an bithiúnach! Beidh sé ag cur a chuid pistreog ar Úna anois.

MÁIRE: Ochón go deo! Nach mí-ádhúil a tháinig sé! Tá sé ag caint le hÚna chuile mhóimid ó tháinig sé isteach, trí huaire ó shin. Rinne mé mo dhícheall lena scaradh ó chéile ach theip sé orm. Tá Úna bhocht tugtha do chuile shórt seanamhrán agus seanraiméis de scéalta, agus is binn leis an gcréatúr a bheith ag éisteacht leis mar tá béal aige sin do bhréagfadh an smólach den chraoibh. Tá a fhios agat go bhfuil an pósadh réitithe socraithe idir Úna agus Séamas Ó hIarainn ansin, ráithe ón lá inniu. Féach Séamas bocht ag an doras agus é ag faire orthu. Tá brón agus ceannfaoi air. Is furast a fheiscint go mba mhaith le Séamas an scraiste sin do thachtadh an móimid seo. Tá faitíos mór orm go mbeidh an ceann iompaithe ar Úna lena chuid bladaireachta. Chomh cinnte is atá mé beo, tiocfaidh olc as an oíche seo.

SÍLE: Agus nach bhféadfá a chur amach?

MÁIRE: D'fhéadfainn. Níl duine anso do chuideodh leis muna mbeadh bean nó dhó. Ach is file mór é agus tá mallacht aige do scoiltfeadh na crainn agus do réabfadh na clocha. Deir siad go lobhann an síol ins an talamh agus go n-imíonn a gcuid bainne ó na ba nuair a thugann file mar é sin a mhallacht dóibh, má ruaigeann duine as an teach é. Ach, dá mbeadh sé amuigh, mise mo bhannaí nach ligfinn isteach arís é.

SÍLE: Dá rachadh sé féin amach go toiliúil, ní bheadh aon bhrí ina chuid mallacht ansin?

MÁIRE: Ní bheadh. Ach ní rachaidh sé amach go toiliúil agus ní thig liomsa a ruaigeadh amach ar eagla a mhallacht.

SÍLE: Féach Séamas bocht. Tá sé ag dul anonn go hÚna.

(*Éiríonn Séamas is téann sé go hÚna.*)

SÉAMAS: An ndamhsóidh tú an ríl seo liomsa, a Úna, nuair a bheas an píobaire réidh?

MAC UÍ ANRACHÁIN (*Ag éirí*): Is mise Tomás Ó hAnracháin agus tá mé ag labhairt le hÚna Ní Riagáin anois agus chomh fada agus a bheas fonn uirthise a bheith ag caint liomsa, ní ligfidh mé d'aon duine eile teacht eadrainn.

SÉAMAS (*Gan aire ar Mhac Uí Anracháin*): Nach ndamhsóidh tú liom, a Úna?

MAC UÍ ANRACHÁIN (*Go fíochmhar*): Nár dhúirt mé leat anois gur liomsa a bhí Úna Ní Riagáin ag caint? Imigh leat ar an móimid, a bhodaigh, agus ná tóg clampar anseo.

SÉAMAS: A Úna –

MAC UÍ ANRACHÁIN (*Ag béicíl*): Fág sin!

(*Imíonn Séamas agus tig sé go dtí aɲ bheirt seanbhan.*)

SÉAMAS: A Mháire Ní Riagáin, tá mé ag iarraidh cead ortsa an scraiste mí-ádhúil meisciúil sin do chaitheamh amach as an tigh. Má ligeann tú dom, cuirfidh mise agus mo bheirt deartháir amach é, agus nuair a bheas sé amuigh, socróidh mise leis.

MÁIRE: Ó, a Shéamais, ná déan. Tá faitíos orm roimhe. Tá mallacht aige sin do scoiltfeadh na crainn, deir siad.

SÉAMAS: Is cuma liom má tá mallacht aige do leagfadh na spéartha. Is ormsa a thitfidh sé agus cuirim mo dhúshlán faoi. Dá maródh sé mé an móimid ní ligfidh mé dó a chuid pistreog do chur ar Úna. A Mháire, tabhair dom cead.

SÍLE: Ná déan sin, a Shéamais, tá comhairle níos fearr ná sin agamsa.

SÉAMAS: Cén chomhairle í sin?

SÍLE: Tá slí in mo cheann agam lena chur amach. Má leanann sibhse mo chomhairlese rachaidh sé féin amach chomh socair le huan dá thoil féin agus nuair a gheobhaidh sibh amuigh é, buailidh an doras air agus ná ligidh isteach arís go brách é.

MÁIRE: Rath ó Dhia ort agus inis dom cad tá i do cheann.

SÍLE: Déanfaimid é chomh deas agus chomh simplí agus a chonaic tú riamh. Cuirfimid é ag casadh súgáin go bhfaighimid amuigh é agus buailfimid an doras air ansin.

MÁIRE: Is furas a rá ach ní furas a dhéanamh. Déarfaidh sé leat: 'Déan súgán thú féin!'

SÍLE: Déarfaimid ansin nach bhfaca duine ar bith anseo súgán féir riamh, nach bhfuil duine ar bith ins an tigh ar féidir leis ceann acu a dhéanamh.

SÉAMAS: Ach an gcreidfidh sé rud mar sin – nach bhfacamar súgán riamh?

SÍLE: An gcreidfidh sé, an ea? Creidfidh sé rud ar bith; chreidfeadh sé go raibh sé féin ina rí ar Éirinn nuair atá gloine ólta aige mar atá anois.

SÉAMAS: Ach cad é an craiceann a chuirfeas sinn ar an mbréig seo – go bhfuil súgán féir ag teastáil uainn?

MÁIRE: Smaoin ar chraiceann do chur air sin, a Shéamais.

SÉAMAS: Déarfaidh mé go bhfuil an ghaoth ag éirí agus go bhfuil cumhdach an tí á scuabadh leis an stoirm agus go gcaithfimid súgán a tharraingt air.

MÁIRE: Ach má éisteann sé ag an doras beidh a fhios aige nach bhfuil gaoth ná stoirm ann. Smaoin ar chraiceann eile, a Shéamais.

SÍLE: Anois, tá an chomhairle cheart agamsa. Abair go bhfuil cóiste leagtha ag bun an chnoic agus go bhfuil siad ag iarraidh súgáin leis an gcóiste do leasú. Ní fheicfidh sé chomh fada sin ón doras agus ní bheidh a fhios aige nach fíor é.

MÁIRE: Sin é an scéal, a Shíle. Anois, a Shéamais, gabh i measc na ndaoine agus lig an rún leo. Inis dóibh cad tá acu le rá – nach bhfaca duine ar bith san tír seo súgán féir riamh – agus cuir craiceann maith ar an mbréig thú féin.

(*Imíonn Séamas ó dhuine go duine ag cogarnaigh leo. Tosaíonn cuid acu ag gáire. Tagann an píobaire agus tosaíonn sé ag seinm. Éiríonn trí nó ceathrar de chúplaí agus tosaíonn siad ag damhsa. Imíonn Séamas amach.*)

MAC UÍ ANRACHÁIN (*Ag éirí tar éis a bheith ag féachaint orthu ar feadh cúpla móimid*): Psuit! Stopaigí! An dtugann sibh damhsa ar an strapaireacht sin? Tá sibh ag bualadh an urláir mar a bheadh an oiread sin d'eallach. Tá sibh chomh trom le bulláin agus chomh ciotach le hasail. Go dtachtar mo phíobán dá mb'fhearr liom bheith ag féachaint oraibh ná ar an oiread sin lachan bacach ag léimní ar fud an tí ar leathchois! Fágaidh an t-urlár fá Úna Ní Riagáin agus fúmsa.

FEAR (*Atá ag dul ag damhsa*): Agus cad fáth a bhfágfaimis an t-urlár fútsa?

MAC UÍ ANRACHÁIN: Tá an eala ar bhruach na toinne, tá an Phoenics Ríoga, tá péarla an bhrollaigh bháin, tá an Vénus i measc na mban, tá Úna Ní Riagáin ag seasamh suas liomsa, agus áit ar bith a n-éiríonn sise suas, umhlaíonn an ghealach agus an ghrian féin di, agus umhlóidh sibhse. Tá sí ró-álainn agus róspéiriúil le haon bhean eile a bheith ina haice. Ach, fan go fóill, sula dtaispeánaim daoibh mar níonn an buachaill breá Connachtach rince, déarfaidh mé an t-amhrán daoibh a rinne mé do Réalt Chúige Mumhan – d'Úna Ní Riagáin. Éirigh, a ghrian na mban, agus déarfaimid an t-amhrán le chéile, gach le véarsa, agus ansin múinfimid dóibh cad é is rince fírinneach ann.

(*Éiríonn siad is gabhann siad amhrán.*)

MAC UÍ ANRACHÁIN:
Is í Úna bhán na gruaige buí,
An Chúileann a chráigh in mo lár mo chroí,
Is ise mo rún is mo chumann go buan,
Is cuma liom choíche bean ach í.

ÚNA:
A bhaird na súile duibhe, is tú
Fuair buaidh ins an saol is clú;
Goirim do bhéal is molaim thú féin,
Do chuiris mo chroí in mo chléibh amú.

MAC UÍ ANRACHÁIN:
Is í Úna bhán na gruaige óir,
Mo shearc, mo chumann, mo ghrá, mo stór,
Rachaidh sí féin lena bard i gcéin,
Do loit sí a chroí ina chléibh go mór.

ÚNA:
Níorbh fhada oíche liom ná lá,
Ag éisteacht le do chomhrá breá,
Is binne do bhéal ná seinm na n-éan,

Óm chroí in mo chléibh do fuairis grá.

MAC UÍ ANRACHÁIN:
Do shiúil mé féin an domhan iomlán,
Sasana, Éire, an Fhrainc is an Spáinn,
Ní fhaca mé féin i mbaile ná i gcéin
Aon ainnir fán ngréin mar Úna bhán.

ÚNA:
Do chuala mise an chláirseach bhinn
San tsráid sin Chorcaí, ag seinm linn,
Is binne go mór liom féin do ghlór,
Is binne go mór do bhéal ná sin.

MAC UÍ ANRACHÁIN:
Do bhí mé féin 'mo chadhain bocht, tráth,
Níor léir dom oíche thar an lá,
Go bhfaca mé í, do ghoid mo chroí,
Is do dhíbir díom mo bhrón is mo chrá.

ÚNA:
Do bhí mé féin ar maidin inné,
Ag siúl cois coille le fáinne an lae,
Bhí éan ansin ag seinm go binn,
'Mo ghrása an grá is nach álainn é!'

(*Glao agus torann agus buaileann Séamas Ó hIarainn an doras isteach.*)

SÉAMAS: Ob ob ú, ochón í ó, go deo! Tá an cóiste mór leagtha ag bun an chnoic. Tá an mála a bhfuil litreacha na tíre ann pléasctha agus níl sreang ná téad ná rópa ná dada acu lena cheangailt arís. Tá siad ag glaoch amach anois ar súgán féir do dhéanamh dóibh – cibé sórt ruda é sin – agus deir siad go mbeidh na litreacha is an cóiste caillte ar easpa súgáin féir lena gceangailt.

MAC UÍ ANRACHÁIN: Ná bí ár mbodhrú! Tá ár n-amhrán ráite againn agus anois táimid ag dul ag damhsa. Ní thagann an cóiste an bealach sin ar aon chor.

SÉAMAS: Tagann sé an bealach sin anois – ach is dóigh gur stráinséir thusa agus nach bhfuil eolas agat air. Nach dtagann an cóiste thar an gcnoc anois, a chomharsana?

IAD UILE: Tagann, tagann go cinnte.

MAC UÍ ANRACHÁIN: Is cuma liom má thagann nó muna dtagann. Ach b'fhearr liom fiche cóiste a bheith briste ar an mbóthar ná go gcuirfeá Péarla an bhrollaigh bháin ó dhamhsa dúinn. Abair leis an gcóisteoir rópa a chasadh dó féin.

SÉAMAS: Ó *murder*, ní thig leis, tá an oiread sin d'fhuinneamh agus de theas agus de spreacadh agus de lúth ins na caiple aigeanta sin go gcaithfidh mo chóisteoir bocht breith ar a gcinn. Is ar éigean báis is féidir leis a gceapadh ná a gcoinneáil. Tá faitíos a anama air go n-éireoidh siad ina mhullach agus go n-imeoidh siad uaidh de ruaig. Tá chuile sheitreach astu; ní fhaca tú riamh a leithéid de chaiple fiáine!

MAC UÍ ANRACHÁIN: Má tá, tá daoine eile ins an gcóiste a dhéanfas rópa más éigean don chóisteoir a bheith ag ceann na gcapall. Fág sin agus lig dúinn damhsa.

SÉAMAS: Tá, tá triúr eile ann ach, maidir le ceann acu, tá sé ar leathláimh, agus fear eile acu – tá sé ag crith agus ag croitheadh leis an scanradh a fuair sé, ní thig leis seasamh ar a dhá chois leis an eagla atá air; agus maidir leis an tríú fear, níl duine ar bith san tír do ligfeadh an focal sin 'rópa' as a bhéal ina fhianaise mar nach le rópa do crochadh a athair féin anuraidh mar gheall ar chaoirigh do ghoid.

MAC UÍ ANRACHÁIN: Casadh fear agaibh féin súgán dó mar sin agus fágaidh an t-urlár fúinne. (*Le hÚna.*) Anois, a réalt na mban, taispeáin dóibh mar a imíonn Iúnó i measc na ndéithe, nó Helen fár scriosadh an Traoi. Dar mo láimh, ó d'éag Deirdre, fár cuireadh Naoise mac Uisnigh chun báis, níl a hoidhre in Éirinn inniu ach thú féin. Tosóimid.

SÉAMAS: Ná tosaigh go mbeidh an súgán againn. Ní thig linne súgán a chasadh. Níl duine ar bith anso ar féidir leis rópa do dhéanamh.

MAC UÍ ANRACHÁIN: Níl duine ar bith anso ar féidir leis rópa do dhéanamh!

IAD UILE: Níl.

SÍLE: Agus is fíor daoibh sin. Ní dhearna duine ar bith ins an tír seo súgán féir riamh, ní mheasaim go bhfuil duine ins an tigh seo do chonaic ceann acu féin ach mise. Is maith cuimhnímse, nuair nach raibh ionam ach girseach bheag, go bhfaca mé ceann acu ar ghabhar do rug mo sheanathair leis as Connachta. Bhíodh na daoine uile ag rá: 'Ara, cén sórt ruda é sin chor ar bith?' Agus dúirt seisean gur súgán do bhí ann agus go ndéanadh na daoine a leithéid sin thíos i gConnachta. Dúirt sé go rachadh fear acu ag coinneáil an fhéir agus fear eile dá chasadh. Coinneoidh mise an féar anois má théann tusa á chasadh.

SÉAMAS: Bhéarfaidh mise glac féir isteach.

(*Imíonn sé amach.*)

MAC UÍ ANRACHÁIN (*Ag gabháil cheoil*):

Déanfaidh mé cáineadh Chúige Mumhan
Ní fhágann siad an t-urlár fúinn;
Níl iontu casadh súgáin féin!
Cúige Mumhan gan snas gan séan!

Gráin go deo ar Chúige Mumhan,
Nach bhfágann siad an t-urlár fúinn;
Cúige Mumhan na mbailseoir mbréan,
Nach dtig leo casadh súgáin féin!

SÉAMAS (*Ar ais*): Seo an féar anois.

MAC UÍ ANRACHÁIN: Tabhair dom anseo é. Taispeánfaidh mise daoibh céard a dhéanfas an Connachtach dea-mhúinte, deaslámhach, an Connachtach cóir, cliste, ciallmhar, a bhfuil lúth agus lánstuaim aige ina láimh, agus ciall ina cheann, agus coráiste ina chroí, ach gur sheol mí-ádh agus mórbhuaireamh an tsaoil é i measc leibidíní Chúige Mumhan atá gan airde gan uaisle, atá gan eolas [ar] an eala thar an lachain, nó ar an ór thar an bprás, nó ar an lile thar an bhfothannán, nó ar réalt na mban óg agus ar phéarla an bhrollaigh bháin, thar a gcuid straoille agus giobach féin. Tabhair dom cipín.

(*Síneann fear maide dó, cuireann sé sop féir timpeall air, tosaíonn sé á chasadh agus Síle ag tabhairt amach an fhéir dó.*)

 MAC UÍ ANRACHÁIN (*Ag gabháil cheoil*):

Tá péarla mná ag tabhairt solais dúinn,
Is í mo ghrá, is í mo rún,

Is í Úna bhán an ríbhean chiúin,
Is ní thuigid na Muimhnigh leath a stuaim.

Atá na Muimhnigh seo dallta ag Dia,
Ní aithníd eala thar lacha liath,
Ach tiocfaidh sí liomsa, mo Hélen bhreá
Mar a molfar a pearsa is a scéimh go brách.

Ara, muise, muise, muise! Nach é seo an baile breá lách, nach é
seo an baile thar barr, an baile a mbíonn an oiread sin rógaire
crochta ann nach mbíonn aon easpa rópa ar na daoine leis an méid
rópaí a ghoideann siad ón gcrochaire. Cráiteacháin atá iontu. Tá
na rópaí acu agus ní thugann siad uathu iad – ach go gcuireann
siad an Connachtach bocht ag casadh súgáin dóibh! Níor chas siad
súgán féir ins an mbaile seo riamh – agus an méid súgán cnáibe
atá acu de bharr an chrochaire!

Níonn Connachtach ciallmhar
Rópa dó féin,
Ach goideann an Muimhneach
Ón gcrochaire é!
Go bhfeice mé rópa
Breá cnáibe go fóill
Dá fháscadh ar scóigí
Gach éinne anseo!

Mar gheall ar aon mhnaoi amháin d'imíodar na Gréagaigh agus
níor stopadar, agus níor mhórchónaíodar nó gur scriosadar an
Traoi, agus mar gheall ar aon mhnaoi amháin beidh an baile seo
damanta go deo na ndeor agus go broinne an bhrátha, le Dia na
nGrás go síoraí suthain, nuair nár thuigeadar gurb í Úna Ní
Riagáin an dara Hélen a rugadh ina measc agus gur rug sí barr
áille ar Hélen agus ar Vénus, ar a dtáinig roimpi agus ar a
dtiocfaidh ina diaidh.

Ach tiocfaidh sí liom, mo phéarla mná,
Go Cúige Chonnacht na ndaoine breá;
Gheobhaidh sí féasta, fíon is feoil,
Rinceanna arda, spórt is ceol.
Ó, muise, muise! Nár éirí an ghrian ar an mbaile seo agus nár
lasa réalta air, agus nár…

(Tá sé san am seo amuigh thar an doras. Éiríonn na fir uile agus dúnann siad é d'aon ruaig amháin air. Tugann Úna léim chun an dorais ach beireann na mná uirthi. Téann Séamas anonn chuici.)

ÚNA: Ó, ó, ó! Ná cuirigí amach é. Lig ar ais é. Sin Tomás Ó hAnracháin. Is file é, is bard é, is fear iontach é. Ó, lig as é, ná déan sin air!

SÉAMAS: A Úna bhán agus a chuisle dhílis, lig dó. Tá sé imithe anois agus a chuid pistreog leis. Beidh sé imithe as do cheann amárach agus beidh tusa imithe as a cheannsan. Nach bhfuil a fhios agat go maith go mb'fhearr liom thú ná céad míle Deirdre, agus gur tusa m'aon phéarla mná amháin dá bhfuil ins an domhan.

MAC UÍ ANRACHÁIN (*Amuigh, ag bualadh ar an doras*): Foscail! Foscail! Foscail! Ligidh isteach mé. Ó, mo sheacht gcéad míle mallacht oraibh.

(Buaileann sé an doras arís agus arís eile.)

Mallacht na lag oraibh is na láidir,
Mallacht na sagart agus na mbráthar,
Mallacht na n-aspal agus an Phápa,
Mallacht na mbaintreach is na ngarlach.
Foscail! Foscail! Foscail!

SÉAMAS: Tá mé buíoch díbh, a chomharsana, agus beidh Úna buíoch díbh amárach. Buail leat, a scraiste! Déan do dhamhsa leat féin amuigh ansin anois! Ní bhfaighidh tú isteach anso! Óra, a chomharsana, nach breá é, duine do bheith ag éisteacht leis an stoirm taobh amuigh agus é féin go socair sásta cois na tine. Buail leat! Buail leat! Cá bhfuil Connachta anois?

CRÍOCH

I gcló in *Samhain* (October, 1901) 20–9. Aistriúchán le Lady Gregory, *The Twisting of the Rope* (*ibid.*) 30–8.

Léiríodh *Casadh an tSúgáin* den chéad uair sa Gaiety i mBaile Átha Cliath ar an 21.10.1901.

The Galway Observer

Galway Branch of Gaelic League – Meeting

... Reading from *Samhain* of Dr. Douglas Hyde's new Irish play ... *Casadh an tSúgáin* was listened to with marked attention by all present; for the benefit of those who could not understand Irish, he gave an explanation in English.

– 26.10.01.

The Leader

The Irish play was a great success, and it opened a new chapter in the Development of the Irish Revival. *Casadh an tSúgáin* should have preceded the Anglo-Irish piece, and it was originally arranged that it should have done so. It would have been better had it done so, as one need not have sat out the long-drawn agony of the last 'act' of the modernisation of Fionn and Diarmuid and Gráinne. It was rather hard lines for those who went to see the Irish play to have had perforce to sit out the other. But no doubt a professional company of players were only human in insisting on priority. The names of those who took the leading parts in *Casadh an tSúgáin* were not given – perhaps that would not be etiquette for all we know – but it was mentioned that it was played by members of the 'Gaelic Amateur Dramatic Society.' We never heard of that society for none such exists; and if such a one did exist, it would be called by an Irish name. The fact of the matter is that nearly all those who took part in the Irish play came from the

Keating Branch of the Gaelic League, and they were not even 'amateurs' in the ordinary sense, they merely volunteered to step into a gap. As they acted so very well, much more naturally indeed than the Benson Company, it is perhaps not necessary to point out these things.

The play itself was delightful. The choice of the old story upon which it was founded was a happy choice. The play reflected naturally and forcibly the phase of Irish life that it dealt with. The readiness with which the houseful of people fell to the plan of co-operating in a false story to get the clever Connaughtman who did not compliment them out of the house was as characteristic as the readiness with which many people do and would co-operate in deliberate lies to damage the unwelcome *Leader* that tells too much truth. We would have preferred the play, and we think it could have been made more forcible, if the unwelcome Connaughtman was bested by force of wit, for lies are cheap. That is the only fault we have to find with *Casadh an tSúgáin*. Douglas Hyde himself, handicapped though he was by his 'make-up' and his unacquaintance with a stage walk, did the part well and with great spirit, and what he lacked in professional actors' tricks and knacks was compensated for by the heart he put into his work. Tadhg O'Donoghue played Séamas very well, and Miss O'Donovan and Miss Frances Sullivan as Máire and Síle respectively acted with remarkable ability. Miss O'Kennedy, as Úna, had a rather difficult task, for she had a good deal to declaim, and not much acting to do, but she got through it most creditably. The play deserved the applause that greeted it. No doubt other things besides the intrinsic merits of the play helped to raise enthusiasm. There was a satisfying sense that we were gradually coming by our own again, that the working out of the forces that are to make the mere Irish the leading element in Ireland were moving vigorously, that the hey-day of the *Irish Times* and the shoneens had already gone by; that green nationality was being effectively criticised, and that a real Irish nation was in the making. Considerations like that helped to swell up the enthusiasm with which the first Irish play in a Dublin theatre was received.

As for the Anglo-Irish afterpiece – for though it came before the Irish play, and was more than three times as long, it was of secondary importance – it is not necessary for us to say much about it as a play. Anglo-Irish plays, Anglo-Irish literature, an Anglo-Irish review like the *Leader*, are but transitory things doing their little work of the day, and will be lost and forgotten when Ireland realises herself and ceases to be West British ...

But *Casadh an tSúgáin* lives in the memory. Today we remember Tomás if we forget Fionn. There is a great day before Irish drama, and we think before Anglo-Irish satirical comedy. But we are convinced that objectionable English plays like that of *Diarmuid and Grainne* will injure the cause of Irish Ireland.

'An Irish Play and an English Afterpiece' – 2.11.01, 155–6.

The Leader

Dr. Douglas Hyde's play *Casadh an tSúgáin* at the Gaiety was a great success. In fact all along the line Irish Ireland is being a success. It has done more for Industry than any other movement this century, and the Sourfaces are turning paler than usual with the fear that is rising in their hearts; they feel that the Irish language is taking the ground swiftly from under their feet, and it is not to be surprised that their chief organs, Lord Bung's *Daily Express* and Alf Fox's *Irish Times*, should be driven into consternation when a play in the gibberish of the nation of barbarous savages proved a success at the Gaiety Theatre. A gutter, low, vulgar thing like Kitty Grey recently drew hundreds of shoneens to the Gaiety, for it was under the patronage of and honoured by the presence of the Countess Cadogan. *Casadh an tSúgáin*, it is needless to say, was not under foreign patronage; it was Irish and it drove the *Irish Times* and the *Daily Express* to their defences. And, poor things, they made no defence; they were so nonplussed that they were unable to spit with any vigour. *Casadh an tSúgáin* was a great success but *Casadh na Searbhghnúis*, as displayed by the *Daily Express* and the *Irish Times* was, if less interesting, more welcome to us. Let us examine the '*Irish*' *Times* first. This paper, as we know, draws its revenue partly from sporting tipsters, and draws tears from its 'truly Christian' readers by an article on the evils of gambling. This 'Irish' paper that gives forty-nine lines to 'Serious Charges against a Clergyman,' being a report of some unsavoury case in London, where evidence is given of a Protestant Clergyman being in a club frequented by, as the *Irish Times* has it, 'demi-mondaines,' and that sort of thing, can only afford six lines to the first Irish play that was ever played in Dublin. We suppose it works out this way – as forty-nine is to six so is the interest of the Irish public in the evidence in the case of serious charges against an English Protestant Clergyman, to their interest in the first Irish play ever put on the regular stage in Dublin. Now let us see what this most virtuous paper for Sourfaces, this paper in which some Irish Catholic Colleges advertise says of *Casadh an tSúgáin*: 'Dr. Hyde's play went very brightly. His own acting carried it off with great verve, and it evidently delighted the audience. The costumes were most appropriate, but we have our doubts about the *fichu* being worn in Munster farmhouses a hundred years ago.' The doubts of the organ of Alf Fox on the costumes worn in Munster a hundred years ago are most interesting, almost as interesting as its views on the evils of gambling. Can it be that even this organ has insight sufficient to see that *Casadh an tSúgáin* at the Gaiety Theatre stands for a force that is destined to twist the life out of the *Irish Times*?

Now we turn to Lord Bung's paper. If the Engineer of Guinness' Brewery must be a gentleman by birth and education, Lord Bung's newspaper could scarcely deign to notice a barbarian like Douglas Hyde and his gibberish. But it condescends. Gracious condescension should naturally mark the paper of a thousand Earls. It says that it was 'a success of curiosity.' That was not a bad way of explaining a success away; in fact it was a neat touch – for Bung. Of Douglas Hyde it says: 'He is not a good actor but he 'discoursed' the ancient tongue in a manner which earned the warm approval of the Gaelic experts in the gallery.' The world of satire in 'the Gaelic experts in the gallery' is sufficient to set back Irish Ireland a dozen years. It is such a light touch, so neat, so airy, and so keen, that we would not be surprised if that incisive genius, Lord Ardilaun himself, wrote it. But the last sentence of the short notice would have done honour to Molière, nay, to Voltaire, not to talk of the keen wit of Bung. It runs: 'It is a pity that the action of the play made it necessary for Dr. Hyde to interfere with the progress of what promised to be an excellent display of Irish jig dancing.' There now! Fancy Irish Ireland surviving after Bung has taken the plug out of that barrel of prime-conditioned wit and drenched it with it!

The appearance of *Casadh an tSúgáin* on the Gaiety, sacred to Viceregal Patronage of *Kitty Grey*, was a historic day for this country. Irish Ireland is growing with the great vitality of a young nation; it is causing trade to flourish, and it is calling new industries into existence; it is killing *raiméis*; and over the debris of a fallen house of nonsense the Star of the West is rising. But sweetest thing of all for the outraged mere Irish nation, *Casadh an tSúgáin* has emphasised and cast into bold relief *Casadh na Searbhghnúis*.

'Casadh na Searbhghnúis/The Twisting of the Sourfaces', 2.11.01, 157.

An Craoibhín Aoibhinn

AN NAOMH AR IARRAIDH

Dráma aonghnímh

An Fhoireann

Seanfhear
Oide
Conall
Fearghal
Fearghas
Art
Aodh
Páistí srl.

Seomra mór mar a bhíodh ins na seanaimsirí. Bord fada ann. Tá scata páistí ann, cuid acu ag ithe a mbéile agus cuid acu ina seasamh tar éis a ite. Tá oide ag cromadh ar leabhar i gcoirnéal eile den tseomra.

ART (*Ag seasamh suas*): Tar amach, a Fhéilim, go bhfeicimid an cú nua.

FÉILIM: Ní fhéadaimid. Dúirt an máistir linn gan dul amach go ndéarfaimis an dán sin dó, an dán a mhúin sé dúinn inné.

FEARGHAL: Muise, gráin go deo ar an seandán céanna, ach níl eagla ormsa: rachaidh mise amach ar chuma ar bith. Tá sé de mheabhair agamsa – ach ní mheasaim go bhfaighidh tusa amach, a Chonaill. Ó, sin é an máistir agus é réidh le tosú.

AN tOIDE (*Ag tógáil a chinn*): Anois, a chlann ó, an bhfuil an béile críochnaithe agaibh?

PÁISTE: Níl go fóill.

(*Tig seanfhear liath drochghléasta go dtí an doras.*)

ART: Ó, sin sean-Chormaicín a bhíos ag meilt na mine dúinn agus ag tabhairt aire don áithe.

AN SEANFHEAR: Go mbeannaí Dia anseo! A mháistir, an dtabharfaidh tú cead dom an sprúilleach bídh sin a chruinniú agus a thabhairt amach liom?

AN tOIDE: Déan sin. (*Leis na páistí.*) Tigidh anseo anois go bhfeice mé an bhfuil an dán sin i gceart agaibh agus ligfidh mé daoibh dul amach nuair a bheidh sé ráite agaibh.

FEARGHAS: Táimid ag teacht ach fan móimid go n-inseoidh sean-Chormaicín dúinn cad tá sé ag dul a dhéanamh leis an sprúilleach bídh sin.

AN SEANFHEAR: Tá mé á chruinniú le tabhairt do na héanacha, a mhuirnín.

AN tOIDE: Déanfaidh sin anois. Gabh i leith anseo. (*Seasann na páistí os a choinne ina líne.*)

AN tOIDE: Anois inseoidh mé daoibh cé a rinne an dán atá sibh ag dul a rá liom. Bhí fear cráifeach naofa in Éirinn blianta ó shin. Aonghus Céile Dé an t-ainm a bhí air. Ní raibh aon duine in Éirinn ba mhó umhlacht ná é. Níor mhaith leis na daoine a bheith ag tabhairt onóra dó ná a bheith ag rá go mba mhór an naomh é, ná go mba bhreá an file é. Ar an ábhar sin bhí sé chomh humhal sin gur éalaigh sé leis aon oíche amháin. Chuir sé culaith bhréige air féin agus d'imigh sé ina dhuine bocht ar fud na tíre ag saothrú a bheatha féin gan eolas ag duine ar bith air. Tá sé imithe as eolas anois, gan fhios ag duine ar bith cá bhfuil sé. B'fhéidir gur ag beathú muc nó gur ag meilt mine atá sé anois mar aon duine bocht eile.

FEARGHAL: Ag meilt mine mar shean-Chormaicín anseo.

AN tOIDE: Go díreach. Ach sular imigh sé leis, is iomaí dán breá milis a rinne sé ag moladh Dé agus na n-aingeal, agus is ceann acu sin a bhí mé a mhúineadh daoibh inné.

ART: Cad é an t-ainm a dúirt tú a bhí air?

AN tOIDE: Aonghus Céile Dé. Thug siad 'Céile Dé' air mar bhí sé chomh naofa sin. Anois, a Fhéilim, abair an dá líne thosaigh thusa agus déarfaidh Art an dá líne a leanas, agus déarfaidh Conall an dá líne ina dhiaidh sin, agus mar sin go dtí an deireadh.

FÉILIM

Thuas i bhflaitheas Dé tá

Ardaingeal ag gach aon lá.

ART

Agus is iad sin go cruinn

A stiúraíos an tseachtain.

AODH

An chéad lá, is naofa é,

Ag Dia atá Dé Domhnaigh.

FEARGHAL

Faireann Gabriel go buan

Chuile sheachtain an Dé Luain.

CONALL

Faireann Gabriel go buan –

AN tOIDE: Ní hea, a Chonaill, dúirt Fearghal sin.

CONALL

Ag Dia atá Dé Domhnaigh.

AN tOIDE: Ní hea, dúradh sin cheana. Ag Dé Máirt atáimid anois. Cé aige a bhfuil Dé Máirt? (*Ní fhreagrann an buachaillín.*) Cé aige a bhfuil Dé Máirt? Ná bí 'd'amadán anois.

CONALL (*Ag cur ailt a mhéir chun a shúile*): Níl a fhios agam.

AN tOIDE: Ó, mo náire thú! Féach anois, gabh in áit a raibh Fearghal agus rachaidh seisean in d'áitse. Anois, a Fhearghail!

FEARGHAL

Is fíor é go bhfuil Dé Máirt

Ag Micheál ina lán-neart

AN tOIDE: Sea anois, a Chonaill, abair cé aige a bhfuil Dé Luain.

CONALL (*Ag gol*): Ní fheadar –

AN tOIDE: Abair an dá líne thosaigh mar sin agus beidh mé sásta. Cé aige a bhfuil Dé Domhnaigh?

CONALL (*Ag gol*): Níl a fhios agam.

AN tOIDE: Ó, nach tú an t-amadáinín! Ní chuirfidh mé dada in do cheann choíche. Ní ligfidh mé amach thú go mbeidh an dán sin agat. A bhuachaillí, scrios amach libh anois agus fágfaimid Conall amadán anseo.

(*Imíonn An tOide agus na páistí eile amach.*)

AN SEANFHEAR: Ná bí ag gol, a mhuirnín, múinfidh mise an dán duit. Tá sé de mheabhair agam féin.

CONALL: Óra, a Chormaicín, ní thig liom a fhoghlaim. Níl mé críonna ná glic mar na buachaillí eile. Ní fhéadaim aon rud a chur isteach in mo cheann. (*Scairteann sé ar chaoineadh.*) Ní bhíonn aon chuimhne agam ar aon rud.

AN SEANFHEAR (*Ag leagan a láimhe ar a cheann*): Glac misneach, a stór. Beidh tú in d'fhear críonna go fóill le cúnamh Dé. Gabh i leith anseo agus cuidigh liom ag roinnt an sprúilligh seo. (*Éiríonn an buachaillín.*) Sin é anois, triomaigh do shúile agus ná bíodh aon drochmhisneach ort.

CONALL (*Ag triomú a shúl*): Cad chuige a bhfuil tú ag déanamh trí chuid den sprúilleach seo?

AN SEANFHEAR: Tá mé ag dul an chuid seo a thabhairt do na géanna; chuir mé an gabáiste uile ar an méis seo dóibh, agus nuair a rachas mé amach, croithfidh mé gráinnín mine air sin agus beathóidh sé go breá iad. Tá sprúilleach na feola agam anseo agus seanscreamhóga, agus arán briste tríd, agus bhéarfaidh mé sin do na cearca. Béarfaidh siad uibheacha níos fearr nuair a gheobhaidh siad bia mar sin. Tá an sprúilleach beag seo agam le tabhairt do na héiníní beaga a bhíos ag seinm dom ar maidin agus a dhúisíos mé lena gcuid ceoil. Tá sé brúite mion agam dóibh. (*Scuabann sé an t-urlár agus cruinníonn sé mionghiotaí aráin.*) Tá grá mór agam do na héiníní beaga.

(*Féachann an seanfhear suas agus chí sé go bhfuil an buachaillín ina luí ar chuisín agus é ina chodladh, agus ag osnaíl ina chodladh. Seasann sé tamaillín ag féachaint anuas air. Tagann deora ina shúile féin. Ansin téann sé ar a dhá ghlúin.*)

AN SEANFHEAR: Ó, a Thiarna Dia, glac trua don pháistín bog, óg seo. Cuir críonnacht ina cheann, glan a chroí, scaip an ceo atá ar a intinn, agus lig dó a cheacht a fhoghlaim mar na buachaillí eile. Ó, a Thiarna, bhí tú féin óg, tráth, glac trua don óige. Ó, a Thiarna, shil tú féin na deora, triomaigh deora an bhuachaillín seo. Éist, a Thiarna, le guí do shearbhónta, agus ná tóg air an ní beag seo a iarraidh ort. Ó, a Thiarna, is goirt deora an linbh, milsigh iad; is domhain smaointe an linbh, ciúnaigh iad; is searbh brón an linbh, bain de é; is bog croí an linbh; ó, ná cruaigh é.

(*Nuair atá an seanfhear ag guí, tagann an t-oide isteach. Dearcann sé air. Sméideann sé ar na páistí atá taobh amuigh, tagann siad isteach, cruinníonn siad ina thimpeall. Tógann an seanfhear a cheann. Preabann sé ina shuí agus lasadh náire air.*)

AN tOIDE: Chuala mé do ghuí, a sheanduine, ach níl aon mhaith ann. Molaim go mór thú faoi ach tá an leanbh sin go rómhall ag foghlaim. Rinne mé féin achainí ar Dhia uair nó dhó dá thaoibh ach ní raibh aon mhaith ann.

AN SEANFHEAR: B'fhéidir gur chuala Dia mé – tá Dia réidh le héisteacht i gcónaí. An uair a bhíonn sinn féin folamh gan aon ní, éisteann Dia linn agus ní chuimhnímid ar na nithe a chailleamar ach cuirimid ár ndóchas i nDia.

AN tOIDE: Is fíor a n-abrann tú ach níl aon mhaith in achainí an uair seo. Tá an gasún seo ró-dhomhúinte. (*Téann sé féin agus an seanfhear go dtí an buachaillín atá fós ina chodladh agus lorg na ndeor ar a ghrua.*) Caithfidh sé oibriú go crua agus go hanchrua, agus b'fhéidir le neart oibre go bhféadfaidh sé beagán a fhoghlaim am éigin. (*Cuireann sé a lámh ar ghualainn an bhuachaillín agus preabann sé ina dhúiseacht agus iontas air nuair a chíonn sé na daoine eile ina thimpeall.*)

AN SEANFHEAR: Fiafraigh de anois.

AN tOIDE: An gcuimhníonn tú ar an dán anois, a Chonaill?

CONALL

Thuas i bhflaitheas Dé tá
Ardaingeal ag gach aon lá.
Agus iad sin go cruinn
A stiúraíos an tseachtain.
An chéad lá, is naofa é,
Ag Dia atá Dé Domhnaigh.
Faireann Gabriel go buan
Chuile sheachtain an Dé Luain.
Agus fós atá Dé Máirt
Ag Micheál ina lán-neart.
Rafael go cóir ceart caoin,
Is aige atá Dé Céadaoin.
Ag Saciel nach cam claon
Gach seachtain tá an Déardaoin.
Haniel ard aingeal Dé,
Is aige atá Dé hAoine.
Cassiel geal na súl ngorm
Stiúraíonn sé Dé Sathairn.

AN tOIDE: Is míorúilt é! Níor theip focal air. Ach, inis dom, a Chonaill, a stór, cén chaoi ar fhoghlaim tú an dán sin ó shin?

CONALL: Nuair a bhí mé 'mo chodladh anois, tháinig seanduine chugam agus dar liomsa bhí gach dath dá bhfuil san mbogha uisce air, agus rug sé ar mo léine agus stróc sé é, agus ansin d'oscail sé mo bhrollach agus chuir sé an dán isteach in mo chroí.

AN SEANFHEAR: Is Dia a thug an bhrionglóid sin dó. Ní dóigh liom go mbeidh sé ina bhuachaill domhúinte as seo amach.

CONALL: Agus an fear a tháinig chugam, shíl mé go mba shean-Chormaicín ansin a bhí ann.

FEARGHAL: B'fhéidir go mba Aonghus Céile Dé féin a bhí ann!

AODH: B'fhéidir gur Aonghus Cormaicín.

AN tOIDE: An tú Aonghus Céile Dé? Cuirim ort as ucht Dé a insint dom.

AN SEANFHEAR (*Ag cromadh a chinn*): Ó, fuair sibh amach anois é. Ó, shíl mé nach mbeadh aithne ag duine ar bith go brách orm. Mo léan! Fuair sibh amach mé.

AN tOIDE (*Ag dul ar a dhá ghlúin*): A Aonghuis Naofa, maith dom é. Tabhair dom do bheannacht, a dhuine naoimh. Tabhair do bheannacht do na páistí seo. (*Téann na páistí ar a nglúine ina thimpeall.*)

AN SEANFHEAR (*Ag tógáil a láimhe*): Beannacht Dé oraibh. Beannacht Chríost agus A naomh-mháthar oraibh. Mo bheannacht féin oraibh.

CRÍOCH

I gcló in *Samhain* (October, 1902) 14–8. Aistriúchán le Lady Gregory, *The Lost Saint* (*ibid.*) 19–23.

An Claidheamh Soluis

Tá an dráma beag deas úd do scríobh an 'Craoibhín' fé mheabhrú anois ag buíon beag buachaillí a bhíos ag foghlaim na Gaeilge i mbuíona *Inghinidhe na hÉireann* agus tá ceaptha é a chur ar an gclár maille le coirm cheoil chun sult a dhéanamh do na buachaillí eile agus do na cailíní beaga atá ag tabhairt aire do theanga agus do stair na hÉireann an fhaid a bhfuil siad á fhoghlaim fé chúram na n*Inghinidhe*.

Agus ó tharla go bhfuil fonn ar dhaoine áirithe an dráma so d'fheiscint, tá sé socraithe ag *Inghinidhe na hÉireann* an dráma do chur os comhair na poblaíochta nuair a bheas fleá na bpáistí thart. Cloisfear arís i dtaobh an scéil so.

'An Naomh ar Iarraidh', 24.1.1903, 780.

The Freeman's Journal

Last night a successful children's concert and play were given in the Hall of the Workmen's Club, 41 York street, under the auspices of the *Daughters of Erin* Society. Both concert and play were Irish, and, to the credit of the children who took part in them, it must be said that they acquitted themselves admirably of a difficult task. Most of the children are members of the Irish classes conducted by the *Daughters of Erin*, and these children were assisted by others from some of the city National Schools in which Irish is taught. The members of the Dunleary Branch of the Gaelic League also rendered valuable help. There was a large audience in the hall, and the entertainment was much appreciated. The programme was sufficiently varied to please everybody. There were choral pieces, solos, recitations, dancing and instrumental selections. At the close of the concert there was a pleasing dramatic performance, in which a number of the children took part. It was an Irish play, by Douglas Hyde, entitled *An Naomh ar Iarraidh*, or *The Lost Saint*, and was performed in a satisfactory manner. Miss Maud Gonne was a prominent figure in the audience.

'Inghinidhe na hÉireann, Children's Concert and Play at York Street,' 30.1.1903, 6.

Poets and Dreamers

The Lost Saint was written last summer. An Craoibhín was staying with us at Coole; and one morning I went for a long drive to the sea, leaving him with a bundle of blank papers before him. When I came back at evening, I was told that Dr Hyde had finished his play, and was out shooting wild duck. The hymn, however, was not quite ready, and was put into rhyme next day, while he was again watching for wild duck beside Inchy marsh.

When he read it to us in the evening, we were all left with a feeling as if some beautiful white blossom had suddenly fallen at our feet.

It was acted the other day at Ballaghderreen; and, at the end, a very little girl, who wanted to let the author know how much she had liked his play, put out her hand and put a piece of toffee into his.

Lady Gregory, *Poets and Dreamers*, 198–9. (Luaite in *Dúbhglas de hÍde (1860–1949): Ceannródaí Cultúrtha 1860–1910*, le Risteárd Ó Glaisne, 1991, 213.)

An Craoibhín Aoibhinn

PLÉASCADH NA BOLGÓIDE

Dráma Suilt in aon Ghníomh

An Fhoireann

MAC EATHFAIDH

FEAR IONAID AN RÍ

MAC UÍ DHÚIDÍN

BEAN FHEAR IONAID AN RÍ

MAC UÍ THRÁILL

AIDE DE CAMP

MAC UÍ THRIAIL

DOCHTÚIR MAC HAITCINN

MAC UÍ FHINN

AN TSEANBHEAN BHOCHT

BEAN MHAC UÍ FHINN

DOIRSEOIRÍ etc.[1]

ÁIT

(An Seomra Coiteann i gColáiste na Bolgóide. Tá mórán ollamh agus proifisear ina suí nó ina seasamh ann, agus gúnaí agus bairéid ar chuid acu.)

MAC EATHFAIDH *(Ag caint le fear eile):* Yeth Thir, the whole thing's a thwindle, this Irish language business was never meant to be anything else.

AN FEAR EILE: How a swindle?

MAC EATHFAIDH: A thwindle I tell you in every pothible way. In the firth place there's no Irish language at all. There may have been one a thousanth yearth ago, which I'm doubtful of, but thertainly there is none now.

AN FEAR EILE: But don't they teach it in the Intermediate?

MAC EATHFAIDH: That's where the thwindle comes in. I have the beth pothible reason for knowing that what they call their modern language is an appalling jargon. It's really only a theries of grunts and thqueals and snorts and raspings in the throat. Finn tells me he can't underthand a wodh of it. All our experths say it has no grammar of any kind. It is not rich enough to expreth the most commonplaith ideas and it's inexpethibly indethent; and this, if you pleathe, is the 'tuff that is being taught and paid for, at the expenth of us taxpayers.

AN FEAR EILE: But I hear they set papers. It does seem a scandal!

MAC EATHFAIDH: Thcandal! I should think so. It's the greatest thcandal I remember since I first dined at the Castle. I've said so in the *Blagardaeum*. It's a dodge to secure money without earning it.

AN FEAR EILE: How so? For I'm told the Irish language, or something that passes for it, is taught in many schools now like anything else.

MAC EATHFAIDH: Taught! What nonthense! Don't you underthand by this time that these fellows know, in pointh of fact, leth about their own language than we do? Why, they thimply loathe it. Ninety per thent of them desire to have done with it altogether. I said that plainly to the Commithioners. Why, all the modern cultivation of the Irish language originated here in our own College. Old Gammon told them that.

AN FEAR EILE: But haven't they an Irish Examiner?

MAC EATHFAIDH: They had a thing that passed for one; but as they don't really know their own language, I've got them a Ruthian from St. Petersburg to examine them this year, and next year I'm thinking of a Mongolian Tartar, recommended to me by my friend the King of Greece, who, perhapth you don't know, is an exthellent linguitht. He said to me one day: 'Magaffy,' said he ...

AN FEAR EILE: Yes! Yes! Then they don't teach Irish after all.

MAC EATHFAIDH: Here's what they do. If a boy can write down the jargon for 'I am, you are, he is,' they'll give him a hundred per thent of marks and secure the money for some low school of theirs.

AN FEAR EILE: You mean their examiners over-mark their boys?

MAC EATHFAIDH: Yeth, of course. And even that confounded Ruthian is not to be trusted. He's turning out as bad as any of them, with his over-marking. Now I go on the printhiple that all marks given to Irish *muth* be over-marks, because the thubject in itself is so disguthing.

AN FEAR EILE: I don't quite follow that.

MAC EATHFAIDH: Bah! There's nothing strange in what I say. It's an old, sound principle; we've always applied it here.

AN FEAR EILE: Yes, you may. But how about the examiners?

MAC EATHFAIDH: It's true the Ruthian turned out to be a man without any common thense, but now I've this Mongolian Tartar who, I can tell you, is a prudent fellow. He has got from me a straight hint for the year after next, if he wanth to be kept on. My friend the King of Greece, as I was just telling you…

AN FEAR EILE: Yes, yes! I understand; but tell me this – are the papers too easy?

MAC EATHFAIDH: Just look at them.

(Tarraingeann sé amach as a phóca iad.)

AN FEAR EILE: This is the composition paper. *(Ag léamh.)* Translate: 'The buttermilk was left in the churn.' By the way, how would you say that in Greek, Magaffy? I suppose the Greeks churned butter?

MAC EATHFAIDH: A Greek, of courthe, would say – of courthe, a Greek would say – Oh, but the whole thentence is ridiculouth!

AN FEAR EILE: I suppose it could be said in Irish, however.

MAC EATHFAIDH: I very much doubt it. The language, or jargon rather, is extremely impoverished, besides being wholly vulgar, filthy and disguthing, as our experths have shown. I totally dithbelieve that any body of men ever carried on a rathional conversation in what they call Irish. Give me those papers, pleath; the very look of them geths on my nerves.

(Fáisceann sé iad ina láimh agus caitheann sé amach ar an bhfuinneog iad.)

AN FEAR EILE: That's the best thing to do with them. Why not petition Government and get them to purge Irish Intermediate Education? Would it want an Act of Parliament?

MAC EATHFAIDH: Well, I'm always writing to the Englith papers. I do more than my share of the work. Do you know the ignorance of these native Irish, even of men of pothition amongst them, is something colossal. They have never yet learned that there was never any such thing as an Irish nation nor an Irish literature, nor, I firmly believe, an Irish language either.

AN FEAR EILE: It's wonderful – in spite of Stoneyhurst!

MAC EATHFAIDH: But I was telling you what the king said to me. We were chaffing one another over a whiskey and soda: 'Magaffy,' he said... Hullo! What's this?

(Tá seanbhean ard agus fallaing ghorm ghioblach uirthi tar éis teacht isteach. Tagann sí suas tríd an seomra is síneann sí amach na páipéirí céanna a chaith Mac Eathfaidh as an bhfuinneog.)

AN TSEANBHEAN: You have thrown out these. I have brought them back to you.

MAC EATHFAIDH: Woman, you've no right to be here. How did the porters let you pass? Go out at once!

OLLAMH EILE: Oh, that's the old apple woman who talks Irish outside the College. I expect she's a seditious old woman.

MAC UÍ THRÁILL: She's an old Irish she-rebel. She looks like one anyway.

FEAR EILE: That's the long blue cloak of the Irish women she's wearing. I declare I thought we had killed that dress with the rest of it.

MAC UÍ THRIAIL: Old woman, will you be so good as to get out of that.

FEAR EILE: How dare you come in here! You know the Junior Dean gave express orders that you were never to be let inside the College gate.

MAC EATHFAIDH: I'll put her out.

(Cuireann sé a lámh ar a gualainn agus sáitheann sé í.)

AN TSEANBHEAN *(Go colgdhíreach, ar mhodh go bhféachann sí níos airde ná roimhe sin, agus ag síneadh amach a láimhe agus slat inti):* Ye miserable men who have reviled me, ye slaves who belong to no country, ye have insulted me, pushed me, despised me. I now lay it upon you by the virtue of my curse that the thing which in this world ye most loathe and dread shall instantly come upon you.

(Imíonn sí ag siúl go mall is go stáidiúil.)

MAC EATHFAIDH: Tá an tseanchailleach imithe.

MAC UÍ THRIAIL: A Mhic Eathfaidh, ní féidir gur ag labhairt Gaeilge atá tú!

MAC UÍ DHÚIDÍN: Nach i nGaeilge a chuir tú féin an cheist air! Shíl mé nach raibh focal di agat. A Mhic Eathfaidh, ná cuir náire orainn, labhair Béarla.

MAC EATHFAIDH: I'm tr' tr' tr' tr'. Ó, a Thiarna, ní fhéadaim. Tá chuile fhocal a bhí agam riamh imithe glan as mo cheann.

OLLAMH EILE: An' an' an' a' a' a' agus [as] mo cheannsa.

MAC EATHFAIDH: A' a' a' a' agus as mo cheannsa freisin.

OLLAMH EILE: Ó, a Dhé, cad a dhéanfaimid? Ó, táimid fá dhraíocht.

MAC UÍ THRIAIL: Ó, sin an mhallacht a d'fhág an tseanchailleach orainn, an rud ba mheasa agus ba ghráiniúla linn san domhan a theacht orainn anois.

MAC EATHFAIDH: Ó, sin é! Sin é! Ní thug mise fuath d'aon rud riamh chomh mór agus do theanga na tíre mallaithe seo, agus is í sin go díreach a chuir sí in mo bhéal.

MAC UÍ DHÚIDÍN: Mo náire thú, a Mhic Eathfaidh! Duine uasal críochnaithe mar thusa ag labhairt Gaeilge go díreach mar tréatúir nó *rebel* as an gConradh na Gaeilge sin.

MAC EATHFAIDH: Dún do bhéal, thú féin, a sheanphéisteog na leabhar. Ná bí thusa ag caint mar spailpín as Contae Mhaigh Eo. Ní shiúlfainn Sráid Grafton in do chuideachta ar chéad punta, muna stopann tú an ghlafairneacht sin.

OLLAMH EILE: A dhaoine uaisle, a dhaoine uaisle, ná tógaidh an clampar seo. Nach bhfuilimid uile go léir fán draíocht chéanna? Labhair Gearmáinis, a Mhic Eathfaidh, nó Fraincis.

MAC EATHFAIDH: Ich, ich ich – O, ní fhéadaim. 'Bhfuil fear ar bith againn anseo a bhfuil aon teanga aige ach an Ghaeilge dhamanta so?

IAD UILE: Níl.

BEAN MHAC UÍ FHINN *(Ag teacht isteach):* Gentlemen, excuse my coming into your room, but I've great news. The Lord Lieutenant and Her Excellency are below; they have just arrived and wish to be shown over the College informally. Edward, will you come down and I'll introduce you.

MAC UÍ FHINN: A Mháire, a Mháire, tá mé fá dhraíocht.

A BHEAN: What's that you say?

MAC UÍ FHINN: Tá mé fá dhraíocht. Ní fhéadaim ach Gaeilge a labhairt.

A BHEAN: Gaelic! Does that mean Irish? It's perfectly disgusting of you – though you are my husband! How can you be so low-minded?

MAC UÍ THRÁILL: Níl aon neart aige air, a bhean uasal, táimid go léir fá dhraíocht anseo.

BEAN: I could not have believed it. Edward, if you don't talk English to their Excellencies I will never speak to you again.

MAC UÍ FHINN: Ach, a Mháire, a mhuirnín, nach bhfeiceann tú nach bhféadaim?

BEAN I never heard anything so low in all my life. *(Scairteann sí ar chaoineadh.)* Oh, poor mother! If she could have foreseen that I was marrying a man who would talk in Irish the very day their Excellencies did us such an honour in visiting us.

MAC UÍ THRIAIL: Cuir i gcéill di go bhfuilimid fá dhraíocht.

(Tagann siad uile timpeall uirthi, croitheann siad a gcinn is síneann siad a gcuid méar lena mbéil ag rá 'níl Béarla, níl Béarla, níl, níl, níl'.)

BEAN: You, you're mad. Oh, you're all mad! Quick, quick, they're coming, you *must* speak English, I tell you. Here, Edward, say this after me – 'your Excellencies are welcome' – .

MAC UÍ FHINN: Yo' yo' yo', eh' eh' eh', a' a' a'. Níl aon mhaith ann, a Mháire, ní fhéadaim.

BEAN *(Le Mac Uí Thráill)*: Surely *you* can say it, come now, after me, 'your Excellencies are welcome.' Say 'your' –.

MAC UÍ THRÁILL: Yo'.

BEAN: 'Excellencies' – .

MAC UÍ THRÁILL: Eh eh eh –

BEAN: My God! He can't say it either. I see he can't. Who can? Dr. Magaffy, surely you must be able – say 'your Excellencies.'

MAC EATHFAIDH: Yo' yo' yo' – Ní fhéadaim.

BEAN: Oh, what awful, awful thing has come over them? And their Excellencies waiting below all the time! Who'll go down and receive them?

(Imíonn sí ag fáscadh a dhá láimh.)

MAC EATHFAIDH (*Le Mac Uí Thráill*): Gabh thusa ina gcoinne agus tabhair suas leat iad.

MAC UÍ THRÁILL: Gabh thú féin! Ní fhaca mé an lá fós nach mbeifeá ag léimní as do chraiceann, ag cur fáilte níos luaithe ná aon duine eile roimh dhuine ar bith as an gCaisleán. Amach leat anois!

MAC EATHFAIDH: A Mhic Uí Thriail, gabh thusa ina gcoinne. Is tú an scoláire is fearr dá bhfuil againn. Caithfidh tusa a dtabhairt suas. B'fhéidir gur chuala siad trácht ar do litreacha Chaesar.

MAC UÍ THRIAIL: Go raibh maith agat, a Mhic Eathfaidh, ach seo Mac Uí Dhúidín anois a bhfuil cáil mhór air mar scríbhneoir Béarla, agus rachaidh seisean. Tá aithne ag chuile dhuine airsean.

(*Tiomáineann sé Mac Uí Dhúidín roimhe.*)

MAC UÍ DHÚIDÍN (*Ag dul as uaidh):* Go raibh maith agatsa, ach ní maith liom an onóir. Tá a fhios agaibh go léir gur fear cúthail mé.

DOIRSEOIR (*Ag an doras):* Their Excellencies the Lord and Lady Lieutenant of Ireland and Suite.

(*Tagann Fear Ionaid an Rí agus a bhean agus a aide de camp agus beirt nó triúr de mhná uaisle eile isteach.*)

MAC EATHFAIDH: Céad fáilte roimh do Mhórgacht. Céad fáilte roimh do chéile!

FEAR IONAID AN RÍ: How do you do, Magaffy? I think I had the pleasure of meeting you before.

MAC EATHFAIDH: Tá áthas orm do Mhórgacht a fheiscint inár gColáiste bocht.

FEAR IONAID: I know you're an excellent Greek scholar, Magaffy, but I'm afraid it's so long since I left College, that I don't quite – quite – ah' –

MAC EATHFAIDH (*Leis na hollúna eile):* Och! Gan an talamh dár slogadh!

FEAR IONAID: I don't quite, ah, follow you, don't you know. Please introduce me to these gentlemen in English.

MAC EATHFAIDH *(De leataobh):* Ó, a Thiarna, nach mise an díol trua!

FEAR IONAID *(Go míshásta):* Magaffy, we all know your great learning, but please don't give us any more of it now. *(Téann sé thairis, agus síneann sé amach a lámh chun an Ollaimh Mac Uí Thriail.)* You, sir, I also seem to have met before.

MAC UÍ THRIAIL: Ní fhaca mé do Mhórgacht riamh.

FEAR IONAID: What, more Greek! Gentlemen, gentlemen, be so good as to receive the representative of your Sovereign in your Sovereign's language.

MÓRÁN GUTHANNA: Faraor géar! Ní fhéadaimid!

FEAR IONAID *(Go feargach):* Gentlemen, this is really going beyond a joke. I order – I command you – to stop speaking Greek and to speak in English.

GUTHANNA: Ní fhéadaimid.

FEAR IONAID *(Ag tiontú dá Aide):* For God's sake, Crofton, tell me, are these men mad?

AIDE DE CAMP: I don't know, sir. The whole thing is most extraordinary.

BEAN AN FHIR IONAID: Come away, Charles. The thing is quite clear. Our English coachmen don't know Dublin and they have brought us to the lunatic asylum instead of the University.

DOIRSEOIR *(Ag cur láimhe chun a bhairéid):* No, your Excellency, beg your Excellency's pardon, this is the University.

AIDE DE CAMP: Oh, here's Dr. Mac Hatkin, the greatest linguist in Dublin. I luckily met him at the Academy. He'll interpret.

(Tagann Dochtúir Mac Haitcinn isteach.)

FEAR IONAID: Dr. Mac Hatkin, will you kindly explain to us why these gentlemen will only answer us in Greek.

DOCHTÚIR MAC HAITCINN: My lord, I mean your Excellency, I don't understand your question.

MAC EATHFAIDH: A Mhic hAitcinn, a chroí, cuir i gcéill dó go bhfuil brón áibhéil orainn, ach níl focal Béarla ag duine ar bith againn; táimid uile fá dhraíocht.

FEAR IONAID: There now, Dr. Hatkin, please interpret.

DOCHTÚIR MAC HAITCINN: Magaffy, what on earth are you saying?

MAC EATHFAIDH: Chuir an tseanchailleach fá dhraíocht sinn.

DOCHTÚIR MAC HAITCINN: I am astounded. Sir, this must be an effect of the great heat, for it is no language at all. It is a kind of muttering only. It is not language.

MAC UÍ THRIAIL: Óra, nach tú an mealltóir! Nach tú an rógaire thar barr! Lig tú ort nach raibh aon duine in Éirinn a thuig an teanga mhallaithe seo chomh maith leat féin, agus anois is follas nach dtuigeann tú focal di.

DOCHTÚIR MAC HAITCINN: Sir, I certainly caught a couple of Japanese sounds in that, *(Ag croitheadh a chinn)*, but it's not Japanese. I know it is not, for I know every language.

GUTHANNA: Óra, an bithiúnach. Óra, an fealltóir! Etc.

DOCHTÚIR MAC HAITCINN: No, my lord, it's no language. I'm confident of that, it's the heat that has done it. It's a disease not unusual in these climates, my lord.

GUTH: Bréagadóir!

DOCHTÚIR MAC HAITCINN: Stop! Could it be Irish? *That* was Irish.

BEAN AN FHIR IONAID *(Ag leagan a láimhe ar ghualainn an Fhir Ionaid):* Come away, Charles. Don't you see these men are all drunk, every one of them. *(Ní sí cogar go dúthrachtach ina chluais, ag rá rud éigin leis).* Oh, do come away.

MAC UÍ THRÁILL: Nach dtuigeann tú Gaeilge, a bhithiúnaigh! Agus sinne i gcónaí ag rá nach raibh aon Ghaeilgeoir in Éirinn ach thú féin.

DOCHTÚIR MAC HAITCINN: Oh, my lord, it's Irish, it's Irish. I'm confident now it's Irish.

FEAR IONAID: Speak to them then in Irish, Dr. Hatkin, and ask them what the devil is the matter with them. I was told when I was coming here that these people were loyal. If this is Irish it simply means treason.

DOCHTÚIR MAC HAITCINN: Cad ró tharla – no! that brings in the sign of completed action, the ro, twice – cad – rala – díb – a fhoirend?

MAC UÍ THRIAIL: Cad tá sé a rá?

DOCHTÚIR MAC HAITCINN: Nochá tuicthí mé?

MAC UÍ THRIAIL: Tuig, an ea? An dtuigeann tusa mise, a leipreacháin na féasóige? Ó, nach mór a bhí an Coláiste seo meallta ionat!

FEAR IONAID: Dr. Hatkin, will you now tell us what is all this? What is that man saying?

DOCHTÚIR MAC HAITCINN (De leataobh): I don't know. (Os ard agus go tapa réidh). He is saying, your Excellency, that it gives him and all his colleagues the greatest pleasure to welcome your Excellency to this College.

FEAR IONAID: Ask them then why they don't speak English. Do you understand Irish yourself?

DOCHTÚIR MAC HAITCINN: Yes, my lord, perfectly. I understand all languages.

FEAR IONAID: Then ask them.

BEAN AN FHIR IONAID: Charles, do come away; it's what I told you.

FEAR IONAID: Patience, Jane, one moment.

DOCHTÚIR MAC HAITCINN: Cad – dobeir – erub – gan – labrad – Sacs – Bélra?

MAC UÍ THRIAIL: An tseanchailleach mhallaithe, a dúirt mé leat, a chuir fá dhraíocht sinn leathuair ó shin.

FEAR IONAID: What does he say?

DOCHTÚIR MAC HAITCINN: He is saying, sir, that it is the excessively hot weather that has made him unable to express himself in English. He adds that he hopes your Excellency will excuse him, but he was sure you would be pleased with the linguistic novelty. (De leataobh.) Yes! I'm sure now it's Irish, but of a debased type.

MAC UÍ THRÁILL: Ó, éistidh leis anois, a chairde!

FEAR IONAID: Will you kindly ask them, Dr. Hatkin, if they mean this for an insult?

DOCHTÚIR MAC HAITCINN: Tá céile an rí ag rá – ag rá – ag rá –

MAC UÍ THRÁILL: An gcluin sibh anois é? 'Céile an rí,' a deir sé! Céile an rí!

MAC UÍ THRIAIL: Abair lena Mhórgacht go bhfuilimid uile dílis don rí agus dílis don rialtas, mar a bhíomar riamh. Táimid anois fá dhraíocht, ach má tá athrú teanga orainn níl aon athrú intinne.

FEAR IONAID: Well, Dr. Hatkin?

DOCHTÚIR MAC HAITCINN: He says, sir, that he has been reading a great many books in Irish of late, and that he has been greatly impressed by the beauty of the language. In that, however, I hold him to be utterly mistaken.

FEAR IONAID: I am asking if this is a personal insult to my wife and me, or is meant for his Majesty? It is nothing else than a concerted plan to insult us.

MAC EATHFAIDH: Ó, in ainm Dé, a Mhic Aitcinn, abair leis go bhfuilimid dílis don rí, go bhfuil grá thar barr againn don Chaisleán, agus dá dtagann as. Breathnaigh anois.

(Téann sé síos ar a leathghlúin i láthair an Fhir Ionaid. Umhlaíonn sé é féin don talamh, fágann sé a leathlámh ar a chroí agus deir sé 'dílis! dílis!')

FEAR IONAID *(Go feargach)*: Stop that tomfoolery.

MAC EATHFAIDH *(Go tapa dúthrachtach)*: Ó! Ó! Tuig mé, in ainm Dé, tuig mé. Tá mé dílis duitse, dílis do do bhean chéile, dílis don Chaisleán, dílis don rí, dílis don uaisleacht go léir. Is deargnamhaid mé do Chlanna Gael, tá fíorghráin agam ar Éirinn, is fuath buan liom na hÉireannaigh. Níl eolas ar bith agam orthu. Ní bhfaighfeá in do Shasana féin Sasanach ab fhearr ná mise. – Ar d'anam, cuir sin i gcéill dó, a Mhic hAitcinn, ar an móimid, nó brisfidh mé do chloigeann.

FEAR IONAID: Well, Dr. Hatkin, the man seems strangely moved. What is it?

DOCHTÚIR MAC HAITCINN: He's talking, your Excellency, about the Gaelic League and the Castle. He says this new language would sound well in the Castle. Now I, your Excellency, on the other hand, have put it on record that the language is a low, indecent *patois*. It's full of ribaldry, your Excellency.

MAC EATHFAIDH: An gcluin sibh é anois? An gcluin sibh é ag caitheamh salachair orainn? Mo léan, nach bhfuair mé bás inné! Ach *(Ag tógáil a dhoirn)*, a Mhic hAitcinn, creid mé go mbeidh mé cothrom leatsa go fóill.

MAC UÍ THRIAIL: Sea, a Mhic hAitcinn, maróimid thusa.

MAC UÍ THRÁILL: Bainfidh mé an fhéasóg fhada sin as an mbeo díot nuair a imeos a Mhórgacht.

(Tagann beirt nó triúr acu go bagrach i gcoinne Mhic Haitcinn.)

BEAN AN FHIR IONAID: Oh, Charles, it's worse than drink; it's real wickedness; I see it in their eyes.

DOCHTÚIR MAC HAITCINN: My Lord, they are giving you, as I gather, advice about how to learn this language; but if you would only come to my poor rooms, my Lord, I could show you certain horrors that – *(Tagann Mac Eathfaidh go bagrach amhail agus dá mbeadh sé ag dul a bhreith air.)* Oh, I see now! They want your Excellency to visit the Library. I think we had better go downstairs. I really think we had better withdraw. It's the hot weather that's doing it.

(Ritheann sé ar chúl Bhean an Fhir Ionaid á shábháil féin ar Mhac Eathfaidh.)

FEAR IONAID: Crofton, this is treason. I see it now; they mean to kill me. Look to the ladies. Back, get back, I say.

AIDE DE CAMP *(Ag béicíl)*: Treason, treason! Police, police!

(Imíonn siad uile tríd an doras chomh tapa agus atá iontu, ach bheir an Fear Ionaid aghaidh ar an namhaid go gaisciúil, agus is é an fear deireanach ag fágáil an tseomra é.)

MAC UÍ THRIAIL: Mo léan nach ins an Life a báitheadh mé inné!

MAC EATHFAIDH *(Ag tarraingt a ghruaige)*: Agus síleann sé anois gur tréatúir mise! Mise! Ó, a Thiarna! Mise a bhí chomh dílis sin don Chaisleán nach raibh aon mhac léinn uasal fúm riamh, nach dtugainn comhairle dó dul ann, agus nach n-inseoinn dó an siopa is saoire a bhfaigheadh sé a chulaith agus a chlaíomh ann, ar an dara láimh.

MAC UÍ THRIAIL: Mo bhrón thú, a Mhic Eathfaidh!

MAC EATHFAIDH: Ní raibh Fear Ionaid san gCaisleán le fiche bliain nach n-inseodh duit nach raibh mo leithéid d'fhear cainte agus comhrá ins an gCaisleán riamh. Deirim libh nach mbeadh ins an gCaisleán (munab é mise) ach scata cearc gan choileach. Ní raibh mé ach ag fanúint go dtiocfainn chun beagán aoise le bheith im uachtarán ar an áit seo. Agus anois tá mé as! Mhill an lá inniu mé! –

MAC UÍ THRIAIL: Is tusa atá as, a Mhic Eathfaidh – go cinnte!

MAC UÍ THRÁILL: Táimid uile as! Is ró-áibhéil é.

MAC UÍ DHÚIDÍN: Ní bheidh mé beo mí ón lá inniu.

OLLAMH EILE: B'fhearr liomsa bheith marbh.

OLLAMH EILE: Ní bheidh sásamh ar bith againn as ár mbeatha feasta.

(Tagann an tSeanbhean Bhocht isteach arís. Tig critheagla ar na hollúna roimpi.)

AN TSEANBHEAN: Tháinig mé ar ais chugaibh, a lucht an Bhéarla. Sea! Bígí ag crith agus ag creathadh romham. Ní náir daoibh é. Óir is í an tseanbhean bhocht a shlad sibh, a chuirfeas deireadh libhse go fóill. A mhuintir gan chroí, a stiúraíos an Coláiste seo gan chroí, fógraim sibhse agus bhur gColáiste caillte. Tá Dia fada go leor ag féachaint oraibh ag múchadh gach solais a bhí in Éirinn, agus chuir Sé an tseanbhean bhocht anois le rá libh go bhfuil mí-ádh agus milleadh, creach agus crá, brón agus bás i ndán daoibh. An rud ba chóir daoibh a mhúineadh, níor mhúin sibh é. An rud nár chóir daoibh a mhúineadh, sin é an rud a mhúin sibh. An t-óganach croí-éadrom Gaelach a ghabhann sibh in bhur líonta, baineann sibh an croí amach as lár a chléibh agus cuireann sibh croí cloiche Gallda ina áit. Is daoine sibh gan tír gan talamh, gan fírinne gan féile, gan intinn gan aigne. Ní bhaineann sibh leis an oileán inar chuir Dia sibh, tá sibh mar dhaoine crochta suas leath bealaigh idir an spéir agus an talamh. Ní bhaineann sibhse le tír ná le talamh. Shíl sibh anam na hÉireann a ghoid libh – ach theip sé oraibh. An mhallacht a chuir mé oraibh leathuair ó shin, tógaim díbh arís í. Labhraidh Béarla arís. Ní ligfidh mé daoibh feasta teanga Chaitlín Ní Uallacháin a chamadh agus a chasadh. Tá mé ag imeacht uaibh anois, ach cuimhnighidh ar an ní a deirim libh, go bhfuil an chreach agus an crá, an mí-ádh agus an milleadh, an brón agus an bás, i ndán daoibh.

(Iompaíonn sí a cúl leo agus imíonn sí.)

MAC EATHFAIDH: The hag is gone. What's that? Is this English I'm speaking? It is, it is, it is! Oh, thank God! I can speak to a Lord Lieutenant again. Oh, where is he gone? Let me after him – and the dear Duchess. *(Ritheann sé de ruaig chun an dorais.)*

MAC UÍ THRÁILL *(Ag rith ina dhiaidh agus ag breith air)*: Come back out of that. Are you mad? They'll put you in jail now if you follow them any more. I tell you, you'd better not!

MAC UÍ THRIAIL *(Ag druidim an dorais agus ag cur a dhroma leis)*: No, no, Magaffy; no more Castle for you! *(Ag tógáil a mhéir.)* Never again, no more, Magaffy!

FEAR EILE: Not for any of us. It's no use, Magaffy. Come back; our Bubble is burst.

MAC EATHFAIDH: Oh, my God! The Bubble is burst, is it? Oh, my God! Help me, some one. I – I – believe I'm dying. *(Titeann sé in aghaidh a chúil ar bhrollach Mhic Uí Thráill, a gheibh ina rítheacha é.)*

BRAT ANUAS

CRÍOCH

1 *The Bursting of the Bubble*. A comedy in one act. *Dramatis Personae:* Magaffy, MAC Ee Doodeen (the son of the little pipe), MAC Ee Thraule (the son of the slave), MAC Ee Treeal, MAC Ee Finn, MAC Ee Finn's wife, the Viceroy, the wife of the Viceroy, Aide-de-camp, Dr. Mac Hatkin, the Poor Old Woman, Porters, etc.
SCENE – The Common room in the Bubble College. Many *ollamhs* and professors sitting and standing about, caps and gowns on some of them. (*The word bolgóid, 'bubble,' bears a suspicious resemblance to Tríonóid 'Trinity.' – Translator's Note.*)

Foilsíodh an dráma seo den chéad uair ar *New Ireland Review*, May 1903, Vol. XIX, No. 3, 164–85. Ar an téacs sin atá an leagan seo bunaithe.

Léiríodh den chéad uair é i mí na Samhna, 1903, i mBaile Átha Cliath.

Tá cuntas ag Philip O'Leary ar an dráma seo in *The Prose Literature of the Gaelic Revival, 1881–1921: Ideology and Innovation* (Penn State Press, 1994) 225 n. 4.

Maidir le Mahaffy, féach, W.B. Stanford and R.B. McDowell, *Mahaffy: a Biography of an Anglo-Irishman* (Routledge & Kegan Paul, 1971).

The Freeman's Journal

On last Wednesday evening at the rooms, 24 Up. O'Connell Street, Mr. E. O'Neill in the chair, Dr. Douglas Hyde, president, read a short comedy which he has lately written to an unprecedentedly large audience. The play is in both Irish and English and introduces several prominent College Dons who have distinguished themselves by hostility to the language movement. One of these, who is far ahead of his fellows in this respect, is found under a spell invoked by the malediction of an old woman whose anger is so aroused. He is condemned to depend on the Irish language only as a medium to communicate his thoughts and needs and vainly tries to resist its all-potent influence. During this period of dire misfortune a visit from an august personage, accompanied by his suite, is announced and the Professor bravely faces the task of doing homage, as in duty bound, by the aid of that ready handmaid of thought, the ancient tongue of the Gael. However, his speech is mistaken for Greek and some confusion arises in consequence, as a result of which a fellow Professor who 'knows every language,' is called in, but fails to interpret. The august visitor shows indignation and the pair of Dons suffer humiliation. It remains for the old woman to relent and the spell is removed, much to the relief of the Professor. The play, which is very mirth-provoking, will shortly be produced in Dublin. A discussion followed ... At the conclusion songs were rendered by ... – 22.10.02, 2.

Public awareness of the [Gaelic] League's work was heightened in 1899 when it opposed attempts led by John Pentland Mahaffy, Provost of Trinity College Dublin, to have Irish removed from the list of subjects for the Intermediate Examination. Mahaffy, classical scholar and wit, was contemptuous of Celtic Studies (the study of the Celtic languages, ancient and modern – Irish, Scottish Gaelic, Manx, Welsh, Breton, Cornish and Gaulish) and argued that Irish literature and language were of little value and not suitable as matriculation subjects. In answer to the question, 'In your opinion, viewing it (Irish) as a living language, has it any educational value?', Mahaffy stated:

None. I am corroborated by the experts ... one of whom finds fault with the text books at present used, or one of them, on the grounds that it is either silly or indecent. I am told by a much better authority than any in Irish, that it is impossible to get hold of a text in Irish which is not religious, or which does not suffer from one or other of the objections referred to ... It (Irish) is often useful to a man fishing for salmon or shooting grouse in the West. I have often found a few words very serviceable.

This led to a great public controversy in which European and Irish scholars gave decisive evidence about the worth of the Irish language and its literature. Irish became a subject for the Intermediate Examination and membership of the Gaelic League increased as a result of this much publicized victory. (Sliocht as: Multitext.ucc.ie.)

The United Irishman

On the eve of his visit to Ireland his Majesty the King of England has appointed Dr. Anthony Traill to be Provost of Trinity College. Dr. Anthony Traill has no pretensions to scholarship, and is the butt for the ridicule of his fellow professors and the practical jokes of the students of Trinity. He has been and is a most unscrupulous enemy of the language movement – he has been and is the enemy of the Irish tenant-farmer – he has been and is the most bigoted opponent of the right of Irishmen, irrespective of creed, to equal facilities for University education – he is at once the most ignorant and most bitterly anti-Irish of the dons of Trinity. Trinity has fallen low; yet we did not think it had fallen low enough to invite the insult it has received from the idol of its worship … For Traill's appointment no justification can be even attempted … Traill has been appointed, says the *Express*, because he is opposed to the nationalizing of Trinity – that is because he will hold the gates closed against Nationalist and Catholic – hold Old Trinity still for the Ascendancy … The Bigot is let loose upon them – the Ignoramus is exalted before their faces … – 26.3.04, 1.

An Craoibhín Aoibhinn

TEACH NA MBOCHT

An Fhoireann

Colm – Seanfhear i dTeach na mBocht

Pádraig – Seanfhear i dTeach na mBocht

Máistreás – An té atá os cionn Theach na mBocht

Cáit – Deirfiúr Choilm

Páidín – Seanfhear i dTeach na mBocht

Seandaoine eile i dTeach na mBocht

AMHARC

Teach na mbocht. Dhá leaba ar an urlár, cúig slata nó mar sin ó chéile. Seanfhear ins gach aon leaba acu. Tá leapacha eile ar gach taobh; ní fheictear iad ach cloistear anois agus arís guthanna na ndaoine atá iontu.

Tagann Máistreás Theach na mBocht isteach; cromann sí os cionn leapan acu.

MÁISTREÁS: An bhfuil tú níos fearr inniu, a Pháidín? Ar mhaith leat aon rud?

PÁIDÍN: Tá mé níos fearr ná a bhí mé inné, go raibh maith agatsa.

MÁISTREÁS: An bhfuil aon rud ag teastáil uait?

PÁIDÍN: Dheamhan pioc. Tá mé buíoch díot.

Téann an Mháistreás go dtí an leaba eile.

MÁISTREÁS: An bhfuil tusa níos fearr, a Choilm?

COLM: Níl caill ar bith orm, a Mháistreás, go raibh maith agat, ach an chasacht a bheith ag leanúint dom i gcónaí, agus tá sórt tochais ar mo chroí. Feictear dom dá mbeadh sé bainte amach agus sciúrtha agus curtha ar ais, go mbeadh socracht agam.

MÁISTREÁS: A Choilm, tá faitíos orm nach bhfuil aon dochtúir i mBaile Átha Cliath féin a dhéanfadh an cleas sin duit. An bhfuil aon rud ag teastáil uait?

COLM: Níl, ach soitheach bainne nó uisce a bheith le m'ais; bíonn an tart ag gabháil dom i gcónaí. Ní fhéadaim a shásamh.

MÁISTREÁS: An dtug an dochtúir cead duit an bainne a bheith agat?

COLM: Níor dhúirt sé ina aghaidh.

DOIRSEOIR (*Ag teacht isteach*): Tá bean thíos ansin ag iarraidh cúpla focal a rá leat. Tháinig sí le seanfhear a thabhairt léi as an teach seo má fhaigheann sí cead uaitse.

MÁISTREÁS: Déanfaidh sin; rachaidh mé síos chuici is, a Choilm, beidh mé ar ais i gceann leathuaire is cuirfidh mé soitheach bainne ag ceann do leapan duit.

PÁDRAIG: Ná tabhair an bainne uile don fhear sin. Tabhair cuid de domsa.

MÁISTREÁS: Bhéarfad, nuair a thiocfas mé.

(*Imíonn sí is an doirseoir léi.*)

COLM: Oró, nach tú an diabhal a bheith ag iarraidh bainne ar an Máistreás agus gan é ag teastáil uait.

PÁDRAIG: Agus cad chuige nach mbeadh sé ag teastáil uaimse chomh maith leat féin?

COLM: Níl aon tart ortsa ach oiread is atá ar cholbha mo leapan, ach ag éad is ag iomad liomsa atá tú mar a bhí tú riamh le trí fichid bliain agus mar a bheas tú choíche.

PÁDRAIG (*Ag tógáil a ghutha*): Ag éad is ag iomad leatsa, há, há, há! Óra, nach deas an seanscéiméirí a mbeinn ag éad is ag iomad leis. Seanchorp na loirgne breaca atá ionat.

GUTH (*As leaba ar thaobh Phádraig*): O, *murder!* Sin an péire ag tosú arís.

GUTH EILE: Éist do bhéal agus beidh an-spórt againn.

COLM: Seanchorp na loirgne breaca, a deir sé. Oró, a Thiarna, dá bhféadfainn éirí as an leaba seo is gearr go mbeadh a fhios aige cén sórt coirp mé.

GUTH: Lean de, a Choilm.

GUTH EILE: Ná lig le Colm é, a Phádraig.

PÁDRAIG: Ní ligfead is níor chóir a ligean mar tá a fhios aige i lár a chroí féin nach bhfuil aon seanspreallaire in Éirinn a chuirfeá i gcomórtas leis ar chomh bréagach, bradach, brúidiúil, bogcheannach, brútach is atá sé.

COLM: Muise, tá a fhios agamsa cé hé atá bradach bréagach ón nádúir, nach raibh ach bradaíocht ina chroí agus bréaga ina bhéal ó cuireadh amach as an gcliabhán é. An bhaintreach bhocht nach raibh aici de stór ná de chostas an tsaoil ach na trí lachain amháin, cé a ghoid uaithi iad? Freagair sin dom. Chonaic mise é á dhéanamh! Anois!

PÁDRAIG: Má rinne mé an cleas sin féin is mé in mo ghasún, ní chuig scoil na *Soupers* a bhínn ag dul ag fáil mo chuid foghlama mar thusa. Anois!

COLM: Go scoil na *Soupers*! Ó, éistidh leis sin! An fear ba mheasúla in Éirinn a mhúin mo chuid léinn domsa. Níor mhúin sé dom dul ag cúlchaint ar dhaoine eile, ag insint bréag ina dtaobh, ag súil go bhfaighinn a n-áit dom féin mar a rinne tusa le Séamas Ó Conchúir.

PÁDRAIG: Agus cé a dhóigh scioból Sheáin Bháin? Inis dom sin.

GUTH: Sin é, a Phádraig!

GUTH EILE: Anois, a Choilm. Tabhair dó é.

COLM: Má cuir mé tine le scioból Sheáin Bháin ní liom féin a bhí mé, ach bhí mé in éineacht leis na daoine is cneasta is is geanúla ins an bparóiste nach ndéanfadh ach an rud ba chóir is ba cheart. Cuideachta nach raibh tusa riamh ina leithéid óir ní ghlacfaí ann thú!

GUTH: Saol fada agat, a Choilm.

GUTH EILE: Anois, a Phádraig, tabhair prioc dó.

PÁDRAIG: Is fíor duit sin; níor chleacht mise riamh a bheith i measc scriosadóirí is gadaithe is rapairí an domhain mar thusa. Ní raibh aon taithí agam orthu. Ní ag dó scioból ná ag slad daoine a bhínnse ach ag tabhairt aire do mo ghnótha féin.

COLM: Tá a fhios agamsa do ghnóthasa go rímhaith. Cé a dheasaigh suas an dá bhullán a raibh an galar orthu? Dhíol tusa iad is fuair siad bás an lá arna mhárach. Chuaigh tusa i mbannaí orthu go raibh siad slán is shéan tú é ina dhiaidh sin.

PÁDRAIG: Cé a thiomáin roimhe asal Shéamais Rua nuair a fuair sé ar an mbóthar é is a dúirt gur leis féin é?

COLM: Agus cé a chroch amach a sheanléine ar an bhfuinneog nuair a tháinig an Rí? Ag iarraidh a bheith ina ghiúistís a bhí sé! (*Gáire mór ó na leapacha ar gach taobh.*) Agus tusa gan lúth do chos.

PÁDRAIG: Bhí lúth mo chos agam aon uair amháin, rud nach raibh agatsa riamh. Nár dhúirt Nóra Ní Bhriain fadó go mb'fhearr an damhsa a dhéanfá do chosa a fhágáil san mbaile is damhsa ar do cheann?

COLM: Ach céard a dúirt Nóra nuair a chonaic sí thusa do do thochas agus do do scríobadh féin ag an aifreann, dúirt sí nach raibh cailín ins na seacht bparóistí nach scanrófá.

PÁDRAIG: Nach breá nár scanraigh mé Sorcha Rua nuair a shíl tú go raibh sí agat féin.

COLM: Agus an créatúr, ba bheag de shólás an tsaoil a bhí aici ina dhiaidh sin.

PÁDRAIG (*Ag éirí ina leaba*): Níor luigh mise riamh trí huaire den chlog ar lár na sráide lá aonaigh is mé ar deargmheisce gur thóg na *Peelers* leo go dtí an *barracks* mé.

COLM: Is fíor duit sin. Ní hí an mheisce ná aon rud leath chomh geanúil léi a thug thusa chun na *barracks* ach ag brath is ag spídeoireacht agus ag insint bréag ar na comharsana.

PÁDRAIG (*Agus gíoscán fiacal air*): Is deas a rúscfainn do chnámha anois dá bhféadfainn éirí, ach cuimhnigh, a bhithiúnaigh, an léasadh breá a thug mé duit deich mbliana fichead ó shin ag aonach Dhúin Mhóir a d'fhág do chaincín sróna brúite briste ó shin.

COLM: Nach breá ar fad an chuimhne atá agat! Ach ná dearmad an lá a chaith mé thusa anuas de bharr an droichid ins an abhainn mhóir. Bháithfí an uair sin go cinnte thú ach gur i gcoinne do chrochta a rugadh thú.

PÁDRAIG: Go dtachtar thú. (*Tógann sé an piliúr is caitheann sé leis an bhfear eile é.*)

COLM: Marbhfáisc ort, a sheanspreallaire. (*Caitheann sé a philiúr féin.*)

GUTH: Sin é anois. Buail é, a Phádraig.

GUTH EILE: Tabhair dó é, a Choilm.

GUTH EILE: Tá an bheirt sin ag troid le chéile ón lá a rugadh iad mar dhá choileán is tá siad i scornacha a chéile fós is iad ina seanmhadaí bacacha.

PÁDRAIG (*Ag éirí ar a uillinn agus ag caitheamh a phíopa leis an bhfear eile; bristear an píopa.*): Och, gan lúth mo dhá chois agam is gheofá uaim é.

COLM (*Ag caitheamh a leabhair urnaithe le Pádraig*): Ó, a Thiarna, nach bhféadfainn éirí!

PÁDRAIG (*Ag caitheamh a mhuigín stáin*): Dá bhféadfainn an tsúil cham sin a bhaint amach asat ar fad, b'fhearr liom é ná amharc ar an bhflaitheas.

COLM (*Ag caitheamh a chinn féin*): Chlis sé ort mar a chlis sé ort i gcónaí, seo chugat mo chainín.

GUTH: Chugat an Púca.

GUTH EILE: Socair, socair.

GUTH EILE: Lig de do chuid gleo. Tá an Mháistreás ag teacht.

MÓRÁN GUTHANNA: Éist, tá sí ag teacht.

PÁDRAIG (*Ag socrú piliúr Choilm go deifreach fána cheann féin is ag luí síos*): Mo léan gan droim an domhain mhóir idir mé féin is thú féin, a rógaire an mhí-áidh.

COLM (*Ag déanamh an ruda chéanna*): Is crua an cás thusa a bheith in aice liom anseo le dhá mhí anois; b'fhearr liom an seanbhuachaill féin in do leaba ná thú.

(*Tagann an Mháistreás isteach arís is bean as an dúthaigh léi atá gléasta go compordúil slachtmhar.*)

AN MHÁISTREÁS: A Choilm, seo chugat do dheirfiúr.

BEAN (*Ag cromadh agus ag pógadh Choilm*): Ara, a Choilm, a chroí, nach bocht an áit a bhfeicim thú. Ara, cad é an chaoi a bhfuil tú nó an bhfuil tú beo ar chor ar bith?

COLM: A Cháit, níor chuir tú mo thuairisc le cúig bliana is céard tá ort anois go bhfuil tú ag teacht chugam?

BEAN: Nár chuala tú, a Choilm? Fuair m'fhear bocht bás is tá mé i m'aonraic liom féin anois is gan ach mé féin ann. Bhí mé chomh huaigneach sin nár fhéad mé a sheasamh. Dúirt mé liom féin go rachainn ar do thóir is go dtabharfainn amach as an áit seo thú.

COLM: Ó, beannacht Dé ort, a Cháit.

BEAN: Beidh tú níos fearr liomsa ná atá tú anseo.

COLM: Agus cad é an tslí bheatha atá agat anois, a Cháit? An bhfuil tú go réasúnta 'do shuí?

BEAN: Tá teach maith agam is tá trí uan agam le tabhairt chun an aonaigh i nDún Mór arú amárach.

COLM: Agus béarfaidh tú leat mé inniu?

BEAN: Séard a bhí mé a rá liom féin go mbainfeadh sé cuid den uaigneas díom tusa a bheith liom. D'fhéadfá suí ins an gcúinne agus aire a thabhairt don phota is don tine is gráinnín beag mine a chaitheamh do na sicíní a fhad is a bheinn féin amuigh ins na páirceanna.

COLM: Ó, bail ó Dhia ort, a Cháit.

BEAN: Tá comharsa agam amuigh ansin is tá cairt aige agus gheall sé dom do thabhairt abhaile leis go dtí mo theachsa má thagann tú anois. Fuair mé cead ón Máistreás tú a thabhairt liom.

COLM: Is mise a thiocfas, go gcúití Dia thú, a Cháit, a stór.

PADRAIG (Ag suí suas ina leaba): Ochón, ochón! (Tosaíonn sé ag osnaíl is ag éagaoineadh.) An ag imeacht uaim atá tú anois, a Choilm, agus m'fhágáil anseo 'do dhiaidh? Mise a bhí in aice leat riamh ó rugadh thú. Tá tú do mo thréigeadh i measc stráinséirí anois, ochón, ochón! (Tosaíonn sé ar chaoineachán.)

COLM: A Cháit, a mhuirnín.

BEAN: Céard é?

COLM: Ní chuirfidh mé fearg ort má iarraim ruidín beag ort?

BEAN: Ní chuirfidh tú.

COLM: Muise, bail ó Dhia ort is tabhair an bheirt againn leat.

BEAN: An as do chéill atá tú, a Choilm? Cad chuige a bhéarfainn an fear sin liom?

COLM: Mar tá mise á iarraidh ort.

BEAN: Go deimhin, ní thabharfad, dheamhan cos; fanadh sé san áit a bhfuil sé is is maith go leor dó é.

COLM: A Cháit.

BEAN: Céard é anois?

COLM: Séard a bhí mé a cheapadh nach bhfuil an áit seo go ródhona ar fad – chomh dona tá a fhios agat is a deir siad.

BEAN: B'fhéidir go mb'fhearr leat í ná a bheith in mo theachsa.

COLM: Ní hea, ní hea, ach séard a bhí mé a smaoineamh liom féin nach raibh mé cinnte, cinnte, mar a déarfá. (*Tosaíonn sé ag balbhánacht.*)

BEAN: Abair leat.

COLM: Nach raibh mé cinnte, tá a fhios agat, cad é an chaoi a bheinn leatsa.

BEAN: Ó, más fearr leat a bheith anseo –

COLM: Ní hea, ní hea, ach, a Cháit, an dtógfá an fear seo leat in éineacht liomsa?

BEAN: Feicim anois go bhfuil tú as do chéill ar fad.

COLM: Ní hea, a Cháit, ach –

BEAN: Ó, más fearr leat an áit seo, is cuma liom. Más uaigneach atá mé, ní bheidh mé i bhfad liom féin. Dá mba mhaith liom fear, ní bheadh i bhfad agam le dul lena fháil agus an tslí chompordúil mhaireachtála atá agam, is mo thrí uan ag dul chun an aonaigh arú amárach.

COLM: A Cháit, a stór, tabhair an bheirt againn leat.

BEAN: Dheamhan baol orm. Tá do rogha agat anois, tar liomsa nó fan mar a bhfuil tú.

COLM: A Cháit, tá mé ag ceapadh go bhfanfaidh mé.

BEAN (*Go feargach, ag tabhairt a cúil dó*): Déanfaidh sin, thug mé do rogha féin duit. Tá mé ag imeacht.

(*Guth caol tana briste ó sheanduine i leaba eile*): A Mháistreás, féach, a mháistreás!

BEAN (*Ag leathiompú*): Cad é sin?

GUTH: Má tá tú uaigneach, is mise a dhéanfadh an fear cóir cineálta duit.

BEAN: Psuit!

AN GUTH: Tá mé réidh le dul leat. Tóg mé is déanfaidh mé an fear cóir leapan duit. (*Gáire ó na leapacha eile.*)

BEAN (*Ag iompú chuig Colm*): Ní thiocfaidh tú liom mar sin?

COLM: Fanfaidh mé, a Cháit, fanfaidh mé muna dtugann tú an fear seo leat.

BEAN: Muise, ná raibh maith agat. Beannacht leat. (*Imíonn sí.*)

AN GUTH CÉANNA: Is mise a dhéanfadh an fear cóir leapan di. (*Gáire.*)

COLM: Tá sí imithe.

GUTH: Cad chuige nach ndeachaigh tú léi?

COLM: Bheadh an seanbhithiúnach sin uaigneach gan duine a bheith ag troid leis.

PÁDRAIG: Thug tú d'éitheach.

COLM: Caithfidh sé a bheith ag troid i gcónaí le duine éigin. Bheadh sé uaigneach gan mise ag cur ina aghaidh.

PÁDRAIG: Tá tú ag tosú ar do chuid bréag arís!

COLM: Ní bréag é sin, a sheanghliogaire.

PÁDRAIG: Seanghliogaire. Ó, fan go fóill! (*Tógann sé a philiúr is bagrann sé ar an bhfear eile.*)

COLM: A rógaire ghránna. (*Tógann sé a philiúr féin.*)

GUTHANNA: Ó, go bhfóire Dia orainn. Féach iad ag an tseanobair arís. (*Bagrann siad ar a chéile lena bpiliúir.*)

CRÍOCH

I gcló in *Samhain* (September, 1903) 13–8. Aistriúchán le Lady Gregory, *The Poorhouse* (ibid.) 19–24. D'fhág Gareth agus Janet Dunleavy an dráma seo ar lár ina ndíolaim *Selected Plays of Douglas Hyde* (Colin Smythe, 1991) agus mhaígh siad gur *collaboration* a bhí ann idir de hÍde agus Lady Gregory.

In 1838, the Poor Law Act divided Ireland into 159 districts called poor law unions. A workhouse was established in each union to house the poor. Each union elected a board of guardians to administer poor law relief.

'On 20 August (1902) they went to the Connaught Feis in Galway where Hyde had to step in at the last moment to play Raftery in a scratch performance of *The Marriage*. When they returned to Coole, Hyde was put under pressure to produce more Irish plays, using scenarios by Yeats and Augusta. Augusta, intrigued by the idea of an estranged husband and wife meeting in a workhouse, wrote an extended scenario and, on Yeats's insistence, handed it regretfully to Hyde, who wrote *The Poorhouse'*.

– Judith Hill, *Lady Gregory: An Irish Life* (2005) 167.

The Freeman's Journal

Last night the second of the performances in connection with the Samhain Festival, under the auspices of *Cumann na nGaedheal*, was given at the Molesworth Hall, which, as on the previous evening, was well filled.

The entertainment consisted of the production of Dr. Douglas Hyde's *Teach na mBocht* and Mr. Edward Martyn's *Tale of a Town*. The first comedy tells what is now a well-known story, showing – in a sketch from workhouse life – the peculiarity in the Irish character of lasting friendship under the strangest circumstances.

The play excited a great deal of mirth, and was well performed by the following: The Matron, Miss Lucy McKernan; Kate, Miss Rose Kavanagh; Sean Donn and Pádraig, Messrs. C. O'Byrne and John McGlynn; Colum, Mr. John McGlynn; the Porter, Mr. Joseph Hayes.

Teach na mBocht – Samhain Festival: Second Performance, 1.11.1905, 8.

Our Irish Theatre

We thought at our first start it would make the whole movement more living and bring it closer to the people if the Gaelic League would put on some plays written in Irish. Dr. Hyde thought well of the idea, and while staying here at Coole, as he did from time to time, he wrote *The Twisting of the Rope*, based on one of Mr. Yeats' Hanrahan stories; *The Lost Saint* on a legend given its shape by Mr. Yeats, and *The Nativity* on a scenario we wrote together for him. Afterwards he wrote *The Marriage* and *The Poorhouse*, upon in each case a scenario written by me. I betray no secret in telling this, for Dr. Hyde has made none of the collaboration, giving perhaps too generous acknowledgment, as in Galway, where he said, when called before the curtain after *The Marriage*, that the play was not his but that Lady Gregory had written it and brought it to him, saying, '*Cuir Gaeilge air*,' 'Put Irish on it.' …

As to *The Poorhouse*, the idea came from a visit to Gort Workhouse one day when I heard that the wife of an old man, who had been long there, maimed by something, a knife I think, that she had thrown at him in a quarrel, had herself now been brought into the hospital. I wondered how they would meet, as enemies or as friends, and I thought it likely they would be glad to end their days together for old time's sake. This is how I wrote down my fable … I intended to write the full dialogue myself, but Mr. Yeats thought a new Gaelic play more useful for the moment, and rather sadly I laid that part of the work upon Dr. Hyde.

Lady Gregory, *Our Irish Theatre*, The Coole Edition, 1972, 54–7.

Séamas Ó Duirinn

AR SON BAILE AGUS TÍRE

Dráma Ceithre Ghníomh

An Fhoireann

Uilliam Mac Craith – máistir scoile agus stiúrthóir na bhFíníní

Tomás Ó Duibhir – feirmeoir

Eibhlín Ní Dhuibhir – iníon an fheirmeora

Bríd Ní Dhuibhir – bean an fheirmeora

Séamas Phádraig – óstóir

Pádraig na Léime – Fínín

Diarmaid Óg – Fínín

Seán Óg – Fínín agus fear faire

Seán Ó Dálaigh – Ardcheann na bhFíníní

An tAthair Seán – Sagart Paróiste

Maor Thotenam .i. an Tiarna Talaimh, agus a bháille

Caitlín Ní Mhuireasa, Séamas Ó Muireasa – comharsain an fheirmeora, agus buachaillí agus cailíní

AN CHÉAD GHNÍOMH

Áit : Teach máistir scoile – scoil oíche, mar dhea
Am: Ist oíche; bliain a 1867
An Fhoireann
An máistir agus buachaillí
(*Tá an máistir ina shuí ag clár i lár an ardáin agus na buachaillí*
mórdtimpeall. Éiríonn sé ina sheasamh.)

MÁISTIR: A bhuachaillí, tá an lá ag teacht. Tá an dorchadas
orainn leis na cianta agus is fada dúinn ag feitheamh leis an
mbreacadh. Is fada dúinn anois ag cur suas leo, agus féach ár
mbuíochas. Táimid ag féachaint orthu ag ruagairt ár
gcomharsan amach as a dtithe, dá gcaitheamh amach ar na
bóithre gan clúdach ón bhfearthainn. Ba é toil Dé an obair seo?
Is maith an rud é an fhoighne, agus nach minic a dúirt an
tAthair Seán linn – go dtuga Dia saol fada dó – gan braon fola
do dhoirteadh, ach féach cad tá dá bharr againn?

(*Suíonn an máistir.*)

PÁDRAIG (*Go feargach*): Ní mór atá agus is lú a bheidh.

MÁISTIR: Is fíor san, a Phádraig. Cuireadh na Craithigh agus
muintir Mhig Uidhir amach inné, agus i dtaobh an
Ghallchóraigh bhoicht, thóg na bodaigh as a leaba é agus
d'fhágadar ar thaobh an bhóthair é chun bás d'fháil (dá mba é
toil Dé é) an fhaid is bhíodar féin ag cur a thí trí thine.

(*Éiríonn agus siúlann mórdtimpeall.*)

EOIN (*Go hobann*): Mallacht orthu nach féidir linn seasamh ina
gcoinne mar fheara. Táimid inár gcodladh rófhada. Féach an
fear bocht, Séamas Ó Cathasaigh, ag dul chun báis san
bpríosún le piléar trína ucht. An féidir cur suas leis an obair
sin? Ar m'fhocalsa ní mórán piléar do chaithfidh Seáinín
Seabhac le héinne go deo arís más é toil Rí na bhfeart go
dtiocfaidh sé i ngiorracht urchair domsa; bainfeadsa béic as.

MÁISTIR (*Go hobann*): Éist, a Eoin, ní dhéanfaidh éinne anso coir
mar sin gí go bhfuil a chúis go hiomlán againn. Cogar, a

bhuachaillí, tá eolas agaibhse ar an bparóiste seo agus tá a fhios agaibh go raibh an áit go síochánta go dtáinig an ollaphiast san Totenam inár measc. Faraor géar gur mó duine dá chineál ar fud na hÉireann anois.

EOIN (*Go feargach*): Caithfear iad do scrios.

MÁISTIR: Caithfear iad do scrios agus scriosfar iad. Tá na Fíníní go láidir ins gach uile áit agus gach éinne acu dearbhaithe chun troda ar son saoirseacht na hÉireann. Táid dearbhaithe chun an Sasanach do scuabadh go deo as an dtír seo.

NA BUACHAILLÍ: Corplár na fírinne.

MÁISTIR: Tá aithne agaibh go léir ar Sheán Ó Dálaigh (*I gcogar*) an t-ardcheann atá ar na buachaillí san gceantar seo. Níl ach coicís ó bhíos ar an aonach le capaillín Sheáin Óig, agus cé bhuailfeadh liom ach é. Thug sé mórán cuntaisí dom agus deir sé go bhfuiltear i gcóir i mBaile Átha Cliath chun buille do bhualadh i gcúis na hÉireann.

PÁDRAIG: Hó! Is go neartaí Dia leo chun an bhrúid do chur le fán.

MÁISTIR: Foighne, foighne, a Phádraig.

PÁDRAIG: A, a mháistir, tá deireadh na foighne caite.

MÁISTIR: Caithfear fuireach leis an ordú. Nuair a gheobhaidh sibh an focal anso caithfidh sibh tabhairt fé bheairic na bpíléirí, na hairm do thógáil agus iad do bhreith go dtí an tseanáit san ngleann. Ansan raghaimid gualainn ar ghualainn agus fear le fear chun ár namhaid (namhaid ár dtíre agus ár gcreidimh) do throid. Sin í agaibh clár na hoibre go mbeidh Éire ag na hÉireannaigh arís.

NA BUACHAILLÍ (*Tugaid trí gártha os ard*).

MÁISTIR: Go réidh, go réidh, is minic na píléirí timpeall na háite seo. An bhfuil sibh ullamh chun troda nuair a gheobhaidh sibh an focal?

IAD GO LÉIR (*D'aon ghuth*): Táimid ullamh.

MÁISTIR: Dia go deo libh. Is fíor-Éireannaigh sibh go léir.

(*Tagann an fear faire .i. Seán isteach go hobann agus geit ann, seasann sé ag an ndoras, a lámh ar an gclaibín aige & deireann sé*):

SEÁN: Múch na soilse. Tá maor Thotenam agus beirt bháillí ag gabháil trasna na páirce amuigh. Thugadar fé ndeara an solas agus táid ag féachaint mar seo.

(*Múchtar an solas agus téann Pádraig agus Eoin don doras le fuadar.*) MÁISTIR (*Le Pádraig agus le hEoin*): Fan mar a bhfuil agaibh. A Sheáin, féach an bhfuilid timpeall na háite fós.

(*Imíonn Seán amach.*) Is dócha go bhfuilid ag faire na mbradán anocht nó b'fhéidir ag faire Phádraig anso.

PÁDRAIG: Is gnách go mbímse ullamh dóibh i gcónaí.

(*Tagann Seán thar n-ais.*) SEÁN: Táid ag gabháil síos go linn na mbradán, a Mháistir.

PÁDRAIG: Nár bhreá an rud bascadh a thabhairt dóibh anocht san linn; b'fhearr liom é ná bradán.

MÁISTIR: Táid imithe.

IAD GO LÉIR: Go maith.

MÁISTIR: Caithfimid aire mhaith a thabhairt dúinn féin. Ní bheadh a fhios agat cá mbeadh na seabhaic seo sáite.

(*Deinid na buachaillí go léir gáirí.*)

EOIN: Má bheirimse orthu timpeall na háite, cuirfeadsa in iúl dóibh ná teastaíonn a gcuideachta uainn.

MÁISTIR: Conas tá na buachaillí ag obair san taobh thuaidh den pharóiste, a Phádraig? Is é an feall ná fuil an tAthair Seán ag cur leo níos fearr.

PÁDRAIG: Bhíos-sa agus Eoin ina measc an Domhnach seo caite againn. Tá an chuid is mó díobh linn.

EOIN: Más Éireannaigh iad beidh siad go léir linn. Níl uathu ach an bualadh d'fheiscint chun a bheith sa mbáire.

PÁDRAIG: Buailtear an buille agus beidh na céadta linn.

MÁISTIR: Sea, a Phádraig, buailfear an buille agus sin go luath. Is cuma lag láidir sinn beimid ullamh nuair a thiocfaidh an focal agus is dóigh liom gur gearr go mbeidh sé againn. Anois, abhaile libh; ná bíodh focal ná comhartha eadraibh amuigh. Go n-éirí an t-ádh libh.

NA BUACHAILLÍ: Beannacht Dé ort.

(*Imíd ina gceann is ina gceann, Pádraig ar deireadh.*)

PÁDRAIG: Slán agat, a mháistir.

MÁISTIR: Fan go fóill, a Phádraig. Cogar, an dtáinig na boscaí fós?

PÁDRAIG: Thángadar. Tá siad thíos i dtigh tábhairne Shéamais Phádraig, fiche bosca, a mhic ó, agus raiméis éigin i mBéarla scríofa orthu.

MÁISTIR (*Go sultmhar*): Arú, a Phádraig, cad é an raiméis é?

PÁDRAIG (*Ag gáire*): 'Rum 25. o.p.' Ambaiste! Dar fia! Ach ní féidir liom gan gáire a dhéanamh nuair a chím na préacháin dhubha ag gabháil timpeall. Ní féidir liom gan cuimhneamh ar an ngráin do bheadh acu ar an ól san.

MÁISTIR: Tá sé láidir, a Phádraig.

PÁDRAIG: Láidir! Te, láidir, is é do chuirfidh an lasair ina gcraiceann, 25. o.p. Há, há, há.

MÁISTIR (*Ag gáire*): Is fíor duit. Tá an t-ól san róláidir do ghoile préacháin. Ach caithfir na boscaí do bheith anso agat roimh an oíche amárach.

PÁDRAIG: Roimh an oíche amárach, a mháistir!

MÁISTIR: Sea, go díreach. Tá sop féir ag teastáil uaimse, mar dhea. Gaibh an capall is an trucail le titim na hoíche amárach. Tiomáin síos go tigh tábhairne Shéamais Phádraig, fé dhéin an fhéir, an dtuigir?

PÁDRAIG: Ní bhuafadh an diabhal féin ort, ar m'fhocalsa féin, ach tuigim go cruinn.

MÁISTIR: Tabhair aire duit féin anois. Cuir na boscaí i dtóin na trucaile i measc an fhéir agus ní baol duit. Tá na gunnaí san seomra dorcha agam fé ghlas agus tá an eochair anso (*Ag leagan a láimhe ar a ucht*).

PÁDRAIG: Ní baol do na hairm.

MÁISTIR: Beidh gach aon rud go sábhálta anso mar cé a dhéarfadh go mbeadh máistir scoile – seirbhíseach na banríona – ina Fhínín. Sea, imigh agus go n-éirí do bhóthar leat. Tabhair aire duit féin má tá fonn foghlaíochta na mbradán ort. Tá na seabhaic amuigh agus na báillí ar an abhainn.

PÁDRAIG: Ná bíodh eagla ort, is minic do bhíos i gcúinne cúng ag na báillí céanna ach ina dhiaidh sin is uile, táim anso fós.

MÁISTIR: Is fíor san ach bíodh súil ghéar agat anocht. Guím an t-ádh ort agus go raibh bradán agat chun suipéir.

PÁDRAIG: Saol fada chugat, a mháistir. Beidh an féar agat ist oíche amárach.

(Imíonn Pádraig agus tosnaíonn an máistir ag smaoineamh leis féin agus ag caint mar a leanas.)

MÁISTIR: Beidh an féar agam ist oíche amárach. Beidh agus rud atá ag teastáil uaim níos mó ná an féar. Le cúnamh Dé déanfaidh an scoil seo níos mó maitheasa dár dtír ná mar is dóigh leis na Sasanaigh. A, ní ins na Scoileanna Náisiúnta fuaireas an rud beag eolais atá agam, ní hea ach i gcistin chluthar an Chrochúraigh, go ndéana Dia trócaire air. Is iad a chuid scéalta thug eolas domsa ar stair na tíre seo. Och, mo léan géar, gan é inár measc anois, is é do chuirfeadh an bhrí ins na buachaillí.

(Buailtear buille ar an doras, téann an máistir don doras.)

MÁISTIR: Cé atá ansan?

FEAR AMUIGH: 'Séideadh Sop.' Oscail, a mháistir.

(Osclann an máistir an doras agus tagann Seán Ó Dálaigh isteach.)

SEÁN: Go mbeannaí Dia anso.

MÁISTIR: Dia agus Muire daoibh, ach cad a thug anso thú, a Sheáin, chomh déanach? An bhfuil gach aon rud mar is cóir?

SEÁN: Tá na scamaill ag scaipeadh, tá an lá ag breacadh. Conas taoi, a mháistir?

MÁISTIR: Gan cúis ghearánta. Ach suigh. Shíleas go rabhais i bhfad ón áit seo anois.

SEÁN: Bhíos i bhfad ón áit seo aréir agus bead ar bóthar go luath ar maidin. An bhfuil na buachaillí ag cur le chéile go maith?

MÁISTIR: Táid ar fiuchadh chun troda. Tugann sé mo dhóthain dom iad do chosc ar an ollaphiast san, Totenam.

SEÁN: Cé hé sin a ghaibh síos ón ndoras ó chianaibh?

MÁISTIR: Sin é Pádraig na Léime, an fear is léire inár measc ach 'dé chúis duit ag fiafraí?

SEÁN: Shíleas go raibh sé ag faire nó ag éisteacht lasmuigh den doras, ach deirim leat, bíodh do shúile oscailte agat, is minic caora dhubh san tréad is gile.

MÁISTIR: Caora dhubh! Caora dhubh inár measc! Is amhlaidh tá na garsúin ach an iomarca saint bualadh orthu. Caora dhubh go deimhin! Mo náire thú, a Sheáin.

SEÁN: Is cuma é, a mháistir. Is minic do shíleas-sa go raibh crógacht agus neart ár sinsear imithe asainn-ne agus nach bhfuil san aos óg anois ach caint agus bladhmann.

MÁISTIR: Tá rud éigin ag cur ort, a Sheáin. 'Dé an chúis duit bheith ag casaoid mar seo?

SEÁN: Dá dteipfeadh orainn!

MÁISTIR (*Ag féachaint go han-bhuartha*): Conas tá na buachaillí ag obair ó thuaidh?

SEÁN: Chomh dian dílis is is féidir. Tá muinín láidir agam astu.

MÁISTIR: Ní miste muinín a bheith astu anso chomh maith. Le cúnamh Dé ní theipfidh orainn.

SEÁN: Le cúnamh Dé. An dtáinig do chuidse den armáil fós?

MÁISTIR: Tá na gunnaí san seomra dorcha agam agus na piléir thíos ag tigh tábhairne Shéamais Phádraig. Tá súil agam leo anso ist oíche amárach.

SEÁN: Go hana-mhaith. Ní bheidh i bhfad le fanúint agat. Cuirfear an t-ordú chugaibh i gceann cúpla lá. Ach cad tá ceapaithe agat a dhéanamh tar éis an éirí amach?

MÁISTIR: Táimid chun tabhairt fén mbeairic ar dtúis. Tá sé breis agus míle ón áit seo. Tógfaimid an t-armáil agus tabharfar go dtí an gleann é. Féach seo samhailt na háite.

SEÁN (*Ag féachaint ar an samhailt*): An mó míle ó bheairic na bpíléirí go beairic na saighdiúirí?

MÁISTIR: Timpeall sé mhíle le gabháil an bóthar mór agus cheithre mhíle thar an gcnoc agus tríd an ngleann. Gan amhras nuair a gheobhaidh na saighdiúirí cuntas ar an obair, tiocfaid an tslí is giorra.

SEÁN: Sea, sea, tuigim.

MÁISTIR: Scaoilfimid leo ach beimid sa choill ar thaobh an ghleanna ar chasadh dóibh. Tabharfar scéal ar dtúis do na buachaillí san gceantar thiar agus ní bheidh dada chun iad do choimeád as an mbeairic.

SEÁN: Dar fia ach déanfaidh sibhse obair anso. Beadsa ag dul siar mar sin go luath ar maidin agus tabharfar an scéal dóibh.

MÁISTIR: Go raibh maith agat, a Sheáin, ach beidh deoch againn. Conas tá an saol i mBaile Átha Cliath?

(*Faigheann an máistir buidéal agus dhá ghloine agus líonann amach dhá thaoscán biotáille.*)

SEÁN: Go rímhaith is maith liom a rá.

MÁISTIR: Sea, ólam sláinte na mbuachaillí.

SEÁN: Seo sláinte na bhFiann is sonas ina dtreo
      Is gan duine dár naimhde inár measc tar éis an ghleo.

MÁISTIR: Ólam an tsláinte sin.

SEÁN: Tá sé ag éirí déanach, a mháistir. Is mithid domsa a bheith ar bóthar. Beidh na garsúin ag feitheamh liom amárach.

MÁISTIR: A Sheáin, is fada dúinn ag fuireach leis an ordú.

SEÁN: B'fhéidir go mbeadh sé agat roimh an oíche amárach, ach bí i gcóir. Oíche mhaith agat. Le cúnamh Dé beidh an bhuaidh againn fós. Beannacht Rí na bhfeart ort, a Sheáin.

(*Imíonn Seán Ó Dálaigh.*)

MÁISTIR (*Leis féin*): Le cúnamh Dé beidh scéal maith againn fós. Beidh an bua ag lucht an chirt fós. Go gcuire Dia an rath agus an séan ar na garsúin.

BRAT ANUAS

AN DARA GNÍOMH

Áit – Cistin feirmeora
Am – Tráthnóna

(*Tagann Tomás Ó Duibhir .i. an feirmeoir, isteach agus dealramh ana-chráite air. Suíonn sé i gcathaoir ach i gceann tamaillín tosaíonn sé ag siúl timpeall an tí, ag smaoineamh agus ag caint mar seo.*)

TOMÁS: Go bhféacha Dia orainn, nach bocht mo chás. Cad a dhéanfaidh Bríd? Brisfidh an obair seo a croí. An tseanáit d'fhágaint, an áit ina raibh m'athair agus mo sheanathair romham. Agus 'dé chúis? Mar nach maith le Totenam an áit againn. Go bhféacha Dia orainn ach mara mbeadh Bríd bhocht agus mo gharsún agus Caitlín, dhéanfainn coir éigin ina mbeadh trácht orm. Buíochas le Dia nár mharaíos é nuair d'eitigh sé an cíos, nuair dúirt sé liom imeacht as a radharc. Cad déarfaidh Eoin? Tá m'fhuil féin ann agus crógacht mhuintir a mháthar. Ach beidh sásamh againn.

(*Tagann Bríd isteach agus buicéad bainne aici. Tagann iontas uirthi Tomás d'fheiscint ar an gcuma so.*)

BRÍD: A Thomáis, a chuisle, cad tá ort mar sin? Is baolach liom ná téann an siúl rómhaith duit le déanaí. Suigh agus ól an deoch seo; chuireas braoinín ann. Cuirfidh sé misneach ionat. Is gairid go mbeidh na comharsain isteach. Dar ndóigh, ní rabhamar riamh gan amhrán nó dhó tar éis an cíos do dhíol.

TOMÁS: Ó, éist, éist, a Bhríd, níl an cíos díolta agus ní bheidh. Ní linn an áit seo feasta.

BRÍD: Ní linn! Nár dhíol tú an cíos inniu agus tá an sraith díolta le coicís, 'dén mearbhall atá ort mar sin? Croith suas thú féin, beidh lucht an chéilí anso gan stad.

TOMÁS: Bhíos thuas chun an cíos do dhíol ach ní ghlacfadh Totenam é. Deir sé go gcaithfimid bheith scriosta amach as so i gceann cúpla lá. Is fíor é, a Bhríd, is fíor é.

BRÍD: D'eitigh sé an cíos! Ó, Dia linn, is trua ár scéal, an bhfuil aon rud le déanamh?

TOMÁS: Ní fheadar. Deir Totenam go bhfuil an áit uaidh féin an tseachtain seo chugainn agus mara mbeimid glan amach roimh an Aoine inár gceann beidh na báillí agus na píléirí chugainn.

BRÍD: Na báillí agus na píléirí ag teacht anso?

TOMÁS (*Go feargach*): Is ceanúil iad na máistrí orainn ach le cúnamh Dé beidh luach saothair a n-oibreacha acu fós.

BRÍD: Agus sin go luath! A, a Thomáis, is maith is cuimhin liom nuair a tháinig na báillí chun Tomás Mór do chur amach – trí bliana ó shin anois – is tinn breoite bhíodar an lá ina dhiaidh. Is iad na garsúin a chuir an teitheadh orthu go tiubh.

TOMÁS: Sea, a Bhríd, agus tá Tomás Mór ina áit fós. Ach nuair a smaoiním ar an saol sámh do bhí anso againn, nuair a smaoiním ar na seanráite agus an greann do bhíodh againn, bíonn mo chroí ag briseadh.

BRÍD: A Thomáis, an cuimhin leat an oíche úd fadó ag gabháil síos Bóithrín an Aitinn dúinn, mar bhís ag insint dom conas a bhí na daoine óga á gcur féin i gcóir chun an brúid do tháinig thar caladh do chur abhaile arís. Agus bhís ag insint dom conas a bhís féin ina measc agus go mbeifeá sa mbualadh. Dá ndéarfainnse leat an oíche úd an obair sin do chaitheamh uait, ba bheag an meas do bheadh agat orm. Anois tá na báillí ag teacht lenár gcur as an áit seo, an áit a bhí riamh ag do mhuintirse romhat, agus an bhfuilimid chun siúl amach lena n-ordú? Le cúnamh Dé, beidh na buachaillí anso agus ní fhágfaimid an áit gan a fhios 'dé chúis.

TOMÁS (*Ag cur brí ann féin*): A Bhríd, is maith liom tú a chlos ag caint mar sin. Cuireann sé áthas orm. Ach cá bhfuil Caitlín mar seo?

BRÍD: Bhí iníon an fheirmeora anso ó chianaibh agus d'imíodar síos i bhfochair a chéile. Is gnách seanchas mór acu nuair a théann sí ann.

TOMÁS: Mo thrua í, an cailín bocht. Ní deas an seanchas atá roimpi nuair a thiocfaidh sí abhaile.

BRÍD (*Ag gol*): An cailín bocht, is aici a bhí an croí mór ag gabháil amach di, í féin agus Eibhlín ag cur trína chéile ar an gcéilí anocht. Tá Eibhlín agus Séamas le bheith anso.

TOMÁS: Is é an céilí cráite anocht é, a Bhríd, ach mar sin féin ní bheidh sé le rá go brách gur chuir gnótha Thotenam ár gcéilí ar gcúl. Is dócha go bhfuil Eoin imithe síos go tigh Phádraig.

BRÍD: An garsún bocht, beidh sé deacair é a chosc ar Thotenam.

TOMÁS: Tá sé mear.

BRÍD: Tá, agus ní dhéanfaidh an nuaíocht so aon mhaith dó. Ach cad tá na buachaillí ag déanamh, a Thomáis? Is ait liom gan iad ag obair agus an méid atá le déanamh.

TOMÁS: A, a Bhríd, is furas caint do dhéanamh. Ní obair mar mhagadh atá idir lámha acu. Caithfidh gach aon rud bheith ullamh roimh an buille do bhualadh. Táthar ag faire go géar agus, an bhfuil a fhios agat, a Bhríd, dá mbeadh a fhios acu an seanghunna sin do bheith againn is fada riamh do bheimis gan é.

(*Cloistear duine amuigh ag portaíocht.*)

BRÍD: Éist, tá duine éigin ag teacht.

(*Tagann Eoin isteach; ní thugann sé fé ndeara brón a athar ná a mháthar. Suíonn sé ar stól.*)

BRÍD: A, is é Eoin é. Cá rabhais ar feadh an tráthnóna, a Eoin?

EOIN: Bhíos thíos ag tigh Phádraig na Léime agus thosnaigh sé ag insint mar scar sé aréir ar na báillí agus mar do chuir sé ceann acu ar mhullach a chinn isteach san abhainn, agus mar do sciob sé bradán abhaile leis os a gcomhair, á!:

Is 'na chuistean do chífeá na toirc is na feolta

Na bradáin le n-ithe is iad beirbhithe is rósta.

Ach ba bhreá ar fad bheith ag éisteacht leis ag trácht ar na Fíníní agus cad ba cheart a dhéanamh le leithéid Thotenam.

(*Chíonn sé a mháthair ag gol.*)

Ach cad tá ort, a mháthair, an amhlaidh go bhfuil eagla ort go mbéarfar ormsa ag iascaireacht?

BRÍD (*Ag gol*): Ní hea, ní hea, a Eoin, a chroí, ach is é seo an teach cráite anocht. A Thomáis, inis dó an mí-ádh atá tar éis titim orainn.

EOIN: Mí-ádh?

TOMÁS: A Eoin, a mhic, táimid chun scarúint leis an áit seo go deo.

EOIN: Chun scarúint leis an áit seo? 'Dé chúis?

TOMÁS: Ní ghlacfadh Totenam an cíos. Deir sé go bhfuil an áit uaidh féin agus go gcaithfimid scrios amach gan mhoill.

EOIN: An dáiríribh ataoi, a athair?

TOMÁS: A Eoin, ní fhágfaimid an tseanáit chomh bog agus is dóigh le Totenam é.

EOIN: Ní fhágfaimid an áit an fhaid is atá brí coise is láimhe ionamsa agus buachaillí na paróiste chun cur liom. Ar m'fhocal ach mara nglacfaidh Totenam a shuaimhneas, déanfadsa fear socair de. Míle mallacht –

(*Buailtear buille ar an doras, fosclaíonn Bríd é agus tagann an tAthair Seán agus Pádraig na Léime isteach.*)

AN SAGART: Bail ó Dhia anso.

TOMÁS & BRÍD: Dia agus Muire daoibh.

BRÍD: Céad míle fáilte romhat, a Athair.

AN SAGART: Go raibh maith agaibh. Ach gan amhras tá iontas oraibh mise d'fheiscint anso chomh déanach. Bhíos ag an ospidéal ag cur an ola dhéanach ar iníon an Chathasaigh (na daoine do cuireadh amach le déanaí). An cailín bocht, tá sí ar Stad na Síoraíochta mar seo. Ach, ar chasadh dom, cé a bhuailfeadh liom ach an rógaire seo (*Ag bagairt ar Phádraig*). Chuireas caint air agus dúirt sé liom go raibh sé ag teacht ag féachaint Eoin anso mar ná raibh sé rómhaith, a dúirt sé.

(*Deineann Pádraig comhartha d'Eoin gan éinní a rá.*)

Is maith liom go bhfuil Eoin ina shuí, cé ná fuil an buachaill bocht ag féachaint rómhaith. Ba dhóigh le duine go bhfuil rud éigin ag cur oraibh go léir anocht. Ag gol, a Bhríd, cad tá oraibh?

EOIN (*Tar éis a scéal d'insint do Phádraig ar cúl*):   Tá cúis againn go léir bheith ag gol anocht. Tá Totenam chun sinn do chur as seilbh.

AN SAGART: Chun sibhse do chur amach? Ní féidir é! Shíleas go rabhais chun an cíos do dhíol inniu, a Thomáis.

TOMÁS: Ní ghlacfaí uaim é, a Athair.

AN SAGART: Thagar tú do chíos do Thotenam. Ní ghlacfadh sé é. Ní féidir go bhfuil an áit uaidh.

TOMÁS: Is dócha go gcaithfear bheith sásta le toil Dé. Deir Totenam go gcaithfimid scrios amach.

AN SAGART: Is trua mar scéal é.

TOMÁS: A Athair, tá a fhios ag Dia nár rinneas éagóir ar éinne riamh agus níl pingin ag éinne sa tsaol orm. Thagar mé an cíos inniu do Thotenam ach ní hé an cíos do bhí uaidh ach an áit. Ach, a Athair, ní bheidh sé chomh furas dó sinne a chur amach agus is dóigh leis. Ní fear mar mhagadh Tomás Ó Duibhir nuair atá a fhuil corraithe.

AN SAGART: Bíodh foighne agat, a Thomáis. Dar ndóigh, ní fonn achrainn do bheadh ort.

EOIN (*Go feargach*): Fonn achrainn! An féidir, a Athair, go ndéarfá linn siúl amach as so le hordú Thotenam? Ghlac muintir Chathasaigh agus muintir Mhig Uidhir an chomhairle sin agus féach cad tá dá bharr acu. Cuid acu i dtithe na mbocht agus cuid acu ag fáil bháis leis an ocras gan foscadh ón aimsir. (*Go truamhéalach*) A, a Athair, tabhair do chead agus do bheannacht dúinn agus beimid níos fearr as, agus beidh ár dtír bhocht chráite níos fearr as leis.

AN SAGART (*Ag smaoineamh leis féin agus ag siúl mórdtimpeall an tí*): Go bhféacha Dia orainn. Is brónach mar scéal é. Is tubaisteach go gcaithfimid bheith ag féachaint ar ár gcomharsain dá ruagairt as a dtithe agus as a dtír. Teastaíonn uathu na daoine do chur le fán mar tá a fhios acu go mbeidh an lámh uachtarach acu ansin. Cabhair Dé chugainn ach chuirfeadh sé briseadh croí ar éinne féachaint ar na daoine bochta, an fear so ullamh chun a chíos do dhíol agus ní ghlacfaí uaidh é. Shíleas gurbh iad na máistrí talún a bhí ciontach leis go léir ach chím ná fuil iontu ach seirbhísigh rialtóirí Shasana agus is rómhaith na seirbhísigh iad. Ach, le cúnamh Dé, teipfidh orthu. Níor chuir Dia daoine ar an saol riamh chun a bheith brúite, treascairte, tnáite mar atá Éireannaigh bhochta anois. A Eoin, cad is mian libh a dhéanamh?

EOIN: Troid i gcoinne an namhad an fhaid is a bheimid ar an saol so agus ceann acu inár measc.

AN SAGART: Ná bí id amadán. Cad tá agaibh chun troda? Bataí agus pící i gcoinne na saighdiúirí. Deirim nach bhfuil ann ach amadántúlacht.

EOIN: Mara mbeadh féin againn ach mar a deir tú, a Athair, ní bheadh eagla orainn rompu, ach tá an armáil chéanna againn agus atá acusan.

PÁDRAIG: Is fíor é, a Athair, agus ní hí an chéad uair í ag cuid againn ag caitheamh urchair.

AN SAGART: Fágaim fés na báillí an méid sin ach chím nach bhfuil aon mhaith bheith ag cur suas leo. Is minic a dúras gurbh í an tsíocháin do b'fhearr ach ní féidir í a choimeád níos sia. Teastaíonn uathu na hÉireannaigh do scuabadh as an dtír ach deirim gur fearr an bás céad uair ná an tarcaisne sin do tharla dúinn.

TOMÁS: Go gcuire Dia an rath ort, a Athair, i dtaobh na bhfocal atá ráite agat. Tá sé chomh maith an scéal go léir a bheith agat anois. Tá gach aon fhear id pharóiste ina Fhínín dearbhaithe. Táimse ina measc is Pádraig is Eoin anso. Tá an armáil againn leis.

AN SAGART: Ní raibh a fhios agam go raibh an obair seo ar bun im pharóiste. 'Dé an fhaid atá sibh á chur i gcóir?

TOMÁS: Is fada dúinn ag trácht air ach is iad oibreacha Thotenam do thug chun críche é.

AN SAGART: Tuigim. Bíodh an milleán acu orthu féin. Cad is dóigh leatsa den obair seo, a Phádraig?

PÁDRAIG: Ba bheag é mo bheann riamh ar na Sasanaigh, a Athair, agus ní thaitneodh dada níos fearr liom ná a bheith ag gabháil de mhaidí sa chloigeann orthu.

AN SAGART: Is greannmhar an mac thú, a Phádraig, ach tabhair dóibh é gan doicheall.

BRÍD: Agus cad a bheidh le déanamh agamsa, a Athair? A, nár bhreá a bheith ag féachaint ar na Sasanaigh ag teitheadh!

AN SAGART: Is dócha, a Bhríd, ná raibh achrann riamh gan mhnaoi ina bhun nó ina bharr. Ach is dóigh liom go mbeidh do dhóthain le déanamh agat os cionn na gcorcán agus na gcupán.

TOMÁS: Is fíor duit, a Athair, ach beidh Bríd is an sagart ag guí dúinn.

BRÍD: Beimid, a Athair. Ach ós ag trácht ar chupáin é, tá an tae ullamh, an mbeidh cupán de agat?

AN SAGART: Go raibh maith agat, a Bhríd, ach bead ar bóthar. Caithfidh an sagart a bheith ullamh i gcónaí chun obair Dé do dhéanamh.

TOMÁS: Go dtuga Dia saol fada duit, a Athair, inár measc.

AN SAGART: Guím óm aigne go dtige beannacht Mhic Dé oraibh

Iarraim beannacht is fiche daoibh ar A Mháthair Naofa,

Iarraim beannacht na nAingeal is beannacht na naomh daoibh,

Is tugaim i ndeireadh mo bheannacht bheag féin daoibh.

BRÍD: Saol fada chugat, a Athair.

AN SAGART: Sea, bidhidh meidhreach, beidh an lá uachtarach againn fós.

(*Siúlann sé go dtí an doras.*)

IAD GO LÉIR: Slán abhaile, a Athair.

TOMÁS: Raghaidh Eoin cuid den tslí leat, a Athair.

(*Imíonn Eoin agus an sagart.*)

TOMÁS: Ar tháinig Caitlín?

BRÍD: Tá sí féin agus Eibhlín ag seanchas ar chúl an dorais ansan. (*Le hEibhlín.*) Sea, a Eibhlín, suigh anso agus buail suas amhrán dúinn.

(*Suíonn Eibhlín agus tugann sí amhrán uaithi. Tagann na comharsain isteach idir bhuachaillí agus chailíní, agus tá amhráin agus portaíocht agus rince acu. I ndeireadh na dála tá cor ceathrair acu.*)

BRAT ANUAS

AN TREAS GNÍOMH

ÁIT – Tigh tábhairne Shéamais Phádraig, seomra ar chúl an chuntair

(*Tagann Séamas Phádraig isteach, tuáille ar a ghualainn agus é ag portaíocht go meidhreach. Tosaíonn sé ag glanadh na ngloiní agus, tar éis tamaillín, cromann sé ag smaoineamh leis féin agus ag labhairt mar a leanas.*)

SÉAMAS PHÁDRAIG: Ní fheadar an domhan cad tá ag coimeád Phádraig. Dúirt sé go mbeadh sé anso go luath chun a insint dom conas d'éirigh leis féin agus na boscaí. A, tá Pádraig léir a ndóthain dóibh. (*Go meidhreach.*) Is gearr an tréimhse atá ag na bodaigh inár measc anois.

(*Cromann sé ar phortaíocht arís. Tar éis tamaillín déantar fothrom amuigh ag an gcuntar. Cuireann Séamas cluas air féin agus deireann.*)

SÉAMAS PHÁDRAIG: Tá daoine éigin ag teacht.

(*Tagann Pádraig na Léime agus Eoin isteach.*)

PÁDRAIG: Bail ó Dhia anso.

SÉAMAS PHÁDRAIG: Muise, Dia agus Muire daoibh, a bhuachaillí, agus 'sé bhur mbeatha. Conas tá an saol agaibh?

PÁDRAIG: Gan cúis ghearánta, a Shéamais, a mhic ó. Tá an máistir buíoch díot i dtaobh an fhéir agus lón tóin na trucaile.

SÉAMAS PHÁDRAIG: Maith an fear thú, a Phádraig

EOIN: A Shéamais, b'fhearr liom go mbeadh cead caithimh againn ar an lón san.

SÉAMAS PHÁDRAIG: Glac do shuaimhneas, a Eoin. Táim deimhneach go mbeidh cead caithimh agat air gan mhoill, ach tá tart oraibh, tá uachtar an phoitín anso, beidh cnagaire againn.

EOIN: Tá obair le déanamh anocht agus caithfear é a dhéanamh gan ól. Go raibh maith agat, a Shéamais.

SÉAMAS PHÁDRAIG: Och, ní dhéanfaidh braon aon díobháil daoibh tar éis an bhóthair.

PÁDRAIG: An bhfuil a fhios agat, a Shéamais, go bhfuil beirt de bháillí Thotenam ag teacht anso inniu? Ní fheadar cad tá dá dtabhairt chugat ach is dóigh liom go bhfuil rud éigin bun os cionn.

SÉAMAS PHÁDRAIG: Beirt bháillí ag teacht anso, a Phádraig. Cad tá dá dtabhairt? Bhí madra éigin ag sceamhaíl, chuirfinn geall leat.

PÁDRAIG: Má bhí, lig sé an sceamh ró-ard. Bhíos ar an abhainn aréir agus ní oíche gan dada a bhí agam.

SÉAMAS PHÁDRAIG: An rabhadar ag faire?

PÁDRAIG: Bhíos-sa ag faire leis.

SÉAMAS PHÁDRAIG: B'fhéidir gur dóigh leo caint a bhaint asamsa ach tá dearúd orthu. Sea, bíodh deoch againn.

(*Líonann sé amach trí chnagaire.*)

PÁDRAIG (*Ag ól*): Seo chun saoirseachta na tíre.

EOIN (*Ag ól*): Agus an namhaid ar mire in airde.

SÉAMAS PHÁDRAIG (*Ag ól*): Sea, ólam Ar Son Baile is Tíre.

(*Téann Pádraig go dtí an fhuinneog, féachann sé amach agus chíonn maor Thotenam agus báille ag teacht chun an tí.*)

PÁDRAIG: Trácht ar an diabhal, mar a deir an seanfhocal, agus tiocfaidh sé. Seo chugainn iad. De réir dealraimh níor dhein an bascadh a thugas don mhaor aréir i bPoll na mBradán mórán díobhála dó. Raghaimidne i bhfolach.

SÉAMAS PHÁDRAIG: Isteach anso libh, bidhidh mear!

(*Téid ar chúl scátha sa seomra. Tosnaíonn Séamas Phádraig ag portaíocht agus ag glanadh na ngloiní. Tagann an maor agus an báille isteach. Ní ligeann Séamas air go bhfeiceann sé iad. Suíd ag an mbord agus buaileann Séamas amach go bog socair.*)

MAOR: An féidir go mbeadh dearúd –?

BÁILLE: Dearúd? Níor ligeas focal thar mo chluais.

MAOR: Bhí cruinniú ann aréir gan amhras. Ná lig dada ort, beidh caint againn leis.

BÁILLE: Tabhair aire dod theangain anois.

(*Buailid an clár agus tagann Séamas Phádraig isteach.*)

MAOR: Beir isteach dhá dheoch leanna, le do thoil.

SÉAMAS PHÁDRAIG (*Ag leathmhagadh fúthu*): Tá go maith, a dhaoine uaisle.

(*Imíonn Séamas amach.*)

BÁILLE: Is líofa an teanga atá aige siúd.

MAOR: Ní bheidh sé furas mórán feasa d'fháil as.

BÁILLE: Díreach mar Phádraig na Léime. Bíonn sé ag caint agus gan dada á rá aige.

MAOR: Déanfadsa fear socair de Phádraig nuair a gheobhad an chaoi air. Tá cúis fé ndeara agam leis.

BÁILLE: Tá sé féin agus Caitlín Ní Dhuibhir go ceanúil ar a chéile agus ní gá a rá go bhfuil an ghráin ag an mbeirt acu ortsa.

MAOR: Tá greim agamsa ar Chaitlín anois. Gheobhaidh Tomás Ó Duibhir seilbh arís má thugann Caitlín geallúint phósta - .

BÁILLE: Go réidh! Seo chugainn é.

(*Tagann Séamas Phádraig isteach agus an dá dheoch aige.*)

SÉAMAS PHÁDRAIG: Seo, a dhaoine uaisle, an deoch is fearr le fáil sa cheantar seo ar thuistiún.

MAOR: Á, tá tart orainn. Go raibh maith agat.

SÉAMAS PHÁDRAIG: Ó, ná bac an chaint sin. An bhfuil aon ní eile ag teastáil uaibh? Tobac nó milseáin nó cáise? Tá na hearraí is fearr le fáil ag imeacht anso ar leath a luacha.

(*Déanann Pádraig is Eoin gáire ar cúl ach ní chloiseann an bheirt iad. Leanann Séamas Phádraig air.*)

SÉAMAS PHÁDRAIG: Ná dearúd an t-airgead, a dhaoine uaisle. Is é cabhair na mbocht é.

(*Tugann an báille tuistiún dó agus seo chun an dorais é ag imeacht amach.*)

MAOR: A Shéamais, maran bhfuil deithneas ort –

SÉAMAS PHÁDRAIG (*Ag casadh thar n-ais*): Níl, a dhuine mhuinteartha. Cad tá uait?

MAOR: Cad í an tslí is giorra as so go tigh an mháistir scoile? Táimid chun páirc do thomhas thuas fé bhun an tí mhóir agus teastaíonn an máistir uainn.

SÉAMAS PHÁDRAIG: Muise, a chiallach, is agamsa a bhí eolas an chasáin sin mar is mó bliain a thugas ag dul go dtí an scoil.

BÁILLE: Ná bíonn scoil ist oíche aige le déanaí?

SÉAMAS PHÁDRAIG: An amhlaidh go mbeadh fonn foghlama ort arís?

BÁILLE: Ná bíonn an scoil ar siúl aige?

SÉAMAS PHÁDRAIG: Fágaim le huacht agus le m'aithrí go bhfuil daoine ar an saol agus ba dhóigh leat gur sa chúinne a chaithid a n-aimsir. Cár ghaibhis-se chun scoile, a dhuine chóir, mar im thuairim teastaíonn beagán scolaíochta uait fós.

BÁILLE: Ó, is léir ar fad an duine thú.

MAOR: Ach, i dtaobh na scoile, an mbíonn sí ar siúl aige?

SÉAMAS PHÁDRAIG: Shíleas gurbh é an máistir féin a bhí uaibh ar dtúis.

MAOR: Is minic do leagadh dhá éan le haon chloich.

SÉAMAS PHÁDRAIG: Is le súil le breith a chailleann an cearrbhach. Ná bíodh an iomarca saint eolais oraibh.

MAOR: Sea, tá deithneas orainn.

SÉAMAS PHÁDRAIG: Ó, gaibh mo leithscéal. Buail síos díreach an bóithrín garbh, suas chun an droichid, isteach ar thaobh do láimhe clé agus trasna an chabhais. Taispeánfaidh aon dreoilín spóirt an áit daoibh ansan.

(*Tosnaíonn Séamas ag gáirí agus buaileann sé amach.*)

MAOR: Ní féidir mórán feasa d'fháil as so ach tá rud éigin ar siúl sa scoil.

PÁDRAIG (*Le Eoin ar cúl, ag bagairt ar an maor*): Tá leis, a bhuachaill mhaith.

BÁILLE: Táim cinnte gurb iad na Fíníní iad.

MAOR: Bíodh na píléirí ann againn anocht.

BÁILLE: Sin í an chaint. Gheobhaimid a bheith ann go bog socair ar a hocht.

EOIN (*Ar cúl*): Agus beidh fáilte romhaibh.

MAOR: Sea, bímis ag imeacht. Tá na píléirí i gcúram ortsa. Tabharfadsa turas síos go feirm Uí Dhuibhir.

(*Éiríd ina seasamh, tagann Pádraig na Léime amach ón scáth, buaileann sé trasna an tseomra ach is dóigh leis na báillí gur isteach a tháinig sé.*)

MAOR (*Ar cúl leis an mbáille*): Sin é Pádraig na Léime.

BÁILLE: Istóin, ach beidh focal agam leis. (*Buaileann trasna chun Phádraig.*) Lá breá, a Phádraig.

PÁDRAIG: Bheadh sé mar sin dá mbeifeá sa pholl. (*Os ard.*) Tar isteach, a Shéamais Phádraig, agus beir leat deoch. Tá tart orm.

BÁILLE (*Leis féin*): Nár dhéana sé maith duit.

(*Tagann Séamas Phádraig isteach agus an deoch aige.*)

PÁDRAIG: Go raibh maith agat, a Shéamais.

Seo sláinte na gile, na finne is na hóige,

Is ruaigeadh gan faoiseamh ar lucht déanta drochghnótha.

SÉAMAS PHÁDRAIG: Muise, fáinne ort.

MAOR: Lá maith agaibh. Táimidne ag imeacht.

SÉAMAS PHÁDRAIG (*Leis féin*): Imeacht gan casadh oraibh. (*Os ard.*) Lean an bóthar díreach anois. Is fada ó bhíobhair air cheana.

(*Imíd.*)

EOIN (*Ag teacht amach ón scáth*): Bhí an t-ádh linn agus a bheith anso. Beidh na píléirí ag an scoil anocht. Bíodh acu, beimid i gcóir. Caithfear scéala a chur chun an mháistir agus chun na mbuachaillí gan mhoill.

SÉAMAS PHÁDRAIG: Is dócha go bhfuaireadar scéala éigin i dtaobh na scoile.

PÁDRAIG: Chualamar gach aon fhocal. Beidh na píléirí ann anocht ar a hocht.

SÉAMAS PHÁDRAIG: A, caithfear a bheith i gcóir dóibh. Bíodh na garsúin timpeall na háite ach ná déantar aon drochobair. Tá súil agam go mbeidh teachtaire ó Sheán Ó Dálaigh chugaibh anocht.

EOIN: Go gcuire Dia chugainn é mar is fada dúinn ag feitheamh leis.

PÁDRAIG: Ná bímis ag déanamh moille. Raghadsa fé dhéin an mháistir agus síos leatsa chun an ghleanna. Bíodh na garsúin i measc na gcrann le titim na hoíche. Tabhair aire duit féin anois.

EOIN: Fág fúmsa é, a Phádraig, a mhic ó; beidh na garsúin ann agus beadsa leo.

(*Imíonn Eoin.*)

SÉAMAS PHÁDRAIG: Cogar, a Phádraig, beidh caoi agaibh ar iarracht do thabhairt fén mbeairic anocht. Beidh na píléirí go léir ag an scoil.

PÁDRAIG: Ní dhéanfar dearúd air sin. Raghaidh gasra fé dhéin na háite. Beadsa ar bóthar.

SÉAMAS PHÁDRAIG: Go n-éirí do thuras leat. Go raibh séan ar na buachaillí anocht. Anois nó riamh an t-am agaibh.

(*Imíonn Pádraig.*)

SÉAMAS PHÁDRAIG (*Ag smaoineamh*): Bíodh an milleán acu orthu féin. Tá an rás rite acu. (*Tosaíonn sé ag glanadh na ngloiní agus, ag siúl amach dó, deireann*) Is fada dúinn ag cur suas leo ach tá deireadh na foighne caite. Táthar chun an buille do bhualadh Ar Son Baile agus Tíre.

BRAT ANUAS

AN CEATHRÚ GNÍOMH

ÁIT – An scoil.

AM – Le titim na hoíche.

(Tá gasra de na buachaillí ar fud an tí ag cur trína chéile. Tá an máistir agus Pádraig na Léime ag féachaint amach tríd an bhfuinneog; iompaíd isteach agus deireann sé)

MÁISTIR: Bhí an ceart ag Séamas Phádraig. Tá ardchaoi ar thabhairt fén mbeairic anocht.

PÁDRAIG: Ní bheidh fear chun a chosanta.

MÁISTIR: Raghaidh gasra láidir go dtí an áit. Cá bhfios duit cé a bheadh ann. Aon chorrchoiscéim amháin anois is tá gach aon rud caillte.

PÁDRAIG: Ní baol dúinn an fhaid is atáirse chun ár stiúrtha.

MÁISTIR *(Leo go léir)*: Tá an namhaid chun seasaimh os bhur gcomhair anocht.

DUINE: Chun seasaimh agus teitheadh.

MÁISTIR: Táid ag teacht fé dhéin na scoile seo anocht mar chualadar rud éigin.

DUINE:Tá fáilte fial is fiche rompu anocht.

MÁISTIR: Táimid ullamh dóibh. Tá Eoin agus na buachaillí i measc na gcrann. Tá athair Eoin is gasra eile ag bun an bhóithrín chun fáilte a chur roimh na préacháin.

PÁDRAIG: Agus sin í an fháilte the.

MÁISTIR: Níorbh fhéidir cur suas leo níos sia. Deir an tAthair Seán féin é sin. Ach, amárach, a bhuachaillí, táthar chun Tomás Ó Duibhir do chur amach.

NA BUACHAILLÍ: Ní chuirfear go brách.

MÁISTIR: Ní chuirfear. Is sinne a dhéanfaidh an cur amach agus scuabfaimid go deo as ár radharc iad. Sea, a Phádraig, síos leat an bóithrín, tú féin agus an Paorach Mór, agus abair le Eoin teacht anso d'urchar.

PÁDRAIG: Tá go maith, a mháistir. Gluais, a Phaoraigh, agus tabhair an gunna san leat (*Ag gáirí.*) B'fhéidir go n-éireodh giorria romhat.

AN PAORACH: Má éiríonn, ní éireoidh leis.

MÁISTIR: Bíodh súil ghéar agat anois, a Phádraig, agus bíodh Eoin anso gan stad.

(*Imíonn Pádraig agus an Paorach, téann an máistir go dtí an fhuinneog agus féachann ina ndiaidh. Siúlann sé timpeall an tí ag smaoineamh.*)

MÁISTIR: Anois an t-am. Tosnaíonn ár n-obair leis an oíche anocht. Tá dóchas láidir agam asaibh, a bhuachaillí mo chroí (*Ag féachaint amach arís.*) Is dócha gur gairid go mbeidh Eoin anso.

DUINE:Tá duine éigin ag teacht agus fuadar fé. A, is é Eoin é.

(*Tagann Eoin isteach go hana-mhear agus luisne ina aghaidh.*)

EOIN: Chuiris fios orm, a mháistir.

MÁISTIR: Chuireas. An bhfuil na buachaillí go léir i gcóir?

EOIN: Táid agus níl i bhfad le fuireach acu. Tá ardghasra ag gabháil anuas ón gcrosaire. Táid breis is míle uainn fós.

MÁISTIR: Níl puinn aimsire le caitheamh agatsa mar sin, a Eoin. Tá a fhios agat ná fuil éinne sa mbeairic mar seo.

EOIN: Dar fia!

MÁISTIR: Tá na hairm ag teastáil uainn.

EOIN: Táim ullamh ach ná fuil na garsúin go léir uait anso anocht?

MÁISTIR: Ná bac san. Tiomáin síos go tigh an Athar Seán. Tá comhthionól ag feitheamh leat ann. Ní bheidh éinne sa mbeairic romhaibh ach, má bhíonn féin –

EOIN: Is cuma é. Beannacht libh.

IAD GO LÉIR: Go n-éirí do thuras leat.

(*Imíonn Eoin, suíonn an máistir agus tógann sé páipéar as a phóca.*)

MÁISTIR (*Ag léamh*): 'Bí ag feitheamh lem theachtaire aon nóimint anois. A Dhia, saor Éire. Ó Dálaigh.' A, níorbh fhéidir fuireach níos sia. Bhíomar cortha ó bheith ag fuireach. A Dhiarmaid, beir chugam mo ghunna.

(*Tugann Diarmaid chuige an gunna.*)

DIARMAID: Is é an gunna cruinn é, a mháistir, ar m'fhocal, ach ní theipfeadh urchar chúig chéad slat fé ghiorria orm leis.

MÁISTIR: Giorraithe dubha agus dearga feasta, a Dhiarmaid.

DIARMAID: Is fusa iad d'aimsiú.

MÁISTIR: Ach is deacra iad do mharú. (*Cloistear fothrom amuigh.*) Ach, éist, éist! Tá an bualadh ar siúl. (*Féachann siad go léir amach.*) Nár lige Dia go ndéanfaí aon drochobair.

DUINE: Ó, táid ag teitheadh cheana féin. Seo isteach cuid de na buachaillí.

DIARMAID: Más mar sin atá siad chun seasaimh is beag an spórt a bheidh againn.

MÁISTIR: Beidh do dhóthain agat amárach.

(*Tagann na buachaillí isteach agus stróinséir ina measc. Teachtaire ó Sheán Ó Dálaigh is ea é.*)

DUINE ACU: Tá siad go léir teite.

MÁISTIR: Is maith sin ach cé hé seo in bhur measc?

AN TEACHTAIRE: Chuir Seán Ó Dálaigh anso mé.

MÁISTIR: An bhfuil teachtaireacht agat uaidh?

AN TEACHTAIRE: Tá, don mháistir.

MÁISTIR: Tabhair dom í.

(*Síneann sé litir chun an mháistir. Féachann an máistir uirthi agus deireann*) –

MÁISTIR: An bhfuil na píléirí go léir imithe?

PÁDRAIG (*Tar éis teacht isteach*): Níl mac máthar acu le feiscint agus, má chasaid, tá Tomás Ó Duibhir ag an ngeata.

MÁISTIR: A bhuachaillí, a chroí, tá an t-ordú againn ó Sheán Ó Dálaigh sa deireadh. (*Liúireach agus bualadh bos uathu go léir. Léann sé an scríbhinn.*) 'Anocht, ar an dó dhéag, táimid chun éirí amach. Bí sa ngleann. Tá an fógra so i ngach aon cheantar. Go saora Dia Éire. Seán Ó Dálaigh.'

(*Bualadh bos agus hurá uathu go léir.*)

PÁDRAIG: An bhfuil éinne imithe i ndiaidh Eoin?

MÁISTIR: Imighse leat chomh mear is atá agat agus tabhair scéala dó. Tá súil agam go mbeidh sé sa mbeairic rompu.

PÁDRAIG: Agus mise leis, is ní im phríosúnach.

MÁISTIR: Go n-éirí do thuras leat.

PÁDRAIG: Bidhidh meidhreach. Sonas go raibh oraibh.

BUACHAILLÍ: Slán bóthair.

(*Imíonn sé.*)

MÁISTIR: Sea, a bhuachaillí, níl ach beagán aimsire againn anois ach bímis súgach. Conas tá Seán Ó Dálaigh?

AN TEACHTAIRE: Tá croí mór aige lán de dhóchas anocht. Dúirt sé liom bheith thar n-ais gan mhoill.

MÁISTIR: Go maith. Abair leis go mbeimid i dteannta a chéile sa ngleann ar an dó dhéag anocht.

AN TEACHTAIRE: Déarfad agus tabharfad cuntas na hoíche seo dó leis. Beannacht Dé ort, a mháistir. Slán agaibh go léir, a bhuachaillí.

MÁISTIR: Slán bóthair.

IAD GO LÉIR: Slán bóthair.

(*Imíonn sé.*)

MÁISTIR: Sea anois, tá obair na scoile seo déanta.

FEAR ACU: Agus déanta go maith.

IAD GO LÉIR: Go rímhaith.

MÁISTIR: Cuimhnigh anois, a bhuachaillí, go bhfuil sibh chun seasaimh ar son bhur dtíre boichte cráite. Cuimhnigh ar chruatan bhur muintire agus cuimhnigh gur asaibhse atá a ndóchas. Tá an tAthair Seán ag guí dúinn agus beidh sé linn. Déanfaidh gach duine agaibh gníomh gaisciúil amárach. Leanaigí mise go dlúth agus más toil Dé go dtitim, tá Eoin chun sibh do stiúradh. Cuimhnigh nach féidir bás níos breátha d'fháil ná ar pháirc an bhuailte ag troid Ar Son Baile agus Tíre..

IAD GO LÉIR (*D'aon ghuth*): AR SON BAILE AGUS TÍRE!

BRAT ANUAS

CRÍOCH

Scríobhadh an dráma seo do Chraobh an Chliabhraigh agus léiríodh é sa Rotunda – tagairt ag Diarmuid Breathnach agus Máire Ní Mhurchú in *1882–1982 Beathaisnéis a Dó* (An Clóchomhar, 1990) 14 agus ar *The Freeman's Journal,* 3.7.02, 6 & 4.7.02, 6.

Foilsíodh é i bhfoirm leabhráin sa bhliain 1905 (Muinntir Fhaellamhain Teoranta) ach bhí sé á léiriú chomh fada siar le 1902. Is ar leagan clóite 1905 atá an téacs anseo bunaithe.

'Ghlac (Pádraig Ó Séaghdha) páirt Phádraig na Léime i ndráma Shéamais Uí Dhuirinne *Ar Son Baile agus Tíre.* Sin é an fáth ar roghnaigh sé 'Pádraig na Léime' mar ainm cleite.' Luaite ag Diarmuid Breathnach agus Máire Ní Mhurchú in *1882–1982 Beathaisnéis a hAon* (An Clóchomhar, 1986) 105.

'Cuireadh an dráma seo os comhair an phobail san Rotunda i mBaile Átha Cliath, ar thrí hócáidí, agus aon bhuíon gur mhaith leo é a léiriú, gheobhaidh siad na radharcanna le haghaidh an ardáin ó Rúnaire Chraobh an Chliabhraigh, Sráid Eoin, i mBaile Átha Cliath, ach costas a n-iompair do dhíol.' Nóta ag bun an leathanaigh.

An Claidheamh Soluis

Bhí dhá oíche aeracha san Rotunda *Ar Son Baile agus Tíre.* Go fíorcheart do rinne an bhuíon imeartha a ngnó agus thugadar ar ais na sean-nósa breátha Gaelacha do bhíodh againn fadó, an chuairt, nuair a bhíodh na rinceoirí go fairsing agus go croíúil againn. Is breá an seanamhránaí é Séamas Ó hAilgheasa. Is ceart ar fad uaidh *Casadh an tSúgáin* do ghabháil. Chuirfeadh sé i gcuimhne duit, má hoileadh i gceantar Gaelach thú, an saol breá, glé, gasta, folláin do bhí ag daoine nuair a bhíodar ina ngGaeilgeoirí, saor ó bhriseadh isteach ar bith orthu ó lucht an Bhéarla.

Taispeánann sé fós chomh tite is atáimid inniu i lathaigh an Ghalldachais. Chualamar cuid de mhuintir Chonradh na Gaeilge ag crónán *Dolly Gray* dóibh féin an tseachtain seo. Aon duine d'éistfeadh le Mac Uí Ailgheasa ag gabháil *Casadh an tSúgáin* agus do chloisfeadh Conraitheoir ag crónán *Dolly Gray* lá arna mhárach gan fearg a theacht air is foighdeach an duine é. Ní foláir teannadh leis an dráma agus an aeraíocht agus an scoraíocht agus an céilí, más linn ár mbealach do dhéanamh ar aghaidh. Tá claochmú ar an mBéarlachas gan amhras, ach fearacht gach ní eile caithfidh sé dul chum cinn nó ar gcúl agus is uime sin nach mór gnása na nGael do chleachtadh agus d'athchleachtadh, ionas go leathnóidís agus go mbuailfidís nósa na n-eachtrannach fá chois.

'Notes,' 12.7.1902, 309.

The United Irishman

Ar Son Baile agus Tíre, the play the Cleaver Branch recently produced in the Rotunda, will, we are glad to learn, be produced again in a short time. We went to see it, expecting something crude and well-intentioned, and we were agreeably disappointed about the crudity. The play, of course, has defects – it is didactic rather than dramatic, and therefore could be curtailed in the presentation; the *céilí* – we think the play would lose without it – requires to have more motive for its introduction, and occasionally the speeches are too long. But these are trivial defects, and ones the author, Mr. O'Dorney, whom we congratulate on the ability he has displayed, could easily remedy. We have now four acted pieces in Irish – Dr. Hyde's *Tinker and the Fairy* and *Twisiting of the Rope,* Mr. MacGinley's *Eilis and the Beggarwoman,* and Mr. O'Dorney's play. All save the last are little dramatic incidents rather than plays, but there is no Gaelic League Branch in a country district that could not stage one of them. It will be years yet before we can have a real drama in Irish, but the time of its coming will be hastened by the frequent production of these and similar pieces. Dr. Hyde's *Tinker and the Fairy* would make an admirable piece for open-air production during the summer months. Slight though it is, it is a great improvement on the *Twisting of the Rope*. It is filled with delicate poetic suggestion and real humour, and Mr. George Moore's guests, on the day of its production, enjoyed it genuinely and heartily. The impersonators of the *Tinker and the Fairy*, however, both require to be gifted with histrionic ability. On the occasion of its production Dr. Hyde, who threw his soul into the part, played the Tinker, and Miss O'Flanagan, who seems born to the art, played the Fairy excellently. It will be impossible to get actors equal to Miss O'Flanagan and Dr. Hyde in provincial branches, but it should not be impossible to get persons capable of filling the parts satisfactorily.

– 7.6.1902, 1.

An Claidheamh Soluis

Seo chugainn dráma ó láimh Shéamais Uí Dhuirinne ag tabhairt cuntais ar an mbliain '67. Scéilín an-deas simplí is ea é agus is cruinn glic do chas an t-údar an scéilín leis. Is fíor nach bhfuil míorúiltí ná gníomharthaí móra foilsithe sa leabhar, ach is amhlaidh is fearr sin. Scríbhinn bhríomhar ó thús deireadh is ea é, sultmhar anso, brónach ansúd agus borb feargach fíochmhar uaireanta nuair a thugann Clanna Gael bochta fé bhrat an chruatain atá anuas orthu do chaitheamh díobh. Tá an chaint agus an comhrá snoite le chéile go breá blasta agus tá an Ghaeilge chomh so-thuigseanach ná beidh aon docúlacht léite d'éinne. Leabhar is ea é go raibh a leithéid ag teastáil uainn go mór le tamall, mar cé gur fíor go bhfuil drámanna ár ndóthain i gcló i nGaeilge againn, is beag acu atá ag tagairt in aon chuma dár sinsear ná do stair na hÉireann. Ní mar sin é san dráma so. Sprid fíor-Ghaelach atá ann gan amhras. Is an tslí is fearr agus is fuiriste chun eolais ár sean do chur roimh na daoine ná drámanna mar *Ar Son Baile is Tíre* d'fhoilsiú go mion is go minic ar an ardán dóibh agus ar a shon sin cuirfear fáilte fhial roimh an leabhairín seo ag

Gaeilgeoirí na tíre. Clóbhuaileadh go han-deas ar fad é. Tá sé ar díol anois ag muintir Fhallúin i mBaile Átha Cliath – réal a fhiacha. Is fiú an méid sin é gan aon amhras. Go n-éirí an t-ádh le *Ar Son Baile is Tíre* agus nára fada go mbeidh scéal eile againn ó láimh an údair chéanna.

– Dráma Nua, 'An Páiste,' 10.6.1905, 3–4.

Séamas Ó Beirn

An Dochtúir

An Fhoireann

An Dochtúir	Béarlóir
Tadhg Ó Clunáin	Fear tuaithe a bhfuil siopa aige
An Scoláirín	An-fhoghlamtha agus an-ghalánta, más fíor dó féin
Micheál Réidh	Fear socair, gan mórán suime i rud ar bith aige
Learaí	An buachaill aimsire
An Páiste	Peata gan mhúineadh
Bean Thaidhg	Bean an-ghalánta, Béarlóir cliste
Máirín Ní Chlunáin	Mór leis an Dochtúir
An Bhean Déirce	

Áit – baile beag i gConnachta

Fuireann *An Dochtúir, Irisleabhar na Gaedhilge*, 13:159 (Nollaig 1903), 453.

AN DOCHTÚIR: Well, here I am at last. After all my years of work and study this is the reward – a country dispensary with an allowance of a hundred and twenty pounds a year. By all accounts a country doctor's life is not a happy one between guardians and red tickets. But this is such a dreary-looking place, no plays, no sport, no life. But man is master of his destiny, and I have no one to blame but myself. However, things may not look so bad after a time. I would not certainly have come here only I intended meeting someone whom I knew formerly. I wonder if she is home from convent. If not, I'm sure my life will be a miserable one. There is nothing for a man to do here but smoke. (*Smokes a cigarette and leaves box on table.*) I wonder if they play any games here, golf, or cricket, or ping-pong. I must get up a cricket team, the *Ballindonas Cricket Club*, and I the captain. Doubtless I would lick them into shape after a time. We Irish, whatever our other faults, are very quick about picking up things and imitating. By the way, some friends of mine in Dublin were telling me before I left there that I would have to learn Irish, if I intended remaining here, as my patients won't understand English. What a joke! (*Laughs.*) I learn Irish at this hour of the day! Not that I am totally opposed to Irish, but where is the use of it? It can never become a commercial language. What is its use in arts or medicine? Besides, my friend, Professor Know-Nothing, of Woodenhead College, has told me again and again it is quite a dead language and in no way respectable. It would have died decently years ago were it not for a few mad enthusiasts trying to keep it alive, but the Lord forbid there are any Gaelic Leaguers around here. (*Smokes and resumes reading. Loud knocking at door. Enter Fear Tuaithe in a great hurry.*)

FEAR TUAITHE: Och, a dhochtúir, ar a bhfaca tú riamh agus rith go mear. Ghearr Séamas Mhichíl Cháit é féin le scin nuair a bhí sé ag marú an mhairt agus tá a chuid fola ag teacht. Ó, ó, rith gan mhoill nó beidh an t-anam imithe as. Och, níl a fhios ag duine cá bhfuil an chontúirt.

AN DOCHTÚIR: Speak right, man. What are you saying? Speak plain English.

FEAR TUAITHE: Magadh – ar son Dé, is ná bí ag magadh fúm, a dhochtúir dhílis. Ní háit mhagaidh é seo agus fear ag fáil bháis, b'fhéidir.

AN DOCHTÚIR (*Excitedly*): I don't understand you, man. What sort of gibberish are you talking?

FEAR TUAITHE: An bodhar atá tú nó céard tá ort? Tuige nach labhrann tú rud éigin a thuigfeas mé? Corraigh leat nó beidh sé caillte romhat. Och, cuirfidh mé geall nach bhfuil a fhios aige céard tá mé a rá. Nach mé an trua Mhuire! Cén deamhan a bhí orthu ag cur a leithéide seo de dhochtúir chugainn, gan focal Gaeilge ina phluic? Ó, muise, ní bréag a rá gur mínádúrtha an tír í seo. Ach ní hí an tír is ciontach ach na daoine atá ann. Nach raibh sé chomh maith dóibh dochtúir Francach nó Spáinneach a chur chugainn? Céard a dhéanfaidh mé ar aon chor agus b'fhéidir Seán bocht ag fáil bháis mar seo? Faraor géar nár cailleadh an Ghaeilge chéanna i bhfad ó shin agus in éindí léi na feara tréanmhara a labhradh í. Ní bheadh sí faoi chois agus mímheas anois – bodaigh agus spriosáin ag siúl uirthi!

AN DOCHTÚIR (*Excitedly*): What in the world is up, man? Who is sick and I will cure them? (*Aside.*) This is a nice beginning! A nice fix surely. What am I to do? What am I to do? Evidently, the fellow does not understand any English and how am I to act? Oh, I will be disgraced and will have to run away. It may be an urgent case and how am I to know the nature of it? (*Thinks awhile.*) Yes, I see – I'll try and get it out of him by signs. (*Goes to table and thinks.*)

FEAR TUAITHE: A dhochtúir, a chladhaire, déan deifir! Bhí a chuid fola ag teacht mar uisce as bairille. (*I leataobh.*) Ach is fearr dom gan fearg a chur air nó ní bhfaighidh mé maitheas ar bith as. Déanfaidh mé comhartha dó agus b'fhéidir go dtuigfeadh sé mé. (*Go hard.*) Féach anseo, a dhochtúir. (*Déanann comhartha.*)

AN DOCHTÚIR: I wonder was it any fellow who has got his head broken. (*Takes his walking-stick and strikes his head with it opposite Countryman.*)

FEAR TUAITHE (*Shaking his head*): Ní hea, ní hea. Ach féach! (*Ag déanamh comhartha.*)

AN DOCHTÚIR: Perhaps it is some one who has taken poison. (*Takes a bottle and drinks from it opposite Countryman.*)

FEAR TUAITHE (*Signing 'no' with his head*): Ní hea, ní hea. (*I leataobh.*) Sílim go bhfuil dúil san ól ag an mbodach seo.

AN DOCHTÚIR: Of course, it is a stabbing affray! I should have guessed that long ago. (*Goes to case of knives – pulls out one and directs it towards Fear Tuaithe.*)

FEAR TUAITHE (*Ag rith agus ag screadach*): Och, míle *murder*! Tá sé as a chéill. Go bhfóire Dia ar dhuine ar bith a thiocfas in aice leis. Och, scread mhaidine ar an muintir a chuir an glamaire bocht de dhochtúir chugainn. Ach go bhfeicimid an lá a bheas a theanga féin ag gach uile Éireannach! (*Imíonn an Fear Tuaithe.*)

AN DOCHTÚIR: Well! I have done it now. This fellow will ruin me all over the country. I'll have a rest in any case, and indeed I think I want it. So this is a taste of Ballindonas, and likely it is all the same. Oh! I had misfortune the first day I decided on coming here. What am I to do? I can never get on without an interpreter. If this continues I must either resign or get an assistant who understands Irish. Yes – I must advertise immediately, so here goes. (*Gets notepaper and starts to write. As he begins the old Bean Déirce and her Páiste quietly enter without the Doctor seeing them*).

AN DOCHTÚIR (*Writing*): 'Wanted by doctor, an assistant; must be clever and intelligent, and above all, must possess a knowledge of Irish.' Well, I never thought it would come to this. (*At this point the Bean Déirce beats the Páiste, the latter bawls and thus attracts the Doctor's attention*).

AN DOCHTÚIR (*Quite amazed*): Really!!! But!!!

BEAN DÉIRCE: Is – ná corraigh, a Dhochtúir! Ná corraigh thú féin! Agus céad míle fáilte romhat. (*An Dochtúir tries to get on his feet, Bean Déirce prevents him.*) Ná corraigh, a fhir chroí.

Beidh mise luath go leor. Ach bhí mé ag cur céad míle fáilte romhat go dtí an áit seo. *(An Dochtúir very restless.)* Is – agus is tú féin an fear breá slachtmhar, bail ó Dhia ort, seachas an spriosáinín a bhí anseo romhat.

AN DOCHTÚIR *(Aside):* Here is more of it! I'm in for something good now.

BEAN DÉIRCE: Is – anois, a Dhochtúir – *(Here Child cries and Bean Déirce coolly takes Doctor's lunch from the table and gives it to him).*

AN DOCHTÚIR *(Aside):* There goes my lunch. I'll let it pass. I don't feel hungry.

BEAN DÉIRCE *(To child):* Ná bíodh faitíos ort roimh An Dochtúir, a leanbh. *(To Doctor.)* Is – anois, a Dhochtúir, ná ceap gur mé féin atá tinn. Ní mé, míle buíochas agus altú le Dia. Ní raibh pioc tinnis ná éagaoine riamh orm, ach aon uair amháin, an oíche a phós Pádraig Rua – an raibh aithne agat ar Phádraig Rua, an raibh? – Fear cumasach a bhí ann. *(Doctor nods.)* Ach, a Dhochúir, an oíche sin, nuair a tháinig an roth amach as carr seolta Pháidín Bhuí, agus thuiteamar ar fad san mbóthar, agus – is – bhris mé mo chos, ach míle buíochas le Dia, tá sí níos fearr anois. *(Doctor sighs.)* Och, a Dhochtúir, caithfidh mé tosaí ag caoineadh, is nuair a chuimhním ar na hamanta spórtála úd atá imithe. *(Here the Bean Déirce begins to cry, and her apron comes into use.)*

AN DOCHTÚIR *(Aside):* I wonder will she soon finish. It is not worth my while interrupting her until she stops herself. Oh! what a position I'm in! I'll have to resign. Why did I not learn Irish!

BEAN DÉIRCE: Is –, muise, féach ar an bpáiste sin.

AN PÁISTE *(Crying loudly):* Tabhair dom an boiscín, a mham.

AN DOCHTÚIR *(Very vexed):* I'll have to break the ice. *(Getting on his feet.)* – Look –

BEAN DÉIRCE: Ó, ná corraigh, a Dhochtúir. Go raibh maith agat. Fan, agus tabharfaidh mé féin 'didi' éigin dó. *(She gives the Páiste the Doctor's box of cigarettes, and resumes her seat.)*

AN DOCHTÚIR *(Aside):* This is unbearable, but since I stood it so long, I'll try and brazen it out.

BEAN DÉIRCE: Tá an donas ar na páistí céanna, nuair a thosaíonn siad – an bhfuil aon cheann agat féin, an bhfuil, a Dhochtúir? *(Here Bean Déirce laughs heartily. Páiste spills cigarettes and laughs at the fun of it. Doctor is forced to laugh with vexation.)* Is – a Dhochtúir, nach é an somach meánach folláin é, agus nach é an trua é a bheith as a shláinte? Níl sé ag ithe mórán ar chor ar bith; tá an goile imithe uaidh ar fad le gairid. Ní dhéanann sé pioc ó mhaidin go faoithin ach ag caoineachán, caoineachán, caoineachán. *(Child cries.)*

AN DOCHTÚIR *(Sighing):* I had better bear it out.

BEAN DÉIRCE: Mar sin, tabharfaidh tú rud éigin dó a chuirfeas feabhas air seachas an chaoi a bhfuil sé, agus a thabharfas a shláinte ar ais arís chuige. Corraigh leat anois, mar ní fhéadaim fanacht níos faide, ach tiocfaidh mé lá eile, óir d'fhág mé Micilín san gcliabhán ag tíocht amach dom. *(No sign of the Doctor moving.)* Ach – fan nóiméad – m'anam, go raibh mé ag déanamh dearmaid ar rud beag a chuir Peigí Ní Chongalaigh liom. Dúirt sí leat buidéal éigin a chur chuici, mar tá na súile go han-dona aici. Corraigh leat anois, a mhaicín; tá deifir orm.

(Doctor does not move but both stare each other. At last the Doctor gets up and speaks.)

AN DOCHTÚIR: My dear woman, I must tell you I have shown you great patience in listening to you so long, because I don't understand a single word of what you have been saying. *(Here Bean Déirce sighs, gets on her feet and puts up her elbows and listens.)* I'll do anything I can for you with pleasure if you only speak to me in plain English.

BEAN DÉIRCE: Obh! Obh! Obh! Céard seo ar chor ar bith? Cén sórt geamsa é? Cuirfidh mé geall nach bhfuil focal Gaeilge aige. Ochón! Nach í an chúis ghéar í, agus céard a dhéanfas mo pháiste bocht? *(The Páiste starts crying.)*

AN PÁISTE: A mham! Tabhair dom deoch.

BEAN DÉIRCE: Och! Éist, a mhaicín. Níl a fhios agam ar chor ar bith céard a dhéanfas mé, mar ní thuigeann sé céard táimid a rá, óir níl focal Gaeilge ag an ruifíneach. *(Páiste here redoubles his cries).*

AN DOCHTÚIR *(Aside):* Well, I must get her out for better or worse. I could not stand it any longer. *(To Bean Déirce.)* Here, madam, you must get out of this place. I don't want any of your class here. Hurry up. Hurry up.

BEAN DÉIRCE *(Straightening herself up):* Hup, hup, thú féin, ach tabhair dom an buidéal go mear. *(Doctor tries to put her out.)* Stop, a ruifínigh! An bhfuil dúil agat mé a chaitheamh amach? D'anam ón deamhan, a amadáin chaoich, bhailbh. Stop, nó buailfidh mé thú. *(Putting up her fists.)* Nach againn atá an lab, do leithéide de bhodhránach! Tabhair dom buidéal go mear, nó tógfaidh mé féin é.

(Bean Déirce goes to take bottle. The Doctor prevents her. Uproar.)

AN DOCHTÚIR *(Aside):* I had better give her something to stop her. Yes – some *Aqua Distillata* coloured; that won't injure anybody.

(Doctor goes to prepare bottle. Bean Déirce watches him closely.)

AN DOCHTÚIR *(Handing her bottle):* Here you are, madam, a teaspoonful three times a day.

BEAN DÉIRCE *(Takes the bottle; looks at it, tastes it, and throws it from her in a great rage.)* Oró, a dheargrobaire, 'measann tú gur óinseach mé? Thú féin is do sheanbhuidéal lofa. Nár ghnóthaí Dia duit, ná don té a chuir anseo thú. Go bhfeicimid an lá a mbeidh dochtúir againn a thuigfeas i gceart céard táimid a rá.

(The Doctor tries to put her out, she resists, and during the struggle an Scoláirín appears without either seeing him.)

AN SCOLÁIRÍN: Bah Jove! Just in time! A funny situation suhely! A beastly good oppotuhnity foh an intuoduction to the doctah. Oh! delighted to help you, doctah.

(He helps to get Bean Déirce out. The latter gives him a sound slap in the face as she is going out the door, and then returns and pours this volley at the two.)

BEAN DÉIRCE: Go mbascaí an diabhal sibh, a rudaí gránna. Nach sibh an lab againn! Agus an leipreacháinín caoch sin, freisin!

Níl a fhios cé acu is measa. Nár chuire Dia an t-ádh ar an mbeirt. Sibhse féin a bheith i measc daoine cneasta! *(Páiste cries.)* Och! Éist, a leanbh. Ochón! *(Stamps on the ground.)* Oró, a chladhaire, má bheirimse ortsa, a Shasanaigh bhradaigh, ní bheidh tú buíoch díom!

(Doctor runs after her and she finally disappears.)

AN SCOLÁIRÍN: You will paudon me, doctah, foh my int'usion, but I've called in to wish you a vehy hea'ty welcome to this place. It's beastly dull at times, but you'll get to like it.

AN DOCHTÚIR: I thank you so much. It has not been quite pleasant so far, I can assure you.

AN SCOLÁIRÍN: Doubtless – pe'haps, you don't know who I am, doctah. My name is Geo'ghe Edwawd O'Higgins. I've just retuhned from Woodenhead College and I intend remaining heah foh some time yet. The fact is, doctah – pwivately, you know – I am on the look out foh a situation of some kind ahound heah. I have a vehy st'ong reason for remaining, doctah, as I have in my eye a young lady who has tons of cash – eh, doctah – and it's paht of my game to keep at close quawtahs. Eh!

AN DOCHTÚIR: Just the man for me. I am on the look out for an assistant who can assist me generally in the dispensary and above all who can speak –

AN SCOLÁIRÍN *(With delight):* Oh! How beastly lovehly! I am just youh fit. How awfully funny that I should have dwopped in. My deah sah! I can speak any language – Gweek, Latin, Fwench, English, Gehman – you know Shoneen College cannot be beaten foh languages, and wot is moh, doctah, I can play all the respectable games. You know it's beastly hawd to get up a cwicket match heah, the militahy ahe so fah away and the natives ahe so backwawd.

AN DOCHTÚIR *(Impatiently):* But can you speak Irish? That's what I want.

AN SCOLÁIRÍN: I beg youh pawdon. Did you say Hoi-ish-h? You suhely don't mean Hoi-ish-h. That is what those beggahs in

Connemaha speak. You are joking, doctah. Speak Hoi-ish-h! Wot a funny men you ahe!

AN DOCHTÚIR: I am quite in earnest, and if you cannot, I'm sure you will not suit me, as I must get a person who can speak Irish at any cost.

AN SCOLÁIRÍN: How you do joke, doctah! I am highly accomplished. Can play any game – can speak any language. Besides, doctah, act the pawt of fwend to me for a shawt time yet. You know I will be quite settled in a shawt time. If I can play my cawds awight, Mahie will be mine, and evehy thing will go on game spiff. (*Smacking his fingers.*)

AN DOCHTÚIR (*Becoming interested*): What is her name, pray?

AN SCOLÁIRÍN: Oh! cehtainly! Mahie Clunin. (*Doctor hums.*) Heh people have lots of cash. Fatheh is a bit backwawd; but it doesn't mattah really, so long as the cash is theh.

AN DOCHTÚIR (*Knowingly*): Oh! I don't want you, certainly not.

AN SCOLÁIRÍN (*Pathetically*): Doctah, have you eveh been in love? Would you depwive me of that happiness?

AN DOCHTÚIR: I have given you my answer already, sir. None except those with Irish need apply.

AN SCOLÁIRÍN (*Departing*): Then good day, doctah (*On his way out*), and cuhse the Hoi-ish-h.

AN DOCHTÚIR (*Contemptuously*): Good day, sir; good day.

(*Here singing is heard in the distance. It draws nearer and nearer. An Scoláirín hears it, listens and returns.*)

AN SCOLÁIRÍN: Bah Jove! Doctah, heah comes anotheh of those Hoi-ish-h.

AN DOCHTÚIR (*Excited*): What! Another! I will not stand a third. Besides, what is the use of my remaining when I don't know what they are saying. (*Retreating.*) I'll go and hide, and leave the dispensary there, come what may.

(*An Dochtúir disappears, an Scoláirín does the same and Micheál Réidh, the singer, strolls along.*)

MICHEÁL RÉIDH *(At door)*: Go mbeannaí Dia anseo! *(No answer)*
Go mbeannaí Dia anseo! *(Knocks.)* Hara! a Dhochtúir, an bhfuil
tú istigh? Muise, m'anam gur barrúil an sórt dochtúra é seo
againn. D'fhéadfadh duine a bhfuil aige a thógáil.
*(Sings a stave and goes over to table where Dochtor's hat is left. Takes
hat, and compares it with his own).*
Ní mé cé acu is fearr. Sílim gur fearr mo cheann féin. *(Puts on
Doctor's hat, and sings.)* Cuirfidh mé orm é go ceann scaithimh
bhig, ar chaoi ar bith. *(Hat does not fit properly on his head. He
leaves it back, and says.)* Ach, tá sé róchorrach. Cá bhfuil mo hata
féin? *(Puts on his own again. Is going to move away when he sees
the box of cigarettes.)* Ní mé cén sórt boiscín é seo! *(Takes box and
looks at it; hums, puts box to his ear, and shakes it. Finally, opens
box, and takes one of the cigarettes, smells it, tastes it.)* Dar fia! Is
cosúil le tobac é. Fan, agus lasfaidh mé é. *(Lights it and sings.)*
Deas go leor. *(Leaving back box of cigarettes.)* Seo anois ar ais aige
iad. Ní scriosfaidh aon cheann amháin é. *(Is going to move when
his eye catches Doctor's walking-stick. Takes and swings it, as if
giving a blow.)* Go deimhin! Ní fiú mórán é. Tá sé ag breathnú
go deas, ar ndóigh, ach tá ceann agamsa ag baile i bhfad níos
fearr ná é. *(Leaves it back, and whistles.)* Sea, anois, caithfidh mé
mo chuid féin dochtúireachta a dhéanamh, nuair nach bhfuil
sé istigh. Níl a fhios agam céard is fearr dom a dhéanamh le
haghaidh an bhuidéil atá uaim. *(Whistles, and pulls out a red
handkerchief from which he takes a ticket.)*

Tá páipéar beag anseo a thug an seandochtúir dom, agus tá
rud éigin scríofa ann ach, ar ndóigh, is Laidin é, agus níl mé in
ann é a léamh, ach féachfaidh mé leis ar chuma ar bith. *(Holds
up paper to light and examines it thoroughly.)* Anois, an chéad
fhocal atá san bpáipéar seo, is é: *Infusi*, agus, ina dhiaidh sin, tá
Senegae. *Infusi Senegae*, agus ansin tá ruidíní eile ann, ach ní
bhacfaidh mé leo; b'fhéidir nach fiú mórán iad. *(Holds paper in
one hand and goes to look for bottle.)* *Infusi Senegae*. – Ní shin é é.
Ach! Féach istigh é. *(Gets the bottle and compares the name with
that in the prescription. Hums while doing so. Then takes cork of it
and smells it.)* M'anam gurb ea, agus buidéal deas freisin. Ach
anois, ar ndóigh, tá mé buailte, mar níl a fhios agam cé mhéad

a thógfas me. Tá mé cinnte go bhfuil sé san bpáipéar seo, ach cén mhaith sin, nuair nach bhfuil mé in ann é a dhéanamh amach? Dheamhan a fhios agam cén chaoi le é a réiteach. *(Thinks a while.)* Ach! Tá sé chomh maith dom an buidéal a thabhairt liom ar fad agus b'fhéidir go bhfaighinn duine éigin san mbaile a bheadh in ann é a inseacht dom. Fágfaidh mé anseo iad ar fad nó go mbeidh mé ag imeacht. *(Leaves bottle on chair and refers to prescription again.)* Anois, tá píosa eile san bpáipéirín seo, agus seo é é. *Tinct. – Camph. – Co. Tinct. – Camph. – Co.* Ní mé cá bhfuil an ceann seo. *(Searches for bottle and sings.)* *Tinct.*, Ní shin é é. Ná an ceann úd, ach an oiread. Muise! Féach istigh an áit a bhfuil sé! *(Gets the bottle and compares the label with the paper. Takes out cork and smells.)* Tá, agus buidéal maith freisin, ach níl sé chomh deas leis an gceann eile. *(Leaves bottle on chair, hums and examines the prescription once more.)* Caithfidh mé a bheith deifreach anois. Seo iad na focla eile atá ann. *Ammon. – Carb.* – Agus, ansin, tá ruidíní beaga eile ann. Is cosúil le slabhairíní iad, ach ní bhacfaidh mé leo. *(Hums, and goes to look for bottle.)* *Ammon. – Ammon. – Carb.* – M'anam, gur deacair é a fháil amach. Ní mé arb sheo é é. Ní hea, ach, ar ndóigh, sin é ansin é. *Ammon. – Carb.*, agus buidéal breá, sílim. *(Takes bottle, examines label. Then takes out cork and smells. Quickly leaves bottle from him.)* Och! Scread mhaidine air! Tá an t-éadan dóite asam leis! Tá scail bhruite as amach! Ní thógfaidh mé é. Tá an buidéal mór seo ag breathnú ceart go leor, agus déanfaidh sé cúis dom ar fheabhas. *(Takes another bottle instead.)* Anois, tá líne mór fós anseo, ach, mo chreach! Is Laidin atá ann, ach déanfaidh mé mo dhícheall air. Seo é an píosa: *Fiat. mist. cap. cochleare. magnum. quartis. horis.* Há. Tá cárta ann ar chaoi ar bith. Nach ann atá an domhan lear, ach ní thógfaidh mé ar fad iad. Fan nóiméad anois. *(Looks at paper.)* Sílim go dtógfaidh mé an *fiat,* in ainm Dé. *(Takes another bottle, and places it on chair.)* Tá mé réidh anois, agus is fearr dom gan a bheith ag déanarnh moille, agus, b'fhéidir, Máire bhocht sách dona faoi seo ag baile. *(Is going to put bottle in his pocket, when his eye is attracted to the Doctor's dissecting knife. He looks at it.)* Gan bhréig, ach is deas an scian bheag í sin, muise! Is í a ghearrfadh an tobac go tapaidh. Ach chuala mé riamh go mbíonn nimh sna sceana sin. Obh! A mhic ó, 'sí atá in ann an lámh nó an chos a ghearradh amach. Ach níl aon bhaint agam di. Fágfaidh mé aige í. *(Sings a stave, and puts knife back again. Then starts to put bottles in his pocket, one by one).* Beidh an duine uasal isteach orm, muna ndéanfaidh mé deifir! *(Starts humming as he pockets the bottles. Soon he hears the noise of footsteps and starts. Then hurries on. Enter Doctor.)*

AN DOCHTÚIR: If this fellow gets away, he will poison the whole neighbourhood. I must stop him under any circumstances.

(Doctor rushes on Micheál Réidh and holds him by one hand whilst an Scoláirín holds him by the other. Curtain falls.)

END OF FIRST ACT

AN DARA GNÍOMH AMHARC A HAON – SRÁID SAN MBAILE

Máirín Ní Chlunáin is walking up and down reading a paper.

MÁIRÍN: Ní mé céard tá á choinneáil. Ba cheart dó a bheith anseo anois. *(Takes out a letter and reads from it: – 'Dear Marie, I will meet you in half an hour on my way home. Don't disappoint. I may be delayed a little. – Patrick.')* Sea, ní fhéadann na dochtúirí i gcónaí a bheith in am. *(Looks to see if Doctor is coming.)* Níl, níl sé ag teacht fós. Níl a fhios agam céard a chuir d'iallach airsean, seachas aon duine, a theacht go dtí an áit seo! *(Looks again.)* Go deimhin, ní bheidh sé in ann fanacht ann go deo gan Ghaeilge, ach b'fhéidir nach raibh a fhios aige gur ceantar Gaelach é seo. 'Chuma ar bith, is mór an náire é a bheith ag cur oifigeach gan Ghaeilge go dtí áiteacha mar iad seo. *(Looks and sees a person coming, whom she takes to be the Doctor.)* Obh, tá sé ag teacht faoi dheireadh. Tá mé cinnte gurb é atá ann, má tá sé i bhfad uaim féin. Caithfidh mé cleas éigin a imirt air, nuair nach raibh sé in am. *(Thinks.)* Sea, tá sé agam. Tá a fhios agam céard a dhéanadh sé fadó, am ar bith a gheobhadh sé an deis. Féachfaidh mé an bhfuil sé aige fós. Ligfidh mé orm féin nár airíos ag teacht é. *(Bends down her head and pretends she is reading. She walks slowly in the direct opposite to that by which Doctor is coming. Enter an Scoláirín with a cigarette in his mouth. He stands suddenly.)*

AN SCOLÁIRÍN *(Aside):* Oh! How awfully beastly lucky! Moy deahest Mahie! *(Claps his hands and smiles.)* My own popsy-wopsy! My heawt's desihe! *(Quenches cigarette carefully and puts it into penny packet and advances to Máirín on tip-toe.)*

MÁIRÍN *(Aside):* Ní mé céard tá á choinneáil. Tuige nach bhfuil sé anseo?

AN SCOLÁIRÍN *(Aside):* She must be speaking Gweek! I'm suhe she wants to know wot is keeping me. How bally nice of heh! Bah Jove! It's jolly fine, this! *(An Scoláirín goes over and puts his hands on Máirín's eyes.)*

MÁIRÍN *(Slyly):* Stop now! *(Laughing.)* You have done that often enough before. I'll only give you one – now. *(An Scoláirín kisses Máirín, keeps his hands on her eyes all the time. Then turns round and says aside.)*

AN SCOLÁIRÍN: My ownest, deahest sugah-stick! I hope no one will tuhn up.

MÁIRÍN *(As though vexed):* Now, stop! One is enough! Well, I'll let you take one more, and that will do. *(An Scoláirín smacks his lips and kisses again, keeping hands on all the time.)*

AN SCOLÁIRÍN: I'm suhely a lucky dog! *(Aside.)* Dem it! It's bally good this.

MÁIRÍN: Now, I'll get vexed if you don't let me go, Patrick. Well, here, take one more, and make the three of it. *(At word 'Patrick' an Scoláirín gets a start.)*

AN SCOLÁIRÍN *(Aside):* She is suhely quizzing heh own Geo'ghie.

(Here Máirín pulls herself away, and, on seeing an Scoláirín, she gets wild.)

MÁIRÍN *(Fiercely):* Get out, you wretch! How dare you! Get away!

AN SCOLÁIRÍN (*Quite amazed*): Oh, Mahie! My own deahest, deahest, doty Mahie! Have you fohgotten youh own little chucky?

MÁIRÍN: Get away, and never come near me again.

AN SCOLÁIRÍN: Oh! Mahie! Sweetest Mahie! Is that the way you tweat youh own Geo'ghie! Have youh fohgotten the times I used to teach youh how to play tennis, and when youh and I used to dance the Mazuhkas togetheh? Oh, think of those sweetly chahming times, Mahie.

MÁIRÍN (*Indignantly*): Let me tell you, sir, once and for all, that I wish to forget both you and your games! I look upon it as the worst spent period of my life – that time when I wasted my energies in trying to lay aside what God and Nature have intended for every Irish girl – their own language, and their own customs, and, in fact, their Nationhood – and you, sir, were you worth striking, I would do so! It is you and your kind who have ever destroyed our country. You degenerates, who gloat over her misery, and would drink the blood of your fellow-countrymen, should it minister unto your avarice! But wait; time is not yet at an end! There are men – men – left in Ireland yet. Their power is young, but it is waxing strong, and it will soon send you and your herd to your doom.

AN SCOLÁIRÍN (*Going down on his knees, and most imploringly*): Oh! Lovehliest Mahie! Have pity – pity – on youh own pooh, deah Geo'ghie.

MÁIRÍN: This is your way, sir. (*Pointing to the right.*)

(*Here the Doctor comes along, and is quite taken back at the sight.*)

AN DOCHTÚIR: How do you do, Marie? This is a dramatic situation. I am sorry to have disturbed you. (*Going away.*)

MÁIRÍN: By no means. Don't mention it.

AN SCOLÁIRÍN: Not at taw! Not at taw!

AN DOCHTÚIR: And may I ask what this means, Marie? (*Doctor turns his back to an Scoláirín and listens to Máirín.*)

MÁIRÍN: You may with pleasure, and I will let you know. This gentleman, if I may so call him, seems to think he has a claim on me because in younger days I was innocent enough to join with him in despising and laughing at my country's distinctive marks of nationhood – her language and her customs.

(*Doctor leaves down his bag and walking-stick. An Scoláirín gets more excited. He puts up his fists at Doctor's back gradually, takes off his coat, and in general shows signs of fight.*)

AN DOCHTÚIR: And pray, what has brought about this great change, this reversion to things already on the road to death?

MÁIRÍN: You may think them dying, but I do not. The danger is great, but there are strong hopes of recovery. You ask me for the reasons of my conversion to the Irish Revival Movement. It is a shame and an exhibition of the wretched condition to which we have sunk, that anyone claiming to be Irish should ask such a question. I am a convert to the Irish Revival Movement, not because it is novel and interesting, nor yet because it is growing and becoming popular, but because I am neither English nor French. I am an Irish girl, and to be that, our own language and our own ideals are indispensable. To my mind, that one reason is enough. (*An Scoláirín appropriates Doctor's walking-stick, which he brandishes nervously and threateningly.*)

AN DOCHTÚIR: For my own part, I have to acknowledge that this place has quite deceived me in many ways. I have never spent such a day as today. And, tell me, are all your friends quite as enthusiastic as yourself?

MÁIRÍN: No, I am sorry to say. In fact, I fear my mother is quite as enthusiastic, but in the opposite direction. I am sure she will be greatly disappointed with my conversion. However, I am determined to follow out my ideas, no matter how unpleasant it may be, for great sacrifices have to be made in this last struggle of our language. (*Here she sees an Scoláirín with uplifted stick and warns Doctor. The Doctor takes stick from an Scoláirín and pushes him rudely away.*)

AN DOCHTÚIR (*Fiercely*): That was doing it a bit too well. I feel inclined to teach you never to do the like again.

MÁIRÍN: Yes. Give him what he deserves. His kind have been allowed to walk too much on the people. A little physical chastisement has always more effect with the like of him than words.

AN SCOLÁIRÍN *(Tenderly)*: Oh! Mahie! Don't be cwuel! Don't you know how I love you?

AN DOCHTÚIR *(Looking at an Scoláirín contemptuously)*: No, he's not worth striking, Marie. Come along and leave him there.

(Doctor and Máirín go.)

AN SCOLÁIRÍN *(Dejectedly)*: Moy pooh heawt is bwoken! The wo'ld is tuhning out dweadful! No-body cahes foh me at all! *(Sound of singing heard approaching. An Scoláirín listens.)*

AN SCOLÁIRÍN: I'll pwetend I am fainting fwom the effects of the assault. It will help to get that bwute of a doctah two yeahs foh attempted mu'dah. *(Lies on ground as though in a fainting fit. Micheál Réidh comes along and starts at sight of an Scoláirín.)*

MICHEÁL RÉIDH: Ara, céard tá ort, a fhir bhoicht? M'anam gur aisteach an chaoi a bhfuil tú. *(Takes an Scoláirín's hat and compares it with his own, and then throws it away.)* Ach, níl aon mhaith leis, is fearr mo cheann féin go mór ná é. *(Sings and feels Scoláirín's pulse.)* Tá an duine bocht préachta leis an bhfuacht. Cuirfidh mé mo chóta féin air in ainm Dé, agus tabharfidh mé abhaile é. *(Goes to put an Scoláirín on his back.)*

AN SCOLÁIRÍN: You'll pawdon me, sah! Pawdon me, I'm Mista O'Higgins. Mu'dah! Mu'dah! Police!

MICHEÁL RÉIDH: Éist, anois, a dhuine bhoicht! Ná bíodh faitíos ort! *(Micheál goes carrying an Scoláirín. The latter shouting Mu'dah! Mu'dah!)*

END OF SCENE I

Tadhg ina shuí i gcathaoir. A bhean ag scríobh litre.

BEAN THAIDHG *(Turning to Tadhg):* Look here, Timothy, you know the Doctor will be here immediately, and see the figure you cut. You know we must put on our best today, since we have decided on capturing the doctor for Marie. The like of him, you know, is very grand, so we must be as respectable as possible. Why, it will be a clever capture, surely, a doctor in the family! So now, Timothy, get off that common frieze coat at once, and put on this tweed one I've bought for you. And here also is a collar and tie, and I was forgetting the cuffs.

TADHG: Muise! An as do chéill atá tú nó céard tá ag tíocht ort? Cheal nach bhfuil mé sách maith mar atá mé anois?

BEAN THAIDHG: Tut, tut, man! None of that common Irish here today, or you will pay for it. Be on your guard, sir, not a word, or you will ruin all our plans. What will that gentleman have to say when he sees you with your common frieze coat, and hears you speak Irish, but: 'Oh, those people are very vulgar, and not at all respectable.' So now, Timothy, do just as I tell you and no more. You know it's all for dear Marie's sake, and we should try and grasp this golden opportunity.

TADHG: M'anam, más le haghaidh Mháirín é, ach go ndéanfaidh mise mo dhícheall; ach b'fhearr liomsa gan a bheith anseo ar chor ar bith, mar caithfidh mé rud éigin a rá, agus níl mé in ann an Béarla Sasanach – an diabhal sin – a labhairt. Tuigim cuid mhaith de, ach is leis an deamhan í a labhairt, a Bhríd.

BEAN THAIDHG: My dear Timothy, I will teach you what to say and do. But first of all, get on this new coat I've got for you, and also this collar and tie, – and those cuffs. *(Tadhg puts on clothes with great reluctance and great difficulty.)* Why, you look quite respectable.

TADHG: Och, go bhfóire Dia orm anois! Beidh mé tachtaithe faoi cheann leathuaire, agus 'sé an diabhal seo faoi mo mhuineál atá do mo thachtadh ar fad. Ó, go dtuga an deamhan uainn na rudaí céanna! Cérb as ar tháinig siad?

BEAN THAIDHG: Silence, sir! Did I not tell you before to do and say just as I tell you? Now, the next thing, you must appear quite accustomed to those clothes, and in no way concerned.

TADHG: Céard é sin a dúirt tú faoi dheireadh? Ní thuigim an focal deireanach sin.

BEAN THAIDHG: Gracious goodness! Must I speak that common vulgar language to him? Tá mé ag rá leat gan móisiam ná iontas ar bith a bheith ort faoin gculaith sin roimh an Dochtúir, ach a bheith ag breathnú breá, deas, nádúrach.

TADHG: M'anam go bhfuil mo sháith le déanamh agam má choinním socair chor ar bith, tá sin.

BEAN THAIDHG: Now, after that immediately, the Doctor appears, and, as man of the house, you must stand up and welcome him, and say a few words. But, first, make a bow like this. (Bows.) Then I'll do the rest after that. You need only speak an odd word. Here is what you will say, the minute he comes in: 'You are heartily welcome, Doctor, I'm so awfully joyed you came to see us, and –'

TADHG: Ara, a Bhríd, tá tú ag cur do dhá dhíol ann. Ní bheidh mé in ann a leath a rá. Fan go bhféachfaidh mé leis anois. 'You're – heartily welcome – docthor. Tá mé' – ní hé sin é – 'I'm awfully j'yed you came to see us.' Tá sé chomh maith dom anois a bheith á chleachtadh, ar fhaitíos go ndéanfainn dearmad air.

BEAN THAIDHG: Just another word, Timothy. When you have said that, you can tell him you are suffering from a great toothache, and he will excuse you for not speaking. Say like this: 'You will pardon me, doctor, for not speaking much, as I have a beastly bad toothache.' Then, you can sit down and say nothing after that; I will do the talking. I have also got little Larry Cooney to act as waiter. I've taught him how to usher in the Doctor and also what to say. (She gets up and shouts.) Larry! (Rings bell.) Waiter! (Larry appears in a great hurry.) Look here, Larry, I want you to appear –

TADHG: Ara, labhair Gaeilge leis. An ndóigh, ní cheapann tú go bhfuil Béarla ag Learaí bocht?

BEAN THAIDHG: Why, yes! I should have known that. Féach anseo, a Learaí. *(Larry attends.)* Seo í an chulaith nua atá tú a chur ort inniu. *(She hands him a waiter's coat and vest. Larry looks at them in amazement.)*

LEARAÍ *(With disgust):* Och, muise, b'fhearr liom mo chóta féin go mór. Beidh an baile ar fad ag rith 'mo dhiaidh, má fheiceann siad na rudaí seo orm.

BEAN THAIDHG: Éist, éist, a Learaí, ach cuir ort iad go mear. Agus seo bróga breátha duit freisin.

(Larry takes the slippers, measures them with his feet, and shakes his head.)

TADHG *(To Larry):* Tá sé chomh maith duit gan focal a labhairt, a Learaí. Féach an chuma tá ormsa! Ó, a Learaí, 'sé an drochshaol dáiríre é, mar níl meas madaidh ar an mbréidín ná ar an nGaeilge.

(Larry goes out to put on clothes. Bean Thaidhg goes to tidy parlour.)

TADHG: Is fearr domsa a bheith ag cleachtadh mo phíosa féin. You're – heartily – Dochtúir – glad – to see me. I'm awfully jide – you – came. Céard seo eile anois? Och, sea, na fiacla seo. The toothaches, Dochtúir, do be at me bastely – and me dunt – spake – mó – mórán – much.

(Tadhg thus continues practising. Larry rushes in in a great hurry, holding the waiter's vest in one hand and the coat in the other.)

LEARAÍ: A Thaidhg, ar a bhfaca tú riamh agus inis dom cé acu seo a chuirfeas mé orm i dtosach.

TADHG: Go bhfóire Dia ort, a Learaí. Ar ndóigh, tá mo thrioblóid féin ormsa – ach cuir ort an ceann is réidhe a rachas ort.

BEAN THAIDHG: Why! Not dressed yet! Seo, cuir ort an ceann seo i dtosach.

LEARAÍ: Déanfaidh sin cúis. Is gearr go mbeidh mise réidh anois. *(Goes out.)*

TADHG: Beidh mise ag cleachtadh mo chuid féin feasta. *(Bean Thaidhg tidies up the room. Tadhg practises bowing.)*

TADHG: Dochtúir, you are awfully – jide to see me – an' I'm glad to see you! Sea! Agus iad seo eile anois. The beastly –

toothaches – do be at me – an me dunt – spake – mórán – much. *(Tadhg gradually mixes up the English. Larry then appears in the waiter's suit, stands at door, and bows to Tadhg. Tadhg takes a fit of laughing at him.)*

BEAN THAIDHG: Why, we surely will be up-to-date. The doctor will be astonished.

TADHG *(Laughs):* Obh, a Learaí, go sábhála Dia sinn! *(Laughs.)* Ar son do sheanathar, agus tar anall anseo go bhfeice tú thú féin. Shíl mé go raibh mé féin dona go leor, ach bhuail tusa amach mé. *(Laughs.)* Ní fhaca mé do shamhail riamh ach an 'Willie-wag-tail.' *(Laughs.)*

BEAN THAIDHG: Timothy! Do you know where you are, sir? Conduct yourself, please.

LEARAÍ *(In great agony, with the small slipper):* Och, tá an bhróigín seo róchúng agam, agus tá mo chos millte aici. Ní bheidh mé in ann seasamh léi.

TADHG: A Learaí, tá mé ag rá leat gan a theacht in aice liomsa ar aon chor, mar, má fheicim thú, caithfidh mé gáire a dhéanamh. *(Laughs.)*

BEAN THAIDHG: Anois, a Learaí, féach anseo. Nuair a thiocfas An Dochtúir, déan mar seo. *(Bean Thaidhg bows. Larry does the same.)* Maith go leor! Ansin, caithfidh tú teacht go dtí an doras agus é a bhualadh. Ansin, abair i mBéarla –

LEARAÍ: Ní dhéanfadh sé cúis é a rá i nGaeilge?

BEAN THAIDHG: Seachain ar d'anam an labharfá Gaeilge. Anois, abair é. The Doctor has arrived, Madam.

LEARAÍ: The Dochruir has arrived, Madam.

BEAN THAIDHG: Déanfaidh sin anois. Imigh leat agus bí á chleachtadh.

(Larry goes in great pain. Tadhg laughs.)

BEAN THAIDHG *(Taking a seat beside Tadhg):* So now, Timothy, you see everything will go off beautifully.

TADHG: Tá sé sin deas go leor. Is gearr go mbeidh sé anseo anois. Ach, cá bhfuil Máirín? Tuige nach bhfuil sí anseo?

BEAN THAIDHG: O, yes! The poor child! She is tired after her journey last night. By the way, I must write to the convent, and tell the nuns she reached home safely. I'm sure she is thoroughly accomplished now. She will certainly captivate the Doctor. Her accent, I am sure, is quite foreign. You know, it used to be said there was no convent in Ireland could impart a real English accent as well as – Oh, gracious goodness! Here he comes. Look sharp, Timothy.

TADHG: Go bhfóire Dia orm anois!

(Enter Larry in a fearful state of excitement. Has only one slipper on.)

LEARAÍ: Mhom – dom – mhom! Tá an Dochtúir 'rived! Tá an Dochtúir 'rived.

BEAN THAIDHG: A Learaí! Cá bhfuil an bhróg eile?

LEARAÍ: Chuir an ruifíneach, Micilín bacach sin, in áit éigin í, agus ní fhéadaim í a fháil. *(Larry here runs, and goes before the Doctor, and makes desperate attempts to get past. Enter the Doctor. Tadhg stands up and bows.)*

TADHG: Dochtúir, I'm heartily, you're awfully j'yed to see me – Céard seo eile, a Bhríd? – the toothaches do be at me bastly, Dochtúir, and me dunt spake – mórán – much.

BEAN THAIDHG: You are heartily welcome, Doctor. You will pardon my husband, Doctor, as he is suffering from a severe toothache, and, in fact, is quite delirious with pain. It was with difficulty I made him remain here at all to welcome you.

AN DOCHTÚIR: I have to thank you for your kind invitation. How is Miss Clunin?

BEAN THAIDHG: She is quite well, thank you, Doctor.

(Tadhg groans. Doctor advances.)

AN DOCHTÚIR: By the way, Mr. Clunin, I think I can do something for that severe toothache. Let me see it. *(Examines Tadhg, and looks very grave).* There is nothing for it but instant removal. *(Pulls out a tooth-pincers. Tadhg looks fiercely – first at doctor, and then at wife. Doctor goes to table, arranging for extraction. Tadhg turns to wife, and threatens all kinds.)*

TADHG: A dhiabhail! Féach an chaoi a bhfuil mé anois agat! Ach, ní ligfidh mise dó é! *(Doctor goes to extract tooth; Tadhg prevents him; Bean Thaidhg interferes.)*

BEAN THAIDHG: Doctor, would you please not mind extracting it today, but if you could give him some relief for the time being?

AN DOCHTÚIR: Well, in that case I will try. *(Pulls out small case, inserts some stuff into Tadhg's mouth, with great difficulty.)*

BEAN THAIDHG: Thank you ever so much, Doctor. Will you pardon me one minute until I call my daughter Marie. She returned from convent last night, and is a bit wearied after her journey.

AN DOCHTÚIR: Of course.

BEAN THAIDHG: *Au revoir.*

AN DOCHTÚIR: Good bye, madam.

(Doctor and Tadhg take seats. Larry appears with refreshments. Larry has great difficulty trying to hide the foot without a boot, whilst Tadhg can hardly keep from laughing at sight of Larry. Doctor is bewildered between them.)

AN DOCHTÚIR *(Drinking):* Good luck, Mr. Clunin, *sláinte.*

TADHG: Sláinte mhaith agat.

(Larry retires.)

TADHG *(Turning to Doctor):* Féach anois, a Dhochtúir, in ainm Dé. *(Doctor quite taken back, very restless.)* Tá sé chomh maith domsa, ó tharla go bhfuil sí imithe amach, chuile shórt a inseacht duitse, mar ní fhéadaim fanacht níos faide mar atá mé. Is fear socair caoithiúil atá ionamsa, ach níl aon Bhéarla ná na nósanna Gallda sin agam, ar chor ar bith. Níl aon cheo ar mo chuid fiacal ach an oiread; sin leithscéal atá ag mo mhnaoi as faitíos go mbrisfeadh an Ghaeilge amach orm. An dtuigeann tú, a Dhochtúir? *(Catching Doctor.)*

AN DOCHTÚIR: Mr. Clunin, I am sorry to have to confess that I know no Irish. I wish people would write truthful accounts. I have been ever led to believe Irish was a dead language, but I find it is very much alive.

TADHG: Och, diabhal focal ina phluic! Féach an seachrán atá orm anois! O, muise, go bhfóire Dia ar an máthair a thóg thú. Féachfaidh mé leis an mBéarla arís. Dochtúir, me dunt spake Béarla – English. No toothaches, all leithscéal. *(Bean Thaidhg heard approaching.)* Dun't tell the missus.

AN DOCHTÚIR: It's all right, it's all right, Mr. Clunin.

(Enter Bean Thaidhg and Máirín. Doctor gets up and shakes hands with Máirín.)

AN DOCHTÚIR: How do you do, Marie? I am delighted to see you.

(Máirín takes her seat beside her father. Doctor and Bean Thaidhg converse. Máirín looks with wonder at the dress of her father, collar, cuffs, etc., and finally breaks the ice.)

MÁIRÍN: A athair, céard tá ort nó cé a chuir na rudaí gránna sin ort? Ní fheileann siad thú, nuair nach raibh aon chleachtadh agat orthu.

BEAN THAIDHG: Ahem! Ahem! Marie, you are forgetting.

AN DOCHTÚIR: Mrs. Clunin, does anyone speak English here but you?

BEAN THAIDHG: Oh, certainly, Doctor, but Marie, I presume, is playing a small joke. Of course she knows you would never condescend to speak Irish.

AN DOCHTÚIR: I only wish I could speak it.

BEAN THAIDHG: How you do joke, Doctor.

(Here Larry rushes in.)

LEARAÍ: Mhom – dom – mhom! Tá Misther O'Higgeen 'rived. *(Enter an Scoláirín.)*

AN SCOLÁIRÍN: Good-day, Mrs. Clunin. *(Shakes hands.)* And good-day, Marie.

MÁIRÍN: Dia duit! *(An Scoláirín starts back.)*

AN SCOLÁIRÍN: How do, Mr. Clunin?

TADHG: Go mbeannaí Dia duit, a Scoláirín! *(An Scoláirín quite taken back.)*

AN SCOLÁIRÍN: Good-day, Doctah.

AN DOCHTÚIR: Good-day, sir, good-day. *(An Scoláirín takes seat to left of Bean Thaidhg)*.

TADHG: Muise, m'anam, a Mháirín, go bhfuil mé i ndáil le bheith tachtaithe ag an rud seo faoi mo mhuineál.

BEAN THAIDHG: Ahem! Ahem! Silence there.

TADHG: Ar son Dé, agus tóg uaim é. Tá mé ag ligint orm féin freisin go bhfuil Béarla agam, agus, an ndóigh, níl. Sílim gur buachaill socair é an Dochtúir seo, agus inis dó an chaoi a bhfuil mé.

BEAN THAIDHG *(Indignantly)*: Really, Marie, you have played the joke long enough. Come, come!

AN SCOLÁIRÍN: Ce'tainly, ce'tainly! Vehy funny language, that Hoi-ish! Beastly hawd!

MÁIRÍN: A athair, agus a mháthair, ní fhéadaim fanacht socair níos faide. Tá sibh ag dul amú go mór a bheith ag ligint oraibh féin, galántas agus rudaí nach bhfuil sibh in ann a dhéanamh. Is beag an dochar don tsaol go léir a bheith ag breathnú síos agus ag magadh faoi na hÉireannaigh.

BEAN THAIDHG: Oh! this is dreadful! Dreadful!

AN SCOLÁIRÍN: Beastly! Awful 'ot!

(Bean Thaidhg and an Scoláirín are shocked).

MÁIRÍN: Cén chaoi a bhféadann duine ar bith meas a bheith aige orthu, nuair nach bhfuil meas acu féin ar a chéile. As A thoil féin a cheap Dia teanga na Gaeilge, agus níor cheap Sé gan fáth í, mar nach ndearna Sé pioc riamh gan fáth. Cheap Sé teanga na Gaeilge le haghaidh na nÉireannach, agus, má chaitheann siadsan uathu í, tá siad ag dul in aghaidh thoil Dé.

TADHG: Nár laga Dia thú, a Mháirín, bhí a fhios agam i gcónaí go raibh rud éigin ionat!

MÁIRÍN: Caith uait é sin atá ort, agus cuir ort do chóta féin arís.

(Tadhg flings shoddy coat, cuffs and collar from him and puts on his frieze coat again.)

MÁIRÍN: Agus labhair an Ghaeilge mar a labhair d'athair agus do mhuintir romhat.

TADHG: Labharfad, a fhad is a mhairfeas mé, le cúnamh Dé.

BEAN THAIDHG: Marie, please stop! You have been very rude, but I'll forgive you if you make amends by singing for us – say a French song or a selection from one of the operas.

AN SCOLÁIRÍN: Ce'tainly! Of couhse! A song! A selection from the Belle of New Yawk – quite up to date, that!

(An Dochtúir whispers to Máirín and she sings 'An Spailpín Fánach' or some Irish one. At end of first verse Bean Thaidhg and an Scoláirín protest).

BEAN THAIDHG: Oh! Dreadful! Dreadful! She is gone beyond my power altogether!

AN SCOLÁIRÍN: Frightful! Frightful! All bally 'ot!

TADHG: Mo ghairm go deo thú, a Mháirín! Bhí a fhios agam go raibh sé ionat.

(Tadhg repeats his commendations at each verse. Bean Thaidhg and an Scoláirín are shocked beyond measure.)

MÁIRÍN *(At end of song)*: And now, Doctor, I fear I have tried your patience too long, so I will speak to you in English, but only until you learn Irish.

AN DOCHTÚIR: Not at all! I have been quite charmed with your eloquence, although I did not understand a word of what you were saying. What is more, I acknowledge myself a Gaelic Leaguer from this day forth. My conversion began this morning in the dispensary and it is completed now. I have also learned at my own expense that this is an entirely Irish-speaking district, and hence, I find it impossible to continue in my present position for want of Irish. So now, I have to ask a favour of you. As you are better acquainted with this district than I am, you might recommend to me someone who could act as my assistant, and especially one who can speak Irish.

MÁIRÍN: I'll see. I'll ask father.

AN DOCHTÚIR: Do, please.

MÁIRÍN: A athair, an bhfuil aithint agat ar aon duine atá in ann an posta seo a thógáil ón Dochtúir?

TADHG: M'anam nach bhfuil a fhios agam. Sílim nach bhfuil aon duine ann, mara dtóga tú féin é. Níl aon duine eile ann.

AN DOCHTÚIR: What does he say?

MÁIRIN: He says there is only one person and that one may not suit you.

AN DOCHTÚIR: But can that person speak Irish?

MÁIRÍN: Yes.

AN DOCHTÚIR: Is clever and intelligent?

MÁIRÍN: Fairly.

AN DOCHTÚIR: Of a fairly quiet disposition?

MÁIRÍN: Ye-e-s.

AN DOCHTÚIR: Not too old?

MÁIRÍN: No.

AN DOCHTÚIR: Nor yet too young?

MÁIRÍN: No.

AN DOCHTÚIR: And would be willing to accept it?

MÁIRÍN: I think so.

AN DOCHTÚIR: Why, that is just my fit. I should be delighted with such an assistant.

MÁIRÍN: But you have not heard the objections.

AN DOCHTÚIR: Och! What are they? I'm sure they are only trifling.

MÁIRÍN: There is but one, and that, I fear, is insurmountable.

AN DOCHTÚIR: Oh! What is it, pray?

MÁIRÍN: I – I –

TADHG: Ara, labhair amach, a Mháirín, ná bíodh faitíos ort.

MÁIRÍN: I am the person myself.

AN DOCHTÚIR (*Quite taken back*): Oh! Really – but – I did not – you know – However – Really, Marie, this is a delightful surprise. Look here, there is no use in beating about the bush any longer, and as doctors are not the best hands at love-making, in a word, will you accept it?

MÁIRÍN *(Pauses, and does not answer.)*

TADHG: Ara, déan, a Mháirín, déan.

(An Scoláirín very anxious-looking.)

MÁIRÍN: I – will.

(Here an Scoláirín collapses. Bean Thaidhg restores him with smelling bottle. All look at him.)

TADHG: Céard tá ar an Scoláirín?

AN DOCHTÚIR: What does your father say? Is he quite satisfied?

MÁIRÍN: A athair, tá an Dochtúir do m'iarraidh uait. An bhfuil tú sásta?

TADHG: Táim, agus bheirim mo mhíle beannacht duit féin is dó féin.

(Shakes hands with the Doctor.)

AN DOCHTÚIR: And you, Mrs. Clunin, are you quite satisfied?

BEAN THAIDHG: Ye-s. I am quite pleased. But I strongly object to those vulgar tastes you both possess. It is dreadful. I give you both my blessing.

AN DOCHTÚIR: And now, I have one more suggestion to make. Our friend, Mr. O'Higgins, would be of great service to us in the dispensary, should he accept that position.

AN SCOLÁIRÍN: Ce'tainly, ce'tainly! I'm delighted. What's moh, I intend leahning Hoi – i – ish immediately – a most beautiful language.

MÁIRÍN: And now, to show the result of your conversions, I propose giving you your first lesson in Irish and we can spend the remainder of this most eventful day profitably and well.

BEAN THAIDHG: Really, Marie, that is going too far!

AN DOCHTÚIR: Not at all, not at all!

AN SCOLÁIRÍN: Nut at aw, nut at aw!

(Máirín gets a number of O'Growney First Books and hands them round.)

BEAN THAIDHG *(When offered a book)*: No, thank you. I have some respect for myself. You are a disgrace to your family.

(The Doctor, Tadhg and an Scoláirín all open their books and attend. Bean Thaidhg takes up a position to left of an Scoláirín and looks on with an air of contempt and disgust.)

MÁIRÍN: There are seventeen letters in Irish, twelve of which are consonants and five vowels. The consonants are: b, c, d, f, g, l, m, n, p, r, s, t.

(The Doctor pronounces them after Máirín all right, but an Scoláirín finds it impossible to get rid of the English accent.)

TADHG: Níl focal ar bith ag an Scoláirín. Go bhfóire Dia air!

MÁIRÍN: There are five vowels, three of which are broad, and two slender. The broad ones are **aw** –

AN SCOLÁIRÍN: **a, a** (very short).

MÁIRÍN: It's not **a**, it is **aw**. Pronounce 'awfully.'

AN SCOLÁIRÍN: Oh, bah jove! 'Awfully.'

MÁIRÍN: Now we come to the first sentence.. **ó** – **bó,** a cow.

AN SCOLÁIRÍN: **Beo.**

(An Scoláirín pronounces it with English accent).

TADHG: **Bó,** a Scoláirín, **bó.** Sin ainm beithígh i nGaeilge, baste i mBéarla.

AN SCOLÁIRÍN: Bah jove! Beastly. How awfully funny.

MÁIRÍN: **Ó-g, óg,** meaning 'young.' **A-g-u-s** agus 'and.' **C-ú, cú,** a hound. Bó óg agus cú.

*(All repeat it after her. The Doctor all right, an Scoláirín with English accent **kew**).*

MÁIRÍN: And that I think will complete our lesson this evening. Déanfaidh sin cúis anocht.

TADHG: Nár laga Dia thú, a Mháirín. Is é an saol atá ag athrú agus go maire an Ghaeilge slán.

BRAT ANUAS

CRÍOCH

Dráma greannúil i ndá Ghníomh (i nGaeilge agus i mBéarla)
Baile Átha Cliath: Conradh na Gaeilge, 1904.
First performed in the hall of Tawin, Co. Galway, in 1902, by a group of local amateur actors.
Cast unknown, but the author played the lead role.

PREFACE

The writing of this little drama has been suggested by the incongruous effect of trying to graft a foreign language and a set of foreign manners and customs on a people possessing their native language, manners and customs. The humours of the situation are only incidental, and would be of a tragic rather than of a comic character were it not that the tide of anglicisation has turned. These humorous glimpses show the process of extinguishing a Nation's individuality, but as a change has come over the face of the country we can afford to laugh at them now.

The piece has been very well received in the few places in which it has been staged and now that its publication has made it accessible to everyone, it is hoped that An Dochtúir will be productive of greater and more widespread influence.

It is recommended, when staging the play, to secure the services of a real Tadhg Ó Clunáin and of a real Micheál Réidh, when possible. These give a charm and realism to the acting which cannot be produced by others who are only trying to enter into the spirit of the originals. The naturally uncomfortable feeling shown by Tadhg when dressed in the foreign shoddy is delightful because it is native, but when the feeling is acquired half of its charm is lost.

Foilsíodh an dráma seo i bhfoirm leabhráin sa bhliain 1904 sa tsraith *Drámanna Bunadhasacha* II agus is ar an leagan sin atá an téacs seo bunaithe.

Téama na seoinínteachta agus ghalldú na Gaeltachta i gcoitinne atá i gceist sa dráma seo. Maidir le heachtraí an dráma seo, ceapadh dochtúra nach raibh focal Gaeilge aige i gceantar Gaeltachta, mar a tharla sa bhliain 1906, nuair a ceapadh an Beirneach mar dhochtúir leighis i gceantar Uachtar Ard agus bhí conspóid faoin gceapachán a bhain le hagóid Chonradh na Gaeilge 'An Irish-speaking doctor for an Irish-speaking district.' Maidir leis an gceapachán sin, féach, Irish Weekly Independent (31.5.06, 1). Bhí raic ann roimhe sin nuair a bhí dochtúir le ceapadh i gCoillte Mach a mbeadh Gaeilge aige agus bhí an Beirneach istigh ar an bpost sin. (Féach, The United Irishman (25.11.05, 5 &16.12.05, 1)).

An Claidheamh Soluis

Tá drámaí Gaeilge ag teacht amach go fairsing anois. Bhí ceann ar an gclár i nGaillimh an tseachtain seo a chuaigh tharainn i Seomra an Bhaile Mhóir. An Dochtúir is ainm dó – ceann nua a scríobh fear óg as Tamhain, baile beag atá taobh thoir de Ghaillimh. Píosa an-ghreannmhar é, ag 'spáint gur seafóideach an rud dochtúirí nach bhfuil aon eolas ar Ghaeilge acu a chur isteach ar cheantair Ghaelacha ar fud na tuaithe. Bhí sé ar siúl dhá oíche i ndiaidh a chéile agus bhí teach maith daoine ann chaon oíche acu.
Buachaillín Tuaithe, 'Dráma Gaedhilge i nGaillimh,' 31.10.1903, 2.

An Claidheamh Soluis

Is maith an mhaise orainn é, má thig linn, dea-dhrámanna a léiriú. Taispeánann sé go bhfuil uaisleacht ár sinsear gan a bheith imithe asainn fós, cé go mb'fhéidir go bhfuil sí ag dul i léig ó lá go lá. Ach, a déarfar, céard é dráma? Níl ann ach go samhlaítear an gníomh; ach, má dhéantar go maith é, is beag nach gcorródh sé tú chomh mór is dá ndéantaí an gníomh. Bíonn duine fán gcumhacht atá ina thimpeall – má tá drochdhaoine timpeall air is baolach go rachaidh sé chum oilc tráth éigin, ach más daoine ardaigeanta, meanmnacha iad, ní baol ná go mbeidh seisean mar an gcéanna. Sin é dála an ardáin – má léirítear drámanna ina ndéantar gníomhartha laochais, ardóidh sé sin meanma na ndaoine agus cuirfidh sé ardsmaointe ina gcinn. Ní hamhlaidh é go rómhinic anseo i mBaile Átha Cliath againn nó bheadh a mhalairt de dhaoine óga ag fás suas ná mar atá. Tá a fhios ag an saol nach mar a chéile saol na nÉireannach agus saol na Sasanach agus dá bhrí sin, gur éigean do dhrámanna an dá thír a bheith gan cosúlacht ar bith acu le chéile. Foilsítear saol na Sasanach ar an ardán anseo in Éirinn, ach is annamh a fhoilsítear saol na nÉireannach. Dá ndéantaí athghiniúint ar an ardán anseo in Éirinn, is mór an maitheas a dhéanfadh sé dúinn. Is minic a léirítear drámanna anseo agus deirtear linn go bhfoilsíd beatha agus caitheamh aimsire na nGael, ach is gnáthaí a leithéidí seo ag tarraingt ar photaireacht agus ar bhillí dealaithe na gcúirte dlí. Bíd ag iarraidh a chur ina luí orainn, dá mba amárach é, go dtiteann na rudaí seo amach in Éirinn gach aon lá. Táimid chomh dall sin nach dtig linn a fheiscint gurab ag nochtadh saoil na n-allúrach a bhíd.

Tá feabhas mór ag teacht orainn le bliain nó dhó, agus táimid tar éis beagán de shoblach na nGall a chur amach le fuinneamh. Ba bhreá ar fad mar a léirigh muintir Chraoibhe an Chéitinnigh *Tadhg Saor*, ag Coirm Cheoil na Samhna. Ní rabhadar ag déanamh aithris ar na cleasaithe gallda in aon chor, ach dheineadar é fé mar a dhéanfadh Gaeil é – go nádúrtha. An oíche fé dheireadh bhí *Pléascadh na Bolgóide* againn sa Molesworth Hall, agus go deimhin ní miste a rá ná go ndearna an fhoireann a ngnó go maith. Tabharfaidh an t-ardán cúnamh mór dúinn le hÉire a dhéanamh Gaelach, ach amháin é d'oibriú. Ní sos fós dóibh. Seo chugainn *An Dochtúir* arís as Tamhain. Ní bheadh breall ar an té a déarfadh go gcuirfidh *An Dochtúir* muintir Bhaile Átha Cliath i riocht a scoilte le gáire. Samhail de shaol in Éirinn is ea é seo, gan gó. Chífear athrú mór fé cheann i bhfad.

Eagarfhocal, 'Dráma na nGaedheal,' 14.11.1903, 4.

The United Irishman

The Tawin players appear to-morrow (Friday), Saturday and Sunday nights in the 'Banba,' or Grocers' Hall, North Frederick

Street, Dublin, in *An Dochtúir*. The play, which is in Irish and English, is full of fun and satire at the expense of the *seoiníní*, and is well worth travelling far to see for its own sake, but the Tawin players are men and women whom Irish-Irelanders should journey from the furthest corners of the metropolis to support on this occasion. For they are Irish-speaking people who, while they retained their language, did not lose their pride in it. All around their little village dwell people who, like themselves, are Irish-speaking, but who, unlike them, are ashamed of their language. Against all scoffers and jeerers the Tawin people clung to the old tongue and gloried in speaking it. If their spirit had been the prevailing spirit elsewhere, we would not need an Irish language revival movement today, for the Irish language would be spoken throughout the greater part of Ireland. The wondering neighbours of the Tawin men have heard with astonishment that the people in Dublin think so highly of the spirit of Tawin that they could not rest until they brought them up to enact their play in the capital of Ireland. The story of crowded attendances at the performances this week will travel back to Irish-speaking Galway – and it will influence for good every man in it. Galway peasants, long taught to despise their language, will have food for reflection when they find that Dublin esteems it so highly that she singles out for honour the one little spot in Galway where the people always professed pride and love for their native tongue. And no one who knows how much the influence of fashion has had to do with destroying respect for Irish in the Irish-speaking districts, will doubt how powerful a magnet fashion can now be made to draw the people back to respect that which genuine national education would have taught them never to regard otherwise than with respect.

P. Mac Amhalghaidh writes to us of the play: Hearing that the Tawin drama, *An Dochtúir*, is coming to Dublin, the idea occurs to me that a few notes on the play by one who has seen it acted in Galway may interest your readers. Let me confess, first, that I have no experience as a dramatic critic, and secondly, that as a Galwayman, I am intensely proud of Tawin, and possibly, therefore, not strictly impartial. If Ballyvourney be the capital of

Ireland, the little village on the shores of Galway Bay may fairly claim the title of capital of Connacht. And who knows but at some Oireachtas in the near future Dr. Lynch and his Ballyvourney battalions may find themselves called on to defend their city's title against the assaults of the Tawin legions, led on by Dr. Seumas O'Beirn (not quite a doctor yet, but next door to it). Now, as to the play. It is a short piece, in two scenes. I do not know whether the fact that even a non-Irish speaker can get a fair amount of fun out of it will act as a recommendation with your readers, or the reverse. It is so, however. If the Dublin audiences enjoy it as well as the Galway ones appeared to do, its success is assured.

The first scene is laid in Ballindonas Dispensary, situated in an exclusively Irish-speaking district. The newly-appointed doctor has not a word of Irish in his head. The humorous side of this situation is well worked out, but its more serious aspect, is also suggested (a very serious aspect indeed, it would be in real life). The hopeless bewilderment of the poor be-fogged doctor, as one patient after another enters and discourses volubly in Irish, would draw a laugh out of a dying man. The *seoinín* also makes his appearance in this scene, in the person of Mr. O'Higgins, lately returned from one of the nation-killing colleges. He can 'ploy eve'y goime, speak enny language,' but not of course the 'beastly Oi'sh.' The second scene is in Tadhg O'Clunain's house. Tadhg's wife has fashionable aspirations and speaks English. The doctor, who is a suitor for the hand of Tadhg's daughter, is expected, and Mrs. O'Clunain is discovered drilling her husband and the servant-boy in what they are to say and do when the visitor comes. A great deal of fun is made out of this. The doctor arrives, and later on the *seoinín*. Mairin, just back from the convent, makes her appearance, and is found to be much too Irish in her tastes to please the mother. The climax of the latter's fury and of the *seoinín's* disgust is reached when Mairin, on being asked for a French song, gives instead the *Spailpín Fánach*.

The denouement of the play is very abrupt indeed, and I fancy it would stand lengthening out a bit more, and be all the better for it. The part where one of the characters attempts to appropriate the doctor's hat and stick should be left out or modified in some way. It is not true to nature. The acting in Galway was all round suprisingly good. The actor who sustained the part of Tadhg O'Clunain deserves to be singled out for special mention. The beggarwoman and her son, and the patient who compounds his own prescription, were all excellent. The 'Doctor' made the most of a part which did not present so many opportunities. The part of Tadhg's wife, which was presumably intended to hold up to ridicule the ignorant peasant-woman who tries to ape gentility, was too much 'idealised,' if I may be allowed the term. It should have been made much more unattractive. The *seoinín* was a little weak in the accent, but they have not many opportunities of studying that peculiar animal in Maree peninsula. I did not find Mairin quite as satisfactory as most of the others. She was evidently nervous, and I expect to see her do much better next Friday night, *le cúnamh Dé*. Her singing, too, was inferior to what it was at the last Connacht Feis. On the whole, Tawin has right good reason to be proud of itself, and Connacht to be proud of Tawin.' Dr. Hyde has written expressing the hope that every Gaelic Leaguer in Dublin will support the performances this week. It is a hope we join in.

– 14.11.1903, 1.

Liam P. Ó Riain

AN MÍ-ÁDH MÓR

An Fhoireann

Micheál Ó Laoire
An Sirriam
Máire, Bean Mhichíl
An Maor nó an t*Agent*
Cáit, Deirfiúr Mháire
Píléirí

Tadhg Óg, Peig
(Comharsain)

Báillí
Sagart Paróiste
Comharsain eile

Áit: Teach Mhichíl i sráidbhaile beag fén dtuath.
Aimsir: Láithreach

(Radharc: an chistin i dtigh Mhichíl; Máire ina suí i gcathaoir, a lámha féna ceann. I gceann neomait éiríonn sí ina seasamh is téann go dtí an doras.)

MÁIRE: Nach é an mí-ádh cráite é! Sin maidin eile tharam is an bithiúnach úd gan filleadh fós! Ardchrochadh lá gaoithe chuige! Cá bhfuil sé in aon chor nó cá ndeaghaigh sé leis an airgead? Uch, mo bhrón is mo léir, beidh an sirriam anso gan mhoill is cuirfear amach ar thaobh an bhóthair sinn i ndeireadh an scéil. Go bhféacha Dia orainn inniu, nach agamsa atá an fear ciallmhar? Nach ormsa atá an mí-ádh mór?

(Téann sí siar go dtí an teallach.)

Ní fheadar den tsaol cá bhfuil an bithiúnach nó cá ndeaghaigh sé in aon chor –

(Tagann Peig isteach.)

PEIG: A Mháire, a chroí istigh, an bhfuil Micheál tagtha fós?

MÁIRE *(Go feargach)*: 'Bhfuil Micheál tagtha fós? Greadadh chugat, a sheanchailleach, cad chuige duit a bheith ag teacht isteach anso dom bhodhrú? Is maith atá a fhios agat nach bhfuil sé tagtha, an cladhaire!

PEIG: Nach mbeadh sé chomh maith duit freagra caoin a thabhairt dom. Níor bhris dea-fhocal béal éinne riamh, a bhean.

MÁIRE: Imigh leat as mo radharc, a chailleach, is tabhair aire dod ghnó féin. Táim liath agaibh. 'Bhfuil sé tagtha fós? 'Bhfuil sé tagtha fós? Níor airíos a mhalairt as béal éinne ó lá an aonaigh. Mura mbeadh go bhfuil sé amuigh uaim, an dóigh leat gur mar seo a bheinn? Bailigh leat as so.

PEIG *(Is í ag dul amach)*: An bhean bhocht. Tá sí as a meabhair nach mór is ní hionadh é. Nach uirthi atá an mí-ádh!

MÁIRE *(Ag imeacht ar fuaid an tí)*: Dhe, dhe, dhe, nach mairg mná an domhain! Bithiúnaigh atá acu mar fheara. Faid do bhíd siad san mbaile, bíonn an mí-ádh ar an dtigh, is faid do bhíd amuigh uainn bíonn míshuaimhneas inár gcroíthe.

(Suíonn síos.)

Is olc dúinne i gcónaí.

(*Airítear ceol lasmuigh. Preabann Máire de gheit. Tagann Tadhg Óg isteach is é ag seinm ar fheadóg.*)

TADHG ÓG (*Ag baint na feadóige dá bhéal go hobann*): Gabhaim pardún – Dia is Muire duit – Dearúd do bhí orm – 'Bhfuil, 'bhfuil Micheál tagtha fós?

MÁIRE (*Go feargach*): Marbhfáisc ort, a phlobaire! An mar sin is cóir duit teacht isteach?

TADHG ÓG: Gabhaim pardún agat, a Mháire. Ag déanamh taithí ar roinnt ceoil i gcomhair Chonradh na Gaeilge a bhíos, is bhí an oiread sin áthais orm nárbh fhéidir dom stad den phort.

MÁIRE: Drochrath ort féin is ar do phort! Shíleas gurbh é an sirriam do bhí ann.

TADHG ÓG (*Ag gáirí*): Hó, hó, hó! An dóigh leat, a Mháire, gur ceol Gaelach do bheadh ag an sirriam?

MÁIRE: Éist do bhéal. Ní thugaim faoi deara aon difríocht inniu idir phorta. Ní measa ceann acu ná a chéile.

TADHG ÓG (*Ag gáirí*): Go maith, ambaiste. 'Bhfuil Micheál tagtha abhaile fós?

MÁIRE (*Ar buile*): 'Bhfuil Micheál tagtha abhaile fós, an ea? Muise, ardchrochadh lá gaoithe chugat!

(*Ag déanamh fé dhéin an tlú.*)

Nach bhfuil a mhalairt le rá ag gach bithiúnach?

(*Ritheann Tadhg Óg amach. Seinneann sé port Gaelach is é ag dul suas an tsráid.*)

MÁIRE (*Go brónach*): Ó, a Dhia ghléghil, saor sinn go brách. Níl mo leithéid de bhean dona in Éirinn inniu. Tá gach éinne ag magadh fúm. 'Bhfuil Micheál tagtha thar n-ais fós? 'Bhfuil Micheál tagtha abhaile fós?

(*Tagann Cáit, deirfiúr Mháire, isteach.*)

CÁIT: Dia anso isteach ach amháin an cat is an madra.

(*Cuireann sí a seanmhuf ar an mbord is baineann a clóca di.*)

Cheapas nár mhiste dom cuairt do thabhairt ort, a Mháire. Bhíos an-ghnóthach le fada. Conas tá an saol ag éirí leat? 'Bhfuil Micheál san mbaile?

MÁIRE (*Go feargach*): Dhe, dún do chlab. Sea. 'Bhfuil Micheál tagtha thar n-ais? 'Bhfuil Micheál san mbaile? Táim bodhar cráite agaibh. Nach deas an rud é mo dheirfiúr féin do theacht anso ag magadh fúm!

CÁIT: Airiú, a Mháire, a chroí, cad tá ort ar aon chor?

MÁIRE: Cad tá orm, an ea? Mífhortún an tsaoil atá orm. B'fhearr liom bheith im mhnaoi déirce ag siúl na mbóithre ná a bheith mar atáim. Ní fheicim duine ná deoraí do chabhródh liom. Agus mo sheanbhithiúnach fir, d'imigh –

CÁIT: Micheál imithe, an ea? Airiú, bíodh ciall agat, a bhean chroí.

MÁIRE: Och, go deimhin, is fuirist 'bíodh ciall agat' do rá. Dá mbeadh ciall ag mnaoi ní phósfadh sí choíche. 'Ní féasta go rósta is ní céasadh go pósadh.'

CÁIT: Faire, ná bí ag gearán mar sin. Fear maith croíúil nádúrtha is ea Micheál.

MÁIRE: Gaoth, a Cháit. Croíúil nádúrtha, an ea? Dúrt leis maidin lae an aonaigh nach raibh a leithéid d'fhear chrostálta ar thalamh ghlas na hÉireann. Níorbh ionadh go raibh troid eadrainn. Dheineas péire lámhainní breátha olla dó – mar bítear á rá gur chóir déantúis na hÉireann do chur ar aghaidh. An dóigh leat cad é an buíochas do bhí aige orm?

CÁIT: Ní fheadar den tsaol.

MÁIRE: 'Ní leanbh mé,' ar seisean, 'ná níl aon eagla orm roimh an bhfuacht.' B'éigean dom íde na muc is na madraí do thabhairt air sular ghlac sé leo. Ansan chuaigh sé chun an aonaigh. Bhí scata muc ramhar againn is tásc ná tuairisc ní bhfuaireas air ó shin. Mo chreach is mo chás, tá sé imithe go brách. Tá sé imithe – is tá an t-airgead imithe in éineacht leis.

(*Gabhann sí anonn is anall ag gol.*)

Dia go deo linn, tá mo chroí briste is beidh an sirriam anso gan mhoill.

CÁIT: Micheál imithe! Agus an sirriam ag teacht! Ní dáiríre atáir, a Mháire?

MÁIRE: Ar dhóigh leat orm gur ag magadh atáim? Ó, nach é an bithiúnach críochnaithe é! Dúirt sé le linn imeacht dó: 'Slán leat, a chailleach,' ar seisean, 'b'fhéidir ná fillfinn choíche arís ort.' Shíleas, ar ndóin, gur mar dhea bhí sé.

CÁIT: Agus nár tháinig sé abhaile?

MÁIRE: Níor tháinig, an cladhaire. Bhíos ag fuireach leis ar feadh dhá lá is ar maidin inné chuas go dtí an baile mór, ach ní raibh tásc ná tuairisc air romham. Ó, mo chreach is mo léirscrios! Beidh an sirriam anso inniu –

CÁIT: Ach, a dhe, níor shíleas go raibh an scéal chomh dona san.

MÁIRE: A Cháit, a chuid, bhuail an drochrath linn ach níor mhaith liom bheith ag trácht air. Do theip orainn an cíos do chur le chéile tamall ó shin is ón lá san go dtí an lá inniu ag dul in olcas is ea bhí an scéal orainn. Dúirt an bodach *agent* go gcuirfí amach sinn, ach shíleas go mbeadh luach na muc againn in am. Ach mo mhíle brón! Tá an chairde i gcrích is an bithiúnach úd imithe in ainm an diabhail is fiacha na muc in éineacht leis, is beidh an sirriam anso inniu.

(*Suíonn Máire go lag brónach i gcathaoir.*)

CÁIT: A Mháire, a chroí, táir lag tuirseach breoite. Téanam ort isteach sa tseomra is éirigh a chodladh duit féin. Teastaíonn sé uait.

(*Téann siad isteach san tseomra. Dúnann Cáit an doras. Ar an dtoirt, tagann Micheál isteach ón tsráid. Tá sé beagán súgach, maide ina láimh aige, na lámhainní olla ar a lámha.*)

MICHEÁL (*I nguth aerach*): Cad é an áit é seo? Bhíos i dTír na nÓg aréir i measc taoiseach is laochra. Is mór an trua mé theacht thar n-ais chomh luath so.

(*Chíonn sé na lámhainní.*)

Ní maith liom lámhainní. Bím im sheanchaora an fhaid is bhím á gcaitheamh. Ní fhaca mé lámhainní ar bith i dTír na nÓg.

(*Cuireann sé an maide ar an mbord is baineann sé na lámhainní de.*)

Agus nuair bhíos ag caint le Fionn is é an rud a dúirt sé: 'Is aisteach na daoine atá in Éirinn inniu. Lámhainní ar bhur lámha, an ea? Ba chóir daoibh rudaí éigin eile bheith in bhur lámha agaibh i gcoinne na nGall.'

(*Caitheann sé na lámhainní ar bharr an tseanchófra.*)

As go brách leo!

(*Ceol lasmuigh.*)

Éist! Teachtaire ó Thír na nÓg, b'fhéidir.

(*Tagann Tadhg Óg isteach.*)

Ar mhaith le Fionn go raghainn thar n-ais go Tír na nÓg? Raghad is fáilte.

TADHG ÓG: An tusa atá ann, a Mhichíl? Cá rabhais in aon chor?

MICHEÁL: Tá a fhios agat go maith, a theachtaire, gur i dTír na nÓg do bhíos.

TADHG Óg (*Ag gáirí*): Bhí fáilte is fíonta romhat ann, is dócha.

MICHEÁL: Bhí, gan amhras. Bhíos ag ól i bhfochair Fhinn is Oisín.

TADHG ÓG: Ar thaitin an t-uisce beatha leat?

MICHEÁL: Ní uisce beatha a bhí á ól againn in aon chor, a amadáin. Beoir do bhí againn. Dúirt Fionn liom nach raibh uisce beatha in Éirinn fadó ar chor ar bith is cén fáth go mbeadh sé i dTír na nÓg?

TADHG ÓG: Tá sé in Éirinn inniu.

MICHEÁL: Dúrt an rud céanna leo i dTír na nÓg. 'Tá a lán uisce beatha in Éirinn inniu,' arsa mise. 'Tá go deimhin,' arsa Fionn, 'idir uisce beatha is Béarla, tá Éire beagnach caillte.' Sula raghad thar n-ais caithfidh mé a chur ina luí ar mhuintir na hÉireann nach cóir dóibh bheith ag ól uisce beatha.

TADHG ÓG (*Ag dul amach*): Is aerach an scéal é seo againn. Beidh spórt acu thuas nuair a inseod dóibh é.

(*Imíonn.*)

MICHEÁL: Fan neomat, fan neomat. Táim ullamh. Beidh mé led chois thar n-ais go Tír na nÓg.

(*Chíonn sé an muf.*)

Och, nach greannmhar na faisin atá in Éirinn inniu! Ní fhaca mé a leithéid seo i dTír na nÓg.

(*Tógann an muf.*)

Dar fia, tá na mná is na cailíní ag dul chun cinn go hálainn. Dá mbeadh file mar Eoghan Rua ina bheatha anois níorbh fholáir dó amhrán do cheapadh ar an muf. Níorbh aon mhaitheas dó bheith á rá:

(*Deir sé i nguth íseal.*)

Ba mhaorga maiseach múinte í
Ba chiúin í, ba shéimh a cló,
Ba chaomh a dreach is a súil ghrinn
Mar dhrúcht ghlinn ag déanamh spóirt.

(*Oscailtear doras an tseomra go hobann. Tagann Máire is Cáit isteach sa chistin is ionadh orthu.*)

CÁIT: A Mhichíl, a chroí istigh –

MÁIRE (*Go feargach*): A chladhaire an domhain, is mithid duit teacht abhaile. Cá rabhais, a chrochaire?

MICHEÁL: Tá a fhios ag an saol gur i dTír na nÓg do bhíos. Táim tar éis seal do chaitheamh ann i bhfochair Fhinn is Oisín ag caint leo is ag ól ina gcuibhreann –

MÁIRE (*Ar deargbhuile*): Ar meisce san mbaile mór do bhís is, im briathar, tá tú ar meisce fós. Ó, muise, deargnáire chugat! Tusa ar meisce is an sirriam ag teacht. Tabhair dom fiacha na muc. Tabhair dom an cíos láithreach bonn!

MICHEÁL: Airiú, cuir uait led mhuca. Ná bí ag caint mar sin le fear atá tar éis teacht ó Thír na nÓg.

(*Beireann sí air, cuireann sí lámh i bpóca a chasóige, faigheann sí a sparán is osclaíonn sí é.*)

MÁIRE: A Rí na glóire, níl ann ach leath-thuistiún.

(*Ní féidir léi a thuilleadh a rá go ceann tamaill. Tá fearg is ionadh uirthi.*)

A chladhaire na croiche, cá bhfuil an t-airgead? Cá bhfuil fiacha na muc?

MICHEÁL: Ní fhaighim aon bhlas ar do chaint, a bhean. Seo, bímis ag trácht ar fhilíocht.

MÁIRE: Dhe, muise, greadadh chugat nó an amhlaidh atá tú tar éis an beagán céille a bhí agat do chailliúint! Cá bhfuil an t-airgead?

CÁIT: Cuartaigh do phócaí, a Mhichíl.

MICHEÁL (*Ag cuardach*): B'fhéidir go bhfuil ór as Tír na nÓg agam.

(*Faigheann sé píopa is tobac i bpóca díobh ach níl pioc eile le fáil.*)

CÁIT: Níl an t-airgead aige! Tá an donas ar fad orainn anois.

MÁIRE (*Go brónach*): Ochón, an cíos, an cíos. Ní fheicimse aon rud romhainn anois ach tigh na mbocht.

(*Suíonn sí i gcathaoir go lag tuirseach is cuireann a lámha lena héadan. Cuireann Micheál tobac ina phíopa.*)

CÁIT: Faraor géar, níl aon airgead agam féin is tá na comharsain an-bhocht. Bhí beagán agam uair ach anois tá sé imithe.

(*Beireann sí ar an muf is caitheann sí ar an urlár é.*)

Ó, nach mise a bhí im óinseach dáiríribh a bheith ag caitheamh mo chuid airgid ar rudaí den tsórt san – mar a dhéanfadh bantiarna féin.

MICHEÁL (*Leis féin*): Is breá an rud tobac as Tír na nÓg.

(*Airítear fothram amuigh. Ritheann Tadhg Óg isteach.*)

TADHG ÓG: Tá an sirriam ag teacht.

MICHEÁL: A theachtaire, an bhfuilir ullamh chun dul thar n-ais go Tír na nÓg?

MÁIRE: Ochón, an seantigh bocht. An seantigh bocht do bhí ag m'athair romham. A Dhia, nach é lá an bhreithiúnais an lá so?

(*Cromann sí ar ghol.*)

CÁIT: Drochrath air mar uisce beatha.

(*Tagann isteach an sirriam, an tAgent, báillí, píléirí is cuid des na comharsain ina measc. Bagrann Máire dorn orthu is téann fé dhéin an Agent.*)

MÁIRE (*Go truamhéalach*): Níl an cíos againn fós, mo chreach. Tá an mí-ádh ar fad orainn. Ar son Dé is fág againn an seanbhothán do bhí ag m'athair romham is osclóidh Dia na flaithis id chomhair lá éigin. Och, fág an seanbhothán againn ar son Dé.

AGENT: Stop that jabber, woman.

(*Leis an sirriam.*)

Come sheriff –

COMHARSAIN: Éist do chlab Béarla, a chladhaire gan trua.

TADHG ÓG: Níl ionat ach searbhán nó *sourface* mar a déarfaí san mBéarla ghránna.

(*Caitheann sé An Claidheamh Soluis i súile an Agent.*)

Clanna Gael go deo!

(*Beireann na píléirí ar Thadhg Óg. Beireann na comharsain ar na píléirí, ar bháillí, ar an sirriam is ar an Agent. Déanaid bruíon. Screadann Máire is Cáit. Micheál ag féachaint orthu go léir is ionadh air. Tagann an sagart paróiste isteach. Scarann ó chéile iad.*)

SAGART: Peace, peace! Gabhaim pardún – síocháin ba cheart dom a rá ach nílim róchliste san nGaeilge fós.

TADHG ÓG: Beidh na sagairt i measc na nGael lá éigin.

SAGART: Tá súil le Dia agam go mbeidh.

(*Leis na comharsain.*)

Ní cóir daoibh dul in aghaidh an dlí.

TADHG ÓG: Ní hé dlí na hÉireann é.

SAGART: Bí id thost, a bhuachaill.

(*Leis na comharsain.*)

Caithfidh sibh dul amach –

TADHG ÓG: Ní raghadsa amach pé in Éirinn é. Ní chorród cos –

SAGART: Deirimse go gcaithfidh sibh dul amach. Is olc an rud daoine a bheith á gcur amach ach níl leigheas air. Caithfear a bheith umhal don dlí.

TADHG ÓG: Sea, do dhlí na namhad! Tá Éire ag fáil bháis is ní chloiseann sí ar leaba a báis ach moladh 'an dlí' is bladaireacht searbhán.

SAGART (*Leis na daoine*): Caithfidh sibh dul amach, a chairde.

(*Téann siad amach go mall. Ba mhaith le Tadhg Óg fanúint ach beireann seandaoine air is téann sé amach in éineacht leo.*)

MÁIRE: Mo chreach is mo ghéarchrá.

(Labhrann an Sagart leis an Agent ar leataobh ach croitheann an tAgent a cheann. Tá Micheál ina sheasamh ar lár an urláir, é ag machnamh. Tá Cáit ag gol. Cuireann búion an tsirriam an troscán amach i ndiaidh a chéile. Cromann siad fé dheireadh ar an seanchófra do thógáil amach.)

MÁIRE: Ochón, an seantigh do bhí ag mo mhuintir romham. Níl aon rud i ndán dúinn feasta ach tigh na mbocht.

(Chíonn sí na lámhainní ar bharr an tseanchófra.)

Ó, na lámhainní breátha a dheineas, féach mar ar chaith sé uaidh iad.

(Le Micheál.)

Ardchrochadh chugat!

(Tógann sí na lámhainní is siúlann trasna fé dhéin Cháit. Stadann sí go tobann.)

Airiú, cad é seo anso?

(Osclaíonn sí amach ordóg lámhainne is faigheann sí sobharn buí inti. Faigheann sí sobharn i ngach méir den lámhainn sin.)

MÁIRE *(Go háthasach)*: Cúig puint bhreátha!

(Tógann sí suas an lámhainn eile is faigheann cúig puint eile in ordóg is i méireanna na lámhainne sin.)

Moladh go deo le Dia! Tá an cíos againn is ní fhágfam an seanbhothán go fóill pé ar domhan é.

(Buaileann sí anonn go dtí Micheál.)

A chladhaire gan chiall, gan slacht, gan mhaith, gan mheabhair! A bhithiúnaigh na croiche, go mbuaile an d--l buille dá chleith ort. Nuair do bhís ar deargmheisce chuiris an t-airgead isteach i méireanna do lámhainní agus ansan nuair thánaís chugat féin dheinis dearúd air, a ghobacháin ghránna!

CÁIT: Ní cóir duit a bheith ag caint mar sin le fear atá tar éis teacht ó Thír na nÓg.

SAGART: Ná bíodh fearg ort, a Mháire. Tá an dea-rath ort i ndeireadh an scéil.

MÁIRE *(Leis an Agent)*: Seo dhuit an cíos is imigh leat as mo radharc.

(Téann an sagart go dtí an doras. An sirriam, an tAgent, Máire, Cáit srl. san gcúinne ag cur is ag cúiteamh i dtaobh an chíosa. Micheál ag deargadh a phíopa.)

SAGART (*Leis na comharsain*): A dhaoine muinteartha, tá an scéal socair againn i ndeireadh na dála. Tá airgead ár ndóthain againn. Bhí fiacha na muc i méireanna lámhainní Mhichíl.

(Preabann Tadhg Óg isteach is na daoine eile ina dhiaidh.)

TADHG ÓG (*Le Micheál*): Nár laga Dia do lámh, a Mhichíl. Is greannmhar an rud an t-uisce beatha.

MICHEÁL: Ní cóir do dhaoine a bheith ag ól uisce beatha. Níor ólas-sa ach beoir i dTír na nÓg.

MÁIRE (*Le Micheál*): Éist do bhéal is ná bí ag ligint na gaoithe isteach. Geallaim duit, a chladhaire, ná raghair id aonar choíche arís ar aonach ná ar margadh.

(Ordaíonn an sirriam dá mhuintir an troscán do thabhairt thar n-ais arís. Téann sé féin is an tAgent is a bhuíon chun an dorais. Seinneann Tadhg Óg port Gaelach ar an bhfeadóg is tosnaíd na daoine ar rince.)

BRAT ANUAS

CRÍOCH

Seo a leanas an réamhrá a chuir U. Ó R. leis an dráma nuair a foilsíodh i bhfoirm leabhair é.

DRÁMAÍ NÁISIÚNTA

Cá mhéad duine a bhí ag trácht ar rudaí do bhain le drámaí chomh fada siar is do bhí ann? Cá mhéad duine a bhí ag scríobh go bríomhar nó go feargach i dtaobh na rudaí céanna ó aimsir Aristotle féin? Timpeall milliúin is dóigh liom – ná bí ag ceapadh go bhfuilim ag magadh fút óir is í an fhírinne ghlan a rá nach bhfuilim. Dá mbeadh a leabhra is a bpáipéirí bailithe le chéile i mBaile Átha Cliath bheadh carn uafásach ann ó Dhroichead Uí Chonaill go dtí *An Stad,* is bheadh an carn san chomh hard leis an rud gránna ar a ngoirtear Colún Nelson. Bheadh roinnt den charn Gréagach, roinnt eile Gearmánach, roinnt eile Spáinneach, roinnt eile – ach is mithid dom stad. Dá mbeadh duine ann in ann é a léamh, is iontach an díospóireacht is an troid liteartha a bheadh roimhe á scrúdú. Ach, ina dhiaidh sin is uile, dúirt na measadóirí liteartha nach bhfuil níos mó ná céad mórdhráma san domhan ar fad. Ní dhearna a lán cainte aon mhaitheas gur fiú trácht air.

Cumadh drámaí náisiúnta san nGréig níos mó ná dhá mhíle bliain ó shin. Cumadh drámaí náisiúnta eile ar fud na hEorpa tar éis na haimsire ar a ngoirtear an *Renaissance.* Bhí cogadh ar siúl anso is bhí cogadh á thuar ansúd an t-am úd in Éirinn is níorbh fhéidir léi a brí mhór liteartha do leathnú amach. Ach ba thrua an scéal nach raibh san tír ó am go ham fir intleachtúla in ann drámaí breátha náisiúnta do chumadh. Chuirfidís spiorad nua ins na daoine ó Chúige Uladh go Cúige Mumhan; bheidís níos fuinniúla, níos tírghráúla, níos aontaithe ina dhiaidh sin. Tháinig an mí-ádh mór ar Éirinn nuair a d'fhág a rí Teamhair. Briseadh a saol polaitíochta an uair sin is a saol intleachtúil chomh maith leis. B'shin tosach fíorthráíocht na hÉireann, ní hé amháin i rudaí náisiúnta ach i rudaí intleachtúla.

Ach níl críoch an scéil againn fós, buíochas mór le Dia! Níl Éire caillte ar fad. Tá iomad slí ann chun tír bhocht d'ardú is slí acu is ea drámaí náisiúnta. D'éirigh ádh mór le tíortha san Eoraip – ón Danmhairg go dtí an Ungáir – as drámaí náisiúnta aois nó dhá aois ó shin. D'éirigh an t-ádh céanna leis an Ioruaidh inár n-aimsir féin. Is léir go gcaithfidh Éire dul ar aghaidh mar an Danmhairg is an Ungáir. Tá drámaí náisiúnta againn cheana gí go bhfuilid gearr simplí féin.

Ach b'fhéidir go mbeadh daoine ag rá: 'Nílimid ag cumadh drámaí náisiúnta ar chor ar bith. Níl drámaí á ndéanamh againn fá Bhrian, ná fá Shéafra Ó Donnchú an Ghleanna, ná fá Aodh Rua, ná fá Sháirséal.' Fanaidh go fóill, a chairde! Beidh siad againn lá éigin is beidh siad níos breátha, níos bríomhaire ná is dóigh libh, b'fhéidir. I ndiaidh a chéile a dhéantar na caisleáin. Ach céard iad drámaí náisiúnta? An riachtanach dóibh a bheith fá thaoisigh i gcónaí? Ní riachtanach. Is maith liom gach taoiseach cróga dár mhair in Éirinn riamh, ach tá daoine eile ann. Chuir ár n-aithreacha an iomarca suime i dtaoisigh. Cumhacht na náisiún brí, croíthe, smaointe, anama is intinní na náisiún, is tá siadsan le fáil go bríomhar i measc na ndaoine i gcoitinne. Beatha is breáthacht drámaí na gníomha móra is na rudaí breátha eile idir chroíúlacht is spiorad atá á dtaispeáint i ndrámaí, is táidsean le fáil i ngach fobhaile in Éirinn.

Ach beidh trácht againn ar an rud sin uair éigin eile. Nílimid ach ag tosnú inniu. Tá an dráma Gaelach mar leanbh fós, gí go bhfuil sé gasta, croíúil, is blas na nGael is brí na bhfobhailte aige. Tá an Craoibhín Aoibhinn, an tAthair Peadar, an tAthair Pádraig, Conán Maol, Cú Uladh, Iníon Uí Shíthigh, Labhras Ó Tuathail, Séamas Ó Beirne, is daoine eile nach iad á thabhairt suas. Ba chóir dó a bheith Gaelach i ngach ní is i ngach slí.

– U. Ó R.

'*An Mí-Ádh Mór* was published in *Irisleabhar na Gaedhilge* for March and April, 1903. It was first performed in Dublin, at the Rotunda, on April 25th of the same year, owing a great deal to the admirable acting of Mr. Cathal MacGarvey, Miss L. O'Flanagan, and their friends of *An Cumann Ceoil agus Dráma*. Mr. MacGarvey took the part of Micheál, Miss O'Flanagan that of Máire, Miss

Garvey was Cáit, Mr. J. O'Kelly Tadhg Óg, Miss Bradley Peig, Mr. H.A. O'Neill An Sagart, and Mr. M.Hanrahan An Maor.' (Sliocht as 'Nótaí' a bhí ag tús an leabhair nuair a foilsíodh é i bhfoirm leabhair sa bhliain 1904.)

An Claidheamh Soluis

More plays in Irish – it is always encouraging to see them published. Their publication shows that people are thinking in the country, and are making an effort to produce literature in the native speech. These plays are like most of the others we have got in Irish – plays of the peasantry. We have the same interior of a country cabin, the same *báiníns* on the men, the same *práiscíns* and red petticoats on the women. We have the same little problems, too – how to pay the rent, how to bear up under the curse of a tippling husband, how to be hopeful while awaiting the return of someone who is going to make things brighter on his return with *airgead go leor*. I heard someone say the other day – 'all these Irish plays are so monotonous. Will someone not strike out a new plot or some new setting?' I replied, as best I might, by saying that our Irish dramatists showed their wisdom in sticking to the only *milieu* that they knew. In the Ireland of today that has kept itself Irish in any way worthy of the name, there is only one class of society – the peasant class. The problem before us in the Gaelic League is rendered complex because it is this peasant class we, for awhile, must take as our standard in everything. It would, therefore, be a mistake for an Irish dramatist at the present day to go far from the cabin or the fishing village in search of his plot and characters. Village joys and sorrows are perhaps not large enough to be properly dramatic; but we must begin with them. So I think that our Irish drama is moving along the right lines. Some of the dramas we have got so far, however, would form better subject matter for stories. Many of our dramatists do not seem to realise what a drama actually is; and they frequently rush off and cast into dramatic form every plot that suggest itself to them. Our plots seem in a great number of cases rambling and scattered; and it does not, except in rare cases, add to the dramatic interest for a period of years to elapse between some scenes which must be enacted on the stage in so many quarter hours. But of course all these little failings are necessities of the case. An Irish drama is shaping itself. Perhaps we are still at the Ralph Royster Doyster or the Gammer Gurton's Needle stage. If we are patient, and permit of no forced growth, things will come well in the end.

– E., 'Reviews: Recent Plays,' *Seán na Scuab* by Tomás Ó hAodha, *Grá agus Gréithí agus Drámanna Eile*, by W.P. Ryan, 1.10.1904, 8.

Lorcán Ó Tuathail

AN DEORAÍ

Dráma in aghaidh imeacht thar sáile

An Fhoireann

Peadar Ó Ceallaigh, fear an tí
Maighréad Uí Cheallaigh, a bhean
Cáit Ní Cheallaigh, a iníon atá ag brath ar imeacht go Meiriceá
Máirtín Ó Roighin, atá i ngrá le Cáit
Eibhlín Ní Roighin, deirfiúr Mháirtín
Marcas Ó Conghaile, fear ar thóir mná
Máire Ní Eidhin, bean tar éis filleadh ó Mheiriceá

Micheál Mac Suibhne
Stiofán Bacach — comharsana
Michilín Crosach, Údarás an Bhaile
Siobhán Ní Ghuimhiullaidh

Píobaire agus daoine eile

Áit: Cisteanach i dtigh feilméara in Éirinn
An t-am: Faoi láthair

(Tá Cáit ag socrú bosca le haghaidh dul go Meiriceá; nuair atá sí ag brath ar é a dhúnadh agus an glas a chur air, tig Maighréad isteach.)

MAIGHRÉAD: Muna dtóga tú na stocaí seo, cuir an glas ar an mbosca sin go beo, nó má fheiceann d'athair an t-éadach gallda atá thíos ann, dófaidh sé sa tine iad.

CÁIT: Déanfaidh Nóra atá i Meiriceá an cleas céanna leis na stocaí atá in do lámh agat. Tá tú ag iarraidh ormsa a dtabhairt liom in aghaidh mo thola.

MAIGHRÉAD: Mar gheall air gur in Éirinn a rinneadh iad, an ea?

CÁIT: Creidim gurb ea. Nach bhfaca tú nuair a bhí sí sa mbaile nach siúlfadh sí coiscéim den bhóthar liom dá bhfeicfeadh sí mé ag caitheamh éadaí ar bith ach an cineál a thiocfadh anall thar sáile chugainn?

MAIGHRÉAD: Is mór a d'athraigh an saol ó shin, a Cháit. Tá áiteacha i Meiriceá féin faoi láthair ann a bhfuil meas mór ar theanga na hÉireann is meas dá réir ar dhéantúis na hÉireann.

CÁIT: B'fhéidir sin ach má tá Nóra ins an fhaisean gallda, nach gcaithfidh mise a sampla a leanúint ó tharla gurbh í a chuir fios orm?

MAIGHRÉAD: Faraor, lig mé cead do chinn leat ó rugadh thú is ní fiú gan é a thabhairt duit anois nuair atá tú ag imeacht uaim.

CÁIT: Le ómós duitse, béarfaidh mé liom iad – ó tharla go bhfuil mé ag imeacht, ní mórán ualaigh orm iad ar chuma ar bith.

(Cuireann Maighréad na stocaí san mbosca. Tig Peadar, fear an tí, isteach tar éis é a bheith ag Aonach Bhaile i bhFad Siar.)

PEADAR: A Cháit, a stór, an bhfuil tú ag imeacht uaim chomh luath sin? Níor shíl mé go rachfá go Meiriceá go dtagadh an chéad soitheach eile isteach i gceann coicíse. Ní raibh cosúlacht imeachta ar chor ar bith ort ar maidin. Dar ndóigh, ní féidir gur chuir na cúpla focal úd a dúirt mé leat i dtaobh an chleamhnais bhig a bhí mé ag iarraidh a dhéanamh idir sinn féin agus Marcas Ó Conghaile aon fhearg ort.

CÁIT: Go deimhin, níor chuir, a athair. Ach fuair mé scéal ó d'imigh tú go mbeadh an long ag fágáil Chuan Chorcaí arú amárach. Creidim dá bhfanfainn níos faide ins an tír bhocht uaigneach seo go mbrisfí mo chroí. Is fada liom go mbeidh mé thall i Meiriceá an áit a mbeidh rud éigin de bharr mo shaothair agam – rud nach mbeadh anseo dá bhfanfainn ann go brách.

PEADAR: A, a Cháit, bhí tú ag déanamh maith go leor sa mbaile dá mbeadh ciall agat. Is iomaí cailín a bheadh ríméadach a dó dhéag is sé pingine sa tseachtain a fháil le saothrú. Bhí tusa ag fáil an mhéid sin gan mórán trioblóide – ag déanamh lása faoin mBord Ceardúil, gan call agat do lámha a shalú ó mhaidin go hoíche.

CÁIT: Ara, a dhaide, níl in dó dhéag is sé pingine ach pá mugadh magadh – nach saothróinn é sin in aon lá amháin i Meiriceá? Shaothróinn a thrí oiread sa tseachtain ar a laghad.

PEADAR: Agus cuir i gcás go saothrófá a thrí oiread sa tseachtain, nuair a bhainfeá do lóistín agus do bheathú as sin, cad a bheadh agat?

CÁIT: Dá bhfaighinn a sheacht n-oiread déag sa tseachtain níl goir agam fanacht sa mbaile. Nach bhfaca tú an litir a chuir Nóra chugam tá coicís ó shin? Dúirt sí nach mbeadh sí beo muna dtéinn anonn chuici.

MAIGHRÉAD: Agus cén fáth é sin?

CÁIT: Bheadh an oiread sin cumha uirthi, deir sí.

PEADAR: Nach aisteach an rud é sin agus an méid cailíní beaga atá as an áit seo in éineacht léi.

CÁIT: Níl duine ar bith as an áit seo in éineacht léi anois mar d'athraigh sí as an mbaile mór a raibh sí ann.

PEADAR: Mise i mbannaí gur athraigh. B'fhéidir go mb'fhearr di fanacht san áit a raibh sí dá dhonacht é.

CÁIT: Dá dhonacht é! Seo litir eile a fuair mé ó Nóra inniu. Fosclóidh sé do shúile duit i dtaobh an tsaibhris agus an tsaoil bhreá atá aici féin agus ag na daoine a chuaigh go Meiriceá as an gceantar seo le cúpla bliain.

PEADAR: Bhí mé ag ceapadh go bhfuair tú rud éigin a bhí do do dheifriú thar sáile; ach tá amhras mór orm gur ceann de na litreacha bréagacha seo í atá ag déanamh an oiread sin díobhála ar mhuintir na tíre seo. Léigh amach go beo í go bhfeicimid cad tá ann!

CÁIT (*Ag léamh na litreach*): 'A Cháit, mo chroí thú,' ar sise, 'ná géill d'éinne a chuireas comhairle ort fanacht sa mbaile. Go bhfóire Dia ort! Cad tá tú ach id sclábhaí bhocht in Éirinn. Beidh tú id mhnaoi uasal i Meiriceá. Féach mise! Ní thiocfainn ar ais go hÉirinn anois dá bhfaighinn airgead Rí Sheoirse. Tá brat urláir breá galánta faoi mo chosa ó éirím ar maidin go dtéim 'mo chodladh san oíche. Níl fútsa ó mhaidin go hoíche ach salachar na mbóithre brocacha. Maidir le ór is airgead, tá siad anseo chomh fairsing le sprémhóin sa mbaile. Chuala mé fear eolasach á rá an lá cheana atá in ann airgead a chomhaireamh chomh maith le Pitagóras na bhFigiúirí fadó, go bhfuil faoi dhó an oiread airgid i Meiriceá agus atá siad in ann úsáid a dhéanamh de agus, de réir mar atá sé ag méadú ann, a deir sé, feicfir an tír seo fós agus ní bheidh aon mheas ar airgead ann ach an oiread agus atá ar chlocha beaga in Éirinn.'

PEADAR: Agus má tá sé chomh fairsing sin ann, a Cháit, nach sinn na hamadáin nach dtéann anonn agus corrmhála a thabhairt anall anseo agus chomh géar agus atá sé ag teastáil! Ach tiomáin leat.

CÁIT (*Ag léamh*): 'Ní bréag nach bhfuil na comharsanaigh ag déanamh go han-mhaith ins an tír álainn seo. Ar ndóigh, bhí aithne agat ar Mháire Ní Eidhin a d'imigh as Cnoc an tSeanbhaile fadó. Ní aithneofá anois í thar bhean Uachtarán Mheiriceá le saibhreas agus mórgacht an tsaoil. Níl call uirthi a bróga a shalú ag dul trasna na sráide mar tá cóiste agus ceithre chapall ullmhaithe lena hiompar chuile áit den bhaile mhór is mian léi dul ann. Tá searbhóntaí agus buitléirí aici as éadan a chéile agus ní hé an gléas céanna a chuirfidh sí uirthi féin anois a bheidh uirthi ar ball. Tá slabhra mór buí faoina muineál a cheanglódh bád Mhichíl Thaidhg, agus tá péire bróg aici á chaitheamh a chosain cúig *dollar* go leith ina bhfuil na sála atá orthu leath-throigh ar airde, agus na bonnachaí chomh tanaí le píosa trí pingine! Is cumasach an tír í le haghaidh fir amach is amach! Tá Máirtín Ó Ciaráin – grabaire beag a d'imigh as Baile na mBroc cúpla bliain ó shin – ag saothrú ocht *dollar* sa ló ina stiúrthóir ar bhóthar iarainn agus an oiread fear faoina chúram go dtógfadh sé lá is bliain le hiad a chomhaireamh. Nuair a bhí Máirtín sa mbaile ag gabháil bata ar an seanasal ní raibh bróg faoina chois; anois tá uaireadóir ina phóca aige a chosain céad go leith *dollar*, agus slabhraí móra buí á choinneáil chomh ramhar le súgán a d'fheicfeá thart timpeall coca féir. Ach, le críoch a chur leis an litir seo, más mian leat a bheith id sclábhaí ag a leithéide seo agus ag a leithéide siúd, fan sa mbaile; ach más áil leat a bheith ar rothaí an tsaoil, tar anall anseo.'

PEADAR: An é sin an méid bréag atá ann?

CÁIT: Níor inis sí leath na fírinne ann.

MAIGHRÉAD: Is cosúil leis an bhfírinne í ar chuma ar bith.

PEADAR: Is cosúil go deimhin! An áit a bhfeileann an fhírinne, instear an fhírinne, ach an áit nach bhfeileann, instear an bhréag go minic.

MAIGHRÉAD: Dá mba aingeal as an bhflaitheas a d'inseodh duitse é, ní chreidfeá é.

PEADAR: Éist do bhéal, a deirim leat, nó fágfaidh mé an teach. Nach simplí a cheapann tú na daoine a bheith. (*Ag smaoineamh*.) Ach ar uacht an tsicín sháraigh scéal Mháirtín Uí Chiaráin an méid a chualas riamh nó a chloisfidh mé go brách. M'anam gurbh é Máirtín a chonaic a dhá shaol ach ní mór liomsa dó é, an duine bocht!

MAIGHRÉAD: Ní mór, ná liomsa, ach má tá leath an mhéid sin aige, ba cheart dó cuimhneamh ar a mháthair bhocht a bheadh caillte le hanó le ráithe marach chomh ceanúil agus atá na comharsanaigh uirthi.

CÁIT: B'fhéidir gur á ól atá an bithiúnach.

PEADAR: Ná bígí chomh dian sin ar an duine bocht tar éis an méid cáile atá ar Mháirtín. B'fhéidir nach bhfuil an oiread aige agus a d'íocfadh a bhealach abhaile, ach, má tá, 'is maith an scéalaí an aimsir.'

CÁIT: Tá mise ag dul amach anois, a mhama, go bhfága mé slán ag Peigse Bhríd Mhóir. Tá sí chomh buailte suas sin leis na scoilteacha nach bhfuil sí in ann teacht anseo anocht.

MAIGHRÉAD: Go ngnóthaí Dia duit, a stór.

(*Imíonn Cáit amach.*)

PEADAR: Is cosúil, a Mhaighréad, nach bhfuil aon mhaith a bheith ag iarraidh ortsa comhairle a chur ar Cháit. Caithfidh sí dul anonn go Meiriceá le í a bheith ina mnaoi uasal?

MAIGHRÉAD: Ní abróidh mise sea nó ní hea – déanadh sí an rud is mian léi.

PEADAR: Déanadh sí an rud is mian léi, an ea! Is minic a dúirt tú é sin ó d'fhág sí an cliabhán; is beag an dochar í a bheith ina peata agat.

MAIGHRÉAD: Má tá sí ina peata, ní mise a rinne peata di. Ní mé a rinne peata de Sheán nuair a d'imigh sé, a cheann roimhe, ar uair an mheán oíche tar éis fiche punt a ghoid uait, gan an oiread agus a bheannacht a fhágáil ag na comharsanaigh.

PEADAR: Muise, go n-éirí sé leis an duine bocht – sin é a bhfuil le rá agamsa. Pé bith rud a thug sé leis, is é féin a shaothraigh go crua é, agus ba mhaith uaidh é a shaothrú.

MAIGHRÉAD: Ní hí sin an phaidir a bhí agat dó nuair a d'airigh tú imithe é.

PEADAR: Mar bhí rud beag feirge orm an uair sin agus níor chuimhnigh mé orm féin i gceart. Ach an measann tú an gcuirfidh fiche punt i mbeala (sic!) an 'Éirí Amach' nó an *Rendezvous* a bheas anseo ar ball? Is beag an baol. Tá faitíos orm go gcuirfidh sé as an teach sinn mura bhfuil ag Dia.

(*Ag caitheamh na cathaoireach uaidh le teann taighd.*)

MAIGHRÉAD: Ní chuirfidh, le cúnamh Dé – nach é lá dár saol é! Anois, ar son Dé, lig amach an cailín beag go gnaíúil agus ná bíodh an tír ag magadh fúinn amárach.

PEADAR: An tír ag magadh fúinn, an ea! Muise, ar ndóigh, níl aon tír sa domhan nach bhfuil ag magadh fúinn cheana; níl ann anois ach 'cáide go mbeidh tú ag dul go Meiriceá, a Phádraig, nó, a Bhríd? Ara, cá mbeifeá ag fanacht? Beidh oíche bhreá againn ort.' Seo í an chomhairle atá an t-aos óg a fháil anois chomh luath agus atá siad in ann cótaí beaga a chaitheamh.

MAIGHRÉAD: Anois cén mhaith duit a bheith ag caismirt mar sin, ach cuir fios ar na comharsanaigh nach bhfuair cuireadh cheana.

PEADAR (*Go feargach*): Cuir fios ar an tír más breá leat é; ach deirimse leatsa gur beag an fháilte a bheas agamsa roimh a leath!

(*Tig Cáit isteach agus culaith éadaigh Mheiriceá uirthi.*)

CÁIT: Thug mise cuireadh dóibh ar fad ach do Mharcas Ó Conghaile.

PEADAR: Agus, má thug tú cuireadh dóibh ar fad, tuige ar fhág tú Marcas 'do dhiaidh?

MAIGHRÉAD: Muise, bhí mé ag ceapadh go dtiocfadh sé gan cuireadh ar bith mar nach raibh sé riamh ar deireadh.

PEADAR: Is cuma sin. Is é an chéad fhear a gcuirfinnse fios air.

MAIGHRÉAD: Nach cúramach atá tú faoi, go deimhin. Is beag an brabach a gheofá ag a theach féin.

PEADAR: Is beag! Nuair a bhí cúnamh ag teastáil uainne anuraidh, thug sé dúinne é nuair a d'fhan do dhearthair sa mbaile ag tabhairt aire dá ghnó féin.

MAIGHRÉAD: Ní ar mhaithe leatsa ná liomsa a tháinig Marcas ach ar mhaithe leis féin.

PEADAR: Go díreach! 'Ar mhaithe leis féin a dhéanas an cat crónán.' Marach é ina dhiaidh sin nach mbeadh do dhíol caite anuraidh? Ní bheadh fata le n-ithe agat – bheidís dóite ag an sioc.

MAIGHRÉAD: Sílim gur mó a d'ith sé ná a bhain sé.

PEADAR: Ní fhéadfadh sé a ithe ach a dhóthain. Ní bheidh níos mó ina thimpeall. Rachad ina choinne mé féin.

(*Imíonn sé.*)

MAIGHRÉAD (*Ag gol*): Tá tú ag imeacht anocht, a Cháit, agus is é an cás céanna domsa tú a chur go Meiriceá agus tú a chur san uaigh.

CÁIT: A mháthair, mo chroí thú, ná habair é sin! Dá dtéinn san uaigh ní fheicfeá choíche mé. B'fhéidir go gcuirfinn fios oraibh go léir fós.

MAIGHRÉAD: Grá mo chroí thú, a stóirín. (*Pógann sí Cáit.*) Cuir fios orainn má bheidh sé in do chumas mar is beag é sólás mo shaoilse 'do dhiaidh.

CÁIT: Más mian leat, a mhama, cuirfidh mé mo phictiúr chugat le féachaint air anois agus arís.

MAIGHRÉAD: Seol chugainn é ins an gcéad litir a chuirfidh tú anall agus [gach] uile litir eile a chuirfeas tú chugainn, cuir rud éigin an taobh istigh di i dtreo nach mbeidh sé le rá agam le duine ar bith gur chuir tú litir fholamh abhaile.

CÁIT: Go deimhin, a mhama, ní chuirfidh mé aon litir fholamh abhaile má fhéadaim.

PEADAR (*Ag teacht isteach*): Má chuireann féin, a Cháit, beidh fáilte agus fiche rompu gí gur in aghaidh mo thola atá tú ag dul ann ar chor ar bith.

MAIGHRÉAD: Shíl mé go raibh tú leath bealaigh ó shin, a Pheadair.

PEADAR: Go deimhin, ní raibh call agam cos a chorraí ón gcos eile mar tá Marcas ag teacht aníos an bóthar chomh sciobtha le capall rása.

MAIGHRÉAD: Sea anois, ní chreidfeá mise.

(*Imíonn Cáit.*)

PEADAR: Bí deas lách le Marcas anois, a Mhaighréad. Dheamhan blas dochair sa gcréatúr ach go mbíonn a theanga ruidín beag rófhada mar a bhíos ár dteangacha féin go minic.

MAIGHRÉAD (*Ar leataobh*): Is beag an beann atá agamsa air, é féin nó ar a theanga.

(*Tig Marcas isteach agus giorranálaí air.*)

MARCAS: Bail ó Dhia agus ó Mhuire oraibh!

PEADAR: Go maire tú, a Mharcais. Cén chaoi a bhfuil do cheithre cnámha?

MARCAS: Cén mhaith a bheith ag casaoid, a Pheadair? (*Féachann sé thart timpeall air go huafásach.*) Ní fheicim fear strainséartha ar bith anseo ach mé féin. Ní féidir gur imithe atá Cáit go bhfaighinn aon amharc amháin uirthi. Bhí mo shuipéar réidh ar an mbord ag fágáil an tí dom agus níor lig an deifir dom blaiseadh de le faitíos go mbeadh sí imithe romham.

MAIGHRÉAD (*Ar leataobh*): Ní raibh ag cur imní ort riamh ach do sheanbholg agus ní bheidh go brách.

MARCAS: Tá mé chomh brónach ina diaidh is dá mba í mo dheirfiúr a bheadh ann.

(*Glaonn Peadar ar Cháit agus tagann sí aniar as an tseomra.*)

CÁIT: Céad míle fáilte romhat, a Mharcais.

MARCAS: Tá tú ag imeacht uainn anocht, a Cháit, agus go n-éirí an t-ádh leat cibé cearn den domhan a shroichfeas tú. Agus éireoidh, le cúnamh Dé, mar tá beannacht na gcomharsanach go léir agat agus bhí ó bhí tú 'do leanbh. Ní dheachaigh aon chailín beag go Meiriceá le fiche bliain a bhfuil an oiread caithimh ina diaidh agam agus atá in do dhiaidhse.

CÁIT: Go raibh míle maith agat agus fad saoil agat, a Mharcais! Cuirfidh mise rolla tobac is píopa breá galánta abhaile chugat.

MARCAS: Agus cuirfidh mise mo bheannacht chugatsa, a Cháit.

(*Tig Máirtín Ó Roighin, Eibhlín Ní Roighin is Micheál Mac Suibhne isteach. Téann Peadar ag cogarnach le Máirtín agus taispeánann sé Marcas dó.*)

MÁIRTÍN: Hó, hó! Tá tusa anseo freisin – nach luath a tháinig tú, a Mharcais?

MARCAS: Nach mór ort é, a Mháirtín! An gcuala tú riamh é, bíonn an t-ádh i ndiaidh na tráthúlachta?

MÁIRTÍN: Bíonn, agus i ndiaidh na simplíochta, a Mharcais. Go deimhin, ní mór liomsa duit buntáiste ar bith a gheobhas tú; ach ní maith liom duine ag teacht anseo anocht (is) a dhá láimh chomh fada le chéile.

MARCAS: Ní thuigim thú, a Mháirtín.

MÁIRTÍN (*Ag féachaint go crua ar Mharcas*): Cá bhfuil an bronntanas a thug tú leat?

MARCAS: Cé lena aghaidh an bronntanas, a Mháirtín?

MÁIRTÍN: Le haghaidh an chailín óig atá ag imeacht go Meiriceá. Nach bhfuil a fhios agat go maith nach ndeachaigh aon chailín óg go Meiriceá as an gceantar seo le fiche bliain nach bhfaigheadh sí rud éigin ó na comharsanaigh?

MICHEÁL MAC SUIBHNE: Is fíor duit, a Mháirtín. Ní dheachaigh aon chailín go Meiriceá riamh nach bhfaigheadh sí rud éigin ag imeacht di.

MÁIRTÍN: Anois, a Mharcais.

MARCAS: Agus cá bhfuil do bhronntanas féin, a Mháirtín? Ní fheicim tada agat ach an oiread liomsa.

MÁIRTÍN: Nach cuma duit?

MARCAS: Ní cuma liom. Dá dtéadh sé go dtí sin, nach mó mo ghaol féin leis an teach seo ná do ghaolsa?

MÁIRTÍN: Ó, foighid ort, a mhic ó! Cogar, a Mhaighréad.

MAIGHRÉAD: Sea, a Mháirtín.

MÁIRTÍN: Cé againn is mó gaol leis an teach seo – mise nó Marcas?

MAIGHRÉAD: Tusa gan amhras.

MARCAS: Ó, gabhaim pardún agaibh. Ó tharla go bhfuil iachall orm bronntanas a thabhairt uaim, cén sórt bronntanais a thabharfas mé liom?

MÁIRTÍN: Rud ar bith is breá leat.

MARCAS (*Ag imeacht amach*): Rud ar bith is breá liom. Déanfaidh sin.

MÁIRTÍN (*Go brónach le Cáit*): Muise, a Cháit mo chroí thú! Níor shíl mé go dtiocfadh an lá seo choíche go mbeadh iachall orm bronntanas a thabhairt duit agus tú ag imeacht go Meiriceá uaim.

(*Tarraingíonn sé hata agus cúpla úll aníos as bosca beag agus tabharann sé do Cháit iad is gabhann sí buíochas.*)

CÁIT: A, a Mháirtín, ní mar a shíltear a bhítear. Ach croch thú féin suas. B'fhéidir go gcuirfinn fios ort i gceann bliana nó mar sin.

MÁIRTÍN: M'anam, má chuireann, a Cháit, go mbeidh mise agat gan mórán moille.

(*Tig Siobhán Ní Ghuimhiullaidh (comharsa) isteach.*)

SIOBHÁN: Go mbeannaí Dia anseo!

CÁIT: Go mbeannaí Dia is Muire duit, a Shiobhán.

SIOBHÁN: A Cháit, a mhuirnín, cad a dhéanfaidh mé ar chor ar bith nuair a bheas tú imithe uaim?

CÁIT: Nach mbeidh mise chomh brónach 'do dhiaidhse, a Shiobhán?

SIOBHÁN: Seo naipcín a cheannaigh mo mhama inniu duit. Coinneoidh sé go breá te thú ag dul anonn.

(*Gabhann Cáit buíochas agus cuireann sí an naipcín uirthi féin.*)

MÁIRTÍN Ó ROIGHIN: Muise, go maire tú is go gcaithe tú é, a Cháit, agus céad ceann is fearr ná é. Ní náire don chailín óg a thug duit é. Is cosúil é leis an gceann a fuair Bríd Bheag ag dul anonn go California tá coicís ó shin.

(*Tig Bríd Ní Dhraighneáin isteach agus cáca mine coirce i bpáipéar ina láimh aici.*)

BRÍD: A Cháit, mo chroí thú. Ní bheidh comrádaí ar bith agam anois nuair a bheas tusa imithe.

CÁIT: Labharfad le hÚna Mhór agus cuirfidh mé iachall uirthi fios a chur ort má fhéadaim. Cad é seo atá agat, a Bhríd?

BRÍD: Cáca mine coirce atá ann duitse. Deirtear gur breá é in aghaidh tinneas farraige agus, má bheidh aon fhuílleach ann, tabharfaidh tú ruainne bheag do Mháire Phaits Bháin agus cuir an chuid eile faoi do philiúr ionas go mbeidh tú ag brionglóid orainn ar fad.

CÁIT: Go raibh maith agus fad saoil agat, a Bhríd. Ach, féach, bhí a fhios agam nach mbeadh Stiofán ar deireadh.

(*Tig Stiofán Bacach isteach agus maide mór draighin ina lámh aige.*)

STIOFÁN: Bail ó Dhia anseo isteach. Agus tá Cáit ag imeacht faoi dheireadh. Seo, a Cháit, an maide draighin seo duit, agus tabhair do Pheadar Bhríd Shama é atá thall san áit a bhfuil Peig. Cuirfidh sé i gcuimhne dó an léasadh breá a thug a athair dó an lá fadó a d'fhan sé sa mbaile ón scoil ag baint airní liomsa ins an mball céanna ar fhás an maide seo ann. Níl aon ní eile agam le tabhairt dó ach mo bheannacht.

CÁIT: Déanfaidh sin. Bhéarfaidh mise dó iad is fáilte.

(*Tig Marcas isteach is fód móna faoina ascaill aige.*)

MÁIRTÍN: Ní raibh tú i bhfad ó shin, a Mharcais. Cad é seo atá agat? Fód móna ar m'anam. Airiú, an as do chiall atá tú? Nó an ag iarraidh a bheith ag magadh faoi na daoine a tháinig tú anseo anocht? Téann sé tríom dhá leith a dhéanamh de ar do sheanchloigeann cranda.

MARCAS: Hu, hu! Tóg comhairle do leasa, a mhic ó. Ná déan faice tráthnóna a mbeidh aiféala ort faoi ar maidin. Nár dhúirt tú rud ar bith is breá liom a thabhairt liom?

MÁIRTÍN: Má dúras, níor dhúirt mé leat fód móna a thabhairt do chailín gnaíúil. Go deimhin, dá shuaraí thú, níor shíl mé go ndéanfá rud chomh tuatach sin.

MARCAS: Ní mise an chéad fhear riamh a thug fód móna do dhuine a bheadh ag dul go Meiriceá. (*Le Micheál Mac Suibhne.*) Ar ndóigh, ní mé, a Mhichíl? Is fear eolasach thú ar ghnása na tíre seo.

MICHEÁL MAC SUIBHNE: Go deimhin, ní tú, a Mharcais.

MARCAS: Agus nach iomaí file mar tú féin (slán an comhartha!) a chum scéal nó amhrán i dtaobh rud níos lú ná fód móna?

MICHEÁL: Is iomaí go cinnte, a Mharcais, is is iomaí deoraí bocht as Éirinn ar bhain fód móna mar é sin deora as a shúil.

CÁIT: Tá mise chomh buíoch díot, a Mharcais, is dá dtabharfá an portach ar fad dom.

MARCAS: An gcuala tú sin, a Mháirtín? Tá sí chomh buíoch díom anois is dá ndúnfá do bhéal.

MÁIRTÍN: Déanfaidh sin, a Cháit. Má tá tusa sásta leis an tairgsin úd, tá mise sásta leis.

MARCAS: Seo anois, a Cháit, a stór, ó tharla gur thóg tú an fód móna uaim, tóg an cláirín seo freisin is tabhair do mo dheartháir é atá thall i San Louis. Scríobh sé chugam an lá cheana is dúirt sé liom é a chur chuige chomh luath agus a d'fhéadfainn. Céad slán dó! Is iomaí fód móna a d'iompair sé leis an gcláirín sin riamh.

MÁIRTÍN: Muise, nár stopa tú go dtabharfaidh tú an portach ar do chruit leat.

(*Tig Michílín isteach is leaba chlúimh ar a dhroim aige.*)

MICHILÍN: Ó, go mbeannaí Dia isteach anseo. Cén chaoi a bhfuil chuile dhuine agaibh? Tá tú ag imeacht, a Cháit, is ba mhór an scéal é. Seo leaba bhreá chlúimh duit – déanfaidh sé thú go breá compordach ag dul anonn. Clúmh géabha é sin ar fad cé is moite de chlúmh aon ghandail amháin. Abróidh tú le Billiuch nuair a rachaidh tú anonn go bhfuil clúmh an ghandail mhóir ansin a bhíodh ag baint greamanna as a cholpaí fada ó shin nuair a bhíodh sé ag seoladh na mbeithíoch.

MÁIRTÍN (*Ag féachaint ar an leaba chlúimh*): Nach deas iad na bronntanais atá tú a fháil, a Cháit. Fód móna ó Mharcas Ó Conghaile is leaba chlúimh ó Mhichilín Crosach. Ara, cén chaoi a bhféadfadh sí leaba chlúimh a thabhairt léi ar bord loinge?

MICHILÍN: Agus 'measann tú nach fearr is nach téagarthaí í fúithi ná an fód móna a thug Marcas ar ball di?

MARCAS (*Go feargach*): Agus, a Mhichilín Crosach na gColm, cá bhfuair tusa clúmh? Ar ndóigh, ní raibh rud ar bith agatsa riamh ar fhás clúmh air. Ní fhaca duine ar bith beo ná marbh gé ná gandal agatsa riamh. Ach is cosúil gurbh é a ghoid a rinne tú.

MICHILÍN: Muise, tá a fhios ag an saol go raibh géabha is gandail agamsa chuile lá riamh, ach is cosúil nach raibh siad agatsa de réir an leasainm a tugadh ort. Ar ndóigh, níor glaodh riamh ort ach Marcaisín suarach na gCearc.

MARCAS: Hu, bíonn an chosúlacht ann. Is fada ó chlúmh a tógadh thú.

MICHILÍN: Bíonn an chosúlacht ann, a Mharcais. Is córa duit aire a thabhairt do do chruit!

MARCAS: Nár ba slán an scéalaí! Má tá cruit ormsa, is orm féin atá í a iompar. (*Féachann sé go fíochmhar ar Mhicheál.*) Nach raibh dhá chruit ar d'athair nuair a tháinig sé as Meiriceá agus ní fhaca Dia ná duine i lár comhluadair gheanúil riamh é.

PEADAR: Sílim go bhfuil sibh fada go leor ag argóinteacht anois. Réitigh suas an teach, a Mhaighréad, go mbeidh céilí beag againn in ainm Dé.

MÁIRTÍN: Go díreach! Bíodh céilí againn in onóir don chailín gnaíúil atá ag imeacht go Meiriceá.

PEADAR: Sea, beidh amhrán againn i dtosach ó Mhicheál Mac Suibhne anseo. Is minic riamh a chuala sibh trácht ar Mhicheál. Anois, a Mhichíl, tabhair dúinn cúpla ceathrú den *Deoraí* go breá fuinniúil agus ansin beidh port againn ón bpíobaire.

CAOINEADH AN DEORAÍ[1]

Tá gleann beag ró-aoibhinn in Éirinn,
Agus baile beag talaimh sa ghleann;
Tá garraí beag bídeach chois coilleadh,
Agus cró beag ar foscadh faoi chrann.
Agus b'fhearr liom ná cumhacht na cruinne
A bheith ag seoladh thar sáile anonn –
Ach briseann mo chroí bocht le cumhaidh
Nach dtig liom níos mó a ghabháil ann.

Curfá:

Ach briseann mo chroí bocht le cumhaidh
Nach dtig liom níos mó a ghabháil ann.

Tá ardán in aice na coilleadh,
Agus tobar beag fíoruisce faoi,
Tá sruthán beag soilseach ag síneadh
Faoi bhruacha na sabharcán milbhuí;
Agus luífinn le lúcháir ag éisteacht
Le binnghlór na gcaochán sa ghleann,
Ach briseann mo chroí bocht le cumhaidh

Nach dtig liom níos mó a ghabháil ann.
Nach trua mé taobh seo na mara,
'Mo dheoraí gan beocht gan brí,
Ag smaoineamh ar aoibhneas na hÉireann
I measc coimhthígh gan carantas croí!
Ó, slán libh, a ghleannta mo thíre,
Agus slán libh, mo chúram is mo chró!
Nach buartha is nach brónach an scéal é
Nach féidir bhur bhfeiceáil níos mó.

(*Tar éis an damhsa a bheith tamall beag ar siúl cloistear torann ag an doras. Téann Cáit go bhfeice sí cé atá ann.*)

CÁIT: Dar fia, a dhaide, tá *Lady* ag an doras agus ba mhaith léi tú a fheiceáil.

PEADAR: Mise, an ea? *Lady*! Ara, cad é an tubaiste a thabharfadh *Lady* in mo thóirse? Glaoigh isteach uirthi go bhfeicimid céard tá ag teastáil uaithi nó cé hí féin.

(*Tagann an bhean uasal isteach.*)

AN BHEAN UASAL: Go mbeannaí Dia anseo.

PEADAR (*Ag féachaint go hiontach grinn uirthi*): Go mbeannaí Dia agus Muire duit, a bhean chóir. Suigh síos agus lig do scíth.

AN BHEAN UASAL: Go raibh míle maith agat, a Pheadair. Níl mé tuirseach. Inniu a tháinig mé abhaile as Meiriceá agus b'fhada liom go bhfaighinn aon amharc amháin ar na seanchomharsanaigh.

MAIGHRÉAD: Ní féidir go raibh tusa ins an gcomharsanacht seo riamh cheana.

AN BHEAN UASAL: Bhíos, muise, a Mhaighréad. Rugadh agus tógadh míle go leith as seo mé is ní féidir nach n-aithníonn ceachtar agaibh mé?

(*Siúd iad na comharsanaigh go léir ina haice go bhfaighe siad amharc níos fearr uirthi ach ní aithníonn ceachtar acu í.*)

EIBHLÍN NÍ ROIGHIN (*Tar éis féachaint uirthi arís*): Dar fia, cuimhním anois uirthi. Chomh cinnte is atá mé beo is tú

Siobhán Ní Ruanáin a bhí ag dul ar scoil liomsa deich mbliana fichead ó shin.

AN BHEAN UASAL: Go deimhin ní rabhas, a Eibhlín, mar bhí tú 'do chailín óg is do ghruaig craptha nuair a bhí mise 'mo pháiste agus ní féidir go bhfuil mé ag féachaint chomh sean sin.

PEADAR: M'anam, muise, go bhfuil tú ag féachaint sean go leor, bail ó Dhia ort, pé bith rud a d'éirigh duit.

AN BHEAN UASAL: Ach tá sé chomh maith dom a inseacht daoibh cé mé féin. Is mise Máire Ní Eidhin a chuaigh go Meiriceá as Cnoc an tSeanbhaile deich mbliana ó shin.

(Buaileann na comharsanaigh a lámha le chéile is, ar ndóigh, cuireann siad fáilte agus fiche roimpi.)

MARCAS: Agus is tusa Máire Ní Eidhin! Céad slán don oíche a d'imigh tú – dhamhsaigh mé mo sháith i dteach d'athar.

PEADAR: Agus ní bréag ar bith nach tú Máire Ní Eidhin. M'anam gur tú a tháinig go tráthúil; níl sé leathuair an chloig ó bhíomar ag caint ort. Dúradh nach raibh aon bhean eile i Meiriceá chomh breá ná chomh saibhir leat; go raibh an oiread airgid agat agus a cheannódh dúthaigh Mhaigh Cuilinn ar fad; go raibh cóistí agus capaill is searbhóntaí ar mhullach a chéile agat; agus nach í an chulaith chéanna a d'fheicfí ort ar maidin a bheadh ort tráthnóna. An fíor é sin?

MÁIRE NÍ EIDHIN: A, faraor, an lá ab fhearr a bhí mise i Meiriceá b'fhurasta mo chuid airgidse a chomhaireamh. Ach dá mbeadh an tsláinte agam, a Pheadair, ní dhéanfainn casaoid ar bith.

PEADAR: Muise, a Mhuire, is trua. Chonaic mise thú lá agus ba bhreá gleoite dathúil an cailín thú. Anois, faraor! Agus téann sé tríom é a rá, tá dath an bháis agus cuma an anó ort.

MÁIRE NÍ EIDHIN: A, a Pheadair, is beag an t-ionadh dath an bháis a bheith ormsa. Ní chuile dhuine a dtéann an t-aer nó teas na gréine i Meiriceá go maith dó. Tá na céadta is na mílte a d'fhág an tír seo go láidir croíúil as a sláinte i Meiriceá, cuid acu ins na hospidéil, go leor eile i dtithe na mbocht, agus an chuid eile ar seachrán.

PEADAR: Má b'fhíor, a Mháire, nach raibh daoine bochta ar bith i Meiriceá.

MÁIRE NÍ EIDHIN: Hu, ná bí ag caint ar bhochtanas go dté tú go Meiriceá. Deir an cuntas is deireanaí atá poiblithe i dtaobh bochtanais ann go bhfuil níos mó daoine bochta as Éirinn ins na tithe déirce i Meiriceá ná mar atá as chuile thír eile sa domhan dá gcuirfí le chéile ar fad iad.

PEADAR: Dheamhan amhras agam ort, a Mháire.

MÁIRE NÍ EIDHIN: Níl i ndán do go leor Éireannach bocht i Meiriceá ach an sclábhaíocht agus an t-anó agus ní bhíonn obair sheasta acu. Nuair atá siad ina gcónaí, níl acu ach an teach déirce le dul ann.

PEADAR: Shílfeá, de réir cosúlachta, bail ó Dhia ort, nach obair éadrom a bhí ort féin.

MÁIRE NÍ EIDHIN: Is í an obair a bhí ormsa, a Pheadair, ag sciúradh an urláir agus ag glanadh an troscáin.

PEADAR: Ní hionann é sin, a Mháire, agus ag imeacht ar rothaí an tsaoil ar fud na mbailte móra mar a chualamar anseo.

MÁIRE NÍ EIDHIN: Mo léan géar! Is beag an baol go bhfágfainn an tír seo choíche murach litir mhallaithe a fuair mé is á rá dá dtéinn ann nach bhfeicfinn féin ná aon duine a bhain liom lá bocht go brách.

PEADAR: Há, há, bhí amhras agam gur ceann de na litreacha mallaithe seo ba chiontach leat a dhul ann. Ní bheidh rath ná rathúnas ar Éirinn go brách go ndéantar dlí a chuirfeas cosc leis na litreacha bréagacha seo. Is iomaí duine a fuair leithead a dhroma ar leaba phríosúin nach ndéanadh an ceathrú cuid as an mbealach agus atá na daoine a dhéanamh atá ag scríobh na litreacha seo.

MARCAS: Is cosúil nach n-airíonn tú thú féin go rómhaith in do shláinte, a Mháire.

MÁIRE NÍ EIDHIN: Faraor géar! Bhí mé ar fheabhas gur bhuail an tinneas cliabhraigh mé.

PEADAR: Ní fhéadfadh rud níos measa tú a bhualadh.

MÁIRE NÍ EIDHIN: Tá mé anois róchloíte agus rófhada tinn le biseach a fháil, agus níl súil ar bith agam le suaimhneas ná sólás an tsaoil seo. Ach tá súil agam, le cúnamh Dé, le m'anam a shábháil agus le mo chorp a bheith faoin bhfód in mo thír ghlas féin.

CÁIT: Ar ndóigh, chonaic tú do chol ceathar – Peig Mháirtín Sheáin. An fíor go bhfuil sí ina banoide agus í ag saothrú cúig *dollar* go leith sa ló ag múineadh clann boic mhóir?

MÁIRE NÍ EIDHIN: Ó, ná creid focal de sin. Níl sí ach ag sciúradh an urláir mar a bhí mé féin is ag glanadh na mbrat a bhíos air.

CÁIT: Muise, an gcreidfeá anois gurbh í Nóra a chuir an cháil sin amach oraibh ag iarraidh mise a mhealladh go Meiriceá ó mo mhama bhocht agus gan aici ach mé féin!

MÁIRE NÍ EIDHIN: Má ghlacann tú mo chomhairle, a Cháit, ní rachaidh tú go Meiriceá má tá slí ar bith mhaireachtála sa mbaile agat. Sin í mo bharúilse anois duit i dtaobh an mhéid atá le dul tríd agat i Meiriceá, is ná habair arís nár thug mé comhairle do leasa duit.

PEADAR: Ceist eile, a Mháire, agus ní bheimid 'do bhodhrú níos mó. An fíor go bhfuil Máirtín Beag Ó Ceallaigh a d'imigh as Baile na mBroc cúpla bliain ó shin ag saothrú deich fichead sa ló ina cheannfort nó ina stiúrthóir ar bhóthar iarainn is na mílte fear faoina chúram?

MÁIRE NÍ EIDHIN: Muise, go bhféacha Dia orainn! Tuilleadh de na bréaga. An bhfuil tusa 'do rí ar Éirinn?

PEADAR: M'anam, muise, nach bhfuilim, faraor – ná i ngar dó.

MÁIRE NÍ EIDHIN: Máirtín Beag Ó Ceallaigh ina stiúrthóir ar bhóthar iarainn! Tá Máirtín ina stiúrthóir ar a phiocóid nuair atá obair le fáil aige agus is maith uaidh úsáid a dhéanamh di.

PEADAR: Há, há, is deacair an seanrá a shárú: is glas iad na cnoic i bhfad uainn ach ní féarmhar. Níl a fhios agam beirthe ná beo cén fáth an mearbhall intinne seo atá ar mhuintir na hÉireann. Síleann siad má théann siad anonn go Meiriceá go bhfaighidh siad airgead faoina gcosa ach ní hamhlaidh atá – caithfidh siad é a shaothrú go crua, agus is iondúil, imíonn sé go holc. Tuige nach mbreathnaíonn siad thart timpeall orthu féin is féachaint ar na ceannaithe siopa is fearr agus is creidiúnaí sa tír seo, go dtáinig siad isteach ón tuath ina mbuachaillí beaga lena dtéarma a chaitheamh agus gur éiríodar saibhir gan bacadh le dul go Meiriceá ar chor ar bith.

(*Téann Maighréad agus Cáit ag cogarnach ar feadh tamaill bhig.*)

CÁIT: A athair dhílis, más mar sin a bheadh an scéal liomsa i Meiriceá, agus más fíor an méid a dúirt Máire Ní Eidhin i dtaobh na tíre sin – go gcaithfinn a bheith ag sciúradh, ag glanadh is ag sclábhaíocht, agus b'fhéidir gan dada dá bharr agam ach easpa sláinte agus fuarú creidimh, nach ormsa a bheadh an díth céille mo thír agus mo chairde a thréigeadh, b'fhéidir go broinne an bhrátha. Mar feicim gan amhras na daoine a thaganns ar ais ón tír úd nach gcuireann siad suim ar bith in Aifreann, troscadh ná tréanas. Bíonn siad beagnach ina n-eiricigh! Buíochas le Dia, níl easpa ar bith ormsa faoi láthair. Ar an ábhar sin, sílim go nglacfaidh mé do chomhairle is go bhfanfaidh mé sa mbaile.

PEADAR: Mise i mbannaí, a Cháit, go bhfuil aiféala do sháith anois ort. Níl agat le déanamh ar an bpointe ach do phaisinéireacht a dhíol le pé bith cé a cheannós uait í.

CÁIT: Rachad suas go dtí an cabhróir agus iarrfad air í a dhíol dom.

MARCAS: Níl call agat an oiread sin trioblóide a fháil uaidh. Ceannóidh mise uait í, a Cháit, má fhaighim thú féin in éineacht léi.

CÁIT: Muise, go deimhin, a Mharcais, ní bhfaighidh tú mise ar an gcuntas sin ná ar chuntas ar bith eile, mar thug mise searc is grá mo chroí d'fhear óg cheana, is fear ar bith eile ach é ní phósfainn dá bhfaighinn a mheáchan féin d'ór leis.

MARCAS: Agus, a Cháit, a stór, cé hé an fear ádhúil sin, an bhfuil aon dochar é a fhiafraí?

CÁIT: Níl, muise. Sin é thall é – Máirtín Ó Roighin is ainm dó.

MARCAS (*Tar éis féachaint go grinn ar Mháirtín*): Muise, go bhfóire Dia ort, a Cháit, má chuireann tú (thú) féin amú ar fheithide shuarach mar é siúd! Féach mise a bhfuil mo ghabháltas breá talún agam agus gach ní eile dá réir, nach mbeadh call agat do lámha a shalú ó mhaidin go hoíche ach 'do shuí síos ar do chathaoir ag tabhairt airgead gaimbín amach don tír. Má phósann tú Máirtín beidh tú i mbochtanas go brách mar nach bhfuil luach a shuipéir aige.

MÁIRTÍN (*Ag éirí suas go feargach*): Muna bhfuil airgead ná ór agam, buíochas le Dia go bhfuil mo lámha agus mo shláinte agam lena saothrú! Ní bheinn mar thusa 'mo sheanchuaille sa gcoirnéal mar a bheadh cearc ar gor. A ghiolla na cruite agus a Shíle na gcearc, bheifeá ag comhaireamh na n-uibheacha uirthi.

MARCAS (*Ag croitheadh a chinn*): Bheadh siad agam le comhaireamh.

EIBHLÍN NÍ ROIGHIN: Seo, a Mháirtín. (*Ag síneadh sparán airgid chuige*): Ní raibh mise i Meiriceá ná i dtír ar bith eile ó rugadh mé ach bhí mé tíosach ar feadh mo shaoil agus chuir mé beagán airgid le chéile, agus ní ligfidh mé do sheanleibide, do sheanleiciméara mar é seo an ceann is fearr a fháil ortsa.

MÁIRTÍN: Muise, mo chuach óg ansin thú. Faraor nach bhfuil go leor de do leithéidese sa tír seo.

EIBHLÍN: Seo, tóg an sparán seo, a Mháirtín. Tá leathchéad punt ann agus ansin beidh cearca agus uibheacha agat chomh maith le Marcaisín suarach na gcearc.

MÁIRTÍN: Ó, mo sheacht ngrá ansin thú!

MARCAS: Dá bpósfadh sí mise ní bheadh sí i dtaobh le leathchéad punt!

EIBHLÍN.: Ná bac leis an leathchéad punt, a Mharcaisín na gcearc, mar a ghlaoitear ort, an áit a bhfuil sé sin tá tuilleadh ann.

MARCAS: B'fhéidir dá n-íosfá leath do sháith an fhaid a bhí tú ag cruinniú an mhéid sin gur lú ná sin a bheadh agat.

CÁIT: Cogar mé seo leat, a Mharcais.

MARCAS: Sea, a Cháit, a stór.

CÁIT: Dá mbeifeá ag caint anois go gcaithfeá do theanga bheag, ba é an cás céanna duit é mar b'fhearr liomsa Máirtín gan bróg ar a chois ná tusa dá mbeadh airgead Déamair agat.

MARCAS: Go raibh maith agat, a Cháit. (*Ar leataobh.*) Ach feicfidh tú féin nach mbeidh cead do chinn mar sin agat, a chailín.

(*Féachann sé ar Pheadar.*) Deirimse leat go mbeidh rud le rá ag duine éigin eile leis an gcúis seo.

(*Téann sé anonn go dtí Peadar ag cogarnach ina chluas.*)

MÁIRTÍN (*Le hathair na mná óige*): Cogar, a Pheadair, níl aon mhaith é a cheilt níos faide.

PEADAR: Céard é sin, a Mháirtín?

MÁIRTÍN: Tá a fhios ag an saol go bhfuil grá agamsa agus Cáit ar a chéile.

PEADAR: Má tá a fhios ag an saol é, a Mháirtín, nach mór an t-ionadh nach raibh a fhios agamsa air?

MÁIRTÍN: An dtabharfaidh tú d'iníon domsa, a Pheadair? Dheamhan pingin spré a iarrfas mé léi. Ní theastaíonn uaim ach í féin.

PEADAR: Dar fia, is crua an cheist í sin, a Mháirtín. Caithfidh mé comhairle na mná a ghlacadh i dtosach nó b'fhéidir go mbeadh aiféala orm ar ball. Ach déanfaidh mé mo dhícheall duitse ar chuma ar bith.

(*Téann sé féin agus Maighréad ag cogarnach ar feadh tamaill bhig. Téann Máirtín agus Cáit ag cogarnach freisin. Tabharann Máirtín an sparán airgid di i ngan fhios dóibh. Tá Marcas ag suí síos ag féachaint orthu agus é ag meilt a chuid fiacal.*)

PEADAR (*Ar leataobh le Maighréad*): Cé acu is fearr leat?

MAIGHRÉAD: Is fearr liom Máirtín. Tá sé ina bhuachaill gnaíúil agus tá leathchéad punt aige.

PEADAR: Is gearr a mhairfeadh leathchéad punt, nó céad punt ach an oiread.

MAIGHRÉAD: Is gearr a mhairfeadh míle punt dá gcuirfí drochrath air.

PEADAR: Ní chuirfidh Marcas drochrath ar an méid atá aige féin agus tá lán de chomhra mhór aige.

MAIGHRÉAD: Scread chasta air, an cruiteachán.

PEADAR: Is cosúil gurb é an freagra céanna a gheobhas mé uaithi féin.

CÁIT: Thug mise freagra a dhóthain do Mharcas cheana. Ní bheidh agamsa go brách ach Máirtín. Tá sé ina bhuachaill luath láidir agus tá cion agus meas ar an áit a siúlann sé, ní hamháin air féin.

PEADAR: Cén mhaith é sin nuair nach bhfuil sé in ann bean a chothú?

CÁIT: Tá leathchéad punt aige is b'fhéidir, le cúnamh Dé, go mbeadh an oiread den ádh ar an méid sin agus a bheadh ar an méid atá ag Marcas. Iarraim cead anois ort Máirtín a phósadh agus muna dtabhara tú cead dom imeoidh mé go Meiriceá.

PEADAR: Déanfaidh sin. Ná bíodh níos mó ina thimpeall. (*Tar éis smaoineamh, le Máirtín.*) Feicim anois go bhfuil grá agaibh ar a chéile agus bhéarfaidh mé duit í mar mhnaoi ach, mar sin féin, ní ligfidh mé amach folamh í. Bhéarfaidh mé fiche punt spré duit léi, cuingir ocsan is bodóg nuair a bhéarfas sí faoi Fhéile Pádraig le cúnamh Dé, agus ó tharla nár gheall Dia mórán talún duit, bhéarfaidh mé deich n-acra daoibh atá ansin thiar ag an gCnoc Bán a cheannaigh mé faoin mbille nua seo. Ansin, muna dtaga Seán abhaile as Mexico, beidh mo theach agus mo thalamh agat féin agus ag Cáit agus ag do shliocht 'do dhiaidh. Bheirim mo bheannacht anois le Dia a chur rath agus rathúnas, ádh agus iontar oraibh féin agus ar bhur maoin shaolta chomh fada agus a mhairfeas sibh.

MÁIRTÍN: Ó míle glóire le Dia! Ní raibh mé ag súil le leath an mhéid sin uait, a Pheadair.

PEADAR: B'aisteach an rud bean a thabhairt duit gan rud éigin léi.

MARCAS (*Ag éirí suas is deargbhuile air*): Cén diabhal a bhí orm teacht anseo ar chor ar bith! (*Leis féin.*) Faraor géar deacrach! Nach 'mo chodladh ar mo leaba a chuaigh mé! (*Le Cáit.*) Bíodh sé agat anois, a Cháit, agus ní mór liomsa duit é, ach deirimse leat go n-íocfaidh tú ann lá is faide anonn ná inniu nuair a chuirfeas sé an cliabh aniar ar do chruit ag teacht an earraigh.

CÁIT: Má chuireann féin, a Mharcais, beidh mé in ann é a iompar.

MARCAS (*Le Máirtín tar éis féachaint go fíochmhar thart timpeall air*): Ara, a Mháirtín shuaraigh, b'fhurasta a aithne go raibh rud éigin eadraibh. B'fhurasta a aithne gur ar mhaithe leat féin a bhí tú is chomh cúramach is a bhí sibh faoi bhronntanais na gcomharsan ar ball! Tá aiféala orm anois m'fhód móna féin a thabhairt daoibh. Nach deas an teachtaireacht a thug mo chosa mé anseo anocht! (*Ag gáirí go fonóideach.*) Agus nach deas an teachtaire a bhí mé a chur anonn go San Louis le cláirín! Cén dochar ach go dtí mo dheartháir geanúil!

(*Buaileann sé amach is glaonn Peadar air.*)

PEADAR: Ná bac leo, a Mharcais. Fan anseo más olc orthu é.

MARCAS (*Ag béicíl*): Lig chun bealaigh mé, a Pheadair, más é do thoil é. Ní fhanfainn anois ar chéad punt. Go deimhin, níl faice le rá agam leatsa agus tá súil agam go ngabhfaidh tú mo leithscéal faoin méid seo achrainn a tharraingt in do theach ach tá sé ag briseadh mo chroí tú a fheiceáil greamaithe le lucht na mbroghchán .i. muintir salach na mbroghchán nach raibh riamh in ann seasamh ag aonach ná ag margadh, ar chnoc ná ar ghleann, in éineacht le daoine geanúla.

(*Imíonn Marcas faoi dheireadh.*)

MÁIRTÍN: Buail bóthar anois, a ghiolla na cruite. Buail bóthar anois agus bain deatach as! (*Féachann sé ar Cháit.*) Ó, míle glóir agus altú le Dia. Nach orm a bhí an t-ádh an chéad lá a casadh le chéile sinn.

CÁIT: Nach ormsa a bhí an t-ádh nach ndeachaigh go Meiriceá!

PEADAR: Beidh an t-ádh ar dhuine ar bith a ghlacfadh dea-chomhairle an aois (?)!

CÁIT: Leathchéad punt! Shíl mé nach raibh an méid sin sa mbaile ar fad.

PEADAR: Muise, muise. Shíl tú nach bhféadfaí airgead a dhéanamh in áit ar bith ach i Meiriceá. Dá gcuirfimis ár gcloigne le chéile agus úsáid a dhéanamh den intleacht bhreá a thug Dia dúinn, d'fhéadfaí airgead a dhéanamh in Éirinn chomh maith le háit ar bith eile sa domhan. Tá sé ins an uisce atá ag rith síos go díomhaoineach go dtí an fharraige, dá gcuirfí déantúis ar bun agus úsáid a dhéanamh de na muilte atá ina gcónaí ar gach taobh di. An fód móna a chonaic tú ansin ar ball, tá airgead ann dá ndéantaí é a chruadhú is úsáid a dhéanamh de i leaba an ghuail dhuibh shalaigh sin atá ag teacht anall as Sasana ar bord loinge gach lá. Dá mbeadh deireadh leis an achrann seo atá idir na tiarnaí talún agus na tionóntaí agus feilm dheas théagarthach a bheith ag chuile fhear tuaithe atá gan talamh ar bith faoi láthair – a chothódh é féin agus a mhuirín go breá compordach – tá súil agam nach mbeadh a leath oiread tóra ag na daoine ar dhul thar sáile agus a bhí ins an am atá caite. Go dtí sin, tá sé riachtanach ag gach fíor-Éireannach a lándícheall a dhéanamh chun na daoine a choinneáil sa mbaile, a bhfuil slí mhaireachtála sa mbaile acu, agus deireadh a chur go deo leis an leasainm suarach sin 'An Deoraí as Éirinn.'

BRAT ANUAS

CRÍOCH

1 *'I have taken the liberty of embodying Prof. P.J. Craig's beautiful song in the play. It expresses the feelings of an Irish exile overcome by a spirit of loneliness in some far-off land, separated perhaps forever from home, family, and friends. Indeed it would be difficult to find a song more suitable for what has come to be known as the American Wake. '– L. Ó T.* (Tá an dán faoin teideal 'An Deoraidh' i gcló in *An Ceoltóir* (Báile Átha Cliath, 1904) 4–5).

Tá an t-eolas seo a leanas ar chlúdach tosaigh an leabhráin a foilsíodh sa bhliain 1905.

Arna chur amach i mBaile Átha Cliath ag Conradh na Gaeilge, M.H. Gill agus a mhac agus an Clóchumann (teoranta), 1905.

Is é an téacs anseo an téacs a foilsíodh sa leabhrán thuasluaite.

Léiríodh an dráma seo i nGaillimh sa bhliain 1904 agus foilsíodh é maille le Gluais an bhliain dár gcionn. Seo mar a chuir an Craoibhín síos ar an dráma:

Chonaic mé *An Deoraí* i nGaillimh anuraidh agus is iomaí gáire a bhain sé asam. Bhí greann agus brón ann, agus bhí teagasc slán folláin ann... Dhéanfadh sé maith ar dhá bhealach, ag múineadh Gaeilge... do na páistí agus ag cur in iúl dóibh go mb'fhearr fanúint sa mbaile ná dul go dtí an tOileán Úr.

Léiríodh an dráma seo i rith an Oireachtais sa bhliain 1905.

Crochadh an t-eolas seo as Donncha Ó Súilleabháin, *Scéal an Oireachtais 1897–1924* (An Clóchomhar Teo., 1984) 70. Le breis eolais a fháil faoi ábhar an dráma seo, féach, Philip O'Leary, *The Prose Literature of the Gaelic Revival 1881–1921: Ideology and Innovation* (The Pennsylvania State University Press, 1994) 149, 151, 412.

The Anti-Emigration Society was formed on 25.5.03 at a meeting at 6 D'Olier Street, Dublin, the object of the association being to combat emigration, especially emigration from the Irish Speaking districts. (The Freeman's Journal, 2.2.04, 2.)

Bhí ceist na himirce ar cheann de na hábhair ar dhírigh Conradh na Gaeilge aird uirthi go láidir arís is arís eile agus ní hiontas gur baineadh úsáid as téama na himirce i saothair luatha na hAthbheochana. Féach, ar an téad seo, Philip O'Leary, *The Prose Literature of the Gaelic Revival 1881–1921: Ideology and Innovation* (The Pennsylvania State University Press, 1994) 141 ff. Ní Conradh na Gaeilge amháin a bhí buartha faoin imirce ach an eaglais is lucht gnó, rud a d'fhág an imirce mar ábhar cainte agus díospóireachta go minic ar nuachtáin is irisí. Mar shampla, 'Hidden Gold: an Anti-Emigration Tale' le Eleanor F. Kelly, *The Connacht Tribune* (18.12.09, 11).

An Claidheamh Soluis

... The acting of *An Deoraí* belongs to quite a different plane from everything else in the elocutionary line seen at this year's *Oireachtas*. We must defer our appreciation of the Galway players until we have room to do them justice ...

Gleo na gCath, 20.8.1905, 7.

An Claidheamh Soluis

... S. No one would pretend – the authors least of all – that the plays themselves are amongst the world's dramatic masterpieces; yet they are excellent of their kind, most amusing, bristling with points, chock full of wholesome and good-humoured satire. Yes, I certainly liked the plays.

T. And the actors?

S. *Actors*, you say? Man alive, it was not acting – it was life! Don't call the American Wake scene in *An Deoraí* acting. It was a piece of Irish life taken out of a cabin and set on a stage for us to study. Those people were not *pretending* to feel emotions which they did not feel. They felt them acutely – had often felt them before. They had lived through such scenes in real life – had themselves known the bitterness of such partings. There was scarcely a dry eye in the audience during the song of Mícheál Mac Suibhne – if it had continued much longer sobs would have been heard. And the sudden change from sadness to mirth was Irish life all over. The dancing of the admirable actor who played Marcus had just enough exaggeration in it to make it humorous, and not enough to make it vulgar. The elocution of Aindriú Mag Fhloinn in both plays and of the *Cailín* who played the *Bean Tí* in *An Cleamhnas* was as fine as anything I have ever heard off the French stage.

T. You are enthusiastic.

S. Not without reason.

T. By the way, I see that *An Claidheamh* pitched into some of the acting at the *Oireachtas*.

S. 'Pitched in' is hardly the correct expression. *An Claidheamh* was certainly critical.

T. Perhaps a little too much so?

S. I don't agree with you at all. What's a newspaper for, anyway? The editor who thinks a performance or a book bad, and then sits down and writes a gushingly favourable notice is simply dishonest. If he has not the courage to criticise he is not fit for his post. His ideas may be right or wrong, but they are his ideas, and it's his duty to speak them out. That's what he's there for.

'Oisín, the Connacht Feis, Irish acting & Other Things,' 9.9.1905, 7–8. (What follows was overheard in a Midland Great Western Railway carriage last week. One of the travellers was obviously on his way back from Feis Chonnacht, and the other was returning from the Irish Training College at Tourmakeady.)

An tAthair Pádraig Ó Duinnín

CREIDEAMH AGUS GORTA

TRÁÍOCHT

Dramatis Personae

UILLIAM SINCLÉIR – Superintendent ar na Soupers
MÁIRE SINCLÉIR – a bhean

MUIRIS SINCLÉIR – a chlann
SÍLE SINCLÉIR

CÁIT NÍ SHÚILLEABHÁIN

Clann Cháit
TOMÁS Ó SÚILLEABHÁIN – deich mbliana d'aois
DONNCHA Ó SÚILLEABHÁIN – níos óige ná Tomás
DÓNALL ÓG Ó SÚILLEABHÁIN – níos óige ná Donncha

TADHG
SÉAMAS   – fir aimsire i dtigh Shincléir
DIARMAID

SEÁN GORM, bard
TRÍ AINGIL

Áit: Ciarraí ó thuaidh le hais na farraige
Am: Aimsir an drochshaoil 1847

AN CHÉAD AMHARC

Cistin i dtigh Shincléir. Tadhg, Séamas is Diarmaid ag déanamh anraithe.

TADHG: Ar éirigh an seanbhuachaill fós?

SÉAMAS: Ambasa muise is fada ó shin d'éirigh an scruitín, agus is fada anois ag salmaireacht, é féin is an scrábach caillí sin aige; d'aireofá iad ar fuaid an tí is gach aon stair acu.

TADHG: Im briathar gur dhóigh leat gur aingil iad araon ag tabhairt startha uathu.

DIARMAID: Is nach ea leis?

TADHG: B'fhéidir é, a mhic ó – ach táid na haingil gann.

SÉAMAS: Ná feiceann tú nach leis an saol so iad?

TADHG: Conas san?

SÉAMAS: Níl san tsaol so ach gorta is ocras, is féach gur maith an béile bhíonn acu san.

TADHG: Scoilt orthu go ndéana sé, muise.

DIARMAID: Faire, a Shéamais, ná habair é sin. Cár ghaibh an t-anraith do rinneamar inné?

SÉAMAS: Do caitheadh amach é, ní raibh éinne chun é d'ól, ach is dóigh leis an seanbhuachaill go bhfuil sé ag déanamh Sasanach ar fuaid na dúthaí.

DIARMAID: Agus an gcaitheann tú amach mar sin gach aon lá é?

SÉAMAS: Ambasa muise caithim go díreach. Cad eile dhéanfainn leis?

DIARMAID: É do thabhairt dos na daoine bochta atá ag fáil bháis le hocras.

SÉAMAS: Ar ndóigh ní ligfeadh an seanbhuachaill dom é muna n-iompóidís. Dá bhfeicfeadh sé mé ag tabhairt braon d'éinne ná tógfadh Bíobla uaidh is ná diúltfadh don Phápa, bhrisfeadh sé amach mé is gheobhainn bás mar an chuid eile.

DIARMAID: Ar aon tslí is gearr go dtiocfaid go léir chugainn.

SÉAMAS: Is fada bheir ag feitheamh leo de réir mo thuairimse.

DIARMAID: Tá an t-earra so teann go leor, a Shéamais, ar aon chuma, tá neart ann. An dóigh leat go ndéarfadh aon Chaitliceach ina choinnibh?

TADHG: Ní hionadh é bheith teann; tá an t-ór ag Sincléir; do bailíodh ós na daoine saibhre é, agus is dóigh leo go ndéanfaidh sé ardghníomh leis i measc bochtán na háite seo atá ag fáil bháis leis an ngorta.

DIARMAID: Is nach dóigh leat go ndéanfaidh?

TADHG: Déanfaidh im shúil. Dá fhaid atáim anso ní fhaca riamh fear ná bean ná páiste ag teacht ag iarraidh anraithe nó cabhartha éigin eile do bhí dáiríribh iompaithe. Deireadh cuid acu gur mhaith leo an Bíobla do thugainn dóibh, is do phógaidís é, is gan neart acu focal de do léamh; nuair do théidís abhaile leis, bhíodh an brosna gann is dhéanadh sé tine mhaith dóibh chun an anraith d'atéamh.

DIARMAID: An dáiríribh ataoi? Ná faca féin Éamann Dubh ag dul go teampall?

TADHG: B'fhéidir go bhfacaís. Éist liom: do bhuail Sincléir uime lá is é ag feighilt a bhó ar thaobh an bhóthair. 'Tar chun teampaill feasta,' ar Sincléir leis, 'is gheobhair féar do bhó uaimse.' 'Bíodh sé mar sin,' ar Éamann, is do chuaigh is bhí bleacht bhainne ag an mboin. Tar éis tamaill d'fhill Éamann chun na hEaglaise is do bhuail Sincléir uime arís. 'Cad é sin airím, a Éamainn,' ar sé, 'ná fuilir ag dul go dtí an Eaglais arís?' 'Táim, muise,' ar Éamann, 'ar mhaithe lem anam, is ar uairibh téim go dtí an teampall ar mhaithe lem bhoin. Hé, hé, hé.'

DIARMAID: Más mar sin atá an scéal acu ní bheinn am bhodhrú féin leo. Nach dóigh leat nuair dhruidfidh an t-ocras leo go mbeidh a mhalairt de chomhrá acu?'

TADHG: Duine san míle, b'fhéidir, ach is é mo thuairim go mb'fhearr leis an chuid is mó acu bás d'fháil ná braon dár gcuid anraithe do bhlaiseadh.

DIARMAID: Mo thrua thú, a Thaidhg, is milis an rud an bheatha; aon ní ach an bás. Bíodh geall ná fuil fear ná bean ná páiste ar fuaid na dúthaí do ligfeadh dóibh féin bás d'fháil sula bhlaisfeadh siad ár n-anraith.

SÉAMAS: Tá an iomad cainte agat, a Thaidhg, is an corcán gan corraí. Is breá an t-anraith é, féach na súile sin air: 'blais anraith muice, ól anraith caorach, sloig anraith mairt an fhaid a bhfeicfir súil ann' a deirid na seandaoine. Beidh Sincléir chugainn isteach láithreach agus caithfimid scéala iontacha do bheith againn dó.

TADHG: Fág fúm féin é. Cuirfeadsa misneach ar an choindhiabhal nó ní Tadhg atá mar ainm orm. Tá sé chugainn, airím fuaim a spáige.

(Intrat Sincléir.)

Sin é; beidh an t-anraith an-dheas an-shóúil. Brostaigh, a Dhiarmaid, faigh na miasa, beidh sluaite anso láithreach chun é d'ól.

SINCLÉIR: Go mbeannaí Dia daoibh, a fheara, conas tá an obair ag dul ar aghaidh?

(Umhlaíd a dtriúr dó.)

TADHG: Dia duit, a fhir Dé, tá athrú mór ag teacht ar na daoine; is gearr go mbeidh an dúthaigh ar fad iompaithe chugainn. Deir Síle de Nógla liom, agus is críonna an bhean í, ná faca sí riamh a leithéid de shaol. Tá an t-ocras is an gátar ag baint na meabhrach as na daoine is deirid go léir gurb é Dia do chuir thusa chucu chun iad do choimeád ón mbás.

SINCLÉIR: Agus an bhfuil mórán díobh ag teacht chugainn?

TADHG: An dúthaigh. Nuair a bhís as baile inné tháinig mórán. Fan go n-áireod iad: Siobhán Ní Chonaill, do dhearbhaigh sí ar an mBíobla ná raibh brí ag an Maighdin Muire; Eibhlín Ní Chathail, is dána do labhair sí i gcoinnibh an Phápa is do mhol sí an t-anraith is dúirt gur fear le Dia thú; Tomáisín Ó Laoire, do chaith sé san tine leabhar éigin thug sagart dó os mo chomhair – nár chaith, a Dhiarmaid?

DIARMAID: Do chaith go deimhin, muise, is mise ag féachaint air.

TADHG: Is dúirt go rachadh feasta go dtí an teampall ach go raibh náire air, bhí a chuid éadaigh chomh holc san.

SINCLÉIR: Caithfidh an fear bocht culaith nua d'fháil gan mhoill.

TADHG: Tá Dónall Ó Rinn leis – .

SINCLÉIR: Cad ina thaobh ná feicimse na daoine seo?

TADHG: Bíonn náire orthu bualadh umat ach nuair dhruidfidh an t-ocras leo ní fhanfaidh eagla ná náire orthu, geallaimse duit.

SINCLÉIR: Agus an bhfuil an gorta ag dul in olcas?

TADHG: In olcas? Ná bí ag caint, a dhuine uasail, is gearr go mbeidh leath na dúthaí marbh muna dtigid anso. Chonac inné beirt fhear láidre marbh ar thaobh an bhóthair is rian na nglasraí ar a mbéala. Chonac bean óg ag titim le lagachar i lár páirce le hais an tí. Chonac buachaill beag ag ithe na neantóg fuar is é ag gol le pian is le anbhainne. Níl teach inár dtimpeall ina bhfuil dóthain na hoíche, ná gustal a cheannaithe. Le cúnamh Dé beidh siad go léir againn sula fada.

SINCLÉIR (*Ag ardú a dhá láimh*): Bheirim buíochas leat, a Dhia na gcumhacht, mar is mór é Do ghrá dos na daoine bochta dalla so. Do chuiris id mhórthrócaire gorta is pláigh chucu d'fhonn iad do shaoradh ó dhoircheacht is ó scáil an bháis.

TADHG (*I leataobh*): Scalladh id chroí, a ropaire gaid!

SINCLÉIR: Buíochas leat, a Dhia, gur oscailis súile na ndaoine seo is gur sciobais iad ón ndoirbhchoin sin atá ina shuí san Róimh.

SÉAMAS (*I leataobh*): Daigh ionat!

SINCLÉIR: I measc na seacht gcnoc ag milleadh anam na ndaoine. Bheirim buíochas leat gur thoghais mise, cé nárbh fhiú é mé, chun an obair sin do chur chun cinn, mé féin is mo bhean róghrásúil.

TADHG (*I leataobh*): Tachtadh ort, a scruitín bhig!

SINCLÉIR: Cad é sin deirir, a Thaidhg?

TADHG: Tá an fhírinne agat, a dhuine uasail, ach tá rud éigin agam le rá leat. Tá thall os ár gcomhair bean darb ainm Cáit Ní Shúilleabháin; baintreach is ea í, is tá triúr clainne aici – buachaillí is ea iad. Agus is dóigh liom go bhfuil siad leathlámhach go leor. B'fhéidir gur cheart dom braon beag anraithe do chur chucu, is ansan bheadh misneach orthu teacht anso is gabháil linn ar fad.

SINCLÉIR: Ná bain leis, a Thaidhg. Tá Dia ag cur an scanartha so orthu chun a n-anam do shaoradh ó dhorchadas is ní thig linne toil Dé do chosc. Fan uathu, tagaidís anso is séanaidís an Pápa, nó bíodh orthu féin.

TADHG: Bíodh mar sin, a dhuine uasail, tá an ceart ar fad agat.

(*Exeunt.*)

AN DARA hAMHARC

Seomra i dtigh Shincléir. Sincléir is a bhean is a bheirt chlainne ag suí ag bord is dinnéar breá os a gcomhair.

SINCLÉIR: Caith uait, a Mháire, tá an lacha san an-shóúil, ní bheidh éinne chun é d'ithe. Caithfimid é do chaitheamh amach muna n-ithfirse é. Sea, tóg brúire eile den mhairteoil seo, tá sé saibhir, sailleach; dá bhfeicfeá an t-anraith breá atá déanta san chistin ag Tadhg de!

MÁIRE: Agus an bhfuil na daoine ag teacht chun é d'ól?

SINCLÉIR: Táid ina sluaite. Deir na fir liom nuair a bhíomar amuigh inné go raibh lán na mbánta acu dá éileamh is ag tabhairt na mionn ná raibh brí ag an Maighdin Muire.

MÁIRE: An gráscar drochmhúinte! Ní fiú iad anraith ná aon ní eile d'fháil. Muna mbeadh gurb é toil Dé iad do shaoradh ón bPápa, b'fhearr liom iad go léir d'fháil bháis ná braon anraithe ná greim aráin do thabhairt do dhuine acu. Daoine fiáine, drochbhéasacha, gan eagla roimh Dia ná daoine orthu! Muna mbeadh go bhfuil tusa ag déanamh oibre Dé ní fhanfainn anso seachtain id fhochair.

SINCLÉIR: Ciúinigh anois, a Mháire, tá siad amhlaidh, ach cuimhnigh go bhfuil Dia dá smachtú le hocras chun béasa do mhúineadh dóibh is gur thogh sé sinne araon chun a chuid oibre a chur chun cinn.

MÁIRE: Más mar sin é táim sásta ach gur mhaith liom go ndruidfeadh an gorta níos géire leo mar is mór atá sé tuillte acu. Sin í Cáit Ní Shúilleabháin thall, cromann sí a ceann nuair a ghabhann sí tharam is clúdaíonn sí a haghaidh lena clóca.

SINCLÉIR: Ná bac san, is gearr go mbeidh an Cháit chéanna san againn. Deir Tadhg liom gur gearr uaithi is óna triúr leanbh bás den ghorta is d'iarr sé orm cead ábhar anraithe do chur chuici.

MÁIRE: Ná cuir ná deor! Faigheadh sí bás is a garlacha salacha ina fochair.

SINCLÉIR: Ná bíodh eagla ort, a Mháire, beidh Cáit ina Sasanach mhaith fós. Tar i leith chugam, a Mhuiris; maith an buachaill. An bhfuil do Theagasc Críostaí agat?

MUIRIS: Tá, a athair.

SINCLÉIR: Cad é thú féin?

MUIRIS: Sasanach, a athair.

SINCLÉIR: An gá do dhuine dea-oibreacha a dhéanamh chun dul go neamh?

MUIRIS: Ní gá, a athair. Déanann dea-chreideamh a ghnó gan dea-oibreacha.

SINCLÉIR: Cad é an creideamh atá ag na daoine timpeall na háite seo?

MUIRIS: Creideamh an Phápa.

SINCLÉIR: Cá rachaid má fhaighid siad bás san chreideamh san?

MUIRIS: Síos go hifreann go deo.

SINCLÉIR: Agus an bhfuil aon leigheas orthu?

MUIRIS: Ní fheadar, a athair.

SINCLÉIR: Ní fheadaraís? A Shíle, inis dó é.

SÍLE: B'fhéidir go n-osclódh an gorta so a súile is go n-iompódh siad go léir chugainne.

SINCLÉIR: Maith an cailín, a Shíle. Cé hé mise anois?

SÍLE: Fear ó Dhia do cuireadh anso chun na daoine dalla so do shaoradh ó bhás na breithe.

SINCLÉIR: Tá an ceart agat. Agus an cóir dúinne rud le n-ithe a thabhairt dos na daoine seo atá ag fáil bháis le gorta?

SÍLE: Ní cóir muna n-iompóidh siad.

SINCLÉIR: Cad é a chúis?

SÍLE: Mar is fearr muintir an Phápa do bheith as ná ann.

SINCLÉIR: Tá do cheacht agat, a Shíle, déanfaidh tusa rud maith fós. An bhfuil do phaidir agat?

SÍLE: Tá, is dóigh liom.

SINCLÉIR: Maith an cailín; abair anois dúinn é.

SÍLE: A Dhia, oscail súile na ndaoine ndall bpeacach so, gread an gorta chucu i gcás go bhfeicfid siad do shlí is do chreideamh ceart; buail is basc iad led shlait thrócairigh d'fhonn a n-anamanna do shaoradh ó phianta ifrinn.

SINCLÉIR (*Dá pógadh*): Is álainn an mheabhair cinn atá agat, a chailín, is ba dhual duit é. (*Ag féachaint anonn ar a bhean.*) A Mháire, faigh cuach fíona do Shíle; is maith atá sé tuillte ag mo chailín.

(*Intrat Tadhg.*)

TADHG: Más é do thoil é, a dhuine uasail, tá fear thíos gur mhaith leis d'fheiscint.

SINCLÉIR: Cad is ainm dó?

TADHG: Tugaid na daoine Seán Gorm air.

SINCLÉIR: Tabhair anso isteach é.

(*Exit Tadhg.*)

MÁIRE: Sin duine eile acu. Ní lú liom an tsuigh ná na daoine fiáine seo gan grása Dé, gan múineadh, gan béasa.

SINCLÉIR: Bíodh foighne agat, a Mháire, a ghrá ghil, rachaid siad i bhfeabhas – fág fúmsa é seo.

(*Intrat Seán Gorm.*)

SEÁN GORM: Dia duit, a dhuine uasail, conas táthaoi go léir? Seán Gorm is ainm domsa.

SINCLÉIR: Táimid go maith, a Sheáin, buíochas le Dia; ná suífeá? An bhfuil aon scéal nua agat dúinn?

SEÁN: Níl, muise, ach an scéal i gcónaí is ní beag a bhrónaí – an drochshaol – sin é an scéal. Níl aon scanradh ach é. Táid na daoine ag fáil bháis ins gach aon bhall, fir óga chalma ag titim os cionn na hoibre, a gcuid clainne ina luí ar leaba le lagachar is gan leigheas a gceasna le fáil. Do chuas inné go dtí an sagart ag iarraidh scilling airgid nó greim aráin, is má chuas is fuar an freagra do fuaireas. Éirigh abhaile, ar seisean, tá mo dhóthain le déanamh agam féin.

SINCLÉIR: An ndúirt, a Sheáin?

SEÁN: Im briathar go ndúirt, nílim ag rá focal bréige leat, is fada bheinn ag cuimhneamh air. Sea, ar mise, más mar san atá an scéal agat, bíodh do chuid teagaisc agat féin. Is eol dom cá bhfuil fear ó Dhia ná ligfidh dom bás d'fháil. Do bhrostaíos amach ag dianbhualadh an dorais im dhiaidh is as go brách liom.

SINCLÉIR: Aithním gur fear céille thú, a Sheáin; an bhfuil tú ullamh chun creideamh an Phápa do shéanadh?

SEÁN: Is beag ar thug an Pápa riamh dom agus is róbheag é mo bheann air.

SINCLÉIR: An dtógfá Bíobla uaimse, an Bíobla ceart?

SEÁN: Tógfad, a dhuine uasail, agus míle fáilte, is coinneod é go lá mo bháis.

SINCLÉIR: Abair anois im dhiaidh: 'Diúltaím don diabhal is don Phápa is dá gcuid oibreacha ar fad.'

SEÁN (I leataobh): Is tusa féin an diabhal is mó theagmhaigh liom riamh. (Os ard go mall.) Diúltaím don diabhal is don Phápa is dá gcuid oibreacha ar fad.

SINCLÉIR (Os ard): A Thaidhg, tar anso.

(Re-intrat Tadhg.)

A Thaidhg, tabhair a dhóthain aráin is anraithe do Sheán.

SEÁN: Muise, a dhuine uasail, teastaíonn roinnt airgid leis uaim chun an cíos do dhíol is ábhar éadaigh do cheannach.

SINCLÉIR: Gheobhair é, a Sheáin; seo deich bpuint duit.

SEÁN: Go raibh maith agat, a dhuine uasail.

SINCLÉIR: Is anois, a Sheáin, nach iontach ná fuil a thuilleadh ciallmhar mar thusa. Tá bean ansúd thall go bhfuil triúr clainne aici is iad go gátarach is ní thagann sí inár ngaire.

SEÁN: Fan go fóill; tiocfaidh sí ar ball nuair dhruidfidh an t-ocras léi.

SINCLÉIR: Sea, slán agat, a Sheáin, is feicim anso go minic thú.

SEÁN: Go méadaí Dia thú is go mbuanaí sé do bhean álainn chneasta.

MÁIRE (I leataobh le Sincléir): Sin duine múinte, dea-bhéasach; chím ná fuilid go léir go holc.

SINCLÉIR (I leataobh): Ná dúrtsa leat an fear san d'fhágáil fúm féin. Le toil Dé beidh siad go léir agam sula fada.

(Exeunt Sincléir is Máire.)

SEÁN (Ag comhaireamh airgid): Sea, is maith é sin. Tá mo dheich bpuint agam. Féach air, nach breá é an t-ór? Nach simplí an t-amadán Sincléir? Mo thrua é. Ní thabharfainn an Pápa ná an sagart ar a bhfuil dá shórt san domhan. Is deas an cúpla iad, é féin is a sheanchailleach mná. Ach tá eagla orm go bhfuil gátar ar Cháit Ní Shúilleabháin, is go mbeidh an scéal go dona thar bharr aici féin is ag a páistí muna dtigid chun Sincléir is a rá leis, lena mbéal, go ndiúltaíd don Phápa. B'fhéidir go ndéanfaidís rud ormsa, is déanfaid, má tá ciall acu. Rachad anonn.

(Exit.)

AN TREAS AMHARC

Botháinín Cháit Ní Shúilleabháin. A triúr leanbh, Tomás, Donncha is Dónall Óg ina suí le hais smóil bhig tine ag caint lena chéile.

TOMÁS: Ní fheadar, a Dhonncha, cathain a thiocfaidh mo mháthair. Shíleas go mbeadh sí anso fada ó shin is táim teircthe le lagachar is le hocras.

DONNCHA: Táimse féin fann go leor, a Thomáis, níor itheas pioc ón oíche arú aréir nuair a thug Eibhlín Ní Mhurchú dorn mine chugainn. Ach b'fhéidir go soláthródh mo mháthair rud éigin dúinn.

TOMÁS: Ní thig liom puinn do labhairt, táim chomh lag san. Níor itheas aon ní le dhá lá, is an rud deireanach d'itheas ba mhór an náire dom é ghlacadh mar bhaineas dem mháthair é, agus í féin lag tnáite le fuacht is le hocras. Dia linn, cad do dhéanfaimid muna dtuga sí rud éigin chugainn. Tá an bás i ndán dúinn.

DÓNALL ÓG: Ná habair é sin, a Thomáis, a ghrá ghil, bíodh foighne agat, tá Dia go maith dos na bochta. Is gaire cabhair Dé ná an doras, a deir mo mháthair.

DONNCHA: Dá bhféadfainnse dul amach b'fhéidir go bhfaighinn rud éigin, duilleog cabáiste nó rud glas éigin d'fhéadfainn d'ithe, ach táim rólag. Dia liom, ní thig liom seasamh.

(*Tugann iarracht ar sheasamh is titeann i gcoinnibh an bhalla. Ritheann Tomás chun a thógtha is titeann.*)

DÓNALL ÓG: Dia linn, a dheartháireacha, tá sibh lag go leor. Éirighidh is suighidh cois na tine.

(*Éiríd ar éigean is suíd arís.*)

DONNCHA: Ní dóigh go bhfuil aon áit anso go bhfaigheadh duine rud le n-ithe ach i dtigh Shincléir.

DÓNALL ÓG: Cé hé Sincléir?

TOMÁS: Ná trácht thairis, fan uaidh, tá drochghnó ar bun aige.

DONNCHA: Dar ndóigh is é toil Dé gach ní. Do chuir sé an gorta so chugainn chun sinn do mhíniú is do smachtú mar gheall ar ár bpeacaí, is muna bhfuil saol maith anso againn beidh sé thall againn le cúnamh Dé.

TOMÁS: Sin í an chaint, a Dhonncha, tugaimis sinn féin suas do Dhia. Cad í an bhrí an saol bocht so seach an síoraíocht atá romhainn.

DÓNALL ÓG: Éist! Airím mo mháthair ag teacht; tabharfaidh sí rud éigin dúinn.

(*Intrat Cáit.*)

TOMÁS: Dé do bheatha, a mháthair, táimid go neamhfhoighneach ag feitheamh leat – go maithe Dia dúinn é – ach táimid lag le hocras.

DONNCHA is DÓNALL ÓG (*In éineacht*): An bhfuil aon ní le n-ithe agat dúinn, a mháthair?

CÁIT: Níl, muise, inniu ach beidh amárach le cúnamh Dé, is bíodh foighne agaibh go maidin. Ní raibh leigheas agam air. Shíleas go bhfaighinn rud éigin ó Dhónall Ó Sé ach ní raibh sé istigh romham is ní thabharfadh a bhean aon ní dom. (*Cromaid na páistí ar ghol*.) Ach téighidh a chodladh, a chlann, is fanaidh san leaba go maidin is gheobhad rud éigin daoibh ansan.

(*Goilid a dtriúr. Cuireann Cáit a chodladh iad is gan iontu siúl le lagachar*.)

CÁIT (*Ar a glúine*): A Dhia na bhfeart, féach orm féin is ar mo chlann atá ag fáil bháis le gorta. Cad a dhéanfad leo is gan ruainne fé iamh an tí agam. A Dhia na ngrás, a thug dom an triúr leanbh san, féach anuas orthu, ná lig dóibh éagadh idir mo dhá láimh. A Mhuire mháthair mhánla, dhaonnachtaigh, cabhraigh liom im chruatan. A Mhuire, tá mo chroí ag briseadh im chliabh, éist lem osnaí. A Chríost, d'fhulaing an pháis is an garbhsciúrsadh chun sinn do shaoradh, scaoil mo bhroid. A Athair na gcumhacht, tabhair dúinn ár n-arán laethúil inniu. Ach go ndéantar Do thoil ar an dtalamh. Muna dtugair cabhair dúinn, tabhair foighne dúinn chun ár gcros d'iompar, is más é an bás féin atá inár gcomhair, táimid sásta led thoil rónaofa. Ó, mo chlann, mo chlann! Iad dá milleadh os comhair mo shúl, an bás ag siúl ar a gcraiceann, gan neart bunóice in aon díobh, gan lúth ina gcnámha, gan binneas ina nglór, is gan neart ag a mháthair bhuartha chráite cabhrú leo!

> Ó mo bhuíon iad
> Mo ghraidhin im chroí iad,
> Is gearr gan moill dóibh
> Bheith fuar dá síneadh
> Fá chré go híseal,
> Gan bean dá gcaoineadh,
> Ach a mbuime dílis,

> Do raid a cíoch dóibh
> Is a gcás ag luí uirthi
> De ló is d'oíche.

(*Intrat Seán Gorm.*)

SEÁN: Sea, a Cháit, ar do ghlúine! Cad é an scéal agat é, conas tá na páistí ag cur díobh? Cá bhfuil siad mar seo?

CÁIT: Céad fáilte romhat, a Sheáin, tá an scéal go bocht againn. Tá mo thriúr clainne lag le hocras, tá siad tar éis dul san leaba agus is baolach ná héireoid go brách aisti. Dia lem anam, a Sheáin, cad a dhéanfad in aon chor?

SEÁN: An bhfuil an scéal chomh holc san agaibh?

CÁIT: Ní fhéadfadh sé bheith níos measa, a Sheáin.

SEÁN: Is rófhuiriste é do leigheas má bhíonn ciall agat.

CÁIT: Cad é an leigheas san a thabharfá dúinn, a Sheáin? Bhís go maith i gcónaí.

SEÁN: Tá duine uasal ansúd thall trasna an bhóthair. Sincléir is ainm dó is dá mb'áil leat dul ag triall air, thabharfadh sé leigheas do bhroide duit.

CÁIT: A Sheáin, an dáiríribh ataoi, an amhlaidh a mheasann tú go n-iompóinn im Shasanach? Faire, faire, a Sheáin, ná bí am chrá.

SEÁN: Éist liom anois is ná bí gan chiall, ní gá duit iompú in aon chor. Éirigh chun an duine uasail is abair leis go bhfuil ocras ort is ná faighfeá déirc ó shagart ná ó bhráthair, is fiafróidh sé ansan díot an bhfuil grá agat don Phápa is cad é an díobháil duit a rá ná fuil?

CÁIT: Fan anois, ní beag san. Mise a rá leis an gcrochaire úd ná fuil grá don Phápa agam! Ní bheidh an méid sin le casadh go brách liom. B'fhearr liom an ceann a bhaint díom, is mo chuid clainne do chur chun báis os mo chomhair ná a leithéid sin de ghníomh do dhéanamh.

SEÁN: Mo thrua thú, ní gá duit é. Níl uaidh sin ach an focal is féadfair bheith chomh ceanúil ar an bPápa agus is maith leat id chroí.

CÁIT: Ní scarfaidh a leithéid san d'fhocal lem theangain go deo. Buail amach an doras uaim is ná cráigh mo chroí.

SEÁN: Bí ciúin is éist liom. Ní gá duit fiú an fhocail sin a rá. Glaoigh ar Thomás, do mhac. Tá sé chomh teircthe sin le hocras go gcuirfeadh a radharc truamhéil ins na clocha. Téadh sé anonn ag siúl nó ag lámhancán má theipeann an choisíocht air. Ní gá dó déirc d'iarraidh ná focal do labhairt, is táim cinnte nuair a chífid siad é go dtiocfaidh trua ina gcroí dó is ná ligfid siad uathu é gan rud le n-ithe is ná cuirfid ceist air i dtaobh a chreidimh. Tá Tomás ciallmhar is ní dhéanfaidh sé aon díobháil dó dul anonn.

CÁIT: Tá mo leanbh ciallmhar diaga is ní dóigh liom go ndéanfadh an méid sin aon dochar dó. Is má tá splanc charthanachta ina gcroí ní ligfid siad uathu é gan lón éigin, is b'fhéidir go dtabharfadh Dia cúnamh dúinn i gcomhair na maidine; dúiseod Tomás is cuirfead anonn é.

(*Exit Seán.*)

A Thomáis, éirigh id shuí, tá gnó agam díot.

TOMÁS (*Istigh*): Beidh mé chugat láithreach, a mháthair.

CÁIT: Tá mo bhuachaill bocht ciallmhar is grástúil is ní bheidh aon bhaol air, le cúnamh Dé. Má tá carthanacht i gcroí Shincléir ní ligfidh sé chugam é gan rud éigin le n-ithe. B'fhéidir go bhfaighimis go léir dóthain na hoíche is go n-osclódh Dia na trócaire bearna dúinn amárach.

(*Intrat Tomás.*)

Muise, mo thrua thú, a linbh bhoicht, is tú atá go hanbhann. Buail trasna an bhóthair chun tí Shincléir is ná habair aon ní, ná hiarr déirc ná aon rud eile, is má chuirid ceist ort i dtaobh do chreidimh, ná déan freagra orthu, is b'fhéidir nuair do chífid thú chomh lag, chomh tana san, is gan fiú na coisíochta agat, go gcuirfeadh Dia truamhéil éigin ina gcroí is go dtabharfadh siad lón éigin duit. Muna ndéanfair sin níl romhat, níl romhainn go léir, ach an bás.

TOMÁS (*Ag gol*): Is fearr an bás, a mháthair. Ní rachad ina ghaire. Cad a bhéarfadh ann mé ach léic éigin im chreideamh? Sin é mar do mheasfadh na daoine i gcoitinn agus Sincléir féin. Ní bheidh sé le rá ag éinne go deo, ná le casadh liom mar achasán, ní deirim gur ólas anraith Shincléir, ach go ndeachas ina ghaire ná ina ghaobhar is an drochobair sin ar siúl aige, ag milleadh chreidimh na ndaoine mbocht. B'fhearr liom an bás míle uair ná dul go dtí a dhoras. A Dhia na bhfeart, saor mé air; níl grása ná carthanacht ná Críostúlacht ina chroí! A mháthair, tá ionadh orm gur chuimhnís ar an ngníomh san, ní hé do bhraitheas uait; nach olc an cuspa thabharfainn dom bheirt dearthár dá leanfainn do chomhairle! Lig dom dul a chodladh is bás d'fháil más toil le Dia é.

CÁIT: Éist anois, a Thomáis, déan rud ar do mháthair; ní haon díobháil duit bualadh anonn – ní gá duit focal a rá.

TOMÁS: A mháthair, a chara, is breá an rud an bás seach dul ina ngaire. Rachad a chodladh, a chara, ná hiarr orm a leithéid sin de ghníomh a dhéanamh.

CÁIT: Éirigh a chodladh mar san is tabhair tú féin suas do Dhia.

(*Exit Tomás.*)

B'fhéidir go rachadh Donncha anonn dom. Tar anso, a Dhonncha.

DONNCHA (*Istigh*): Beidh mé chugat, a mháthair, gan mhoill.

CÁIT: Ní haon díobháil dul anonn is, dá óige é Donncha, níl baol ar bith air, ní bhainfear focal ná freagra as.

(*Intrat Donncha.*)

Éirigh anonn, a Dhonncha, a ghrá ghil, trasna an bhóthair go tigh Shincléir; ná habair aon ní; ná hiarr déirc ach dul isteach is b'fhéidir go dtiocfadh truamhéil ina gcroí duit ar fheiscint d'ainnise is d'anbhainne, is go dtabharfadh siad rud éigin le n-ithe duit is dúinn go léir.

DONNCHA: A mháthair, a chroí istigh, ní ligfidh an grá atá agam duit dul in aghaidh tola Dé. B'fhearr liom mo theanga do ghearradh amach as mo cheann, is an ceann féin do bhaint díom, ná dul ina ghaire. A Mhuire Mháthair, saor mé air. Lig dom dul a chodladh, a mháthair, is míle fáilte roimh an bás má thagann sé.

CÁIT (*Ag gol*): Éirigh a chodladh, a chara, is agat atá an ceart. Iarraim maithiúnas ar Dhia i dtaobh do chur i gcathuithe. Ní raibh aon eagla orm riamh romhat ach is fearr mar seo é. Féadfaidh Dia bearna éigin d'oscailt dúinn más é A thoil ghlórmhar é.

(*Exit Donncha.*)

(*Ar a glúine*): A Dhia, maith dom mo pheaca, níor shíleas gurbh aon díobháil é ach bhí mo bhuachaillí níos tuisceanaí ná mise. A Dhia, conas a chúiteod go brách Leat an gníomh san? Ó, nach mise an meirleach, nach mé an cladhaire is éisteacht le Seán Gorm! A Dhia, déan trócaire ar m'anam.

(*Re-intrat Seán Gorm.*)

SEÁN: Sea, an ndeachaigh an buachaill anonn?

CÁIT: Ó, a Sheáin, cad a bhí ort is an gníomh san a chur i gcuimhne dom? Bead dá chásamh go brách!

SEÁN: A bhean gan chéill, cad tá ort anois?

CÁIT: D'iarras ar mo bhuachaill dul anonn mar a ndúrais liom agus is amhlaidh do chrom sé ar ghol is dúirt gurbh fhearr leis bás d'fháil, is chuaigh sé ar a leaba arís is ní fada uaidh éagadh, is dóigh liom. Is do ghlaos ar mo Dhonncha is d'iarras air dul ann, ach, dá óige é, tháinig tocht cathaithe air is b'éigean dom é ligean a chodladh, agus tá siad araon anois i dteannta éaga is ní fheadar cad a dhéanfad. Níl cruinneas i nDónall Óg fós.

TOMÁS (*Istigh*): Tar i leith, a mháthair, brostaigh ort.

CÁIT: Tá mo leanbh ag glaoch orm, tá an bás dá stracadh, is gearr uaidh anois.

(*Exit Cáit.*)

SEÁN: Mo thrua í an bhean bhocht. Níor chóir domsa a leithéid sin de chomhairle do thabhairt di. Tá cathú anois orm, is beidh ar feadh mo shaoil, ach rachad anonn is bainfead sásamh den chladhaire Sincléir. Scriosfad na cnámha aige má tá Seán mar ainm orm.

AN CEATHRÚ hAMHARC

Os comhair tí Shincléir. Seán Gorm is Tadhg ag déanamh ar a chéile.

TADHG: Sea, a Sheáin, tá do luach saothair go maith inniu agat.

SEÁN: Muise, ní gearánta dom; dá bhfaighinn an oiread san gach aon lá ní bheadh aon bhaol báis le gorta orm. Tá Sincléir daonnachtach.

TADHG: Tá sé daonnachtach dá bholg féin, sin í an daonnacht atá ann. Dá mbeadh feoil is fíon is cóir dá réir aige, níorbh fhearr leis áit ina mbeadh na daoine timpeall ort ná súite ag an dtalamh.

SEÁN: Ach má shéanann siad a gcreideamh?

TADHG: Mo thrua thú! Is mór is cuma leis i dtaobh a gcuid creidimh. Níl uaidh sin ach an t-ór do tharraing ós na daoine saibhre is a cháil féin do rith mar cháil fhir ó Dhia is go bhfuil na daoine ar fad iompaithe chuige. Tá drochfhuadar fé, sin é mo thuairimse.

SEÁN: Is nach mór na hamadáin iad na daoine uaisle úd i mBaile Átha Cliath is i Sasana is an oiread san airgid do thabhairt do chladhaire mar é?

TADHG: Sin í an chaint. Is dóigh leo ná fuil anso ach ainmhithe fiáine gur measa iad ná págánaigh ag adhradh na gcloch, is gur mhór an trócaire a leath do chur as an saol i dtreo go n-éistfeadh an leath eile leis an mBíobla dá léamh. Éist, airím chugainn é, cuirfeadsa díom.

(Intrat Sincléir.)

SINCLÉIR: Sea, a Sheáin, conas taoi?

SEÁN: Go cuíosach, muise. Do chuir do chuid airgid an-mhisneach orm. Creidim gur fear carthanach thú.

SINCLÉIR: Sea, gan amhras, a Sheáin. Tá obair Dé agam dá déanamh agus is carthanacht Dia.

SEÁN: Tá gá ag na daoine ded dhaonnacht anois má bhí riamh. Is gearr go mbeidh an talamh ina fhásach ar fad timpeall ort muna dtabharfair cabhair dos na bochtáin atá i dteannta an bháis.

SINCLÉIR: An bhfuil an scéal chomh dona san acu, a Sheáin?

SEÁN: Tá, muise, im briathar. Tá triúr páistí ar an dtaobh thall den bhóthar ag fáil bháis le hocras, tá siad a dtriúr san leaba anois le lagachar is an bás dá stracadh, is a ghlothar ina mbráid, is a máthair bhocht buartha cráite os a gcionn is gan inti seasamh. Níl ruainne fé iamh an tí d'íosfadh luch is ní fada uathu tachtadh an bháis ina scornacha.

SINCLÉIR: Tagadh an mháthair anso is beireadh sí Bíobla abhaile léi chucu is ansan b'fhéidir go bhfaighidís lón. An Bíobla ar dtúis. Ríocht Dé ar dtúis.

SEÁN: Ach ní mian leo a gcreideamh a thréigean mar gheall ar bhraon anraithe.

SINCLÉIR: Muna bhfuilid ullamh ar shlí Dé do leanúin, is fearr as ná ann iad.

SEÁN: An ndeirir muna n-iompóid chun do theagaiscse go ligfir dóibh bás d'fháil os do chomhair amach?

SINCLÉIR: Deirim go deimhin. Nílimse anso chun bia do thabhairt do dhaoine ná leanann slí an Tiarna.

SEÁN: Más ea, deirimse gur measa thú ná an an-spioraid féin. Ní bheidh aon pháirt agamsa ionat; seo do chuid airgid lofa duit. Ní shalóinn mo phóca leis; céad gráin anuas ar mhullach an chinn ort, a ollphéist choimhthígh. Níl carthanacht ná daonnacht ná grása id chroí, a rá go ligfir do dhuine do chruthaigh Dia bás den ocras d'fháil os do chomhair amach is ná sínfeá chuige an oiread is choimeádfadh glothar an bháis óna scornaigh ar feadh uaire do chloig muna séanfadh sé a chreideamh is géilleadh dod bhréagtheagaiscse. Gráin arís ort, a shnamhaire, a raispín áir, a scruta bhig an ocrais, is nár fheicir páiste os cionn leapa do bháis is gan gáir ag mná os cionn do choirp. Faid saoil chugat, saol brónach, easpaiteach, mí-ámharach, saol gan gean, gan cumas, gan strus, gan maoin, saol gan áthas gan meidhir. Go raibhir id scruitín dealbh ag siúl na mbóithre gan bean gan páiste led ghualainn. Fuath is gráin ag gach n-aon ort, is gan lón na hoíche ná na maidine id mhála ach tú ag drantán led fhiacla – bíodh san agat muna bhfuil carthanacht id chroí. Is muna gcuirfeadsa na daoine id choinnibh as so go Tigh Doinn, ní Seán Gorm is ainm dom, is ba radharc dom shúile ruagairt d'fheiscint ort féin is ar do scrábach mná as an dtír seo ar fad.

(*Exit.*)

SINCLÉIR: Sin é, is beag an mhaith bheith leo. Níl aon áth le fáil ar na daoine seo. Dá mbeadh cóir mhaith agam b'fhearr liom bheith im cheardaí ná bheith ag iarraidh Críostaíocht a mhúineadh dóibh. Tá eagla mo chroí orm dul ina measc.

(*Re-intrat Tadhg.*)

Sea, a Thaidhg, ní dóigh liom go bhfuil na daoine iompaithe mar a deirir. Bhí Seán Gorm anso anois is tá sé níos measa ná riamh.

TADHG: An ndeirir go bhfuil anois? Tá ionadh ina thaobh orm. Ach b'fhéidir gur ag magadh bhí sé mar is fear magaidh é.

SINCLÉIR: Is ait an magadh é sin ar aon tslí, thug sé íde na muc is na madraí ormsa, más magadh é sin.

TADHG: An mar san é, a dhuine uasail? Bhí a fhios agam gur scléip a bhí uaidh; ná déan aon ionadh de, bard is ea an fear san is ní fhaigheann sé a shláinte gan bheith ag aoradh duine éigin; tagann tocht buile mar san air anois is arís is ní leanann sé i bhfad de.

SINCLÉIR: Tá an ceart agat, a Thaidhg, bard is ea é gan amhras is ní bheidh cuimhne na hóráide a thug sé uaidh ar maidin aige. Dúirt sé liom go raibh clann Cháit i dteannta an bháis agus is suarach an méala iad na gearrcaigh fiáine drochmhúinte; is fearr as ná ann iad; is gearr go mbeidís ag adhradh na n-iomadh mar an chuid eile den aicme. Míle buíochas leat, a Dhia, a smachtas led sciúrsa na drochpháistí sin ná leanfadh Do shlí. Oscail, a Thiarna, súile a máthar tar éis scartha lena drochthoircheas i dtreo go bhfeicfeadh sí Do shlí le solas Do bhriathair.

(*Exit.*)

TADHG: Nach daonnachtach í paidir an chladhaire úd. Go dtuga Dia athrú saoil chugainn i dtreo go bhfaighinn scaradh ón ropaire; tá mo chroí cráite de ló is d'oíche ag a shalmaireacht.

(*Exit.*)

AN CÚIGIÚ hAMHARC

Seomra beag i mbotháinín Cháit Ní Shúilleabháin; leaba is a triúr leanbh, Tomás, Donncha is Dónall Óg ina luí ann. Cáit ina seasamh os a gcionn.

TOMÁS: Maithim ó chroí duit, a mháthair; is briseadh croí is céasadh aigne fé ndeara duit a leithéid sin de ghníomh a chur im chuimhne.

DONNCHA: Maithimse leis duit, a mháthair, is go maithe Dia dúinn go léir.

CÁIT: Beidh mé ag déanamh uaille is cathaithe ina thaobh ar feadh mo shaoil; ach ná cuimhnighidh a thuilleadh air. Cuimhnighidh ar Dhia is guighidh chun Muire mánla i gcomhair an bhóthair fhada gan eolas atá romhaibh.

DÓNALL ÓG: Tá tinneas im cheann is tá rud éigin am thachtadh.

TOMÁS: A Dhónaill, a chara, bíodh foighne agat, is gearr go bhfuasclóidh Dia sinn ó anacair an tsaoil seo.

DONNCHA: Ní bheidh gátar ná ainnise thall orainn.

CÁIT:

Mo thrí colúir sibh,
Mo thrí rúin sibh,
Ag dul san úir uaim
I dtosach bhur gcúrsa.

Is breá na seoid sin
Ag dul faoin bhfód libh,
Teisteas comharsan,
Is bláth na hóige.

Mo thrua mé im aonar,
Mo linbh glégheal,
Sínte tréithlag,
Le heaspa béile.

Gan fear im choimhdeacht,
Ná bean chun caoi liom,
Is trua le Críost mé
I gcomhair na hoíche.

TOMÁS: A mháthair, is gearr uaimse anois, is éigean atá ionam
labhairt, tá sásamh ar m'aigne i dtaobh an ghnímh úd is tá súil
le Dia agam ná beidh sé daor orm.

(*Intrant Trí Aingil.*)

Féach, a mháthair, na haingil mar thagann siad dár bhfáiltiú go
cathair na glóire. Míle fáilte romhaibh, a spioraidí glana.

NA TRÍ AINGIL IN ÉINEACHT (*Ag canadh*):

Glóir don Athair do dhealbhaigh spéartha,
Glóir don Mhac le ceas do shaor sibh,
Ionann glóir go deo don Naomh-Spioraid,
Is suaimhneas aigne ar talamh do dhaonnaí.

Cé gur doilbh bhur n-osna gan faoiseamh,
Cé gur lom bhur gcom gan béile,
Do Mhuire is áil bhur gcáil is bhur dtréithe,
Is cuireann aingil ó bhflaitheas bhur n-éileamh.

Nuair a bhí an t-ocras doirbh 'bhur dtraochadh,
Nuair do straic an tart go léir sibh,
Ní hé smaoin bhur gcroí in bhur gcléibh dheis
Cré na n-aspal ar anraith a thréigean.

AINGEAL THOMÁIS (*Ag canadh*):

A Thomáis, tig slán go flaitheas,
Dul ansúd ní cúrsa in aistear,
Beir go deo na ndeor fé mhaise,
I gcoimhdeacht Chríost is naoimh is aspail.

Fáilte romhat, a óglaigh ghreanta,
Nár lig grása ar fán ná in aisce,
Nár shéan Íosa Críost ar anraith,
Ag fáil bháis gan chaim le heaspa.

Beidh do mháthair mhánla ad fhaire,
Muire mhín nach íseal gradam,
Beidh binncheol go deo dá spreagadh,
Is meidhir san chúirt ag oird is aingil.

TOMÁS: Rachadsa leat, a spioraid ghlain.

AINGEAL DHONNCHA (*Ag canadh*):
A Dhonncha, fág go brách an saol so,
Saol gan meas, gan gean, gan éifeacht,
Gheobhairse páirt is báidh is féasta,
I gcúirt gan bhuairt, gan ghruaim, gan éisling.

DONNCHA: Táimse ullamh, a aingil bheannaithe.

AINGEAL DHÓNAILL (*Ag canadh*):

Tig, a Dhónaill óig, gan aon locht,
Gluais ina ndiaidh ós iad do ghaolta,
Fág do mháthair chráite, dheorach,
Gheobhair na flaithis nár bheartais a thréigean.

DÓNALL ÓG: Rachadsa leat, a aingil naofa.

TOMÁS: A mháthair, an airíonn tú an ceol breá so ag na haingle?
Tá siad chun sinn do bhreith uait.

CÁIT: Airím, a ghrá ghil, is cé dúr mo chroí tá sé ag gealadh leis an aoibhneas.

NA TRÍ AINGIL IN ÉINEACHT (*Ag canadh*):
Lig dod bhuairt is dod ghruaim, a dhéidghil,
Ná bí ag caoineadh oidheadh do shaorchlann,
Gheobhaidh siad gradam fad mhairfidh na spéartha,
Ó Rí na nAingeal i bhflaitheas na naomh ngeal.

Beirse féin ina ndiaidh san tsaol so,
Lán de chumha is de dhúrchroí céasta,

Na scamaill dubha ag dúnadh a néal ort,
I mbrón fad mhairfir is in easpa gan faoiseamh.

Ach tiocfaidh, lá, Tomás ag glaoch ort,
Is Donncha ad fhaire ó bhflaitheas na féile,
Beidh Dónall Óg id chomhair in éineacht
'S an triúr ní scaipfid ód amharc in aon chor.

CÁIT (*Ag canadh*):

Imighidh, imighidh, a chlainn gan éisling,
I mbláth na hóige, i gcló na naomh ngeal,
Bhur n-anam slán ó mháchail Éabha,
Bhur scabal baiste gan salachú in aon chor.

Ní hé claíomh ná bruíon do thraoch sibh,
Ní greadadh tine ná tuile ina tréanrith,
Ní fiabhras dian do chiap gan faoiseamh,
Ní raibh de ghalar ach easpa in bhur bhféithibh.

Dia na bhfeart do cheap na spéartha,
Do chum an talamh is a maireann san tsaol so,
'Sé d'fhág faoi dheoigh gan lón an lae sibh
Ag sú mo bhrollaigh – céad moladh Dá naomhthoil.

Caoinfead choíche, i bhfíorshruth déara,
Bhur n-éadan úr, bhur gcuma glégheal,
Bhur gcáil, bhur gcneastacht, bhur maise, bhur séimhe,
Bhur siúl, bhur seasamh, bhur n-acmhainn, bhur n-éirim.

(*Éagaid Tomás, Donncha is Dónall Óg i ndiaidh a chéile; exeunt na Trí Aingil.*)

Anois níl romham ach ceo san tsaol so,
Mo chroí le buairt go buan dá réabadh,
Mé ag siúl an talaimh is m'aigne céasta,
In éag go follas chuaigh solas an lae uaim.

Dorchaid scamaill an talamh is na spéartha,
Níl de ghlór ach brón le héisteacht,
Duartan fuar anuas ag séideadh,
Is uaigneas aignidh leanas lem shaol díom.

(*Exit.*)

CRÍOCH

Tráíocht[1] a Bhaineas le hAimsir an Drochshaoil, 1847

Summum crede nefas animam praeferre pudori
et propter vitam, vivendi perdere causas.[2]
Juvenalis, *Sat.* VIII, line 83

PREFACE

P.S. Dinneen

This little drama is founded on a well-authenticated incident of the Famine period. A widow in North-west Kerry beheld her three children rapidly sinking through sheer hunger, and was in despair of being able to save them. Opposite her cottage, on the other side of the road, there was a souper[3] establishment. With no evil intention the heart-broken mother asked her eldest boy, who was not above ten years of age, to go over and simply present himself at the establishment in the hope that the very sight of his wretchedness would move the soupers to pity his wants without assailing his faith. The little boy answered promptly: '*Muise, a mháthair, is fearr an bás!*' 'Ah, mother, death is better.' The heroic child and his two brothers accordingly died of starvation. The bereaved mother, who survived, never ceased to grieve for the temptation she offered to her faithful child. Most Rev. Dr. Higgins, late Bishop of Kerry, was curate in the parish in which she lived, and often heard the story from her own lips, told in the sorrow of her heart. The Bishop was fond of repeating the pathetic tale, as persons still living can testify.

As will be seen, the Drama adheres closely to the incident above related, whose tragic grandeur it would be a pity to obscure by an entangled plot. In drawing the character of the Sinclair family the author had no particular persons in mind. This family are simply representatives of the nefarious system of souperism as it existed in the Famine years, which, while it beheld hundreds of well-deserving Christians die of starvation, fed and pampered the weak-kneed in faith. To the soupers, the Irish-speaking Catholics were idolators who worshipped stocks and stones, and bread, who reverenced not only the priest, but the decaying flesh of his dead horse.[4] The Famine was a scourge of God sent as a punishment for their idolatry, but the scourge was tempered with mercy. 'The people are dying in thousands beneath the inroads not only of famine but of pestilence, but blessed be God who in judgment remembers mercy, the shackles of Romish bondage are falling from their shrunken limbs'.[5] For some glimpses of the spirit of souperism the reader is referred to the Reports of the Irish Society and other Irish Missionary Associations for the years 1846–1847. See, in particular, Haliday Pamphlets (Royal Irish Academy), Nos. 1998, 2018, 1996, 1955.

At present an Irish play to be acted must needs be short, and in a short play development of character and elaboration of plot must suffer. It is to be hoped that this morsel will whet the appetite of the Irish public, and prepare them for an elaborate dramatic meal.

Fonótaí

1 Sin an litriú caighdeánach a bhuailim ar an mbunfhocal 'traighidheacht' nach bhfuil luaite in aon fhoclóir. Shamhlóinn gur leagan Gaeilge den fhocal Béarla 'tragedy' atá i gceist.

2 'Count it the greatest sin to prefer life to honor, and for the sake of living to lose what makes life worth living.'

3 Desmond Bowen, *Souperism: myth or reality* (Cork 1970).

4 See the twenty-ninth Report of the Irish Society, p. 43. Haliday Pamphlets (Royal Irish Academy) No. 2018.

5 Rev. W. McIlwaine, Reply to Archbishop Whately, p. 23.

Ar chlúdach tosaigh an dráma nuair a foilsíodh é i bhfoirm leabhráin, bhí an leagan Béarla seo a leanas: *CREIDEAMH AGUS GORTA: FAITH AND FAMINE: A Tragic Drama Relating to the Famine Period, 1847, by Rev. P.S. Dinneen, M.A., Dublin, E.*

Ponsonby, M.H. Gill & Son, GAELIC LEAGUE, 1901. Bhí an seoladh luaite fosta i gcás na bhfoilsitheoirí. Is é an téacs anseo an téacs a foilsíodh sa leabhrán thuasluaite.

Foilsíodh *Creideamh agus Gorta* sa bhliain 1901 ar dtús. Léirigh Craobh an Chéitinnigh é in Amharclann na Mainistreach i 1905, ach léiríodh é i gCorcaigh agus i nGleann Beithe i gCiarraí roimhe sin.

Is dráma é seo ag moladh chreideamh láidir na nGael in am an Ghorta agus ag cáineadh go láidir eaglaisigh ghallda na tréimhse sin. De réir Philip O'Leary: 'Father Dinneen presented the agony of the Famine in almost purely religious, or rather, sectarian, terms in his 1901 play *Creideamh agus Gorta*' in *The Prose Literature of the Gaelic Revival 1881–1921: Ideology and Innovation* (The Pennsylvania State University Press, 1994) 195.

The Leader
We have to call the attention of our readers to a new Irish drama which has just made its appearance. It is entitled *Creideamh agus Gorta*. It is by Father Dinneen, with whose name our readers have been for some time familiar. This little drama is an excellent exercise in the Irish language for those who wish to taste that language as a living force, and feel how it works. As the author says in the preface, the drama adheres closely to a certain incident which occurred in the West of Kerry in the 'Bad Times.' That incident in the West of Kerry, was but one out of thousands of similar incidents which were occurring all over the country during those 'Bad Times.' No Irish-speaking person who remembers those 'Bad Times' can read this play, or hear it read, without feeling that there is here reproduced what he saw with his eyes and heard with his ears. He will not be able to read nor to hear the play unmoved. It is a most realistic snap-shot of a terrible time, and of a terrible state of things.

Every word in it is hard, black, bitter truth. There may be people who would prefer that such a black chapter in our country's history ought to be buried and forgotten, that to present to a whole people the alternative of death by starvation or violation of conscience is an act of so vile a nature, that the sooner it is forgotten by both sides the better. We are not of that opinion. We have seen the question asked somewhere: 'Why does history repeat itself?' and we have seen a very pertinent answer given, viz., 'Because people do not keep it in memory.'

If the crimes which have been committed in the name of 'Liberty,' and the still more diabolical ones that have been committed in the name of 'Religion,' were kept better in memory, and their character studied more carefully and more closely, notwithstanding their ugliness, one good result would follow, viz., those crimes would not be repeated so often.

This dramatic picture is eminently calculated to prevent certain ugly incidents in our history from repeating themselves.

– F.P., 'Gorta agus Creideamh', 11.5.1901, 172.

Current Affairs: We understand that many people are under the impression that Father Dinneen's play *Creideamh agus Gorta* is now out of print. This is not so, for we are informed that, the first edition having sold out very rapidly, a second edition has been published, and is now on sale. It is certainly very encouraging that another edition of this play should have been called for so soon.

– 'Current Affairs', 1 Feb. 1902, 369.

Creideamh agus Gorta: Dé Sathairn seo a ghabh tharainn um a naoi a chlog ist oíche i gCoirm Cheoil na Samhna na gCéitinneach bhí an dráma dá ngoirtear *Creideamh agus Gorta* dá léiriú. Tá an dráma beag so i gcló le trí nó ceathair de bhliana, agus is é an tAthair Pádraig Ó Duinnín do chuir le chéile é. Cé go bhfuil sé chomh fada san os comhair an phobail níor cuireadh ar ardán é ach uair nó dhó. Do léiríodh i gCorcaigh é bliain ó lá 'le Pádraig seo a d'imigh tharainn agus tamall roimhe sin i nGleann Beithe i gCiarraí.

Nuair do cuireadh os comhair na ndaoine i gCorcaigh é deirtear gur ar éigean a bhí duine láithreach ná raibh na deora teo leis na súile aige. Ist oíche Dé Sathairn leis ba mhór é an tsuim do cuireadh ann. Do léiríodh go breá é ó thúis go deireadh. Ní raibh aon teora le Síle Ní Ailgheasa ag gol is ag greadadh a bos is ag caoineadh a triúr leanbh is iad ligthe amach chun báis le gorta os a comhair.

Ní dóigh liom go raibh duine ag éisteacht léi ná beidh an uaill sin ina chuimhne go lá a bháis. Uaill ghoirt dhubhach bhrónach do b'ea í; uaill uaigneach ochlánach; uaill bhinn mhilis cheolmhar; uaill atuirseach thruamhéalach. Níor airíos féin riamh aon uaill do chuaigh trém chroí mar í agus is minic d'airíos bean bhinnghuthach chráite ag caoineadh a linbh nó a fir.

Ach níor shos dos na haingle é; bhí triúr acu ann ag teacht ag éileamh na bpáistí bochta le linn a mbáis den ngorta. Is iad Proinsias Ní Shúilleabháin, Siobhán Ní Chaoimh agus Siobhán Ní Eochaidh do bhí mar aingle againn. Ba bhreá le héinne bheith ag éisteacht lena gcantaireacht. Ní raibh a n-amhrán chomh dubhach le caoineadh Cháit Ní Shúilleabháin, agus is é a bhí go milis ceolmhar neamha.

San amharc deireanach is ea a tháinig na haingil isteach. B'éachtach an radharc a bhí le feicsin san amharc san. An triúr leanbh sínte go tréith in aon leaba agus gan anuas orthu ach drochéadach, an leaba féin i lár seomra bhoicht dheilbh gan ruainne bídh fá iamh an tí, crot an bháis ar na leanaí agus iad dá dtraochadh le hocras; an mháthair bhuartha chráite os cionn na leapan is í ag greadadh a bos is ag caoighol go daingean; í ag scaoileadh ceoil uaignigh as a béal go fuíoch agus í féin chomh lag le duine ach go gcoimeádann an bhuairt an t-anam inti; Aingil Dé san aer os a gcomhair go breá soilseach glórmhar ag tabhairt teachtaireachta ó Dhia is ó Mhuire chun na bpáistí agus chun a máthar.

Dia linn is Muire ní in aon tigh amháin in Éirinn do bhíodh radharc dá leithéid, in aimsir an drochshaoil. Bhí an radharc san le feicsin sna mílte teach ar fuaid na dúiche. Ach an cladhaire Sincléir, an bithiúnach de shúper, cad é sin dósan dá bhfaighidís go léir bás.

Is breá do dhein Donncha Ó hÉaluighthe aithris ar Shincléir, agus is álainn do dhein Cáit Ní Dhonncha aithris ar an 'scrábach mná' do bhí in aontíos leis. Ach ba é donas an scéil é ná féadfadh Cáit bheith ina 'scrábach mná' in aon bhall. Cailín ródhathúil ró-neamhchoitianta is ea í, agus ní fhéadfadh Seán Gorm féin a mhalairt do dhéanamh di. Is mór an trua 'scrábach mná' do thabhairt uirthi i magadh nó i ndáiríribh.

Muise dá n-aireofá Sincléir ag ardú a chinn is ag paidreoireacht, ag guí chun Dé go ngreadfaí an gorta chun na ndaoine d'fhonn go dtiocfaidís fána dhéin féin, chun go bhfaighidís Bíobla is bréagchreideamh!

Amhail a dúirt Seán Gorm níorbh é Sincléir an t-amadán ach na daoine saibhre i Sasana is i mBaile Átha Cliath do thugadh an t-ór dó chun dinnéaracha breátha do bheith aige féin agus ag a 'scrábach mná.'

Ach Seán Gorm féin: ní ceart dearmad do dhéanamh ar Sheán agus is breá a dhein 'Ailbrin' aithris air. Ní bheadh aon mhaitheas san dráma gan Seán. Dá n-aireofá é ag tabhairt sceimhle do Shincléir dá cháineadh is ag radadh na n-ascaine anuas ar mhullach a chinn air is ag breith ar chasóig air, is dá chuluitheadh ar fuaid an bhóthair is ag caitheamh a chuid airgid chuige is ag glanadh a phóca ina dhiaidh is é ar buile le feirg, dá bhfeicfeá an radharc san is dóigh liom go ndéarfá gur cleasaí ceart 'Ailbrin,' agus gur dheacair duine d'fháil in Éirinn do dhéanfadh aithris ar Sheán Gorm chomh maith leis.

Agus na páistí féin, do dheineadar a ngnó go hálainn ar fad. Do chuireadar ionadh ar gach éinne. Do bhí Áine Ní Paor agus Cathal Paor ag déanamh aithrise ar Thomás Ó Súilleabháin is ar Dhónall Óg agus Bríd Diolúin ag déanamh aithrise ar Dhonncha agus ar Shíle Shincléir agus bhí Seán Ó Briain ina Mhuiris Sincléir. Ba bhreá é radharc d'fháil ar na páistí bochta ocracha so ag diultú do Shincléir is dá chuid anraithe. Ba ghlórmhar an radharc a mbás is na haingil ag teacht ina gcoinnibh chun iad do thionlacan go Neamh.

Agus, na seirbhísigh, Tadhg, Diarmaid agus Séamas is iad do dhein a ngnó go blasta. Is breá an t-anraith do dhein siad i gcistin Shincléir.

In Amharclainn na Mainistreach i mBaile Átha Cliath is ea do léiríodh an dráma so. Do léiríodh *Seán na Scuab* leis an oíche roimhe go han-bhreá ar fad.

Tá súil agam go bhfeicfear *Creideamh agus Gorta* arís sara fada agus is breá an obair atá déanta ag na Céitinnigh is a leithéid de dhráma do chur os comhair na ndaoine. – Duine bhí ann, 'Creideamh agus Gorta,' 4.11.1905, 165.

Faith and Famine: It was remarked to us on Saturday night: 'When you don't like the play and the audience, at least you might say a good word for the Youghal Mirrors.' The Youghal Mirrors are certainly an abiding beauty at the Abbey Theatre, and we admired them on Saturday night; we also, and that was a rare experience, liked the audience and the play. There was a fairly good crowd present, but as the theatre is small, it should on this special occasion have been full; indeed, it would not be too much to have expected that a few hundreds had perforce to be turned from the doors. The prices, 3s., 2s. and 1s. are unworkable, particularly for Irish plays that have yet to compete against so much apathy and ignorance; 2s., 1s. and 6d. would be what we might call the natural prices under the circumstances. Of course the Keating Branch of the Gaelic League were powerless in this matter, for those who control this 'uncommercial' theatre founded ostensibly for the purpose of developing dramatic art in Dublin, have ordained that no one is 'class' enough for Art below the shilling line. As for the spooky and Syngy Plays we fear indeed that the authorities, if they wish for full houses, will eventually be driven to *give* 3s., 2s. and 1s. to those members of the public who may be induced to contract to sit them out. But there were no spooks or Synginess at the Abbey Theatre on Saturday night, and it was a pity that the prices could not have been rationalised from the 'classy' heights to 2s., 1s. and 6d.

It was an Irish night, and it was an Irish audience. The stalls looked kindly Irish of the Irish, neither sour nor Syngy. One felt that he was not intruding into a Sunday school where he probably would have to listen to an allegory for the good of his unoffending soul. One had a comfortable feeling that he was of the audience and not a sort of outsider taking mental and unsympathetic notes. Where were the coterie of the Anglo-Irish theatre?

There are some few good people who have been reared in this country though their breed have not been here as long as the Rock of Cashel; and it is mildly painful, if in some respects amusing, to watch them playing at being Irish; they play seriously – they are nothing if not serious – indeed they are as serious as children over the game, and often about as sensible. They were not present on Saturday night, for the play was about Soupers. When those of the Garrison breed who would be Irish can enter with sympathy into the feelings of the country with regard to the Soupers, there may be some hope for them throwing their lot in with Ireland.

Father Dinneen's play, *Creideamh agus Gorta*, turned out to be a better acting play than we had anticipated; indeed it is a very good acting play, and the actors did their parts well. Donncha Ó hEaluighthe as Sincléir the Souper Enlightener-in-chief to starving 'obscurantists,' did very well, although one could picture a more forcible rendering of the part; the other two principal parts were acted excellently. The acting of Seán Gorm was quite a first-class piece of work, and the same may be said of Miss Síle Hallisey's Cáit Ní Shúilleabháin. The Abbey Street Theatre – we mean the Anglo-Irish one – has trained up an efficient company of actors, but the Keating Branch of the Gaelic League in the acting ability displayed in *Creideamh agus Gorta* could hold their own with them and that is saying something. Those whom we have witnessed interpreting Irish peasant women at the Abbey Theatre leave more to be desired than did Miss Hallisey's excellent reading of the part of Cáit Ní Shúilleabháin. Certainly the Keating Branch ought to be able to train up a Company that could do admirable work all over the country for Irish (without the Anglo) drama. We have not seen all the Irish plays that have been produced in recent years, but *Creideamh agus Gorta* is decidedly the best we have seen. It touched the audience, for it moved many to tears as well as to emotions that do not express themselves in tears. The scene is laid in the time of the Famine when Protestant ghouls were prowling about the stricken land looking for souls in exchange for soup. It is a fit subject for drama, and the author rose to the subject. We have no sympathy with those tame people who object to treating this subject for fear of hurting the susceptibilities of those, some of whom are at the present moment fishing amongst the Papists of the Intermediate for black-legs for Sincléir's university. Why didn't the Protestants cry out against the ghoulish traffic? Why don't they rise up against the milder manifestations of it today in the Belfast Corporation, the Great Northern Railway, the Provincial Bank, in the Robber University? There is still plenty of soup – soup for the 'Saved' – being ladled out. The 'Saved' make believe to seek Truth; well then give it to them by all means even if their sanctimonious eyes must look – that is if they would go to see it – at little children dying of starvation because they refused to barter their Faith for the Souper's pay. If we are to have sincerity, then in the name of truth let us have sincerity all round. *Creideamh agus Gorta* is a powerful play and faces the facts of Irish life with which it deals with that sincerity without which plays are only charades for children. It is sad and it awakens emotions that some weak people may think had better be left lie. Irish history, however it might please our enemies, is not for us to forget. Has the Souper of today changed his spots as well as his methods? Sincléir may not be doling soup so plentifully today; but is he not doling 'education,' is he not making Freemason signs? Is he not proposing to rob teachers of Irish of some £12,000 annually in fees? Sincléir's soup cools, but his spirit keeps simmering on.

The scene in which Cáit Ní Shúilleabháin watches her three children dying because they would not sell their Faith for soup belongs to all time and to all countries; it is a scene from the great eternal drama. It was admirably staged and acted. Those whose centre of gravity may be in this world might consider the angel's voices as fraudulent as 'faked' butter and therefore false art. We do not think so. That scene is enacted every day in the year in Ireland. It is not three children who are dying amid the harmony of angel voices while the souper 'economises' his broth over the way; all over Ireland the alternatives of death – in some form or another – or soup stares the country in the face; but, alas, we are too tame and too timid to look the facts in the face. We would be glad if Father Dinneen's powerful and dramatic treatment of this eternal problem as it manifested itself in a simple and sad story of

Kerry life in black '47 would help to turn a light on the self-same problem that is around us everywhere today. Faith and Famine waves like a flag over the Great Northern Railway, over the stale-herring University, over a hundred other citadels of Sincléir and soup ascendancy in this land today. Our cheeks grow wet as we watch the distracted mother keeping watch by the bedside of her three dying children; would that our hearts grew stout as we watch, in November, 1905, Erin weeping by the bedside of persecuted and 'Idolatrous' Ireland.

– 'Faith and Famine', 4.11.1905, 165–6.

An Claidheamh Soluis
'Whether it be that the Abbey Theatre is, if we may so speak, more or less 'in the shadow of the Glen,' or that the prices of admission are too high for the Gaelic League pocket, certain it is that the audience at *Coirm Cheoil na Samhna* were not as large as the Keating concerts in the Round Room were wont to attract. It is a pity, for the musical and dramatic fare provided was in accordance with the best traditions of the *Craobh*.

Seán na Scuab was reproduced on the first evening with conspicuous success, and on the second, Dublin Leaguers were given an opportunity of judging the merits of *Creideamh agus Gorta* as an acting play. In the hands even of middling actors *Creideamh agus Gorta* could not fail to arrest; in the hands of those who interpreted it on Saturday night it was strangely and powerfully moving. To 'go well' from the stage point of view, the play, however, requires a good deal of re-casting: the six or seven scenes should be compressed into at most three; more should be made of the supreme dramatic moment in the play when the child exclaims '*Is fearr liom an bás!*' The death scene should be abridged. Carefully re-cast under the supervision of someone with a practical knowledge of stagecraft, *Creideamh agus Gorta* would be infinitely the most powerful thing in Irish drama. The incident is essentially dramatic, and the very depths of emotion are sounded. It will always be a painful play to witness; but such ordeals have been – nay, to a certain extent, are still being – lived in Irish homes, and our young Irish stage must portray the 'pity' and 'terror' of life as well as its brightness and comedy.

The rendition of the play called forth several racy and effective pieces of acting, and – in Síle Ní Ailgheasa's interpretation of the mother – one piece of sweet and singular beauty. The *caoineadh* at the end was exquisite in its piercing and tender mournfulness. The choral singing was however, somewhat long-drawn, whilst the introduction of Sir Joshua Reynolds' *Angels' Heads* was a bad blunder from the point of view of *vraisemblance*.

– 4.11.1905, 8.

Tomás Mac Amhalghaidh

MÁIRE NÍ EIDHIN

Dráma Beag

An Fhoireann

Pádraig Ó hEidhin, P.L.G., feirmeoir láidir
Tomáisín, a mhac óg
Bríd, a bhean
Johneen Mhichíl Dan, buachaillín eile
Máire, a n-iníon
Liam Ó Fathaigh, an fear santach
Seán Ó Conchúir, fear óg i ngrá le Máire
Úna, a mháthair
George Swiggins, an English Planter

'Arry Wilkins – Servants to George Swiggins
Berty Jones

Feardorcha, an veidhleadóir dall (nó píobaire)
Micheál Ó Gráda, feirmeoir
Comharsana is daoine eile

RADHARC I

ÁIT: Parlús i dteach Phádraig Uí Eidhin. Máire Ní Eidhin ag fuáil is a máthair ag teacht isteach ón gcistin. Tá fuinneog ar chúl an ardáin.

BRÍD: Tá an t-uisce ag fiuchadh sa gcistin anois, a Mháire, is níl d'athair ag teacht isteach fós.

MÁIRE: Bíodh foighid agat go fóill, a mháthair, tá sé luath go leor fós. Chonaiceas thíos ar an mbóthar ar ball é.

BRÍD: Tá faitíos orm go bhfuil rud éigin ar an mbromaichín óg. Féach amach, a Mháire; tá sé in am aige a bheith ag teacht anois. (*Féachann Máire amach an fhuinneog.*) Níl a fhios agam céard tá á choinneáil. Ní fhaca mé a leithéide riamh. Dá gcasfaí duine ar bith air, caithfidh sé fanacht –

MÁIRE (*Ag rith ón bhfuinneog*): Ó, a mháthair, a mháthair, céard a dhéanfaimid? Tá sé ag caint ansin thíos leis an amadán sin George Swiggins is, ar ndóigh, b'fhéidir go bhfuil sé ag déanamh mo chleamhnais arís leis. Och, céard a chuir an smaoineamh sin isteach i gcloigeann m'athar ar chor ar bith? Ba mhaith liom an cneámhaire meisciúil sin a chaitheamh amach as an teach.

BRÍD: Go deimhin, is trua an scéal é, a iníon, a chroí, ach b'fhéidir le cúnamh Dé go dtiocfaimis slán as fós. Bíodh misneach agat, a chailín! Ní phósfaidh tú an slíomadóir sin má tá sé im chumas cosc a chur air.

MÁIRE: Éist, a mháthair, seo iad ag teacht!

(*Pádraig is George taobh amuigh ag comhrá i mBéarla. Tá siad le feiceáil tríd an bhfuinneog.*)

GEORGE: Yais, Mr. Haine, we must halways watch han' hobserve the taimes. That thire his my motto, han' hin fact Hi said the same fing to Lord Muttonskull: 'Watch han' hobserve the taimes, my Lord,' sez hi, 'han' sell your sheep. Sheep his dear,' sez Hi, 'sheep his dear.' Hi sold, Mr. Haine, han' Hi made by the transaction; so you see Hi can afford to keep my table to my satisfaction now. Ha, ha, ha etc. Mr. Haine, to hevery

Henglishman 'is table is the w'ole fing – 'is hend hin life, Hi might say.

PÁDRAIG: Yis, indeed; thrue for you, Mr. Gearge. You're a fine man, sur!

GEORGE: Well, habout that little matter; w'at do you say now hif we-a-a –

(*Leanann na guthanna taobh amuigh is imíonn siad thar an bhfuinneog.*)

MÁIRE (*Istigh*): Muise, a mháthair, nach breá an chaint atá eatarthu, ach, ar ndóigh, níl an Sasanach díchéillí sin in ann trácht ar aon ní sa domhan ach ar rudaí le n-ithe is rudaí le n-ól. Ó, céard a tháinig ar m'athair ar chor ar bith a bheith ag iarraidh orm an cladhaire sin a phósadh? Ní phósfaidh mé é, ní phósfad, a mháthair! B'fhearr liom imeacht go dtí Aimeiriceá ná é a dhéanamh.

BRÍD: Bíodh foighid agat, a stór; tá Dia láidir is tá máthair mhaith Aige. Bíodh foighid agat, a mhuirnín, is fág ag Dia é.

(*Tagann an bheirt isteach.*)

MÁIRE & BRÍD: Muise, céad fáilte romhaibh. (*Leanann Bríd.*) Tá sé in am agat a theacht isteach chugainn, a Phádraig.

PÁDRAIG (*Go greannmhar*): 'Tagann gach maith le cairde,' mar a deir an seanfhocal, is tháinig mise fá dheireadh; is leis sin an duine uasal seo a mbím ag trácht air in éineacht liom. Seo, a Mháire, um-um-um-a – I ax yer pardon, Mr. Gearge. They makes me talk the ould language yet; but, you see, I'm goin' to put me fut down at wanst now an' have the only rale, livin' language of 'Edication' in future! (*Le Máire*) Labhair leis an duine uasal, a Mhá – I 'umbly ax yer pardon, Mr. Gearge; spake to the gintleman, Mary!

MÁIRE: Go mbeannaí Dia duit, a dhuine uasail.

GEORGE (*Go briotach*): Um-um-a – De-e-lighted, Hi hassure you, to make your hacquaintance, Miss Mawr-yew.

BRÍD (*Le Máire*): Lean den Ghaeilge, a iníon-ó.

PÁDRAIG: Cuir suas don Ghaeilge, a Mháire. Ó-á-á – I agin beg pardon, Mr. Swiggins. Spake proper to the gintleman, Mary!

MÁIRE: Is cóir don uile dhuine a theanga féin a labhairt, a athair, is, ar ndóigh, níl an duine seo ag déanamh ach sin, is déanfaidh mise an rud céanna. Cé go bhfuil cuid mhaith den Bhéarla agam, ní labharfaidh mé ach an Ghaeilge – an teanga a thug Dia dúinn.

BRÍD: Go dtuga Dia do shláinte duit, a leanbh mo chroí!

PÁDRAIG: Bí i do thost, a bhean! A Mháire, ní raibh mé ag smaoineamh ar a leithéide sin a chloisint uaitse. Bhíodh ár sinsear cineálta i gcónaí roimh na strainséirí. Cá bhfuil do chineáltas, a Mhá-? Sure an' I ax yer pardon, Mr. Swiggins. The ould tongue does break out on me an' –

GEORGE: Hexcuse me 'un moment, Mr. Haine. Hof course you know, women 'as their ways han' must be humoured, han' Hi ham told Hi ham hexcellent hin this 'ere department. A-a-a – 'ow d'ye do, Miss Haine? Hi'm sure Hi'm delighted to a-a-make- a –

MÁIRE: Agus, a dhuine chóir, an bhfuil Gaeilge ar bith agat?

GEORGE: Um – ye-es, Hi'm delighted to 'ear you say so, Miss Mawryew. Hi'm not-a-hover-burdened with-a-Gaelic-a –·

BRÍD: Ná le ciall ach an oiread, sílim.

GEORGE: Um-a-a, oh-a-quite right, Mrs. Haine. Hi-hi-a-quite hagree with you-a-a –

MÁIRE (*Ag gáirí*): Má bhí tú ag inseacht bréag ar feadh do shaoil, tá an fhírinne ghlan agat anois.

(*Labhrann Pádraig le Bríd is imíonn sí.*)

GEORGE: Ha-ha-ha. Hi knew Hi could hamuse the dear gal. Ha-ha-ha. Nothin' can stand we hEnglish – except p'raps –

MÁIRE: Na hÉireannaigh, b'fhéidir?

PÁDRAIG: Musha, 'tis you is the fine pleasant gintleman, Mr. Gearge. I think I'll be lavin' ye together soon, as I musht run out to the seanchapall – ó – axin' yer pardon, Mr. Swiggins, I mane of coorse th' ould horse. The ould way is on me tongue yet, but I'll be rid of it soon, plaze God. I wi –

MÁIRE: Ó, a athair, céard tá tú a rá? Ar son Dé, ná habair é sin – go mbeadh sinn gan ár dteanga féin, gan teanga Naomh Pádraig is Naomh Colm. Ó, mo náire thú, a athair, ó – !

PÁDRAIG: Stop, stop. A iníon, ní éisteoidh mé leis an tseafóid sin. Déan thusa mar a deirim leat. (*Leis féin.*) Ó, a Dhia, céard tá mé ag brath ar a dhéanamh? Ach ní thig liom stad anois gan m'fhocal a bhriseadh – ó –

(*Cloistear buachaill taobh amuigh ag feadaíl is ag glaoch ar na madraí.*)

TOMÁISÍN (*Amuigh*): Seo, a Phreabaire, a Phreabaire, a Phreabaire, a Ghrianáin, a Ghrianáin, a Ghrianáin! (*Feadann sé arís is arís.*)

PÁDRAIG (*Istigh*): A Thomáisín Uí Ghráda, céard tá tú a dhéanamh ansin? Stop do ghleo ar an nóiméad nó brisfidh mé do chloig. I ax yer pardon, Mr. Gearge, a thousand times. It does beak out on me – (*Go feargach.*) Thomasheen, hould yer nise, I tell ye, an' cum in here our' that!

TOMÁS (*Ag rith isteach*): Ó bhó, bhó, níor chuala tú riamh a leithéide. Bhí muca Bhríde Andy ar thaobh an bhóthair is tháinig na peelers aníos ón barrack is céard a rinne Bríd ach iad a thiomáint isteach i bpáirc a' clover s'agaibhse. Teastaíonn na madraí uaim anois go gcuirfidh mé amach iad. Seo, a Phreabaire, a Phreabaire, a Phreabaire –

PÁDRAIG (*Go feargach*): Éist do bhéal, a Thomáisín. Ba cheart duit fanacht socair roimh an strainséir – ó – ah, I ax pardon, Mr. Gearge. Hould yer whisht, Tomasheen, an' be mannerly. Mr. Gearge, caithfidh mé a bheith ag imeacht – I mane, of course, sur, I beg pardon, I mane I must run out to see after thim pigs. Don't be talkin' Irish, Tomasheen, an' you'll be a grand man like Mr. Swiggins yeat.

(*Imíonn sé.*)

TOMÁISÍN (*Leis féin*): Níl aon mhaith duit a bheith á rá sin, muise. Tá an Ghaeilge mhilis i bhfad níos fearr ná Béarla briste is ná Béarla galánta freisin. Oró, the Lord betune us and all harm, look at the face of John Bull. Musha, if you're grand, I'll never try to be like you.

GEORGE: Get hout, you young savage!

TOMÁISÍN (*Ag dul amach dó*): Ó, ho-ho-ho-. Let ye look at what says 'savage.' Ó-ho-ho-.

(*Imíonn sé.*)

GEORGE (*Leis féin*): Hi ham glad the brat's gone – (*Le Máire.*) Miss Mawryew, my dear, a-little darling, do speak heven 'un little word hof Henglish to hencourage your slave. Ah, do!

MÁIRE (*Léi féin*): B'fhéidir go n-imeodh sé dá leanfainn den Ghaeilge. Tabharfaidh mé iarracht faoi ar chuma ar bith. (*Le George.*) Anois, a dhuine chóir, nach bhfuil a fhios agat go maith nach bhfuil grá ar bith agam duit, ná meas ar do shaibhreas, ná suim in do chuid cainte. Is, ina dhiaidh sin, tuige go mbíonn tú 'mo bhodhrú mar seo? (*Druideann George chuici.*) Fan mar a bhfuil tú is fág mise mar atáim!

GEORGE (*Go leathfheargach*): Mawryew, speak Henglish to me, hand don't be spoilin' your pretty mouth with that da – Hi beg pardon – Hi mean confo – Hirish, I mean, don't you know.

MÁIRE (*Go bródúil is go feargach*): Cuir suas de sin. Ná tabhair masla don teanga a bhí á labhairt ag fir léannta is á múineadh ins na scoileanna ab fhearr sa domhan nuair a bhí do shinsear ina gcónaí i bpoill faoi thalamh. Is sibhse, a sheanchladhaire –

GEORGE: Hi can't follow you, Miss Mawryew. You hare very heloquent, Hi'm sure; but Hi came, y'know, for a special transaction, y'know. Really – y'know – Hi possess some cattle and sheep, han' 'ave ha good-a-bank haccount, y'know; han' then there's my table – ha-ha-ha Henglishman's hend hin life – ha-ha. Will you share hit with me, Miss Mawryew? Say 'yes' han' Hi'll be thy slave (*Ar a ghlúine*) thy hadorer – thy 'usband, loving and true!

MÁIRE: Thusa, thusa, an ea?

GEORGE: Oh, Mawryew, do tell me his 'husser' the Celtic for 'yes!'

MÁIRE (*Ag miongháirí*): Thusa an Ghaeilge ar 'yes?' Ó, is greannmhar an fear thú.

(*Éalaíonn Bríd isteach.*)

GEORGE: Oh, thou 'ast said 'yes.' The 'un word Hi longed for. Let me take thy 'and!

(*Druideann sé léi.*)

BRÍD (*Ag léimní eatarthu*): Céard tá tú ag iarraidh a dhéanamh, a amadáin? Tá aithne agam ort le fada, a scraiste leisciúil bhradaigh bhréagaigh. Cé a thóg an gabháltas ón mbaintreach bhocht? Thusa, a shantóir! Cé a thóg an dá acra ó Cháit Ní Chonghaile? Thusa, a ghrabadóir bhréin! (*Druideann sí leis is téann sé chuig an doras.*) Agus – an í m'iníonsa atá ag teastáil uait anois? Ba mhairg do Mháire Ní Eidhin dá mbeadh sí mar mhnaoi ag aon Sasanach ramhar dár shiúil talamh riamh.

GEORGE (*Ón doras*): Hi'll come hagain, Hi will. Hi'm not got rid hof so 'andy. Not Hi!!

(*Imíonn sé. Tosaíonn Máire ag gáirí.*)

BRÍD: Imigh leat, imigh leat, a Sheáin Bhuí. Tá súil mhaith agam go bhfeicfidh mé an lá nach mbeidh do leithéide le fáil in Éirinn. Imigh leat, a chladhaire! Pisuch! Nach dána é ag iarraidh ar Mháire Ní Eidhin é a phósadh! Ar chuala éinne riamh a leithéide? (*Le Máire.*) Ní haon chúis gháire é, a Mháire; an gcuimhníonn tú ar an rud a bhíonn d'athair a rá? É?

MÁIRE (*Go brónach*): Ó, a mháthair mo chroí, rinne mé dearmad air sin. Ach, ar ndóigh, beidh an bheirt againn ábalta ar iachall a chur ar m'athair gan bac(adh) leis feasta?

BRÍD: Níl a fhios agam, a Mháire, ach b'fhéidir sin. (*Cloistear coiscéim amuigh.*) Seo i leith arís é! Dar mo láimh, má thiocfaidh sé anseo níos mó. (*Ag breith ar an tlú.*) Rachaidh mise i mbannaí nach –

MÁIRE (*Ag féachaint amach is ag miongháirí*): Níl an ceart agat an t-am seo, a mháthair. Ní hé Swiggins atá ann ach Seán Ó Conchúir.

(*Cloistear Seán ag gabháil 'Seán, a Mhic Mo Chomharsan' nó amhrán eile dá shórt.*)

BRÍD: Is é Seán go dearfa atá ann, a Mháire. Is fada anois ó bhí sé anseo cheana.

(*Tagann Seán isteach.*)

SEÁN: Bail ó Dhia anseo.

MÁIRE: Go mb'amhlaidh duit, a Sheáin, agus céad fáilte romhat.

BRÍD: 'Sé do bheatha, a Sheáin. Suigh síos is lig do scíth, a mhic ó.

(*Stadann sé is é ina sheasamh ar an urlár.*)

MÁIRE: Tuige nach suíonn tú síos, a Sheáin?

SEÁN: Muise, ní bheidh mé ag suí, go raibh maith agat, a Mháire. Caithfidh mé rith suas go dtí an cheártain is buailfidh mé isteach ag teacht ar ais dom, is ansin beidh píosa comhrá againn. Agus, a Mháire, cén chaoi a bhfuil tú ar chor ar bith?

MÁIRE: Táim go han-mhaith, slán a bheas tú. 'Bhfuil tú féin in do –?

BRÍD (*Ag ligint uirthi go bhfuil fearg uirthi*): Agus, a Sheáin, cad a rinne mise ort nár fhiafraigh tú an bhfuil mé 'mo shláinte nó nach bhfuil? Sin é an chaoi i gcónaí! Níl meas ná meas (*Ag croitheadh a cinn*) ar na seanchailleacha. Ara, muise, a Sheáin, bhí uair ann is ní raibh buachaill sa bparóiste nach raibh súil aige 'mo dhiaidh. Anois, a Sheáin, céard tá le rá agat?

SEÁN: Gan amhras, gan amhras, a Bhríd, is ní hionadh é sin, bail ó Dhia ort! Ach, ar ndóigh, bhí tú ag féachaint chomh maith sin gur shíl mé nach raibh call agam leis; is, mar aon leis sin, níor thug tú an seans dom, a Bhríd. Ar chuala sibh go bhfuil Peadar Fada le pósadh seachtain ón lá inniu?

BRÍD & MÁIRE (*San am céanna*): Ná habair é, a Sheáin, is cé hí an cailín óg?

SEÁN: Tá siad ag déanamh an chleamhnais le cúpla seachtainí anois is ní féidir nár chuala sibh fós é! Chuaigh Páidín na gCapall suas go dtí na sléibhte – Caisleán Uí Dhálaigh nó Scailp, sílim – is fuair sé cailín breá toilteanach saothrach do Pheadar Fada; Maighréad Ní Loingsigh is ainm di. Casadh na daoine ar a chéile i mBaile Locha Riach Déardaoin seo tharainn is pósfar iad seachtain ón lá inniu. (*Ag féachaint ar Mháire.*) Níor ghá dó dul chomh fada sin ag tóraíocht a mhná, a Mháire. Tá 'maitseannaí' go leor anseo. Nach bhfuil, a Bhríd?

BRÍD (*Go brónach*): Tá, muise, tá. B'fhéidir nach bhfuil sé chomh furasta sin iad a fháil, a Sheáin.

SEÁN: Go deimhin, ní bheadh sé chomh furasta sin Máire a thógáil uaimse, a Bhríd.

BRÍD: Má bheidh a shlí féin ag a hathair, a Sheáin, tá faitíos orm go dtógfar uait í ina dhiaidh sin.

SEÁN (*Go scáfar*): Céard é sin, a Bhríd? Céard tá tú a rá? Céard –?

BRÍD: Bíodh foighid agat, a Sheáin, ná bíodh aon –

SEÁN: Ach, inis dom, céard a tháinig idir mé féin is Pádraig? Nó céard tá aige im aghaidh?

BRÍD: 'Sé an spreallaire sin George Swiggins fáth na trioblóide go léir. Tháinig sé in áit a raibh Pádraig sa bpáirc tamall ó shin is tháinig siad araon anseo. Bhí George ina sheasamh san áit a bhfuil tusa anois is é ag cur a chuid bladaireachta ar Mháire, le do thoil. Agus ansin d'iarr sé uirthi é a phósadh ach bhí –

SEÁN: George Swiggins! George Swiggins! An Sasanach gránna, an bithiúnach bréagach bradach! Fanaigí go rúisce mé é! Tabharfaidh George Swiggins obair do chrochaire fós. Cá bhfuil an Béarlóir dubh, an –?

(*Tagann Pádraig isteach is fearg air.*)

PÁDRAIG: Céard a rinne tú, a Mháire? Tuige ar rith Mr. Gearge amach mar sin? – Thusa anseo! (*Le Seán.*) Thusa anseo! B'fhéidir gur thusa a rinne é. Cad é an fáth a bhfuil tusa anseo ar chor ar bith, a Sheáin Uí Chonchúir? An tusa a chuir Mr. Gearge Swiggins as mo theachsa? 'Bhfuil a fhios agat go bhfuil an duine uasal sin ag brath ar m'iníon a phósadh?

SEÁN: Uasal, an ea? Agus Mister George Swiggins ag brath ar d'iníon a phósadh? Is an dtabharfá Máire Ní Eidhin don chneámhaire neamh-mhúinte putógach sin? Och, a Phádraig, nach bhfuil náire ar bith ort – ag caitheamh d'iníne don spriosán meisciúil sin? Och, náire ort, a Phádraig! Náire –

PÁDRAIG: Dún do bhéal, a amadáin leisciúil, is téigh abhaile as seo i bhfeighil do ghnótha féin. Ná bí ag cáineadh duine atá i bhfad níos fearr ná thú féin.

SEÁN: Agus cé hé sin, más é do thoil é, a Phádraig Uí Eidhin?

PÁDRAIG: Mr. Gearge Swiggins, Esqu-uire, le do thoil, a Sheáin Uí Chonchúir.

SEÁN: Fear gránna leibideach cruiteach, dearg-ghruaigeach. Fear gan –

PÁDRAIG (*Ag taispeáint an dorais*): Sin é an doras, a dhuine, is imigh! Tá an iomarca ráite agat cheana. Imigh go mear, a deirim.

BRÍD: Ó, a Phádraig!

MÁIRE: Ó, a athair!

PÁDRAIG: Bígí in bhur dtost. Tá fios mo ghnótha féin agam. An gcabhraíonn sibh leis an ngaiscíoch seo? Ó-ho-ho-ho.

SEÁN: A Phádraig, ná bac leo is ná cuir milleán orthu. Is ormsa ba chóir duit an milleán ar fad a chur. Imeoidh mé anois is, a Phádraig, éist leis seo! Tiocfaidh brón thar barr ort mar gheall ar obair an lae seo. Bíodh cuimhne agat air sin is glac m'fhocal air.

PÁDRAIG (*Ag taispeáint an dorais arís*): Imigh is ná fill! Imigh leat! Imigh, a deirim.

BRAT ANUAS

RADHARC II

ÁIT: Taobh bóthair sa tuath. Claí ar chúl an ardáin. Tomáisín is Johneen Mhichíl Dan ag tóraíocht coinín ar an taobh thiar den chlaí.

TOMÁISÍN: An bhfeiceann tú an coinín, a Johneen?

JOHNEEN: Níl a thuairisc le fáil anseo ar chaoi ar bith, a Thomáisín.

TOMÁISÍN: Léim thar an gclaí, a mhic ó. B'fhéidir go rithfidh sé amach ar an mbóthar.

(*Léimeann Johneen amach ar an mbóthar.*)

JOHNEEN: Be me sowkins, a Thomáisín, tá poll anseo is tá faitíos orm go bhfuil sé imithe cheana. Féachfaidh mé an bhfuil sé ann anois.

TOMÁISÍN (*Ar an taobh istigh*): Hios-s-s – amach as sin – amach as sin – hulla – hulla – hulla – amach leat, a choinín – hios-s-s. Nach mór an trua é, a Johneen, nach bhfuil na tarriers againn – hulla – hulla – hulla.

JOHNEEN: Ó, a Thomáisín, seo chugainn Swiggins is a bheirt bhuachaillí is iad ag cogar lena chéile.

TOMÁISÍN: Tare-an-ages, a Johneen, tar isteach anseo go sciobtha. Chuir mise fearg mhór ar ould Puntius Pilate inniu is brisfidh sé mo dhroim má bhéarfaidh sé orm.

(*Léimeann Johneeen isteach.*)

JOHNEEN: Ní fhaca siad mé, sílim.

TOMÁISÍN: Éist do bhéal anois is ná bíodh cor asat.

(*Téann siad i bhfolach is tagann George Swiggins is 'Arry Wilkins is Berty Jones isteach.*)

GEORGE: Now you hobserve wot you've got to do. You, 'Arry Wilkins, will 'ave ha look round han' see no one's ha-watchin'.

'ARRY: Hexhactly so, sir. Hexhactly.

GEORGE: Han you, Berty, will flock hup Leem Sontock's sheep, hif heveryfing's A1.

BERTY: Hanyfing to hoblige, sir; hanyfing to hoblige.

GEORGE: Then you two fellers will steal one hof the sheep, han' bring hit to me. We'll 'ide hit hat Connors when they're hall houtside, han' hif necessary swear 'twas young Connors stole the sheep. Ho, ho! Won't Hi 'ave O'Connors under my thumb then, han' little Mawryew will be hall my hown! Won't she, eh?

'ARRY: He-he-he. You hare ha rum 'un, Mr. George. Ain't 'e, Bert?

BERTY: That you hare, master. But say, shall we take ha ewe, ha 'ogget, ha lamb, ha ram, hor wot?

GEORGE: O, 'ang yer bloomin' skull! Take hanyfing so's hit's new-branded with ha heF. Hef for Fahy, don't y' know.

BERTY: Hif we gets the heatin' o' that there sheep, Hi s'pose we takes a fat 'un.

'ARRY: Drat yer foolin'! Wot yer mean, man? Don't yer hunderstand 'tisn't hus that's stealin' the blamed fing, but young Connors?

BERTY: Well, you're wot Hi calls thick! Wot's wanted his the brand heF. That there's hon the wool, not hon the mutton. Therefore then, Hi says, without more hobservation, 'ide the darned skin hin Connors han' the case his has clear has over-hadultered w'iskey!

GEORGE: 'Ello but there's ha hidear. We steals the sheep, good! We heats the mutton, excellent! Han' Hi gets Miss Mawryew Haine han' 'er fortune. Most salubriously magnificent!

BERTY: Now, 'Arry, hapologise. Catch me forgettin' No. 1. Ha, ha, ha, ha! Let's be hoff!

'ARRY: Beg parding, Bert! You're a genius where number 'un comes hin. Hi say, could hanyone be listening? Let's 'ave ha look 'round.

BERTY: Don't delay. 'Ere's somebody a-comin'. Let's be hoff.

GEORGE: Off with you, 'Arry han' Bert. We mustn't delay. Hold Leem Santock was hat ha funeral today, han' may be back soon. Hi've business back this way hagain, so hoff we go!

BERTY: Ain't we jolly good fellers, halways hup for ha lark!

(*Imíonn siad. Féachann Tomáisín is Johneen amach thar an gclaí.*)

TOMÁISÍN: Oró, a Johneen, ar chuala tú iad?

JOHNEEN: Téimis chuig Liam Santach gan mhoill, a Thomáisín, go n-inseoimid dó céard a chualamar.

TOMÁISÍN: Ara, whisth yer mouth, a leibide! Ná bí ag déanamh amadáin díot féin! Tuige a ndéanfadh sinn é sin?

JOHNEEN: Ba cheart dúinn.

TOMÁISÍN: Agus tuige gur cheart dúinn é?

JOHNEEN: Tá siad le caora a ghoid ó Liam Santach is ar cheart dúinn gan fógra a thabhairt dó?

TOMÁISÍN: Och, muise, is mór an pleidhce thú, a Johneen. Bíodh ciall agat, a mhic, nó beidh mé sa Lunatic Asylum agat sula i bhfad. Nach mbeimid in ann a thaispeáint gurbh iad na Sasanaigh féin a ghoid an chaora is ansin caithfidh George is a bheirt searbhóntaí díol as? É?

JOHNEEN: B'fhéidir, a Thomáisín, b'fhéidir; ach nílim sásta im aigne fós ina thaobh.

TOMÁISÍN: Más mar sin atá an scéal agat, éist liom nóiméad. Dá n-inseoimis anois an méid a chualamar, is cosúil nach gcreidfeadh éinne sinn, is ní bheadh Máire Ní Eidhin sábháilte ón gcleasaí sin ar chor ar bith is ní fheicfeadh an créatúr lá séanmhar ar feadh a saoil, is bheadh Seán bocht croíbhriste gan a chailín deas. Conas a thaitneodh sé sin leat?

JOHNEEN: Ní thaitneodh sé liom ar aon chor, a Thomáisín.

TOMÁISÍN: Well thin, ná bíodh focal as do phluic ina thaobh seo le Seán ná le Máire ná le Bríd ná le hÚna.

JOHNEEN: Ní bheidh.

TOMÁISÍN: Ná le haon duine eile.

JOHNEEN: Ní labharfaidh mé focal ina thaobh le fear, bean ná páiste.

TOMÁISÍN: Maith an buachaill, a Johneen. Bhí a fhios agam go ndéanfá an ceart. Be the hokey-pokey, a Johneen, beidh na handcuffs ar an triúr acu fós! Tar liom anois go bhfeicimid an bhfuil an chaora goidte acu fós. Corraigh leat, man alive!

(*Ritheann an bheirt acu amach is tagann Feardorcha isteach ag crónán dó féin.*)

FEARDORCHA: Is fada an bóthar ó Chinn Mhara go dtí seo is is minic a shiúlas é gan tuirse ná laige a bheith orm. Ach táim ag éirí sean anois is nílim chomh láidir is a bhíos. Tá tuirse orm is suífidh mé síos chun mo scíth a ligint. Deireann an seanfhocal gur fearr suí gearr ná seasamh fada, ach deirimse gur maith suí gearr tar éis siúil fhada. (*Suíonn sé is deireann sé leis an veidhlín*): A chara dhílis, is minic a chuiris misneach ionam nuair a bhí an brón dom bhrú chun na talún. Ardóidh mé mo chroí arís le do chuid ceoil.

(*Seinneann sé is feadann Tomáisín Ó Gráda an fonn céanna taobh amuigh. Stadann Feardorcha is tagann Tomáisín ar ais ag leanúint ar an bhfeadaíl.*)

FEARDORCHA: Cé hé sin ag feadaíl?

TOMÁISÍN: By dad! Is mise Tomáisín Ó Gráda atá ann, a Fheardorcha.

FEARDORCHA: Goirim thú, a Thomáisín, ní chuireann sé ionadh ar bith orm go bhfuil mac d'athar in ann fonn breá a fheadaíl.

TOMÁISÍN: Faix then! Táim in ann amhrán a ghabháil freisin, a Fheardorcha.

FEARDORCHA: Maith an buachaill! An dtabharfá ceann don duine dall, más é do thoil é, a Thomáisín?

TOMÁISÍN (*Ag casachtach lena scornach a réiteach*): Be herrin's! Is cuma liom. Tabharfaidh mé iarracht faoi ar chaoi ar bith. 'Bhfuil *Contae Mhaigh Eo* (*nó amhrán eile*) agat?

FEARDORCHA: Muise, go deimhin, tá.

(*Tosaíonn Feardorcha á sheinm is Tomáisín á ghabháil, is nuair atá cúpla véarsa críochnaithe aige, deireann Tomáisín:*)

TOMÁISÍN: Ach nílim ach ag scraoitseáil mar thraona, a Fheardorcha. Tá slaghdán dom mhúchadh.

FEARDORCHA: A, muise, is binn an guth atá agat! Nár laga Dia thú, a Thomáisín! Ní raibh súil ar bith agam go raibh an méid sin ionat. Saol fada le séan chugat mar is solas mo shaoil do leithéide!

(*Tagann Seán Ó Conchúir is Bríd isteach le chéile.*)

SEÁN: Ara, an é seo Feardorcha? Muise, céad fáilte! Tá sé chomh fada sin ó chonaic mé thú gur ar éigean a d'aithnigh mé thú ar chor ar bith. (*Ag breith ar a láimh.*) Agus cén chaoi a bhfuil do shláinte, a dhuine bhoicht?

FEARDORCHA: Níl aon mhaith i gcasaoid, a bhuachaill; ach sílim gur tusa a thóg an sway ó na buachaillí i gCarraigín san earrach seo tharainn.

SEÁN: Is mé, a Fheardorcha.

FEARDORCHA: Tabhair dom do lámh arís, a Sheáin Uí Chonchúir. Is mise a bhí ag seinm ag an mbainis sin is, le cúnamh Dé, nára fada go mbeidh mé ag seinm ceoil ag do bhainis féin!

SEÁN: Go raibh maith agat, a Fheardorcha, ach tá faitíos mór orm nach mbeidh tú; cé go raibh seans ann go dtí inniu, níl seans ar bith ann anois. Tá duine éigin anseo is tá mé cinnte gur mhaith leat caint léi.

BRÍD (*Ag teacht chuige*): Céad míle fáilte romhat, a Fheardorcha. Tá tú ag féachaint go rímhaith, bail ó Dhia ort.

FEARDORCHA: Go réasúnta, go reasúnta, slán a bheas tú. An í bean Phádraig Uí Eidhin atá ansin?

BRÍD: Ó, nach maith an chuimhne atá agat ormsa? Is fada ón oíche sin a bhuailis isteach chugainn. Ó, a Thiarna an domhain, nach gearr a bhíonns an aimsir ag dul tharainn? Sílimse go bhfuil sé suas le seacht mbliana anois, a Fheardorcha, ó bhí tú anseo cheana.

FEARDORCHA: Tabhair dom do lámh, a bhean. Gan amhras tá cuimhne mhaith agam ort mar:
Is tú an bhean mhín mhánla,
A thug dom le do shámhthoil
Cúnamh maith im amhgar –
Bainne is im.
Nuair a bhíos croíbhriste cráite
Gan agam bia ná áras
Is tú a choimeád an bás uaim
Agus a chuir 'mo bhalla brí.

SEÁN: Maith an fear, a Fheardorcha! Is tusa atá in ann é a dhéanamh.

FEARDORCHA: A Bhríd, an bhfuil a fhios agat céard a bhí sé. Ó, is díol trua mé! Dheamhan tobac in mo phíopa agam. 'Bhfuil tobac ar bith agat, a Sheáin?

SEÁN: Dheamhan pioc, a Fheardorcha, ach cuirfidh mé Tomáisín á iarraidh. Seo, a Thomáisín, rith go dtí an siopa le haghaidh unsa tobac.

(*Bheir sé cúpla pingin do Thomáisín.*)

TOMÁISÍN: Fuair Harry na leathphingine rowl tobac inné is ní bheidh Jack Robinson ráite agat nuair a bheidh mé landáilte ar ais arís. Whoops!

(*Imíonn sé ag léimní.*)

FEARDORCHA: Go méadaí Dia do chuid airgid, a Sheáin, is nár fhaighe do namhaid bua go deo ort! Ní fheicfeá an fear bocht gan gal tobac. A Bhríd, an bhfuil a fhios agat céard a bhí sé a insint dom nuair a bhíos ag caint leis cúpla nóiméad ó shin? Dúirt mise go raibh súil mhaith agam go seinnfinn fós ag a bhainis, le cúnamh Dé. 'Ó,' ar seisean, 'cé go raibh seans ann go dtí inniu, níl seans ar bith ann anois.' Anois, a Bhríd, b'fhéidir go bhfuil tú in ann eolas a thabhairt dom i dtaobh a thrioblóide.

BRÍD: Is fíor é gur mise atá in ann é sin a dhéanamh, a Fheardorcha, mar is mise máthair an chailín a bhí i ndáil le bheith pósta le Seán anseo, mura mbeadh gur tháinig an scraiste sin George Swiggins eatarthu. Rinne an Sasanach nead i gcluais a hathar is níl a fhios againn céard a dhéanfaimid anois.

SEÁN: D'inis sí an fhírinne ghlan duit, a Fheardorcha, ach déanfaidh Pádraig Ó hEidhin pé rud a thiocfaidh isteach ina cheann in ainneoin an diabhail féin. Sin é an scéal is níl a fhios agam conas a thiocfaimid as.

FEARDORCHA: Fág ag Dia é, a Sheáin, fág ag Dia é, is glac m'fhocal go dtitfidh gach rud amach mar ba mhian leat.

BRÍD: Is fíor duit, a Fheardorcha. Is cóir dúinn a fhágáil ag Dia. Caithfidh mé a bheith ag imeacht anois. Buail isteach chugainn sa tráthnóna, más é do thoil é. Beannacht Dé leat anois.

FEARDORCHA: Go dtuga Dia slán abhaile thú. Buailfead isteach sa tráthnóna, le cúnamh Dé.

SEÁN: Fan nóiméad, a Bhríd, is beidh mise le do chois. Slán leat anois, a Fheardorcha, go bhfeice mé thú arís.

FEARDORCHA: Go n-éirí do bhóthar leat, a bhuachaill, is ná déan dearmad air seo: 'I ndiaidh a chéile a dhéantar na caisleáin.' Ná bíodh an iomarca deifre ort, a mhic ó, is

Fág ag Dia an Sasanach gránna

Agus fág fear pusach ag Bean Dhána.

SEÁN: Glacfaidh mé do chomhairle, go raibh maith agat. Tá mo theach in do bhealach, a Fheardorcha, is mar sin buailfidh tú isteach chugainn freisin.

FEARDORCHA: Buailfead, a Sheáin, buailfead is fáilte.

BRÍD: Ná déan dearmad ar bhualadh isteach chugainne ar chaoi ar bith, a Fheardorcha.

(*Imíonn Seán is Bríd.*)

FEARDORCHA: Ná bíodh faitíos ort, a Bhríd.

(*Tá George ar an taobh eile den chlaí is é ag féachaint amach anois is arís.*)

FEARDORCHA (*Leis féin*): Ó, mo léan géar! Is minic, an-mhinic a chuala mé trácht ar George Swiggins. Creidim gur mucaire nó rud mar sin a bhí ann sular tháinig sé don áit seo. Fear a thréig a thír féin, fear gan bhláth gan slacht. Fear gan mhaith gan mhéin. Fear gan chuma, fear gan ainm macánta féin mar, m'anam ón diabhal, cén sórt ainm é sin George Swiggins? Agus an bhfuil Pádraig Ó hEidhin ag brath ar a iníon a thabhairt do George Swiggins? Tá sé ag baint na meabhrach díom. Máire Ní Eidhin, cailín deas croíúil ag George Swiggins, stocaire atá chomh glic le fear na méaracán! George Swig –

GEORGE (*Ag léimní thar an gclaí*): W'at hare you sayin' habout George Swiggins, you hold cripple? W'at? (*Ag breith ar scornaigh ar Fheardorcha.*) Hi don't hunderstand the 'ang hof hit, but judging from the sound – well – hit's nothin' good!

FEARDORCHA: Lig amach mé, a dhiabhail gan mhisneach! Lig amach Feardorcha Dall!

GEORGE (*Á thachtadh fós*): You were a-speakin' hof me han' Miss Haine; you willainous hold wretch, you were!

FEARDORCHA: Bhíos, agus an dtuigeann tú an méid seo –

Is fuíoch a bheidh sí ag caoineadh an lae

A thabharfadh sí duitse a croí is a spré.

GEORGE: Speak Henglish, you hold reptile; speak Henglish, d'ye 'ear? (*Buaileann sé Feardorcha.*) Ho, ho, ho! Rule Britannia, Britannia rules the (*Buaileann sé arís é.*) waves, han' the low Hirish! Ho, ho –

(*Ritheann Tomáisín isteach leis an tobac.*)

TOMÁISÍN (*Agus ionadh air*): Thunder-an'-turf! Céard é seo? Oró, is mór an trua gan do radharc a bheith agat, a Fheardorcha! Ach buail é ar chaoi ar bith, buail é, a dhiabhail, faoi na ribs, faoi na ribs, a deirim leat. Bí á kickáil ar na shins freisin is cabhróidh mise leat.

(*Beireann Tomáisín ar chóta George is tarraingeann sé é.*)

GEORGE: Let go, you young wagabond! You're a-hinterferin' hof me halways. Let go, Hi say!

(*Buaileann George Tomáisín le droim a láimhe.*)

TOMÁISÍN: Would ye strike yer match so well? Would ye, ye ould bosthoon? Ara, a Fheardorcha, múscail do mhisneach, a dhuine bhoicht. Tiocfaidh na peelers fós is cuirfidh siad big George sa lockup. Peelers, peelers, peel – ná maraigh é, a dhiabhail! Peelers, peelers! (*Feiceann sé Seán ag teacht ar ais*). Ó, corraigh leat, a Sheáin, chun cabhair a thabhairt dúinn. (*Tagann Seán.*) Buail é, a Sheáin! Ar son Dé, buail é! Agus tabhair cúpla black eyes dó!

SEÁN: Lig amach an duine bocht nó ní fhéadfaidh mé –

(*Beireann Seán ar George is feiceann Tomáisín a athair ag teacht.*)

TOMÁISÍN: Gabh i leith, a athair, gabh i leith! Déan deifir, a athair, is cuirfimid Swiggins sa black hole.

(*Tagann Micheál Ó Gráda isteach.*)

GEORGE: Oh, mercy, mercy, mer –!

MICHEÁL: Ná maraigh é, a Sheáin, tá sé buailte go leor agat anois.

SEÁN: Féach céard a bhí an spriosán a dhéanamh leis an bhfear bocht. An scraiste salach! An leib–

GEORGE (*Ar an talamh*): Oh dear, oh dear! Hi begs parding, sir. Hi was honly jokin'. Hi didn't mean anyfing, y'know. Hi wasn't a-doin' of a fing to the pore man. Oh dear, no!

MICHEÁL: Ná bac leis, a Sheáin, ní fiú duit é.

TOMÁISÍN (*Le George*): Now, me ould nine o' clubs, does Britannia rule the low Hirish? Eh?

GEORGE: Oh, bless me! No, no, no. That was honly a joke, y'know; honly a joke, that's hall!

FEARDORCHA: A bhuachaillí, éistigí!

Is fíor é gur fear é, gan mhisneach, gan mhaith,
Gan eolas, gan léann, gan mhúineadh, gan slacht,
Fear leibideach tuatach, míbhéasach drochmhúinte,
Gur searbh a ghnúis is gur pusach a chlab,
Gur dearg a ghruaig is gur maol í a phlait,
Gur trom é a bhuille ar an duine atá lag,
Ach gur mear é ag rith, is a ghéaga ar crith,
Ón té a bheadh in ann seasamh suas leis i gcath,
Is iad tréithre a shinsir atá ag briseadh amach,
Mar a bhriseann an dúchas trí shúile an chait,
Ach an lá a bhfeicfeadsa, ó, a Dhia na bhfeart,
Ina mbeidh sé féin is gach fealltóir mar é
Á ndíbirt go tréan as an oileán amach!

MICHEÁL: Go deo thú, a Fheardorcha!

BRAT ANUAS

RADHARC III

ÁIT: Cistin i dteach Sheáin Uí Chonchúir; Úna, a mháthair, ag cniotáil is Seán féin go brónach ina shuí ar an mbord.

ÚNA: Céard tá ort ar chor ar bith, a Sheáin? Níl húm ná hám asat ó shuigh tú síos ansin. (*Ligeann Seán osna as.*) Gan amhras tá rud éigin ag goilliúint ort. Inis dod mháthair é, a Sheáin. Taobh amuigh de Dhia is na naoimh ins na flaithis, níl cara níos dílse agat sa domhan ná do mháthair féin.

SEÁN: Is amhlaidh, a mháthair, go bhfuil gach ní ag teacht im choinne anois.

ÚNA: Ara, céard tá ag teacht in do choinne, a stór? Tá tú go seascair compordach anseo is chomh fada is atá grásta Dé agat, ní ceart duit a bheith ag clamhsán.

SEÁN: Ach, mar sin féin, nuair a bhíonn duine ag súil le héinní, cuirtear trína chéile go mór é mura bhfaigheann sé é.

ÚNA: Agus cén mí-ádh atá ort anois, a Sheáin?

SEÁN: Ní fhéadaim a insint duit, a mháthair, ná fiafraigh díom é.

ÚNA: Ní féidir go raibh Liam Santach dod bháirseáil arís i dtaobh na teorann sin.

SEÁN: Níor bhac Liam Santach liom ó shin is, dá mbacfadh féin, ní chuirfeadh a bháirseáil buaireamh ar bith orm.

ÚNA: Agus céard é an ní atá ag cur buartha ort, a Sheáin? Ní fhéadaim an chúis bhróin atá ort a dhéanamh amach murab é sin é.

SEÁN: Is cuma anois céard é, a mháthair, ach ní hé sin é.

ÚNA: Inis dom é, a chuid, is b'fhéidir go mbeinn in ann é a leigheas. Inis dom é.

SEÁN: Och, muise, ó tá tú chomh fiafraitheach sin, inseod duit é. Bhí troid agam le Pádraig Ó hEidhin is chuir sé amach as a theach mé. Agus ní hé sin amháin ach is baolach go bhfuil Máire caillte agam freisin.

ÚNA: Oró, a Sheáin bhoicht! Is brónach an scéal é go cinnte. B'fhéidir nach bhfuil sé chomh holc sin ar fad mar is gaire cabhair Dé ná an doras. Céard é fáth na troda, a Sheáin?

SEÁN: Ó, muise, sin é an chaoi i gcónaí ag na mná – ag cur ceiste i ndiaidh ceiste. Is é an cleasaí sin George Swiggins bun is barr na tubaiste go léir, a mháthair. Teastaíonn sé ó Phádraig Ó hEidhin mar chleamhnaí. Dúirt Pádraig freisin go raibh Mr. George Swiggins, Esquire, i bhfad níos fearr ná mé féin.

ÚNA: Mr. George Swiggins, Esquire, i bhfad níos – .

SEÁN: Ná bac leis anois, a mháthair. Ní inseoidh mé focal eile ina thaobh duit. Caithfidh mé rith suas anois go dtí an cheártain go bhfeice mé an bhfuil an soc réidh ag Eoghan Gabha fós. Beidh mé ar ais go gairid.

(*Imíonn sé.*)

ÚNA: Go bhfóire Dia ort, a Sheáin! Is díol trua thú.

(*Cloistear Seán is Feardorcha taobh amuigh.*)

SEÁN (*Amuigh*): Muise, bail ó Dhia ort, a Fheardorcha. Tháinig tú fá dheireadh. Céad fáilte romhat!

FEARDORCHA: Go raibh maith agat, a Sheáin. Agus cén chaoi a bhfuil do mháthair, an créatúr?

SEÁN: Chomh maith is a bhí sí riamh. Buail isteach chuici. Tá mise ag dul don cheártain ach beidh mé ar ais i gceann tamaill. Beannacht leat.

ÚNA (*Istigh*): Níl a fhios agam cé hé seo.

FEARDORCHA (*Amuigh le Seán*): Go n-éirí an t-ádh leat, a Sheáin, go n-éirí an t-ádh leat! (*Ag teacht isteach dó.*) Bail ó Dhia anseo, a bhean an tí.

ÚNA: Go mb'amhlaidh duit – A, muise, an é Feardorcha féin atá ann? Céad míle fáilte romhat, is cén bhail ort, a dhuine bhoicht?

FEARDORCHA: Sea, ag stracadh leis an saol, a bhean chóir.

ÚNA: Suigh síos ar an gcathaoir seo. Tá mé cinnte go bhfuil tuirse ort anois.

FEARDORCHA: Ní bheidh mé ag fanacht, a Úna. Caithfidh mé a bheith ag –

ÚNA: Ó, beidh deoch bhainne is ceathrú cáca agat ar chaoi ar bith. Fan anois go mbleána mé an bhó is geobhaidh mé deoch leamhnachta duit.

FEARDORCHA: Ó, ná bac leis, a bhean –

ÚNA: Stop anois! Tá an bhó sa bpáirc ar chúl an tí ansin is ní bheidh mé i bhfad. Dearg do phíopa is bíodh gal agat an fhaid atá tú ag fanúint liom. (*Ag dul amach di.*) Beidh mé ar ais chugat gan mhoill.

(*Imíonn sí.*)

FEARDORCHA: Nár fheice tú lá gorta go brách, a Úna! (*Leis féin.*) Seacht míle buíochas Duit, a Dhia na mBocht! Mura mbeadh Thusa, céard d'éireodh dom? Míle glóir do Dhia! Níl bia ná deoch ag teastáil uaim. Tá mo dhóthain agam maidin is tráthnóna is lóistín na hoíche; mar ní fheicfeadh na comharsana mé gan greim feola ná gan deoch bhainne. (*Caitheann sé a mhála ar an urlár is tarraingeann sé amach a phíopa.*) Sea, tógfaidh mé comhairle Úna is beidh gal agam chomh fada is atá sí amuigh. (*Titeann cumhdach a phíopa ar an urlár is téann sé ar a ghlúine á lorg.*) M'anam ón diabhal, tá cumhdach mo phíopa caillte. Cá bhfuil sé ar chor ar bith? Há, b'fhéidir gur rith sé isteach faoin mbord seo; ach, mar sin féin (*Ag canadh*):

Is trua mé ar mo ghlúine
Gan radharc mo dhá shúl agam,
Ag cuardach mo chumhdaigh
Faoin gclár i ngach cúinne –
Och, ní fhéadaim é a fháil amach pé áit a bhfuil sé. Ach, fanadh sé ansin!

(*Ag canadh arís.*)

Cuirfidh mé suas de
Mar ní ceart go mbeadh buairt orm
Mar gheall ar –

(*Cloiseann sé daoine ag teacht is stadann sé faoin mbord.*) Tá duine éigin ag teacht. Níl a fhios agam cé hé. Ní Úna ná Seán atá ann ar chaoi ar bith.

(*Stopann sé. Tagann 'Arry Wilkins isteach.*)

'ARRY: Good hevenin' heverybody – 'Ello, hanyone hinside? – No! By 'eavings, not 'un. Hi'll jolly well 'ave ha bloomin' look 'round before Hi goes hany further. (*Féachann sé isteach ins na seomraí.*) Not a bally sinner hinside the whole ship. (*Le Berty taobh amuigh.*) Say, Berty! Hall's well, nobody hin. Make no delay, but bring hin the darned 'ide, can't yer!

BERTY (*Ag teacht isteach le craiceann caorach is an litir F mar chomhartha air*): Shut yer blubberin' mouth han' let's do wot Swiggins said. We've got to make ha thief hof young Connors han' not get caught hourselves. Damn my bloomin' –

'ARRY: Wot habout hare yer a-swearin' hof? Will yer 'ide the cussed fing? Will yer?

BERTY: Can't yer give ha cove ha chance? Wot yer fink ha feller's made hof?

'ARRY: Cheese it, Bert, han' let's get done han' be hoff.

BERTY: 'Ere's at yer, then!

(*Cuireann siad an craiceann i bhfolach faoi bhosca sa gcúinne.*)

BERT: 'Ow's that for ha 'idin' place, 'Arry?

'ARRY: The 'ide is hin it hany way. Ha-ha-ha!

BERTY: Drat yer puns han' 'urry up. Say, 'Arry, ain't George ha rum 'un. We steals the sheep, heats the mutton, transports Connors for ha-doin' hof it, han' Mawri 'Aine his transmogrified into Mrs. George Swiggins? He, he, he. Damn good, ain't hit?

'ARRY: Finish yer prate han' let's vamoose! We've finished now the 'ide's in 'idin'. Ha, ha, ha! Stroke my w'iskers hif Hi don't 'ave this place w'en Connors' transported.

BERTY: No you don't. Hi'll 'ave ha say hin that. Wot yer take me for? Ha bloomin' hidiot? Come hon right 'ome.

(*Imíonn Berty go dtí an doras.*)

'ARRY (*Ag dul amach freisin*): Hi say Hi'll 'ave it. See hif Hi don't. Garn!

BERTY (*Amuigh*): We'll see w'en we get 'ome. Come hon!

(*Imíonn an bheirt.*)

FEARDORCHA (*Ag teacht amach ón taobh eile den chlár*): Um, ó, tá mé – umh – brúite – ó, briste – umh – cráite ó bheith – umh – istigh ansin agus – ó – ar chuala sibh an sioscadh a bhí ag na rógairí sin? Ó, a Sheáin Uí Chonchúir, seachain thú féin! Tá na Sasanaigh ag imirt cleasanna ort. Tá a fhios agam go bhfuil. Cé nach bhfuilim in ann Béarla a labhairt – is go deimhin ní mór an cailleadh é sin – tuigimse go rímhaith é, is ní mór an cailleadh é sin ach an oiread.

(*Imíonn sé ag láimhsiú chuig an mbosca.*) Níl a fhios agam cá bhfuil an bosca sin le fáil. Tiocfaidh Dia chun cabhair a thabhairt dom. D'airíos fothrom éigin timpeall na háite seo ar chaoi ar bith. Há, sílim go bhfuil an craiceann agam. Tá, muise. Mura dtug Dia solas mo shúl dom, thug Sé úsáid mo dhá láimh is mo dhá chois dom, míle glóir Dá ainm naofa! (*Cuireann sé an craiceann ina mhála.*) Déanfaidh sin anois. Rachaidh mé chun an scéal a insint do Sheán is do Mhicheál Ó Gráda is do Liam Santach. Cuirfidh mise, an duine bocht dall, smacht crua láidir ar George Swiggins is a bheirt chomrádaithe, le cúnamh Dé.

(*Tagann Tomáisín is Johneen isteach.*)

TOMÁISÍN: Céard tá in do mhála agat, a Fheardorcha?

FEARDORCHA: Ná bac leis, a Thomáisín, ach treoraigh mé chun d'athair a fheiscint. Tá rud agam le rá leis.

JOHNEEN: Tá a fhios agam céard tá ann. Is é craiceann caorach a ghoid Swiggins ó Liam Santach.

TOMÁISÍN: Ha, ha, a Fheardorcha, nach bhfuil Johneen Mhichíl Dan go han-cleveráilte? Bhí a fhios agamsa freisin céard a bhí ann. Tagaidh go n-inseoimid an scéal do m'athair is do Liam Santach.

JOHNEEN: Ó, seo Úna ag teacht is mug bainne ina láimh aici.

FEARDORCHA: Huis, a bhuachaillí, ná labhraígí focal i dtaobh an scéil seo léi mar chuirfeadh sé an-imní ar an gcréatúr. Rith, a Johneen, don cheártain is abair le Seán Ó Conchúir casadh liom i dteach Mhichíl Uí Ghráda. Agus thusa, a Thomaisín, abair le Liam Santach teacht don áit chéanna mar tá rud éigin agam le rá leis-sean chomh maith.

JOHNEEN: Rachaidh mé ar an bpointe.

TOMÁISÍN: Rachad is fáilte, a Fheardorcha. Tá súil agam go mbeidh lashin's an' lavin's de spórt againn roimh an oíche. Off we pop!

(*Imíonn an bheirt.*)

ÚNA (*Ag teacht isteach*): Ara, a Fheardorcha, ní féidir go bhfuil tú ag imeacht uaim.

FEARDORCHA: Tá deifir an domhain orm anois. Caithfidh mé dul –

ÚNA: Ní fhágfaidh tú an áit a bhfuil tú anois go n-íosfaidh tú greim den cháca seo is go n-ólfaidh tú deoch bhainne.

FEARDORCHA: Ní fhéadaim fanúint níos –

ÚNA: Suigh síos, a deirim!

FEARDORCHA: Ná bac leis, a Úna, tiocfaidh mé ar ais arís.

ÚNA: Suigh síos, a deirim leat!

FEARDORCHA: A Úna, tá deifir orm ach tiocfaidh mé uair eile.

ÚNA: Ná bí do mo bhadráil anois ach suigh síos!

(*Suíonn sé síos go míshasta.*)

FEARDORCHA (*ina shuí*): Muise, bíodh sé mar sin. (*Faigheann sí an cáca is an bainne is tosaíonn Feardorcha ag ithe.*) Fanfaidh mé tamaillín beag eile leat ach, ar m'anam, caithfidh mé a bheith ag imeacht gan mhoill.

BRAT ANUAS

RADHARC IV

ÁIT: Parlús i dteach Phádraig Uí Eidhin. Máire ag fuáil is ag gabháil amhráin di féin. Tagann George Swiggins isteach.

GEORGE: Ah, good hevenin', Miss Mawr-yew. 'Ow d'ye do, my dear?

MÁIRE: Thusa anseo arís! Céard tá ag teastáil uait anois, a chladhaire? Nach bhfuair tú do fhreagra uaim cheana?

GEORGE: Ah, de-lighted, Hi'm sure, don't y'know-a-a – don't y'know – y'know-a – Hi'm –

MÁIRE: Níl a fhios agam ar chor ar bith céard tá tú ag iarraidh a rá anois ach tá a fhios agam go maith go ndearna tú cuid mhaith trioblóide anseo inniu gan a bheith ag teacht arís lena thuilleadh a dhéanamh.

GEORGE: Hi 'ave come, Miss Mawryew, for ha final hanswer; a-a-Miss Mawryew, will you be my wife?

MÁIRE (*Agus ionadh uirthi*): An bpósfaidh mé thú, an ea? (*Ag taispeáint an dorais.*) Imigh as mo radharc, a bhithiúnaigh! Imigh, a deirim leat!

GEORGE: Listen Mawryew, Hi know from your haction you want me to go, but would you change your mind, hif Hi-Hi-Hi were to-a-a – wait a little longer, do you fink?

MÁIRE (*Ag taispeáint an dorais arís*): Imigh as mo radharc! Ní phósfainn do leithéide dá bhfaighinn ór na cruinne air.

GEORGE: Will you throw away the lovingest, most beau-tiful-a-matrimonial hoffer that hever 'as fallen to the lot hof mortal young 'ooman? Will you, Mawryew?

MÁIRE: Ní theastaíonn do chuideachta uaim is, ar son Dé, fág liom féin mé!

GEORGE: Oh, 'ow Hi do love you, Mawryew! You 'ave habsolutely no conception hof my love for you – my-dear-dear, little-a-a – sweety!

MÁIRE (*Léi féin*): Níl a fhios agam cén uair a imeoidh sé!

GEORGE: Oh, my dear Miss Haine, wot 'ave Hi done to hoffend thee? (*Aside.*) Hi can't give hup 'er fortune so heasily. Oh, no, not for Joe!

MÁIRE: Ar son Dé, bíodh ciall agat is ná –

GEORGE (*Ag dul ar a ghlúine*): O, Mawryew, Mawryew (*Ag gol*), Mawryew, will you break m-my m-melting 'eart? Come to your lovin' George! (*Ag canadh.*)

C-c-come to m-m-me, sw-sw-sweet (*sob*) Marie,

C-c-(*sob*)-come to-to- (*sob*) me, sw-sweet Mar- (*sob*) – ie,

Hi-Hi-Hi give (*sob*) hall my-my love to th-th-thee, sw-(*sob*)-sweet Marie!

B-b-b-but yer (*sob*) 'eart, s-so pu-pure han' sweet,

Maikes (*sob*) my 'appiness (*sob*) co-co-(*sob*)-complete,

Taikes me (*sob*) hoff m-my bloom-(*sob*)-in' feet, swee –

MÁIRE: Ach, éist do bhéal is ná bí ag déanamh amadáin díot féin mar sin.

GEORGE: Hif–Hif Hi die hof ha broken 'eart (*sob*) you, Mawryew, have to be blamed for hit. Hi'll go, Hi will. (*Éiríonn sé.*) Hi'll go han' 'ang myself – Hi'll drown myself – no, Hi'll cut my bloomin' throat, Hi will, han', Mawryew, you hare the murderer!

MÁIRE (*Ag gáirí*): Ó, muise, imigh is déan mar is maith leat, imigh is beidh mé an–bhuíoch díot.

GEORGE: By your haction Hi know you slight me. Hi'll say 'un word more before Hi go han' 'ang myself, Miss Mawryew. You know Leem Sontock's sheep was stolen this morning. Well, Hi han' my men, Berty han' 'Arry, know who stole hit. You would be surprised hif you knew the thief.

MÁIRE: B'fhéidir gur sibh féin a ghoid í.

GEORGE: Mawryew, would you marry a thievin' willain?

MÁIRE (*Ag gáirí*): Ara, a dhuine bheo, nach bhfuilim do do dhiúltú ó mhaidin go dtí anois?

GEORGE: Don't laugh, Mawryew. Hi'll go now han' tell hold Leem Sontock – has you call William Fahy – that young Connors stole 'is sheep.

MÁIRE: Ná bí ag caitheamh salachair ar Sheán Ó Conchúir. Tá meas is cáil ar a ainm macánta, buíochas le Dia, is gan buíochas ar bith leatsa.

GEORGE (*Go feargach*): Wot would you say, Mawryew, hif Hi say Hi can prove hit – oh, ho – don't call out yet. Hi'll go now han' tell Leem Sontock. Hi han' Berty han' 'Arry can prove hit, for Berty han' 'Arry saw 'im steal the sheep, han' hafterwards bring the skin hinto 'is own 'ouse.

MÁIRE: Ó, a Thiarna! Amach leat ar an nóiméad! An amhlaidh a cháinfeá Seán Ó Conchúir is gan é a bheith i láthair chun freagra a thabhairt duit? Dá dtógfá an leabhar air, ní chreidfinn focal uait, a bhréagadóir.

(*Spáineann sí an doras.*)

GEORGE: Hi hinterpret your haction, Miss Mawryew. You won't believe me – well, then, Hi must prove hit. Without doubt 'Arry han' Berty saw Connors steal the blamed hanimal, han' hafterwards bring the skin hinto 'is 'ouse. Wot more proof is wantin'? Mawryew, hif you promise to marry me, Hi'll –

MÁIRE: Ó, éist do bhéal, ní éisteoidh mé leat.

(*Tosaíonn sí ag gol.*)

GEORGE (*Leis féin*): She's comin' on grand; Hi'll 'ave 'er fortune yet. Hi will! (*Le Máire.*) Mawryew, hif you promise to marry me, Hi will promise hon my word hof honour has ha hEnglishman Hi'll never reveal this 'ere crime. Hif you care to save Connors from prison, consent!

MÁIRE: Ba mhaith leat dá mbeadh Seán bocht anseo ag éisteacht leat ag rá gur gadaí é; mar, dá mbeadh, ní fhágfadh sé cnámh in do chorp gránna nach stracfadh sé ó chéile!

GEORGE: Hi'm led to believe you won't take my word. Then Hi'm hoff to bring Leem Sontock to the police barrack han' prove the 'ole fing. See hif Hi don't.

(*Tá sé ag imeacht nuair a chloistear fothram taobh amuigh.*)

LIAM SANTACH (*Amuigh*): Ligidh amach mé, a chairde, ligidh amach mé! In ainm Dé, bogaidh díom! Teastaíonn –

NA DAOINE EILE (*Amuigh*): Bíodh foighid agat, a Liam.

(*Téann George i bhfolach ar chúl an chláir.*)

MICHEÁL Ó GRÁDA (*Amuigh*): Glac d'am, a Liam, go rachaidh mé isteach ar dtús.

LIAM SANTACH: Ní ghlacfad. Lig isteach mé ar an nóiméad!

(*Tagann sé isteach is Micheál Ó Gráda, Seán Ó Conchúir, Feardorcha, Tomáisín is Johneen Mhichíl Dan ina dhiaidh. Tá craiceann na caorach ina láimh ag Feardorcha.*)

LIAM SANTACH (*Ag teacht isteach dó*): Cá bhfuil an gadaí? Cá bhfuil an scéiméirí? Inis dom cá bhfuil sé. É? Cá bhfuil mo chaora bhreá ramhar? Tabharaidh dom í. Cá bhfuil an rógaire sin, a Mháire? Spáin dom é go n-íoca sé luach mo chaorach.

MÁIRE: Céard tá tú a rá, a Liam? Céard tá ag teacht ort?

LIAM SANTACH: Níl dada ag teacht orm, a Mháire, ach d'imigh rud uaim. Goideadh mo chaora dheas inniu is is iad na Sasanaigh George Swiggins is a bheirt lads a ghoid í. Tá Tomáisín is Johneen Mhichíl –

MÁIRE: Tá áthas ar mo chroí é sin a chloisint, a Liam, mar –

LIAM SANTACH: Tá áthas ar do chroí a chloisint go raibh mo chaora mhín bhán goidte uaim, an ea?

MÁIRE: Ó, ní hea, a Liam; ach bhí Swiggins anseo ag cáineadh Sheáin agus ag rá gurbh é Seán a ghoid do chaora, is freisin go raibh an craiceann i bhfolach ina theach aige!

FEARDORCHA: Ó, hó, an bréagadóir! Is mé féin ag éisteacht lena shearbhóntaí Harry is Berty á chur i bhfolach ann!

TOMÁISÍN (*Ag féachaint ar chúl an chláir*): Och, thundher an' ages! Seo George féin daoibh! Tar amach as sin, Puntius Pilate! Come out our that, I tell ye! Come –!

GEORGE: Oh, oh, don't, please! Hi'll come. Hi will, don't kill me! Oh, don't!

TOMÁISÍN: Ag imirt hide an' go seek a bhí an buachaillín óg. Há, há –

LIAM SANTACH: Gabh i leith anseo, a Swiggins, is tabhair dom luach mo chaorach – gabh i leith, a deirim leat! 'Gcloiseann tú mé? Och, rinne mé dearmad. Sure, bad luck to it, I must spake that damn English to the schamer. Gi' me the price o' me sheep sula rachaidh mé go dtí an – och, there it is again an' devil a word of Irish at the blackguard. Gi' me the price o' me sheep at once, I tell you. Give it to me!

GEORGE: O, don't kill me! Please don't kill ha hunfortunate Henglishman!

JOHNEEN: Be herrin's 'tis betther than a play to be lookin' at ye, George, ha-ha –

GEORGE: O, wot'll Hi do? Save me, Miss Haine, han' Hi'll never come back to see you hany more! O, never, never!

(Tagann Pádraig Ó hEidhin is Bríd isteach.)

PÁDRAIG *(Ag féachaint ina thimpeall)*: Céard é seo? Céard tá sibh go léir a dhéanamh anseo? *(Feiceann sé George.)* Och, um-um-um-um-a – gabhaim pardún agat, a Mister Gea-, I ax yer 'umbly pardon, sir – I mane, I beg yer pardon, Mr. Gearge; but can ye tell me, sir, the manyin' o' this piece of work? I suppose Seán Ó Conchúir is at the bottom o' it.

GEORGE *(Ag éalú amach arís)*: Really, Mr. Haine, Hi-Hi-Hi do-don't n-n-n-know, don't y'know. Hi ca-came to s-see your daughter, han' those a-a-fellows must 'ave a-a-followed me, don't y'know.

FEARDORCHA: Thug tú d'éitheach, a Shasanaigh, thug tú –

PÁDRAIG: Céard tá tú a rá, a Fheardorcha, leis an bhfear atá i ndáil le bheith pósta le m'iníonsa?

SEÁN: I ndáil le bheith pósta –?

PÁDRAIG: Dún do chlab, a Sheáin Uí Chonchúir! Nár dhúirt mé leat cheana gan teacht anseo arís is tuige go bhfuil tú anseo anois ag cur isteach orainn is ag –?

MICHEÁL Ó GRÁDA: Fan go fóill, a Phádraig, go n-inseoidh mé an scéal duit ó thús go deireadh. Féach ar an gcraiceann úd i láimh Fheardorcha. Well, is é sin craiceann na caorach a ghoid an duine uasal s'agatsa ó Liam Santach maidin inniu. Bhí mo mhac féin is Johneen Mhichíl Dan –

TOMÁISÍN: Bhí sinn ann!

MICHEÁL: Bhí siad ag éisteacht le George Swiggins –

JOHNEEN: Agus le Harry Wilkins is Berty Jones freisin.

MICHEÁL: Bhí siad ag éisteacht leo ag cur na rógaireachta lena chéile is dearbhóidh siadsan chuile rud duit. Gabh i leith, a Thomáisín, is inis dúinn do scéal.

TOMÁISÍN: Muise, by dad! Inseoidh mé is fáilte. Bhí mé féin is Johneen Mhichíl Dan ag tóraíocht coinín sa nGort Ard is céard a chonaic Johneen ag teacht aníos chugainn ach me bould George is Harry is Berty in éineacht leis.

JOHNEEN: Agus iad ag cogar le chéile.

TOMÁISÍN: Stadann siad go díreach os ár gcomhair is dúirt go ngoidfeadh siad caora ó Liam Santach is go gcuirfeadh siad an milleán ar Sheán Ó Conchúir. Ansin d'imigh siad uainn is chuaigh sinne ina ndiaidh is chonaic sinn iad ag goid na caorach.

JOHNEEN: Agus sa tráthnóna chonaic sinn Harry is Berty ag dul go dtí teach Sheáin Uí Chonchúir is pus caorach ag stickáil amach faoina coat-tails ag Berty.

PÁDRAIG: Ní féidir gur fíor é.

FEARDORCHA: Gan amhras tá an fhírinne ghlan ag na buachaillí is is liomsa a thig an méid eile a mhíniú –

LIAM SANTACH: Tá ár ndóthain ráite againn anois. Tabhair dom m'airgead, Swiggins. Gi' me me money, I say!

PÁDRAIG: Glac d'am go gcloise mé céard tá le rá ag an bhfear seo.

FEARDORCHA: Bhíos thíos ar an mbóthar an tráthnóna seo is cé a thiocfadh thar an gclaí chugam ach an bodach seo, George Swiggins. Tar éis píosa cainte, rug sé ar scornaigh orm is bhí sé 'mo thachtadh nuair a tháinig Tomáisín is Seán Ó Conchúir chugainn is, go deo iad, thug siad léasadh maith don chladhaire. Tamaillín ina dhiaidh sin chuaigh mé go teach Sheáin is nuair a bhíos faoin mbord ar lorg chumhdach mo phíopa, cé a bhuailfeadh isteach ach Harrty is Berty is iad ag trácht ar Mháire Ní Eidhin is ar George is ar chraiceann caorach Liam Shantaigh. Chuala mé fothram éigin sa gcúinne is nuair a bhí siad imithe fuaireas an craiceann a chuir siad i bhfolach ann. D'inis mé an scéal do Sheán is do Mhicheál Ó Gráda is do Liam mar atá mé á insint daoibh go léir anois. Seo dhaoibh an craiceann is dheamhan bréag in mo scéal ó thús go deireadh.

(*Taispeánann Feardorcha an craiceann is nuair a fheiceann George é, beireann sé air is caitheann sé le Feardorcha é.*)

GEORGE: There's the skin for you, you hold blind devil! Hi'll be ha match for you yet! See hif Hi don't!

(*Tá sé ag imeacht ansin.*)

LIAM SANTACH: Tabhair dom luach mo chaorach, ach! Gi' me the price o' me sheep, a dhiabhail, before ye go!

GEORGE: Hi will, beg parding, sir. 'Ere y'are, sir, han' give ha feller a bloomin' chance. (*Ag imeacht dó*.) Damn ye hall! Hi'll 'ave revenge yet!

(*Tabharann sé dó é. Comhaireann Liam Santach an t-airgead.*)

LIAM SANTACH: Aon, dó, trí srl. Tá an ceart agam. Bíodh sé mar sin, tá mé sásta.

SEÁN & MICHEÁL (*Ag rith ina dhiaidh*): Coinnígí é! Coinnígí an diabhal go rúiscimid é! (*Máire á stad.*) Och, nach mór an trua go bhfuil sé imithe is a chloigeann mór gan bhriseadh!

MÁIRE (*Á stad fós*): Stadaidh, stadaidh! Ar son Dé is ar mo shon féin! Ná bacaidh leis mar ní fiú daoibh é.

PÁDRAIG: Mheall an Sasanach sin mé is ba mhaith liom anois a mhuineál a bhriseadh ach, a dhaoine córa, tá sé imithe anois is ní thiocfaidh seisean ná a leithéide anseo go brách arís. A Mháire, is mór is is an-mhór an brón atá ar mo chroí mar gheall ar an trioblóid is an t-imní a chuir mé ort, a mhuirnín. Maith dom anois é, nach maithfidh tú, a iníon?

MÁIRE: Ná habair a thuilleadh ina thaobh, a athair dhílis; ní gá duit é sin a iarraidh orm. Ach, a athair, labhair le Seán.

PÁDRAIG: Bhí mé ar tí é a dhéanamh, a stór. A Sheáin, tá náire orm mar gheall gur chaith mé amach as mo theach thú. Ní raibh aon locht le fáil agam ortsa ach mheall Swiggins mé is cheapas nach raibh fear sa domhan ab fhearr ná é. Feicim anois gur rógaire críochnaithe atá ann. Mheall sé mé amach is amach. Anois, a Sheáin, má tá grá agat do m'iníon fós, tabharfaidh mé duit í is mo sheacht míle beannacht in éineacht léi.

MICHEÁL: Maith an fear, a Phádraig.

(*Glacann Seán lámh Mháire.*)

SEÁN: Go raibh míle maith agat, a athair mo chéile. Beidh suaimhneas is sláinte againn, le cúnamh Dé, cé gur féidir go mbeimis gan saibhreas, a Mháire.

MÁIRE: Beidh chuile mhaith againn, a Sheáin, le cúnamh Dé!

BRÍD: Anois, a Phádraig, an bhfuil meas mór agat ar an Sasanach agus ar a chuid Béarla?

PÁDRAIG: A Bhríd is a chairde, bainidh barr na cluaise díomsa má chloisfidh sibh focal Béarla as mo bhéal go deo. Anois, a Fheardorcha, tugaim mo bhuíochas féin is buíochas mo mhná is m'iníne duitse mar gheall ar sinne a shábháil ó rógaireacht an bhréagadóra sin.

FEARDORCHA: Muise, a Phádraig, ná bac le do bhuíochas. D'fhág Seán Ó Conchúir gach uile ní i lámha Dé is thit an scéal amach go maith is go breá. Agus anois ó theastaíonn luach an tobac uaim, b'fhéidir go rithfeadh Tomáisín amach is go n-abródh sé leis na comharsana teacht isteach go mbeidh rince againn.

PÁDRAIG: Bíodh sé mar sin. A Thomáisín, rith amach is déan mar a dúirt Feardorcha.

TOMÁISÍN: Déanfad is fáilte.

(*Imíonn Tomáisín.*)

SEÁN: B'fhéidir go dtabharfá amhrán dúinn anois, a Fheardorcha, go dtiocfaidh na comharsana isteach?

FEARDORCHA: Muise, go deimhin, tabharfad, a bhuachaill.

(*Tosaíonn sé ag gabháil 'Máire Ní Eidhin.'*)

(*An fhaid atá an t-amhrán ar siúl, tagann na comharsana isteach. Nuair atá críochnaithe ag Feardorcha buaileann siad go léir a mbosa is glaonn siad amach 'maith an fear', 'go deo thú' srl.*)

FEARDORCHA: Go bhfága Dia an tsláinte agaibh go léir is go mba fada buan Seán is a bhean óg.

IAD GO LÉIR: Áiméan.

TOMÁISÍN (*Ag rith isteach*): O, ho-ho-ho! 'Bhfuil a fhios agaibh céard a rinne George Swiggins? O, ho-ho-ho-! Tá sé imithe ins an traein go Baile Átha Cliath is dúirt sé ag imeacht dó: 'Hi will never come back to Hireland hanymore!' A athair, an gcuirfidh mé na peelers ar a thóir mar gheall ar an gcaora a ghoid sé ó Liam Santach?

MICHEÁL: Ach, ná bac leis an scéimire bradach. Ó tá sé imithe as an áit seo, lig dó! Tabhair port dúinn, a Fheardorcha, más é do thoil é.

(*Tosaíonn Feardorcha ag seinm is luíonn ochtar díobh ar rince.*)

BRAT ANUAS

CRÍOCH

Dráma Greannmhar i nGaeilge is i mBéarla

RÉAMHRÁ

In this little comedy there is given a glimpse of things as they are in a district in an acute stage of Anglicisation. George Swiggins and his servants represent the English mind in Ireland. Pádraig Ó hEidhin is a type of the primitive shoneen. Tomáisín and Johneen are unconsciously in the transition period, and mix English words with their Irish. The remaining characters are Irish Ireland.

I desire to express my thanks for many valuable suggestions and helps received from friends, whose modesty will not permit me to publish their names.

– T. Mac A.

Tá an t-eolas seo a leanas ar chlúdach tosaigh an leabhráin: I mBaile Átha Cliath le M.H. Gill agus a Mhac, Teoranta, i Sráid Uachtarach Uí Chonaill, 1905.

Ar théacs an leabhráin sin atá an leagan seo bunaithe.

This comedy was first staged by the Columban League in the MacMahon Hall, St. Patrick's College, Maynooth. It was written by student Thomas Cawley, Galway. (An nóta sin i gcló ar *The United Irishman*, 8.3.05, 1.)

Cosúil le *An Dochtúir*, pléann an dráma seo leis an *Stage Englishman*, mar a mhíníonn Pádraig Ó Siadhail in *Stair Dhrámaíocht na Gaeilge* (Cló Iar-Chonnachta, 1993) 36–7.

An Claidheamh Soluis

Differing widely in character as they did from the function of the previous Tuesday, the proceedings in Maynooth on Monday evening last proved that the spirit of Father O'Growney lives on in Maynooth and waxes ever stronger. How An tAthair Eoghan would have exulted at the thought of Irish plays in the MacMahon Hall! – plays in Irish written and rehearsed and staged and acted by the students of the College! *Lá na nAmadán*, which was the play produced, appeared originally in *An Claidheamh*. The other play, *Máire Ní Eidhin*, is the little work by a Maynooth student, Tomás Mac Amhalghaidh, which we welcomed in our Irish columns last week. Most of the blemishes which one detects in reading – they are not important – disappeared in the acting, and the piece really went with verve. A little revision, chiefly in the direction of modifying the rather inartistic caricature in George Swiggins, would make of it an excellent comedy of the lighter order. There is a germ of genuine humour in some of the situations and dialogue. Tomáisín is by far the best character-study – a quick witted, light-hearted Irish *gasúr* who has received a 'national' education, as evidenced both by his Irish and by his English. All the actors did well, those who took the parts of Tomáisín and Feardorcha doing better than well. The staging of both pieces was admirable, and the scenery, whilst simple, was the prettiest and most effective we have seen at any performance of Irish plays. May the MacMahon Hall be the scene of many such entertainments.

– 'Irish Plays at Maynooth', 11.3.1905, 8.

AGUISÍN

CONALL GULBAN

RÉAMHRÁ

Tógaimid teampall mar is cóir dúinn é
In onóir Adhamhnáin, pátrún Dhún na nGall;
Ardóimid inniu, le cuidiú Dé,
Seanchlú Thír Chonaill – is dílis dúinn gach ball,
Gach cnoc, gach crois, gach caisleán is gach coill
Ó Aileach ard na Rí go Gleann dubh Cholm Cill'.
Is iomaí ollamh, oide, laoch agus naomh
Fós beo i gcuimhne linn i mbaile agus i dtír,
Ach cé a d'fhág ainm ina dhiaidh riamh
Ar stair na hÉireann chomh feidhmiúil is fíor
Le Conall Gulban, sinsear saor ár gclann
'Thug clú dár dtír agus do gach duine ann?
Is fada Conall ins an gcill ina luí
Faoin gcréafóig throim is tá athrú mór
Ar fhear is ar nós agus ar gach uile ní
Ó mhair a riail san tír, ach fós tá glór
Agus blas na Gaeilge in gach béal go binn
Mar a chluinfidh sibh anois ag éisteacht linn.
As suan na míl(t)e blian agus níos mó
Tiocfaidh Conall Gulban romhaibh anocht
I gculaith agus i mbéas na n-aois fadó
Agus guímid bhur gcarthanacht dár n-imirt bhoicht!

AMHARC VI   TEAMHAIR

Tigeann Pádraic isteach le fear iompair na croise.

PÁDRAIC: Beannacht Dé ar a bhfuil anseo!

Duitse, a Rí,
Agus d'Éirinn uile faoi do riail,
Bheirim beannacht agus teachtaireacht mhór
Óm Mháistir mhaith, mo Thiarna agus mo Rí.

LAOIRE: Is teachtaire agus ní sagart thú
Mar sin.
Cé hé do Rí, cad í an teachtaireacht
A bheireann tú chugainn?

CRÚDO: Labhrann sé i gcosúlachtaí
Is é a Rí an Dia a adhrann sé.

PÁDRAIC: Tá soiscéal liom a líonas suas gach aon
Le síocháin agus sólás a thig ó Neamh amháin.
Is é mo Rí mo Dhia, ard-Rí na bhflaitheas;
Is é Rí na Ríthe agus Flaith na bhFlaith.
Ní coimhthíoch an guth seo daoibh go léir
In aoisibh ársa d'éist bhur sinsear Leis,
Ach ina seachránacht do chaill na Gaeil
A n-eolas Air, ach tá A ghuth os ard
Ag mothú maithe in bhur measc go fóill.
Ón aimsir úd do labhair mo Dhia libh
Tré bhéalaibh mórán fáidh agus chuir Sé síos
A Mhac ó Neamh – sin é an tÍosa Críost
Fár mian liom caint a dhéanamh libh anocht –
An Críost a chónaigh linn; an Críost a d'éag
Ionas go mbeadh sinn beo; is tar éis a bháis
Go stiúrfadh Seisean slán go flaitheas Dé
Na daoine a lean A theagasc agus A riail.
Sin é an fáth a dtáinig mé anocht
Le cuireadh dhílis daoibh, a chlann na nGael,
A theacht ar ais faoi dhlíthe fíora Dé.

LAOIRE: An bhfaca tú na fáidhe móra seo?
An bhfaca tú an Críost seo ar do chan tú?
Nó 'bhfuil aon chinnteacht agat ar a gcumhacht?

PÁDRAIC: An bhfaca tú, a Rí, Cormac maith Mac Airt,
A rialaigh seal i dTeamhair mhóir na Mí?
Ar aithin tú Mac Nessa a mhair ina Rí
I gCúige Uladh céadta blian ó shin?
An bhfaca tusa Ailp na mullach mbán
A chonaic bás Rí Dháithí chróga chaoin?

LAOIRE: Ní fhacamar na ríthe seo riamh

Nó Ailp an tsneachta, ach bheir fianaisí
Agus scríbhinní rófhíor a gcuntais dúinn
Gur mhair a leithéid ann.

PÁDRAIC: Éist liom, a Rí,

Tá an sneachta bán ar mhullach mhaol na nAilp
Ag féachaint síos ar thalamh ghlais Iodáile
Ina suíonn cathair chlúúil na Róimh'.
Fán am inar chónaigh Conchúr caomh Mac Nessa
Ina rí le neart in Uladh dubh na mbeann,
Do tháinig iomad fianaisí go dtí an Róimh
A chónaigh seal le Críost agus chonaic siad
A chumhacht agus A bhás, A ardú suas ar neamh,
Agus choinnigh siad go cúramach ina gceann
An stair a bhaineas leis an am fadó –
Is focail fianaisí gach scríbhinn díobh
Atá againne inniu; is dearbhú iad
Ar rúna Dé a inseoidh mé anois
Do dhraoithe Éireann atá anseo i láthair
Más mian leo fios na fírinne a fháil.

CRÚDO: Níl sé in do chumas, a fhear aindia,

Na nithe uile seo do dhearbhú dúinn.
Chuirfeá ar gcúl go mór an t-adhradh mór
A bheirimid do ghealach, gréin is réalt,
Is, mar mhalairt, mhúinfeá dúinn do chreideamh úr.
Sea, sheas mé istigh i gcroí na Róimhe féin
Agus chuala mé ó sheanmóntaí do Chríost
Go bhfuil aon Dia agaibh, agus triúr in aon –
Ní féidir do na nithe sin a bheith.

PÁDRAIC: Tá an ghrian, an ghealach is gach réalt san spéir

Ag lasadh suas an tslí go flaitheas ard.
Is iadsan coiscéim buin na staighrí óir
A ritheas suas go cathaoir ríoga Dé;
Mar theachtaire lochrach ins an spéir atáid
A labhras linn an soiscéal go (sic!) ón Rí
Má thigeann, a Mhaolaithne, eachlach ríúil,

Go geataí móra Theamhrach, an bhfaigheann sé
An t-urraim agus an t-onóir a gheibheas Rí?

MAOLAITHNE: Ní gheibheann sé ach onóir teachtaire
B'easonóir (píosa doiléir) níos mó a thabhairt dó.

PÁDRAIC: Is easonóir do Rí na bhflaitheas

Urraim Dé a thabhairt do lonrú neimhe
Óir níl san ghréin, sna réaltaí nó san ré
Ach nithe beaga a bheireann cuntas dúinn
Ar chumhacht agus ghlóir mhóir an Té
A rialaíos iadsan ina slí gach lá.
Tráchtann an Draoi fá rúna creidimh Chríost
Ach tabharadh seisean míniú dúinn ar dtús
Ar thairngreacht na nDraoithe a dúirt go mbeadh
Lámh bhuaidheach ag an Ghael san am le teacht
I dtíortha i bhfad i gcéin. Cá bhfuil na buadha seo?
Cé hiad na Draoithe? Cá has a dtáinig siad?
Níl freagra agaibhse, ach éistidh liom;
Ní leis an gclaíomh nó an lann nó tréanas lámh
A bhainfeas Clann na hÉireann cumhacht mhór.
Ach gheobhaidh siad a réim faoi bhrat na croise
Á iompar leo ó thrágha loma
Go sléibhte Appinín, le cúnamh Dé –
Le cúnamh Dé in aon, agus aon i dtrí.

CRÚDO: Aon Dia fíor ach triúr Dé in aon.

Cén intinn fir a thuigeas caint mar sin?
Ní féidir leis a leithéid seo a bheith.

PÁDRAIC: An measann tú gur thuig aon fhear riamh

Mar déanann Nádúir mhór a hobair féin
Ach fós tá an obair déanta léi gach lá.
Fosclann sí gach duille agus gach bláth
Cad mar is féidir leis an phóirín bheag,
Brí fréimhe, crainne, craoibhe a bheith ina lár?
Féach an tseamróg seo a fhásas faoi do chois
Tá réidh le freagra ar do cheist anois.
Níl ar an tseamróig sin ach duille amháin
Ach ins an duille sin tá triúr go beacht

Agus níl aon áit san tír nach bhfásann sí.
Mar sin beidh creideamh fíor na Tríonóide
Ar bun gan mhoill ar fud na hInse Fáile
Agus bhéarfaidh Clann na hÉireann onóir mhór
Don tseamróig bhig óir is é an glas a bheas
Ina dhath ar bhrat a gcineadh sin go brách,
Is cuma cá háit san domhan a gcasfar iad.
A phrionsaí is a mhná uaisle atá anseo,
Más mian libh fírinne an chreidimh a fháil
A thug mé in bhur measc, tar' liom go léir,
Óir ar an léana mhín úd thíos anois
Tá an pobal mór ag fanacht ar an scéal
A líonfas a n-anama le grása Dé.

EITHNE: A Phádraic, rachaimid le héisteacht leat.

DUBHTHACH: Leanfaimid.

EOGHAN: Éisteoimid.

MÓR: Creidfimid.

CRÚDO: A rí, a rí, seachain an sagart seo
Is ná lig thú féin go síoraí ina chóir!

(*Exeunt omnes ach na Draoithe agus Laoire.*)

IAR-RÁ

CONALL: An aisling a bhí orm nó an bhfaca mé
An t-am ina raibh mé óg is láidir luath?

Dar liom go raibh mé arís i seilg fia

Is ar shiúl le Dáithí thar an tsáile mhór
Gur sheas mé arís i dTeamhair is Pádraic ann
Ag fáil an bhaistidh naofa óna láimh
Ag Eas Aodha Ruaidh. An aisling a bhí ann,
Atá scabtha anois mar cheo?

CAILLÍN: Má b'aisling í

Níor imigh sí gan solas. Nach cuimhneach leat

Geall Phádraic?

CONALL: Is é an geall seo
A bheir sólás do mo chroí. Tá mo mhuintir

Agus mo chairde le fada ins an uaigh
Ach tá a gclannsan beo inár measc go fóill
I ngleannta dubha dorcha Thír Chonaill
Thíos ar mháighe míne Locha Súilí
Ar fud na Rosann agus i sean-Ghaoth Dobhair.
Mar a bheadh in aisling tím an t-am ag teacht
Ina mbeidh an chrois go hard ar iomad cill
Ó mhullach Eargail go spincí Sléibhe Liag.
Is iomaí naomh is laoch de Chineál Chonaill
A dhíonfas ballaí beannaithe Dhún na nGall
San am le theacht, fad' fada romhainn
Tím teampall glórmhar agá thógáil suas
I Leitir Ceanainn ag cur in iúl don tsaol
Go bhfuil Clann chróga Chonaill cuimhneach ar a nDia.
Slán leis an am atá thart, slán libh, mo ghaol,
Tá ag éirí suas arís os comhair mo shúl,
Tá mise réidh anois le dul ón tsaol.
Tá an ola dhéanach agus an uaigh ag fuireacht.
Tá Dia cumhachtach agus Pádraic mór
Le Clainn Thír Chonaill uilig a choimheád mar is cóir.

CRÍOCH

Cuireadh an mhír Ghaeilge seo den dráma Béarla *The Passing of Conall* i gcló ar *The Freeman's Journal* (19.11.98, 6) agus an leagan Béarla di ar *The Freeman's Journal* (21.11.98, 5). Eoghan Ó Gramhnaigh a scríobh *The Passing of Conall*. Féach, Philip O'Leary, *The Prose Literature of the Gaelic Revival, 1881–1921: Ideology and Innovation* (The Pennsylvania State University Press, 1994) 297 agus Pádraig Ó Siadhail *Stair Dhrámaíocht na Gaeilge 1900–1970* (Cló Iar-Chonnachta, 1993) 20.

Stáitsíodh é cúpla lá roimh Aonach Thír Chonaill i Leitir Ceanainn a rinneadh a reáchtáil den chéad uair ag deireadh na Samhna, 1898. Féach, mar shampla, ar an gcuntas comhaimseartha a foilsíodh ar *The Freeman's Journal* (19.11.98, 6 agus 21.11.98, 5–6) agus Pádraig Ó Baoighill, 'Patrick Cardinal O'Donnell and the Irish Language' in *Donegal Annual* No. 56 (2004) 48–9. 'One scene, that of St. Patrick at Tara, has been translated into Irish by 'Padraic' of the New York Gaelic movement – Mr. Patrick O'Byrne, now of Killybegs.' Líne as *The Freeman's Journal* (19.11.98, 6). Maidir le cuntas níos iomláine faoi Phádraig Ó Beirn, féach: Diarmuid Breathnach agus Máire Ní Mhurchú in *1882–1982 Beathaisnéis a Trí* (An Clóchomhar, 1992) 64–5. Níor aistríodh an réamhrá ná an t-iar-rá ar an *Freeman*.

Féach fosta, Karen Vandervelde, *The Alternative Dramatic Revival in Ireland 1897–1913* (Maunsel and Company, 2005) 44 ff.

Tá an téacs le fáil fosta in Robert Hogan & James Kilroy, *The Irish Literary Theatre 1899–1901* (Dolmen, 1975) 133 ff.

Tá an téacs anseo bunaithe ar leagan an *Freeman's Journal*.